前　言

信息管理概论是中央广播电视大学行政管理、工商管理等本科专业的一门选修课程，类似的课程在普通高校有多种版本的教材，但适合开放教育，成人学生自主学习的教材却很缺乏。中央广播电视大学是采用现代教育技术为主要手段，面向全国、远程开放式的一所没有围墙的大学，由于主讲教师和学生无法直接进行面对面的直接交流与沟通，所以从一定意义上来说，对教师和教材提出了更严格的要求。因此编写一本系统性好，理论与实践结合性强，便于学生自主学习，符合电大教学模式和培养目标，又要体现该学科最基础、最重要、最实用、最新颖内容的教材，是一项非常艰巨的任务。本书作者在这方面做了很大努力和大胆的尝试，力图编写出一本适合电大办学特色的好教材。

本书共分9章，包括信息管理基础理论和实验两部分。其中第1章是信息管理的理论部分，介绍了信息管理的基础知识，涉及信息管理最基本的概念；第2章是信息管理的技术基础部分，介绍了信息管理的技术基础，包括信息技术的类型、信息系统、信息安全的相关知识；第3～6章是介绍信息管理的过程部分，第3章信息源重点介绍了信息源的评价与选择，信息获取的方法与途径；第4章介绍了信息组织的基本概念及信息组织的相关过程、信息描述、信息揭示与信息存储；第5章信息检索，介绍了现代信息检索技术，常用的中外文检索数据库，并以实例介绍了相关的检索过程；第6章信息服务，介绍了信息服务的相关概念、信息与决策等，并介绍了我国信息机构信息服务的几个典型案例；第7～9章是信息应用与管理部分，第7章政府信息管理，重点介绍了电子政务的相关知识，并阐述了我国电子政务的发展与对策，国外电子政务建设的情况及其对我国电子政务建设的启示；第8章企业信息管理，重点介绍了企业信息系统及企业信息化建设；第9章介绍信息政策、信息法规与信息伦理道德相关内容，是从人文管理的角度对信息管理进行阐述。

本教材有两个鲜明的特点：首先有明确的使用对象，那就是面向远程教育的成人学生，教程内容“求实用，讲应用，深入浅出”，易于学生自主学习;第二个特点是强化实训,全书通过6个相关的实验及较多的案例,引导学生在实际操作中较好地理解信息管理的相关理论及实际应用,同时达到提高学生实际操作和应用设计能力的目的。

本书第1、第5、第6、第8章由崔婷编写;第2、第3章由马朝东编写;第4、第7、第9章由熊艺编写。全书由金朝崇教授统稿、修改、审定。

本教材配套的网络课件网址为http//60.28.60.41:8080/viewerpages/index.asp,可在此下载相关的教学资源,欢迎大家上网浏览。在使用中如有问题,请联系tjddxy@126.com,我们课题组诚恳的希望大家提出宝贵建议。

本书编写过程中,得到了天津广播电视大学领导和精品课程建设小组各位老师的大力帮助和指导,特别要感谢天津大学的赵涛、范贻昌、李波教授,在百忙之中对该课程的教学大纲、一体化设计方案提出了大量宝贵的建议和修改意见,并对书稿进行了最终的审定。在本书的编写过程中,作者也参考了国内外许多前辈和同仁的各种教材与资料,在此对已列出或未列出的文献资料的作者一并表示诚挚的谢意。

由于时间仓促和编者水平所限,书中疏漏、不妥之处在所难免,敬请读者和同行给予批评和指正。

编　者

2008年10月于天津大学

AN INTRODUCTION TO INFORMATION MANAGEMENT

远程开放教育管理类专业适用

信息管理概论

金朝崇 熊艺 主编

内容提要

本书主要内容包括:信息管理的基本知识、基本理论;信息管理的技术基础;信息获取、信息组织、信息检索的基本理论与方法;信息服务的类型与应用;信息管理在政府和企业中的实际应用状况;信息政策与法规。

本书还依据教学需要、按照教学进度设计了六个实训项目,通过上机操作有效地加深对信息管理相关概念和应用情况的理解,有效地提高学生动手操作能力和实际应用能力。

本书可作为远程开放教育管理类专业的本科教材,也可以作为高校管理类专业学生自主学习的参考书。

图书在版编目(CIP)数据

信息管理概论/金朝崇,熊艺主编.—天津:天津大学出版社,2009.3(2019.10 重印)
ISBN 978-7-5618-2927-1

Ⅰ.信... Ⅱ.①金… ②熊… Ⅲ.信息管理-概论
Ⅳ.G202

中国版本图书馆 CIP 数据核字(2009)第 008580 号

出版发行 天津大学出版社
地　　址 天津市卫津路92号天津大学内(邮编:300072)
电　　话 发行部:022-27403647
网　　址 publish.tju.edu.cn
印　　刷 天津泰宇印务有限公司
经　　销 全国各地新华书店
开　　本 169mm×239mm
印　　张 19.75
字　　数 416千
版　　次 2009年3月第1版
印　　次 2019年10月第8次
定　　价 33.00元

目　　录

第1章 信息与信息管理

本章要点

◎ 信息
◎ 信息资源
◎ 信息管理

学习内容

1. 信息的含义
2. 信息的特征
3. 信息的分类
4. 信息的生命周期
5. 信息资源的概念
6. 信息资源的特征
7. 信息资源的社会功能与作用
8. 信息管理的内涵
9. 信息管理的特征与层次
10. 信息管理的发展历程

学习目标

1. 了解:信息的生命周期、信息管理的发展历程
2. 理解:信息的分类、信息资源的社会功能及作用
3. 掌握:信息的含义、特征,信息资源的概念、特征,信息管理的内涵、特征与层次

关键词

信息、信息资源、信息管理

随着社会经济水平的不断提高以及信息技术的飞速发展,社会信息资源的数量也在不断地增长与集聚。信息资源的增长与技术处理手段的提高,对信息的处理、加工、传递与利用水平提出了更高的要求。与此同时,人们认识到信息已经成为国家、企业腾飞的基础战略资源之一。这种思想的转变,加速了现代信息管理的发展。与此同时,互联网作为现代通信技术与计算机技术相结合的产物,开辟了信息共享、信息处理的新阶段,也深入到社会经济生活的各个方面。它引发了人类历史上的一场技术革命,促进了新兴产业的形成,改造了传统产业,使服务业迅速发展。但同时,互联网也带来了一系列的负面效应,给社会、政治、经济以及文化、伦理道德等的发展提出了种种问题。

1.1 信息

虽然信息这个概念经常被人们使用,但它的确切含义却并未被人们深入理解,因此,经常将信息与消息、数据、情报、信号、知识等概念混同。在人类生活的时空范围内,存在着各种各样的信息,它的种类繁多,可并不是每一种信息都是信息管理所要研究的,抓住信息的特征,对于我们驾驭信息,开发利用信息会产生积极的影响。

1.1.1 信息的含义

信息这一概念最早是由维那提出的,他在《控制论》(1948)中,把人、动物和机器的控制与通信过程统一起来,认为信息的实质是负熵。"信息这个名称的内容就是我们对外界进行调节并使我们的调节为外界所了解时而与外界交换来的东西",强调了信息这种负熵是在调节过程中相互交换来的东西。

随后,信息概念得到进一步的深化,从不同的侧面得出了相似的定义,有的把它与物质及其属性的有序相联系,有的把它与物质状态的变异度相联系,有的把它与物质和能量的不均匀性相联系。纵观人们对信息的认识历史,提出的信息定义不下百种。其中常见的包括:

(1)信息是用以消除随机不确定性的东西(Shannon,1948);

(2)信息是有序性的度量(Wiener,1948);

(3)信息是被反映的物质的属性(刘长林,1985);

(4)信息不是物质,它是物质状态的映射(张学文,等,1988);

(5)信息是指对消息接收者来说预先不知道的报道(《辞海》);

(6)信息是负熵(Brillouin,1956)。

总结以往众多学者所给出的信息的定义,本书认为信息是客观存在的事物以及客观事物运动和变化的一种反映。可以认为,信息是客观事物的特征通过一定物质载体形式的反映。

在实际生活和工作中,人们往往将数据和信息两个术语当做意义相同的词语,如数据处理和信息处理等。但严格说来,数据与信息在含义上有所区别。数据经加工解释,对人的行为产生影响才成为信息。二者关系为:数据是信息的载体,它们有相同或相似的形式。

信息通过数据表示,数据在经过加工处理后变为对人们制定决策有价值的数据,才成为信息。如某日气温本身是数据,当它仅仅被记录下来或存储起来时,它并未成为信息,只有经过人们的分析处理,或与前一段时期的气温数据比较,而为人们制定当日或今后的行动方案服务时,这一气温数据才成为信息。

其次,数据或信息有时是相对而言的。一种数据经过加工后成为某部门决策时所采用的信息,但这种信息对上级部门或其他部门来说又可以是数据。如某企业的年产量,对该企业今后制定经营计划是有用的信息,但对整个行业管理部门来说,它只是简单的数据。只有经过对全行业各企业年产量的综合分析后,单个企业的数据才成为有用的信息。

总之,信息与数据是两个在概念上有所区别的术语。但在日常生活中,不十分严格的情况下和不影响对问题的理解时,将它们混同使用也是可以的。

1.1.2 信息的属性

信息区别于其他事物所特有的现象,是信息的属性。

1)客观性 信息是事物在现实世界中存在和变化的客观反映。因此,反映事物客观存在的信息具有客观性。只有真实反映事物本来面貌的信息才具有使用价值,而虚假的信息不仅不具备使用价值,甚至造成决策的失误。

2)价值性 信息具有使用价值,它能够满足人们生产、生活、学习等各方面的需要。信息虽然不是物质产品,但当它物化在信息载体上时,就形成一种资源。在当今人类逐步走入信息化社会的时代,信息作为一种资源与原材料、能源一样是不可缺少的,甚至是首要的。信息的价值应受到充分的重视。信息是商品。当信息产品和信息服务进入市场后,与其他商品一样具有交换价值。信息产品的价值和价格同样取决于产品的质量和供求关系。信息作为一种商品又有别于普通的物质商品。它不但本身具有成本、价格等商品要素,还能够影响市场中其他商品的价格和供需状况。在以信息产业为主导的信息化社会中,信息商品将发挥愈加重要的作用。

3)等级性 信息的等级性是与管理系统的等级相适应的。管理系统分为不同的等级,不同等级的管理部门对信息的需要也分为不同的层次。根据管理层次的等级,信息可分为战略级、策略级和执行级。不同级别的信息,其来源、寿命、加工方法、使用频率和保密程序都是不同的。作为战略级的信息,其来源主要来自系统外部,使用寿命相对较长,信息加工方法灵活并且较为复杂,如各种模型与预测方法等,使用频率较低,保密程度要求较高。相反,执行级的信息主要来自系统内部,使用寿命最短，信息加工方法基本固定不变，使用频率最高，而保密程度最低。策略级信息的上述特征介于战略级和执行级之间。

4）可分享性　信息与实物不同，具有可分享性或共享性。作为实物，如果一方享有，则其他方面就会失去，而信息可为多方利用。因此，信息作为人类生产和生活中的重要资源，可为人类社会所共享。

5）可传输性　信息可以通过各种传输手段向外传输。信息传输的快慢直接影响信息的使用价值。随着技术革命的不断发展，信息传输的技术也在飞速提高。从某种意义上来说，信息传输技术的发展决定了人类文明和社会发展的进程。

6）可再生性　信息是有寿命的，随着时间的延长，信息的使用价值将逐渐减少，甚至完全消失。但是信息在不同的时间、地点以及不同的使用目的下又会具有不同的意义，从而显示出新的使用价值。因此，人们能够利用失去原有价值的信息，经过加工而得到新的信息。信息是可以不断再生的资源。

1.1.3　信息的分类

信息是一种十分复杂的研究对象，也是一种事物的运动特征。因对象种类及运动状态的多样性，信息也呈现出不同的类型。按照不同的分类标准，信息可以划分出不同的类型。

1）按照信息的内容划分　可分为自然信息和社会信息。自然信息是指自然界中客观存在的各种生物信息和非生命物质的物理信息；社会信息是人类在社会实践中，为生存、生产和社会发展而产生、处理和利用的信息。

2）按照信息产生的先后和加工深度划分　可分为零次信息、一次信息、二次信息、三次信息。零次信息是指在信息流动过程中未经过加工和组织的信息；一次信息是以零次信息为基础，对自然状态和社会表象的信息以及大脑存储的信息进行粗加工后，经过各种方式表达的信息；二次信息是指在一次信息基础上，进行加工整理和提炼压缩所得到的产物；三次信息是用一定的方法对大量的二次信息进行再加工，产生的系统化成果。

3）按照认识主体的观察过程划分　可分为实在信息、先验信息和实得信息。实在信息是指某个事物实际所具有的信息；先验信息是指某主体在实际观察该事物之前已经具有的关于该事物的信息；实得信息是某主体在观察该事物的过程中实际获得的关于该事物的信息。

4）按照认识主体的认识层次划分　可分为语法信息、语义信息、语用信息。语法信息是指只考虑事物运动的状态与状态改变的方式本身，而不考虑信息的内容及效果的信息，是最抽象、最基本的层次；语义信息是指事物运动的状态和方式的逻辑含义，是信息认识过程的第二个层次；语用信息是指事物运动状态及状态改变方式的效用、价值与目的，是信息认识过程的最高层次。

当然，信息的分类还远不止上述四种，从不同的角度出发，我们还可以得到若干种对信息的分类方法。例如，按照信息的发生领域，可以分为物理信息、生物信息、人文信息等；按照信息的应用领域，可以将信息分为工业信息、农业信息、军事信息、政治信息、科技信息、文化信息、经济信息、市场信息等；按照信息的逻辑意义，可以分为真实信息、虚假信息和不确定信息；按照信息的载体，可以分为语音信息、图像信息、文字信息、数据信息、多媒体信息等。

1.1.4 信息的生命周期

信息从收集、传输、加工、存储、维护到利用是一个过程，这个过程构成了信息的生命周期。信息的生命周期包括四个重要的子过程，分别是信息产生的过程、信息获取的过程、信息再生的过程、信息施效的过程。在整个信息的生命周期中，信息遵循着一定的传递规律，并且在此信息传递过程中，系统始终遵守着一个优化或自组织的规律。对信息的生命周期进行细化，可以形成信息运动的典型模型，如图 1-1 所示。其表示的含义如下。

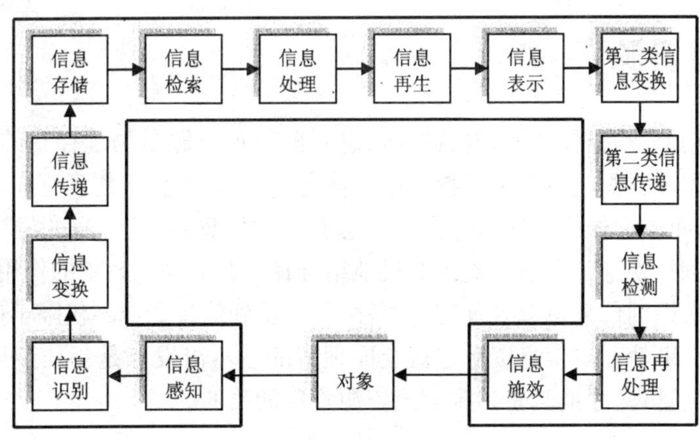

图 1-1　信息运动典型模型

(1)信息感知：完成信息认识意义上的转变。

(2)信息识别：对所感知的信息加以辨识和分类。

(3)信息变换：将识别出来的信息施行适当的变换，以利于下一步的传递。

(4)信息传递：将信息由空间的某一点转移到另一点，以供使用。

(5)信息存储：收到信息后要以适当的方式存储起来，以备使用时检索。

(6)信息检索：需要使用信息的时候，就要把存储着的有关信息准确迅速地取出来。

(7)信息处理：在大多数情况下，信息都不能直接使用，而应当先对它们进行某些适当的处理，包括进行分析比较和运算等。

(8)信息再生:经过信息处理,就可能获得关于对象运动的规律性的认识,在这个基础上,认识主体形成自己对对象的策略,也就是再生出第二类认识意义上的信息。

(9)信息表示:认识主体再生出第二类认识意义的信息后,要把它用适当的方式表示出来。

(10)第二类信息变换:对以某种方式表示的第二类认识意义的信息进行变换,以利于后面的传递。

(11)第二类信息传递:把经过变换的第二类认识意义的信息从空间的某个位置转移到另一位置。

(12)信息检测:经过传递的信息可能受到噪音等因素的干扰,信息检测的目的和任务就是要把信息从干扰的背景中分离出来。

(13)信息再处理:为了便于信息发挥作用,还需要对它进行适当的加工。

(14)信息施效:信息表现了认识主体的意志——应当怎样对对象的运动状态和方式进行调整,这种调整的作用就称为施效。

1.2 信息资源

通常意义上,资源包括人、财、物和信息。前三种资源是物理存在的,是有形的,因而被称作物理资源。作为第四种资源的信息,其价值不在于物理存在,而在于所表现的内容,因而被称作概念资源。作为概念资源的信息,除其本身的经济价值之外,还起着将人、财、物这三种物理资源有机地结合在一起的神经系统的作用。尽管人们很早以前就认识到信息资源管理的重要性,但认识到信息资源不仅限于信息本身,却是最近十年的事情。对信息资源进行全面理解的基本出发点是:只有对产生信息的资源进行有效管理,才能真正达到信息资源管理的目的。

1.2.1 信息资源的概念

综合国内外的研究成果,有一种观点比较具有代表性,即把信息资源从狭义和广义两个角度进行理解。

狭义的信息资源把信息资源等同于知识、资料和消息,仅指信息内容,即只是指信息本身或信息的集合。无论信息资源是以声音、图像、图形等形式表达出来,还是以文献、实物、数据库等载体记录下来,其信息内容都是一样的,都是要经过加工处理的、对决策者有用的数据。

广义的信息资源认为信息资源是一个贯穿于人类社会信息活动中的从事信息生产、分配、交换、流通、消费的全过程的多要素集合,包括信息劳动的对象——信息,信息劳动的设备——计算机等工具,信息劳动的技术——网络、通信和计算机技术等信息技术手段,信息劳动者——信息专业人员等。

相比较而言,狭义的观点忽视了系统观,但却突出了信息本身这一信息资源的核心和实质。信息资源之所以是一种经济资源,主要是因为其中蕴含着的信息具有十分重要的经济功能,而信息生产者、信息技术与设备等信息活动要素,只不过是信息这种资源开发利用的必要条件。

广义的信息资源观点把信息活动的各种要素都纳入信息资源的范畴,相对来说,更有利于全面、系统地把握信息资源的内涵。信息是构成信息资源的根本要素。人们开发利用信息资源的目的,就是为了充分发挥信息的效用,实现信息的价值。但信息并不等同于信息资源,而只是其中的一个要素。这是因为信息效用的发挥和信息价值的实现都是有条件的。信息的收集、处理、存储、传递和应用等,都必须采用特定的技术手段即信息技术才能得以实施,信息的有效运动过程必须有特定的专业人员对其加以控制和协调。信息、信息技术与设备和信息人员构成了信息资源完整的概念体系。

1.2.2 信息资源的特征

信息资源作为经济资源,具有其一般性特征,包括如下几个方面。

1)作为生产要素的人类需求性　人类从事经济活动离不开必要的生产要素的投入。传统的物质经济活动主要依赖于物质原料、劳动工具、劳动力等物质资源和能源资源的投入,而现代信息经济则主要依赖信息、信息技术、信息劳动力等信息资源的投入。人类之所以把信息当做一种生产要素来看待,主要是因为各种形式的信息本身不仅是一种重要的生产要素,可以通过生产使之增值,而且它还是一种重要的非信息生产要素的“促进剂”,它可以通过与这些非信息生产要素的相互作用,使其价值倍增。

2)稀缺性　信息资源同物质资源和能源资源一样,同样具有稀缺性。因为信息资源的开发需要相应的成本投入,经济活动行为者要拥有信息资源就必须付出相应的代价。因此,在既定的时间、空间及其他条件约束下,某一特定的经济活动行为者因其人力、物力、财力等方面的限制,其信息资源拥有量总是有限的。

3)使用方向的可选择性　信息资源与经济活动相结合,使信息资源具有很强的渗透性,可以广泛渗透到经济活动的方方面面。同一信息资源可以作用于不同的信息对象,并产生多种不同的作用效果。

另一方面,信息资源又具有其他经济资源所不具备的特殊功能。

1)共享性　在对某一数量的物质资源或能量资源加以利用时,一部分人利用多了,其他人就只能少利用或不利用。信息资源则不存在这样的竞争关系。

2)时效性　信息资源比其他任何资源都更具时效性,一条及时的信息可能价值连城,而一条过时的信息则可能一文不值。

3)生产和使用中的不可分性　信息生产者为一个用户生产一组信息与为许多用户生产同一组信息比起来,两者花费的努力几乎没有什么差别。同时,作为一种资源的信息在使用中也具有不可分性,即信息资源不能任意地分割计算。

4)驾驭性　信息资源具有开发和驾驭其他资源的能力。不论是物质资源还是能量资源,其开发和利用都有赖于信息的支持。具体的物质和能量的形式都只是支持信息过程的手段,只有信息才是主导的、不可取代的。

1.2.3　信息资源的社会功能与作用

根据信息资源在社会经济活动中利用的过程和发挥作用的特点,信息资源的社会功能与作用表现在四个方面。

1)经济功能　信息要素的注入有助于提高生产力系统中劳动者的素质,缩短劳动主体对客体的认识及熟练过程。信息要素的投入还有助于引发对生产过程、生产工具、操作方法和工艺技术的革新与创新,提高生产力系统的质量和效率。信息资源还具有直接创造财富、实现经济效益放大的功能。其主要用途可归纳为:运用信息可以使非资源转化为资源创造财富;使用信息取代劳动力、资金、材料等资源创造财富,实现经济效益倍增;直接让信息作为商品在市场流通中创造财富;通过现代信息技术,缩短信息流动时间,实现财富增值;通过信息进行科学决策,减少失误并创造财富。

2)管理与协调功能　在企业中,信息的管理与协调功能主要表现为协调和控制企业的人、财、物、设备和管理方法,以实现企业的目标。信息资源可以传递整个企业系统的运行目的,有效管理各项资源;可以调节和控制物质流与能量流的数量、方向和速度;传递外界对系统的作用,保持企业系统的内部环节稳定。

3)选择与决策功能　信息的选择与决策功能广泛作用于人类选择与决策的各个环节。没有信息就无任何选择和决策;没有信息的反馈,选择和决策就无优化可言。信息反映了事物演变的历史和现状,隐含着事物的发展趋势。充分利用信息,结合人们的经验,运用科学的方法,经过推理和逻辑判断,可以对被研究对象未来发展的必然趋势和可能性做出预计、推断和设想。

4)研究与开发功能　在人类科学研究和技术创新活动中,信息具有活化知识、生产新知识的功能。在人类从事科学研究和技术开发的各个阶段,都需要获取和利用相关信息,掌握方向,开阔视野,启迪思维,生产出新知识、新技术和新产品。

1.3　信息管理

管理是人类社会的一项重要活动。在现代管理中,对管理的理解是:通过决策、计划、组织、指挥和控制等一系列职能活动,合理配置和优化运用各种资源,以达到提高活动效率、实现既定目标的过程。信息是管理的基本工具和手段,也是使各项管理职能得以有效发挥的重要前提。从本质上说,管理就是通过所掌握的信息来协调内、外部资源与既定目标的关系,从而实现系统的功能。因此,管理的水平及效能与管理过程中信息的质量、数量以及利用水平有着密切的联系。

1.3.1 信息管理的内涵

关于信息管理的内涵,国内外众多学者给出了不同的观点和看法。

美国学者霍顿(Forest W. Horton)认为,信息管理是一种使有价值的信息资源通过有效的管理与控制能够实现某种利益的目标活动。在实际工作中为了有效地利用信息,必须组织如信息搜集、存储和传递等程序化工作,以解决信息利用中的各种问题。这种专业性工作可以概括为"信息管理"业务。

英国学者马丁(William J. Martin)认为,信息管理是与信息相联系的计划、预算、组织、指导、培训和控制活动。它既包括信息资源的管理,又包含人员、设备、投资和技术等相关资源要素的管理。在信息管理的组织上,他将信息管理与管理信息系统(MIS)相区别,认为管理信息系统是一种为明确限定的某一管理层次提供特定信息的"管理工具"。与信息管理活动相比,其范围更窄,与"信息资源管理"相比较,马丁强调"信息管理"概念的通用性和在资源管理范畴内的一致性。

德国学者施特勒特曼(K. A. Stroetmann)等人从信息服务的组织与信息经济管理角度出发,研究了信息管理的组织机制,将信息管理归纳为对信息资源和相关信息过程进行的规划、组织和控制,其主要内容包括基于信息服务的管理环境、信息经济化过程管理、信息资源管理、信息生产与服务管理等。施特勒特曼从信息资源管理和信息过程管理角度对信息管理的综合探讨,不仅系统地归纳了信息管理的内容,而且从理论与实践的结合上确立了信息管理的体系。

此外,国内外众多学者对信息管理的组织过程和业务过程都进行了多方面的研究、总结和归纳,虽然这些认识和归纳的理论出发点不尽相同,但是他们对信息管理的界定、规范化的实质性认识却是基本一致的。同时,信息管理科学和技术的标准化和国际化,也使得他们的认识走向趋同。

综合上述学者观点的主要思想,本书认为,信息管理就是借助于信息技术,充分运用经济、人文等手段,对社会中存在的各种类型的信息资源及信息活动加以管理,以求最大限度地发挥它的作用,实现它的价值,并带来效益。在这里,管理包括对信息资源进行规划、组织、配置、传递、利用、反馈和评估。信息管理不但是一种管理的思想,也是一种管理的技术手段,在某种程度上说,它还是一个系统。

从综合角度看,虽然不同类型的信息服务业务的开展有着不同的信息管理模式,不同的技术条件、信息环境和人文环境下的信息管理要求具有不同的内容,且包括科技与经济信息机构、图书情报机构和行业性信息服务实体在内的信息管理不可避免地存在着多方面的差异,但是信息管理的实质、基础和核心业务却是相同的,并构成了信息管理的以下基本内容。

1)信息资源开发、调配与组织管理　这是最基本的信息管理工作,涉及社会的各个方面,有效地开展这一工作是提供高效化信息服务的前提。这一管理业务的内容包括:非文献信息和文献信息资源的开发,科技、经济、政治、军事、文化等领域信息资源的社会调配,各类信息资源的布局,信息资源的利用、组织等。其工作的开展必须注意“信息资源管理体制”与社会形态的适应。

2)信息传递与交流组织　信息传递与交流是一种客观存在的社会现象,将其纳入社会管理的轨道不仅是为了提高社会信息传递与交流的效率和效益,而且是维护社会正常运行的需要。信息传递与交流组织的基本内容包括:信息传递与社会秩序的建立与维持,各种信息传递与交流业务的开展以及社会各有关部门信息传递与交流关系的确立等。

3)信息的揭示、控制与组织　无论是图书情报部门,还是信息服务部门,都必须对所搜集的信息进行全面加工,将其有序化,以便从信息特征和内涵出发揭示其内容,进行有效控制,并以此为基础组织信息存储和系统化的服务工作。需要指出的是,不同的信息业务对信息内容的揭示、控制与组织有着不同的特殊要求,从而形成了各具特色的体系。目前这一主要的信息管理业务可以概括为书目信息服务、信息检索及相关业务。

4)信息研究、咨询与决策组织管理　信息研究、咨询与决策是一种高层次的信息业务,旨在围绕管理工作的核心提供决策方案,其中的信息管理内容包括决策管理信息的识别、组织、分析、整理和加工,以便在充分利用现有信息的基础上,通过有针对性的研究,得出未知的结论,待确认其可信度之后用于管理实践。

5)信息技术管理　现代信息技术包括信息处理技术、通信技术、控制技术等。信息技术管理的基点是根据信息服务业务的开展和社会的实际需要,组织各种信息技术的开发和应用,进行技术的标准化和规范化管理。当前,信息技术管理的主要内容可分为硬技术管理和软技术管理。其中硬技术管理主要针对计算机、通信以及在此基础上发展的其他信息设施的研制过程;软技术管理则围绕各种信息设施及产品的使用过程,主要包括信息运动全过程的技术管理。

6)信息系统管理　信息系统作为现代社会重要的技术系统,其基本组成要素包括信息工作人员、技术、设施、信息及其载体、用户以及系统环境等。信息系统有着独特的内部结构和目标运行机制,这说明信息系统的管理不仅包括以上所有基本要素的管理,而且还包括系统组织和运行的管理与控制。鉴于信息系统与其他系统的区别及其特殊性,其管理体制和方式自然也应区别于其他系统而自成体系。

7)信息服务与用户管理　信息用户是信息服务的对象,任何信息工作无不以服务于一定范围的用户,并满足其信息需求为前提,因而信息服务与用户管理是信息管理工作中的基础性工作，甚至可以称为信息管理的中心工作。由于各种信息业务的开展均以用户的信息需求为依据，所以信息服务和用户管理的内容不仅包括“服务”和“用户”，而且贯穿于信息业务工作的全过程。由此可见，信息服务与用户管理的内容是综合性的，管理方法也是系统性的。

8）信息经济管理 信息作为一种基本资源在现代社会发展过程中越来越重要，以此为基础的产业（信息产业）经济日趋发达，致使社会经济结构发生了重大变化，导致了以信息经济充分发展为标志的信息化社会形态的出现。这说明信息经济的管理内容、管理模式以及管理方法已经发生了深刻的变化，它不再局限于信息经济本身，而是要从社会经济整体出发来管理信息经济。

此外，信息管理还包括与信息活动有关的社会管理，如各种中介业务、公关活动等方面的信息管理。同时，信息管理还涉及社会的各个方面，其基本业务有数据处理，日常文书、工作会记录、文件管理等。

1.3.2 信息管理的特征与层次

通过对信息管理活动及信息管理思想多方面的分析可以看出，信息管理的内涵十分丰富。人类的信息管理活动发展到现在，呈现出以下七大方面的特征。

（1）信息管理具有浓烈的技术色彩，即它要充分利用信息技术，将它作为一种有力的手段，完成信息管理的目标。

（2）信息管理是为了更好地完成管理的职能，即它可以充分管理信息资源和知识资源，最大限度地发挥它们的作用，为组织带来效益。

（3）信息管理是一种管理的思想，它将信息与知识作为一种资源处理，建立起基于信息或知识资源的管理体系与管理文化。

（4）信息管理是一个管理的过程，在此过程中，要充分利用经济、人文和技术等手段，保证此过程的顺利进行。

（5）信息管理是建立在对信息的微观处理过程基础上的管理系统。

（6）信息管理是随着社会中各种环境的变化而不断演进、变化的。

（7）信息管理理论是多学科研究的成果，它集合了管理学、图书馆学、情报学、信息技术学科、经济学等多学科的知识，是它们交叉研究的结果。

从信息管理的层次上看，可以将信息管理分为三个不同的层次，每一个层次所面向的对象以及所处理的工作内容也不一样，但都可以说是信息管理，无论单独讨论哪一个都是不完全的。

1. 微观层次的信息管理

微观的信息管理更加贴近普通人对信息管理的理解，它所研究和处理的是具体的信息产品的形成和制作过程，包括从信息的搜集到对信息的组织、加工、整理，进而对信息进行分析与预测，形成独立、具体的信息产品，然后将信息产品在组织内部消费或送入市场,转化为信息商品,连同信息服务一起出售给消费者。在此过程中,始终贯穿其中的是对信息产品与制作过程的评估、反馈及其管理。所以说,微观层次的信息管理主要是面向具体的信息产品而展开的。

2. 中观层次的信息管理

中观层次的信息管理面向的不是一件件具体的信息产品,而是处于社会中的具体的信息系统。在这里,信息系统有两个层面的理解:一是从信息技术角度出发,开发编制出用于处理具体问题的计算机系统软件,它涉及系统的分析、编制、维护与管理等问题;二是从社会组织系统的角度出发,信息系统是一个完整的组织内部的信息处理与交流的环境与平台。任何组织内部都存在着大量的信息,对物质的管理可以看做是对信息的管理。如何规划与运营好企业内部的信息资源,是中观层次的信息管理所关注的问题。上述两种理解存在着互为利用的关系。要想管理好组织,从信息战略的角度出发,要加强组织文化等软环境的建设,同时,也要充分利用好企业的信息技术系统资源,这样才能效率倍增。

3. 宏观层次的信息管理

宏观层次的信息管理是从整个社会系统角度来看的,它主要是指对一个国家和地区的信息产业的管理。信息产品送入社会,进入信息市场,就要加强对信息市场的监管,加强对信息服务的管理,就要在政策、法规和条例等方面进行规范。信息产业所涉及的范畴比较宽,领域比较广,行业比较多,如何通过对它们的有效管理,提高行业的信息化水平,进而提高整个社会的信息化水平等,都是宏观信息管理所要研究的问题。

1.3.3 信息管理的发展历程

人类信息管理活动的发展历史源远流长。从原始社会人类的结绳记事,到今天人们广泛利用计算机等信息技术来提升信息的管理水平和效率,可以说,人类的历史有多长,信息管理活动的发展历史就有多长。纵观人类信息管理活动所采用的手段与方法,基本上可以将它分为三个时期:古代信息管理活动时期、近代信息管理活动时期和现代信息管理活动时期。

1. 古代信息管理活动时期

语言是表达人类思想以及人类认识自然与改造自然的结果的重要载体。在文字发明以前,人们使用声音语言来传递信息、表达情感。对这类信息的保存与管理主要通过口耳相传,因此信息管理的效果得不到保证。单从“保存”这一角度来说,只有极少数的信息得以保留下来,成为今天人类极其珍贵的文化遗产。同时,声音信息的传递范围从广度和深度上讲,均受到很大的限制。实际上,在文字发明以前,人们通过图画的方式来记录、传递与保存信息,由此产生了象形文字,并最后导致了正式文字的诞生。相对于声音信息而言,文字的出现使人类可以在时空上对信息的管理得以加强,使信息管理发生了重大的变革。

在古代时期,我国的信息管理活动在全世界是最具有代表性的。到清朝“康乾盛世”之前,我国一直国力强大、经济繁荣,各项事业都走在世界的前列,社会信息资源丰富,信息管理的手段也比较发达,广泛利用了当时比较先进的管理思想与方法,如将分类管理的思想应用到信息管理活动之中,编制出了经世济用的“四部分类法”,即以经、史、子、集为主的分类体系。

古代封建社会的信息资源主要以文献信息资源为主。在雕版印刷术和活字印刷术发明以前,文献信息资源主要为手抄本,这样的信息生产手段与水平使得整个社会的信息资源总量十分少。勤劳聪明的中国人向世界贡献了四大发明,其中有两项就涉及信息管理技术,造纸术与印刷术大大推进了世界信息数量的增长以及信息加工手段的提高,同时也扩大了信息传递的空间范围,加快了信息传递的速度。

总体看来,古代时期的信息管理活动,没有形成社会规模;社会信息资源数量有限,并且以纸质手抄本及印刷本为主;信息存储的方式是封闭的、私有化的;信息管理的手段与方法以手工为主,创造出了适用于当时的信息资源状况的独特方法,并且将此方法与学术研究及其方法结合在一起;文献资源的所有者或者官方指定的官员是信息管理的主体,完成信息管理活动,执行信息管理行为。

2. 近代信息管理活动时期

近代信息管理活动时期应该是从机器大生产代替手工生产、资本主义代替封建主义成为世界主流社会形态后开始的。这一时期,资本主义的科学与民主等人文主义思想不断扩散到全世界,人们追求真理、追求进步思想的呼声高涨,直接推动了社会的整体进步;社会中可接受教育的人数不断增多,群众的识字率不断提高,社会文化不断普及。社会信息资源因为科学技术的发展而快速增加,特别是新型的机器印刷的出现加快了文献信息的生产,使得社会信息积聚不断加快;除了图书这种信息载体类型之外,报纸、杂志等新型载体也大量涌现,但仍旧以纸质印刷品为主;信息传递的渠道增多,信息交流的广度和深度大大加强。

与前一个时期相比,这个时期最明显的进步就是社会文化水平的提高。对于信息保存来说,藏书楼式的藏书制度被彻底打破。在以图书文献为主要社会信息资源的社会背景下,保存文献信息资源的责任义无反顾地选择了这一时期新型的信息存储机构——图书馆。图书馆的出现是人类文明的一大进步,它不同于传统的藏书楼,它已经将信息管理的目的从简单的“藏”发展到“藏”与“用”相结合。

图书馆的出现促进了信息的管理思想及管理手段与方法的变化。联合国教科文组织认定的图书馆四项职能是:保存人类文化遗产,社会信息流整序,传递情报,启发民智的文化教育。在这里,最重要的当属社会信息流的整序职能。当无序的信息流出现时,人们无所适从,但图书馆就承担起了对它们加工整理的任务,使无序的信息经过自己的处理变成有序的信息。从无序到有序,实现了人们对大量信息进行管理的梦想。这种梦想的实现，得益于图书馆所开创的具有现代意义的一系列行之有效的信息管理方法，如分类法、编目法、主题法、索引法、计量法等。这个时期，从事信息管理的人员不能再以官员的身份出现，某一个人或几个人再也无法完成这项社会工作，取而代之的是专业的信息管理人员。这种专门化的信息管理人员在这个阶段主要集中于图书馆中，被称为图书馆员。

虽然这段时期信息管理思想、手段与方法不断进步，但信息管理仍旧被解释为“对信息的管理”，信息管理强调的仍旧是对信息加以管理的技术手段与方法，没有上升到战略的高度，它的内涵还是比较单薄的。这一阶段，以文献信息为中心，图书馆为主要场所，由专门的信息管理专业人员所创造的一系列技术手段成为信息管理的主要方法，同时出现了针对信息收集、处理、保存、利用等过程的解释。

3. 现代信息管理活动时期

现代信息管理活动时期的信息管理理念和信息管理技术水平及手段与古代、近代时期有本质的区别。

信息技术在信息管理的发展中占有重要地位，它主导着信息管理各时期的发展。计算机技术的出现，对整个人类社会的方方面面都产生了巨大的影响。世界上第一台电子计算机是在 1945 年研制成功的，正式面世是在次年 2 月。此时，正是第二次世界大战结束之时。所以，以第二次世界大战的结束为标志，信息管理活动进入了第三个阶段——现代信息管理活动时期。

对信息管理的发展起到重大推动作用的计算机、网络等现代信息技术发展迅速，对人类的工作与学习方式，甚至思维方式都产生了巨大的影响。网络的出现也扩大了信息交流的范围，促进了信息的爆炸性增长。信息传播与交流方式发生了翻天覆地的变化。在第二次世界大战后，广播、电视、网络三大媒介形式出现，并且成为大众信息交流的主要手段与方式，刺激了信息量的迅速增加。人们获取信息的渠道与方式改变了，社会信息量加大。目前，电子信息交流的方式极大地改变着自人类诞生以来的传统信息交流手段与渠道。

伴随着信息技术的变化，信息资源类型不断多样化。除了文献型信息资源外，还出现了缩微型、电子型、网络型等新型媒体。信息管理技术的不断复杂化与多功能化，也为信息的深度管理奠定了基础。由对载体单元的操作深入到了信息内部的知识单元，要挖掘信息内部存在的具有逻辑关联的智慧资源，这对信息管理的要求越来越高。信息管理的手段充分利用信息技术，一方面提升了上两个时期形成的信息管理方法，另一个方面结合新的信息形式、信息载体、信息类型，而开发出新的管理技术手段，如数据库、数据仓库、联机分析、商务智能等。

图书馆在这一时期继续扮演着社会信息流整序的职能，但它已经不再是唯一具有此类社会职能的信息管理机构，社会上出现了相对于图书馆来说，功能与目的皆不同的各类信息管理机构，如咨询公司、企业管理公司、调查公司等。它们共同承担着不同领域、部门和层次的社会信息流的管理工作，共同完成整个社会中信息流的管理。

综上所述，现代的信息管理已经大大超越了古代和近代时期对信息管理的理解框架，发生了质的认识变化；信息管理的内涵与外延都得到了扩大，它所面对的信息资源已经远远超出了传统的文献型信息资源的范畴，扩大到了多种新型的信息类型，整个社会的信息资源呈几何级数增长，不同的部门和领域均不得不面对信息管理的挑战；信息管理技术充分利用了现代信息技术的优势，突破了传统处理文献的信息管理技术范围，大量采用先进技术手段与方法，传统的信息管理技术在新的技术环境下不断地完善与发展，以适应新的环境的变化；信息管理人员早已不仅是以传统的文献信息处理为己任，而是更加技术化、专业化、专门化，他们在组织内部被称为 CIO 或 CKO，已经成为社会组织中的一个阶层。

本章小结

本章重点讲述了信息及信息资源的含义与特征、信息管理的内涵，同时对信息的分类、信息资源的社会功能及作用、信息管理的特征与层次进行了较为详细的阐述，并介绍了信息的生命周期、信息管理的发展历程等内容。

通过本章的学习，学生应掌握什么是信息，以及如何将信息理解为一种可利用的、具有价值性的资源。同时，学生应对信息管理形成初步的认识与了解，为本书后面章节的学习打下基础。

参考文献

[1] 谢新洲. 信息管理概论[M]. 北京：中央广播电视大学出版社，2003.
[2] 胡昌平. 信息管理科学导论[M]. 北京：高等教育出版社，2001.
[3] 马费成. 信息管理学基础[M]. 武汉：武汉大学出版社，2002.
[4] 卢泰宏，沙勇忠. 信息资源管理[M]. 兰州：兰州大学出版社，1998.
[5] 马费成，李纲，查先进. 信息资源管理[M]. 武汉：武汉大学出版社，2001.
[6] 岳剑波. 信息管理基础[M]. 北京：清华大学出版社，1999.
[7] 潘永泉. 企业信息管理[M]. 北京：中央广播电视大学出版社，2000.

思考与练习

1. 不定项选择题

(1)广义的信息资源包括(　　)。

A. 信息劳动的场所　　　　B. 信息劳动的对象

C. 信息劳动的设备　　D. 信息劳动的技术
E. 信息劳动者

(2)从信息管理的层次角度,可将其分为(　　)。
A. 中观层次的信息管理　　B. 微观层次的信息管理
C. 宏观层次的信息管理　　D. 战略层次的信息管理
E. 战术层次的信息管理

(3)信息管理具有两方面的特征,分别是(　　)。
A. 载体特征　　B. 技术特征　　C. 经济特征　　D. 效应特征
E. 管理特征

(4)古代信息管理活动时期的信息资源以(　　)形式的信息资源为主。
A. 电子信息资源　B. 文献信息资源　C. 数据库　　D. 模型库
E. 图画

(5)古代信息管理活动时期的信息管理重点在于(　　)。
A. 传播　　B. 利用　　C. 收藏　　D. 开发
E. 执行

(6)近代信息管理活动时期的信息管理目的是(　　)。
A. 收藏与使用结合　B. 收藏　　C. 开发　　D. 传播
E. 分类

(7)近代信息管理活动时期,信息管理的主体是(　　)。
A. 信息资源的所有者　　B. 政府信息官员
C. 信息资源的使用者　　D. 专门的信息管理专业人员
E. 政府管理人员

(8)联合国教科文组织认定的图书馆的四项智能是(　　)。
A. 保存人类文化遗产　　B. 社会信息流整序
C. 传递情报　　D. 辅助决策
E. 启发民智的文化教育

(9)现代信息管理活动时期,信息管理的主体是(　　)。
A. CIO　　B. 信息使用者
C. CKO　　D. 更加技术化、专门化、专业化的人才
E. 政府信息官员

2. 填空题

(1)狭义的信息资源包括:____________________。

(2)古代信息管理活动时期,信息管理的主体是____________________。

(3)近代信息管理活动时期在时间上是从____________________开始的。

(4)现代信息管理活动时期在时间上是以____________________为标志开始的。

3. 名词解释

(1)信息;(2)信息资源;(3)信息管理。

4. 简答题

(1)信息具有哪些属性?

(2)简述信息资源的功能。

(3)微观、中观、宏观层次的信息管理有何区别?

(4)简述信息管理的特征。

(5)我国古代信息管理活动时期的信息管理有哪些特点?

(6)近代信息管理活动时期的信息管理有哪些特点?

(7)简述现代信息管理活动时期的特点。

(8)现代的“图书馆”和传统的“图书馆”有何不同?

第 2 章　信息管理的技术基础

本章要点

◎ 信息技术
◎ 信息系统
◎ 信息安全

学习内容

1. 信息技术的概念
2. 信息技术的体系结构
3. 信息技术的类型
4. 计算机技术
5. 通信技术
6. 计算机网络
7. 计算机信息管理——信息系统
8. 信息系统类型
9. 信息系统安全
10. 信息安全模型
11. 信息安全技术

学习目标

1. 了解:信息技术的概念、信息安全的含义和信息管理体系、信息管理的组织机构
2. 理解:计算机技术、信息技术和信息管理系统
3. 掌握:信息技术的分类、信息系统的类型和信息安全技术

关键词

信息技术、计算机技术、信息系统、信息安全

虽然我们将信息管理当做一种管理的理念与思想,但它们的实现离不开信息技术的支持。这也是信息管理被大多数人理解为一种信息技术或是信息技术的一个子集的缘故。人们从战略高度开发利用信息资源、实现信息的价值,也需要信息技术这个重要手段。信息技术是信息管理的技术基础。

信息技术的快速发展给信息管理带来了机遇。信息技术使信息的传输时间大大缩短,提高了信息的存储容量和处理速度,降低了信息管理的成本。利用信息技术推动经济发展,可以真正实现信息管理的潜力。同时,伴随着机遇,信息管理也要面临信息技术的挑战。信息安全成为信息管理工作中的重点,一定程度上限制了信息管理的发展。

2.1 信息技术概述

在人类社会的信息交流和管理活动中,信息技术具有无可比拟的推动作用。它不但影响着整个社会和人们的政治、经济、文化和生活,而且也在迅速地改变着整个社会和每一个人。

2.1.1 信息技术的概念

信息技术(Information Technology, IT)的概念虽然已被社会广泛使用,但目前对它的定义有多种表达,来自学术界和产业界人士从各自的角度给出了不同的定义。目前比较有代表性的定义主要有以下几种。

(1)信息技术是借助于以微电子学为基础的计算机技术和通信技术结合而形成的手段,对声音、图像、文字、数字和各种传感信号的信息进行获取、加工处理、存储、传播和使用的技术。(这是狭义的定义,它强调了信息技术的现代性和高科技含量)

(2)信息技术是指在计算机和通信技术支持下用以获取、加工、存储、变换、显示和传输文字、数值、图像、视频和音频信息,包括提供设备和提供信息服务两大方面的方法与设备的总称。

(3)信息技术是在信息加工和处理过程中使用的科学、技术与工艺原理和管理技巧,这些原理和技巧的应用包括计算机及其同人和机器的交互作用和与此相关的社会、经济与文化问题。

(4)信息技术是管理、开发和利用信息资源的有关方法、手段与操作程序的总称。

(5)信息技术是能够延长或扩展人的信息能力的技术。

综合信息技术的本质和功能,可以认为:信息技术是指能够扩展人的信息器官功能,完成信息获取、传递、处理、利用等功能的一种技术。

从广义来讲,信息技术是扩展人类信息器官功能的一类技术的总称。我们知道,人体本身就是一个信息处理与加工系统。但是人的信息器官对信息的处理能力是有限的,人类通过对它们仿真,在技术上实现了其功能在更大空间和时间上的扩展。这些信息器官及其扩展主要包括以下四类。

1)感觉器官　感觉器官包括视觉器官、听觉器官、嗅觉器官、味觉器官、触觉器官和平衡感觉器官等。主要功能是获取信息。对其扩展就形成了感测技术,如显微镜、望远镜等。

2)神经系统　神经系统又可以分为导入神经网络和导出神经网络等。主要功能是传递信息。对其扩展就形成了通信技术,如卫星通信、无线通信等。

3)思维器官　思维器官包括记忆系统、联想系统、分析推理和决策系统等。主要功能是加工和再生信息。实际上它担负着存储信息、检索信息、加工信息和再生信息的复杂任务。对其扩展就形成了可以辅助人类思维的计算机智能技术。

4)效应器官　效应器官包括操作器官(手)、行走器官(脚)和语言器官(口)等。主要功能是应用信息,通过信息对外部环境进行干预和调节。对其扩展就形成了效用技术,包括控制技术、显示技术等。目前,比较重要的控制技术有人机接口、机器人等技术。

人类的这四类信息器官和它们的信息功能是有机地联系在一起的,这种有机的联系使它们能够执行一种整体性的高级功能——认识世界和改造世界所需的智力功能。这种高级的整体性功能不是每个个别器官功能的简单相加,它体现了一个著名的系统学原理,即整体大于部分之和。

2.1.2　信息技术的体系结构

信息技术实际上是一个庞大的信息技术群落,它不是由一两个通用的信息技术构成的,而是呈现出一个层次分明的技术体系。这就要求我们了解它的体系、层次和外部联系。

信息技术的体系包括四个基本层次:主体技术层次、应用技术层次、支撑技术层次和基础技术层次。这四个层次之间的关系如图 2-1 所示。若把信息技术的整个体系比喻为一棵参天大树,那么,它的基础技术层次便是大树扎根的土壤;支撑技术层次便是大树发达旺盛的根系;主体技术层次是大树强劲的躯干;而应用技术层次则是大树的枝叶和花果。肥沃的土壤、发达的根系、粗壮的躯干,这一切都是造就繁茂的枝叶和花果的必要条件。

1. 信息技术的基础技术

信息技术的基础技术主要是指新材料技术和新能量技术(不仅是新能源技术,还有新的能量转换和能量控制技术等)。

这些技术成为信息技术的基础技术是很显然的。因为一切信息技术都要通过某

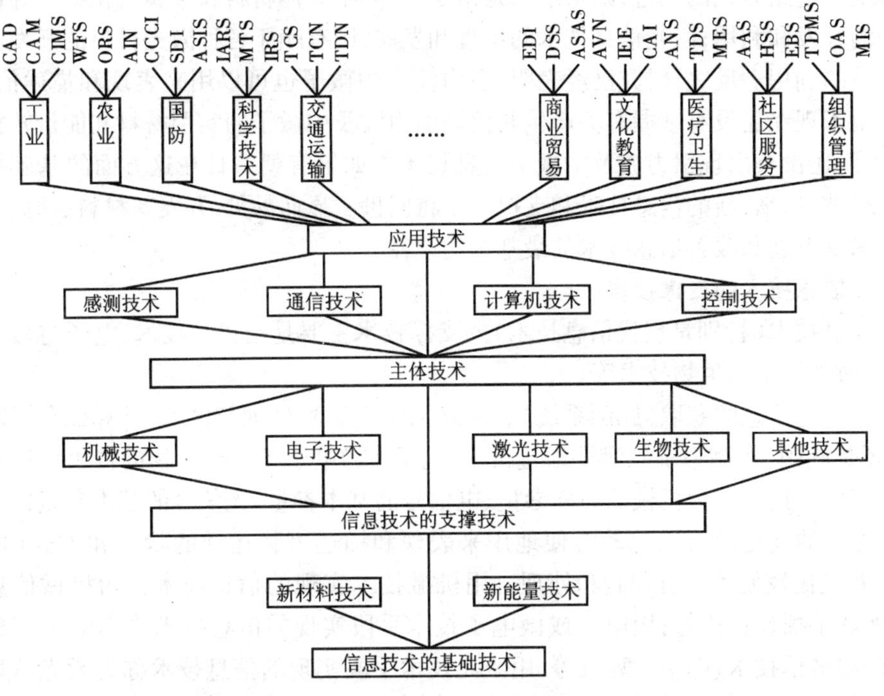

CAD:计算机辅助设计
CAM:计算机辅助制造
CIMS:计算机集成制造系统
WFS:气象预报系统
ORS:作业监测遥感系统
AIN:自动化灌溉网络
CCCI:指挥—控制—通信—情报系统
SDI:战略防御系统
ASIS:空间情报系统
IARS:情报自动检索系统
MTS:情报自动翻译系统
IRS:智能推理系统
TCS:交通控制系统
TCN:远程会议网络
TDN:远程调度网络

EDI: 电子数据交换
DSS: 决策支持系统
ASAS:自动出售—记账系统
AVN:远程自动化视听教学系统
IEE:智能娱乐设备
CAI:计算机辅助教学
ANS:自动护理系统
TDS:远程会诊系统
MES:医疗专家系统
AAS:自动订座订票系统
HSS:家务操作系统
EBS: 电子银行系统
TDMS: 智能决策系统
OAS:办公自动化系统
MIS:管理信息系统

图 2-1　信息技术的体系结构

种(某些)支撑技术的手段来实现,而一切支撑技术又都依赖于某种或某些材料和能量技术;一切新的更优秀的支撑技术的发现和利用,也都有赖于新材料和新能量技术的开发和应用,也就是说,信息技术在性能水平方面的进步,归根结底来源于材料和能量技术的进步。例如,电子信息技术由真空管时代向晶体管时代、集成电路及超大规模集成电路时代的迈进，归根结底是由于锗、硅半导体材料和金属氧化物半导体材料等的开发和利用；激光信息技术的出现和发展，则有赖于各种激光材料的开发和激光能量的利用。反之，研究已经表明，引力波和中微子也可以用来表现和描述信息，只是由于现在还没有掌握有关产生和控制引力波及中微子的实用材料和能量转换技术，因而还没有出现引力波及中微子信息技术。如果有朝一日在这方面的基础技术有了突破，那么，新的信息技术和支撑技术将问世。显而易见，开发新材料、掌握新能量技术是发展和改善信息技术的最基本的途径。

2. 信息技术的支撑技术

信息技术（特别是现代信息技术）的支撑技术主要是指机械技术、电子与微电子技术、激光技术和生物技术等。

无论是信息的获取（感测系统）、传递（通信系统）、处理与再生（计算机和智能系统）还是施用（控制系统），都要通过机械、电子或微电子、激光、生物的技术手段来具体地实现。这是因为机械的力学参量、电信号的基本参量、光信号的基本参量以及生物电参量的变化都可以比较方便地用来表现和描述事物运动的状态和方式（即信息），并且比较便于进行控制和处理。用机械技术实现的信息技术称为机械信息技术，例如手摇计算机等；用电子或微电子技术手段实现的信息技术称为电子信息技术，例如电信技术、电子计算机等；用激光技术手段实现的信息技术称为激光信息技术，例如激光光导纤维通信、激光控制、激光遥感、激光计算机等；用生物技术手段实现的信息技术称为生物信息技术，例如生物传感器、生物计算机等。

3. 信息技术的主体技术

信息技术的主体技术就是感测技术、通信技术、计算机与智能技术、控制技术。这几个概念已经在前面论述过，这里就不再赘述。

4. 信息技术的应用技术

信息技术的应用技术包括信息技术在工业、农业、国防、交通运输、科学研究、文化教育、商业贸易、医疗卫生、体育运动、文学艺术、行政管理、社会服务及家庭劳作等各个领域的应用，这样广泛普遍的实际应用体现了信息技术强大的生命力和渗透力，体现了它与人类社会各个领域的密切而牢固的联系。

通常把这个层次体系中最上面的两个层次（即主体技术和应用技术）称为应用信息技术，或者简称为信息技术；而下面两个层次（即支撑技术和基础技术）一般不被称为信息技术，只有在某些必要的场合，才把它包含到广义的信息技术概念中去。

当然，信息技术体系的层次划分是相对的，而不是绝对的。例如，在主体技术与应用技术层次之间就不存在截然的界限，主体技术本身往往就是应用技术，就像一台计算机，它既是主体技术又是应用技术；通信系统的情形也是如此。又如，在主体技术与支撑技术之间，虽然有着原则的区别，即主体技术一般是系统技术，直接扩展人的信息器官的功能；支撑技术一般是标准部件或元器件的制造技术，不能单独完成扩展人的信息功能的任务。但是,如果制造技术发展到一定水平,以致在制造过程中一次就直接制造出一个完整的信息系统,而不只是标准的通用元器件,那么,这种制造技术就已经属于主体技术的范畴了,其产品本身就可以直接扩展人的某种信息器官的功能。

2.2 信息技术的类型

对于信息技术,可以从不同的角度认识它,其类型也是不同的。

1)按信息技术的物化形态　可将信息技术区分为硬技术和软技术。硬技术是指已经或即将固化为实物的信息技术,其常以信息产品的形态存在,如计算机、手机、卫星、交换机等。它们在生产和研发过程中应用了大量信息技术,而且为信息技术服务,同时本身也是一件信息产品。它直接可以使用,以实物的形态出现在用户面前,易于为人们理解与接受。软技术是指不具有物质承载者,而呈现出一种知识体系、方法规则的形态的技术,如编程语言、各类信息检索技术、信息组织技术、产品加工技术等。它们是支持硬技术运行的基础。硬技术和软技术在很多情况下并不存在明显的界限,因为很多软技术都从保护知识产权以及使用的方便性考虑,而将其固化成硬技术,成为一个硬件。

2)按信息技术的运用流程　可将信息技术区分为信息获取技术、信息传递技术、信息存储技术、信息检索技术、信息服务技术等。

3)按信息技术的专门用途　可将信息技术区分为网络技术、卫星技术、广播技术、电视技术、电讯技术等。

4)按信息技术的拟人特征　可将信息技术区分为与人的信息器官功能相对应的感测技术、通信技术、计算机技术、控制技术等。

5)按信息技术扩展人类信息器官的功能　可将信息技术区分为广义技术和狭义技术两大类。广义技术包括信息技术体系结构的四个层次,狭义的信息技术包括主体技术和应用技术。

关于现代信息技术的主要构成,有所谓1C、2C、3C和4C的说法:

1C = Computer

2C = Computer + Communication

3C = Computer + Communication + Control

3C = Computer + Communication + Consumer

3C = Computer + Communication + Content

4C = Computer + Communication + Control + Collection

随着新技术的不断出现,信息技术和信息管理也是一日千里,现在的信息管理者想跟上技术发展的步伐是很难的,总是有太多的新技术需要了解。本书中着重介绍几种典型的信息技术的历史及其发展。

2.2.1 计算机技术

计算机是20世纪人类最伟大的发明之一,计算机技术是信息处理的核心。没有计算机,就不可能有现代信息技术的快速发展,人类社会也不可能进入信息时代。随着计算机技术和计算机系统的广泛应用,人类处理信息的能力得到了巨大的提高,并还在不断地加强。

2.2.1.1 计算机技术的发展

计算机技术是对人类最重要、最复杂的器官——大脑的能力的扩展和延伸。1834年英国C.巴贝奇的分析机设计,开创了近代机械式计算机研究的先河。C.巴贝奇因此被公认为"计算机之父"。1944年Mark I计算机作为IBM的礼物赠送给哈佛大学,这是世界上第一台自动数字计算机,标志着现代计算机时代的开始。从1946年世界上第一台电子数字计算机ENIAC在美国诞生至今,计算机的发展经历了从电子管、晶体管、集成电路、大规模和超大规模集成电路的演变。表2-1展示了计算机发展历程中不同时代计算机的主要特点。

表2-1 计算机发展历程及特点

代	起始年份	逻辑元件	存储器	软件	特点
第一代	1946—1956	电子管	磁鼓、磁芯	机器语言、汇编语言	体积大、耗电多、运算速度慢、可靠性不高
第二代	1957—1964	晶体管	内存:磁芯 外存:磁盘	高级语言、操作系统	体积大大减小,运算速度快、可靠性高
第三代	1965—1970	集成电路	半导体	以Pascal、Cobol、C等编程语言和关系数据库管理软件为标志的结构化软件	总体性能较第二代有大幅提升;计算机设计呈现标准化、通用化和序列化
第四代	20世纪70年代后	大规模集成电路	半导体	操作系统日趋成熟,图形用户界面、面向对象技术诞生,C++和Java等高级语言问世	运算速度、容量、性能、可靠性和性价比较第三代有大幅提升;计算机发展呈现多极化、网络化和智能化
第五代	未来	神经元	多元化	支持人工智能、神经网络	速度更快、容量更大、性能更好

目前计算机的发展呈现出两大趋势:一方面向体积、重量、功耗越来越小,而容量、速度、处理能力等性能越来越高的方向发展;另一方面向巨型化、超高速方向发展。目前世界上巨型计算机的运算速度已达到65万亿次/秒。我国也已研制出了运算速度高达160万亿次/秒的曙光5000A超大型计算机。新一代计算机的发展更趋于多元化。计算机要最大限度地模拟人类大脑的机制,具有人脑的联想、推理和学习

等功能，具有对语言、声音、图像及各种模糊信息的感知、识别和处理能力。智能计算机已成为新一代计算机发展的主要方向。

随着计算机器件的研究发展，一些新型计算机也在研制之中，并且有些计算机的研制取得了里程碑式的成绩。

1）光学计算机　光速是物质所能到达的最快的速度（3×10^5km/s）。由于光的互联数大、互联密度高、功耗低、抗干扰能力强、光路间可以交叉而不产生互相干扰，因此，光技术是超并行、高容错、超高速、高带宽、抗干扰计算机的理想技术。光计算机的研究经历了五十多年的时间，已于1990年诞生了第一台全光数字计算机。

2）生物计算机　20世纪80年代，科学家就制造出了蛋白质分子电路，形成一种蛋白质分子开关，为制造生物计算机迈出了可喜的一步。科学家还发现DNA上含有大量的遗传密码，通过生物化学的反应可以完成遗传信息的传递。DNA生物化学计算机是人类一直梦寐以求的愿望，可以实现现在所有计算机无法真正实现的模糊推理和神经网络运算，是智能计算机以至“人造大脑”最有希望的突破口。

3）超导器件计算机　随着半导体器件集成度的不断提高，硅半导体工艺越来越接近极限，人们开始关注超导体材料作为器件的计算机的研究。

4）量子计算机　量子计算机的概念最早由美国加州理工学院Richard P. Feynman于20世纪80年代提出，是利用电子的波动性来制造出集成度很高的芯片。目前，量子计算机的研制主要在两个方面展开，即量子器件的制作和量子计算方法的研究。1994年，美国AT&T公司的贝尔试验室用量子计算方法求解密码学中的大数分解问题取得了成功。1998年2月，美国桑迪亚国家实验室制造出了首枚量子晶体管样管。

5）纳米计算机　纳米（nm）是长度单位，$1\ nm=10^{-9}\ m$。在这个尺寸基础上物理结构所表现出来的奇异特性，已经引起了科学家们极大的研究兴趣。在纳米状态，由于超分子内部的强关联性，其熔点、磁性、导电性、发光性和水溶性等都发生了大幅度的变化。利用纳米材料的奇异特性可以制造出特异的纳米电子器件，把自由运动的电子囚禁在纳米颗粒内。这样的芯片及其构成的计算机是分子级甚至原子级的。

2.2.1.2　计算机系统的组成

计算机系统由硬件系统和软件系统两部分组成。通常，把不装备任何软件的计算机称为裸机，普通用户所面对的一般都不是裸机，而是在裸机之上配置了若干软件之后所构成的计算机系统。计算机之所以能够渗透到各个领域，正是由于软件的丰富多彩，能够出色地完成各种不同的任务。当然，计算机硬件是支持计算机软件工作的基础，没有足够的硬件支持，软件也就无法正常工作。实际上，在计算机技术的发展进程中，计算机软件随硬件技术的迅速发展而发展；反过来，软件的不断发展与完善，又促进了硬件的新发展。两者的发展密切地交织着，缺一不可。

1. 计算机硬件系统

计算机硬件是指组成一台计算机的各种物理装置,它们是由各种实在的器件所组成。直观地看,计算机硬件是一大堆设备,它是计算机进行工作的物质基础。

一般微型计算机的硬件系统包括以下几部分。

(a)中央处理器

中央处理器简称CPU,它是计算机系统的核心,主要包括运算器和控制器两个部件。其中运算器主要完成各种算术运算和逻辑运算。而控制器不具有运算功能,它只是读取各种指令,并对指令进行分析,做出相应的控制。

CPU品质的高低直接决定了一个计算机系统的档次。CPU可以同时处理的二进制数据的位数是其最重要的一个性能标志,常称为机器的字长。人们通常所说的32位机、64位机就是指该机中的CPU可以同时处理32位的、64位的二进制数据。

目前,市场上主流的CPU主要是Intel和AMD两大公司的产品,主要是64位的处理器。这些流行的微处理器代表了世界的先进水平。2005年4月,我国拥有自主知识产权的CPU“龙芯2号”宣布诞生,其性能相当于Intel的奔腾Ⅲ,总体性能达到2000年左右的国际水平。“龙芯”的研制成功,解决了我国有机无芯的问题。

(b)存储器

存储器是用来存储微型计算机工作时使用的信息(程序和数据)的部件,正是因为有了存储器,计算机才有信息记忆功能。

构成存储器的存储介质,目前主要采用半导体器件和磁性材料。存储器中最小的存储单位就是一个双稳态半导体电路或一个CMOS晶体管或磁性材料的存储元,它可存储一个二进制代码。由若干个存储元组成一个存储单元,然后再由许多存储单元组成一个存储器。一个存储器包含许多存储单元,每个存储单元可存放一个字节(Byte,B)的数据。

计算机的存储器可分为两大类:一类叫内部存储器(简称内存或主存);另一类叫外部存储器(简称外存)。计算机工作时,一般先由只读存储器中的引导程序启动系统,再从外存中读取系统程序和应用程序送到内存中运行。

内存储器由半导体器件构成。从使用功能上分,有随机存储器(RAM)和只读存储器(ROM)。目前微机均采用动态随机存取存储器(DRAM),其较新产品的速度可达2^{108} bps。单条存储容量可达4GB。

外存通常是磁性介质或光盘,如硬盘、软盘、磁带、CD等,能长期保存信息,并且不依赖于电来保存信息,容量大,便于计算机间的信息交流。目前,常用的外存储器主要有硬盘,容量可达几百个G;闪存,容量达到几个G,且方便使用和携带;光盘,便于长期保存,DVD光盘容量可到4G多。

(c)输入输出设备

输入设备是外界向计算机传送信息的装置。在微机系统中,常用的输入设备有键盘、鼠标以及扫描仪等。输出设备的作用是将计算机中的数据信息传送到外部媒介,并转换为某种人们需要的表示形式。在微机系统中,最常用的输出设备是显示器和打印机。有时根据需要还可以配置绘图仪等输出设备。

2. 计算机软件

计算机软件是指在硬件设备上运行的各种程序以及有关的资料。所谓程序实际上是用于指挥计算机执行各种动作以便完成指定任务的指令集合。人们要让计算机做的工作可能是很复杂的,因而指挥计算机工作的程序也就可能是庞大而复杂的。

计算机软件包括系统软件和应用软件两大类。

系统软件是指管理、监控和维护计算机资源的软件,是负责协调和控制整个计算机系统的硬件和各种程序间活动与功能的程序集合。常见的系统软件有操作系统、语言处理系统、数据库系统、分布式软件系统和人机交互系统等。

(1)操作系统(Operation System,OS)用于管理计算机的资源和控制程序的运行,是管理电脑硬件与软件资源的程序,同时也是计算机系统的内核与基石。操作系统有管理与配置内存、决定系统资源供需的优先次序、控制输入与输出设备、操作网络与管理文件系统等基本功能,控制程序运行;改善人机界面;为其他应用软件提供支持等,使计算机系统所有资源最大限度地发挥作用,为用户提供方便的、有效的、友善的服务界面。微机上使用的操作系统有 DOS、Windows、OS/2、UNIX、LINUX、Netware 等。目前应用较多的有 Windows 和 LINUX。随着开发技术的进步和要求的提高,新的操作系统也不断产生,目前较新的操作系统有 Windows Vista 和红帽 LINUX 等。

(2)语言处理系统是用于处理软件语言等的软件,如编译程序等。数据库系统是用于支持数据管理和存取的软件,它包括数据库、数据库管理系统等。数据库是常驻在计算机系统内的一组数据,它们之间的关系用数据模式来定义,并用数据定义语言来描述;数据库管理系统是使用户可以把数据作为抽象项进行存取、使用和修改的软件。分布式软件系统包括分布式操作系统、分布式程序设计系统、分布式文件系统、分布式数据库系统等。

(3)人机交互系统是供用户与计算机系统之间按照一定的约定进行信息交互的软件系统,可为用户提供一个友善的人机界面。

应用软件是指除了系统软件以外的所有软件,是用户利用计算机及其提供的系统软件为解决各种实际问题而编制的计算机程序。常见的应用软件有文字处理软件、数据处理软件、图形处理软件、辅助类软件、网络应用软件及游戏软件等。

2.2.1.3 计算机的应用

电子计算机,特别是微型电子计算机性能的不断提高,使得计算机技术在现代社会各方面得到了非常广泛的应用。目前计算机的应用领域可归纳为以下几个方面。

1)科学计算　科学计算是计算机应用的一个重要方面。人们可以通过编制各种软件或程序,利用计算机快速、准确地解决科学研究、技术开发、工程设计中涉及的各种复杂冗长和计算量大的问题,如航空、航天、军事、气象、高能物理、地质勘探等。

2)信息管理　信息管理是计算机应用最广泛的一个领域,例如计算机在企业管理、物资管理、数据统计、账务计算、情报检索等方面的应用。利用计算机的高速运算、大容量储存及逻辑判断能力,可以极大提高信息处理的速度、质量和能力。计算机信息管理还促进了事务处理的自动化,如各种交易和业务的信用卡、交通部门的自动售票系统、银行的 ATM 机等。计算机的应用极大地提高了信息管理的质量和效率。

3)工业应用　工业应用包括计算机和各类检测仪器、控制部件、传感器和执行机构组成的自动控制系统或自动检测系统,以及各种基于微型机的智能实时控制系统。

4)科学实验　计算机技术,尤其是微型机技术的广泛应用大大改变了各种实验设备和测量仪器的制造技术,使新一代基于计算机的各种仪器仪表向智能化方面发展,不仅能快速准确地进行自动实验和测量,而且能够自动记录打印和分析测量结果,从而使科学实验和产品开发更有效和可靠。

5)模拟系统　用计算机系统进行复杂系统的仿真实验和研究,为复杂系统的研究和制造提供了低成本与高准确度的辅助手段,大大降低了成本,缩短了周期。此外,计算机系统能够与图形显示、动态模拟系统组成逼真的模拟训练系统,在飞行训练、军事演习、技能评估等方面得到了很好的应用。

6)网络通信　计算机与通信技术的结合引起了信息技术的巨大革命。将许多计算机用通信线路(或专用线路)连接,形成了计算机网络。计算机网络可以传递语音、图像、文字和数据,不同的计算机可通过网络共享信息资源。例如,银行计算机网络使得资金周转加快,用户可异地存取款。国际互联网(Internet)将全世界的计算机连接在一起,人们可以在任一台联到互联网的计算机上访问网上的其他任何一台计算机,并且可以和它联络和交换信息,可以共享世界各国的信息资源。

7)家庭应用　计算机在现代社会的家庭中已有了广泛的应用。例如,利用计算机进行家庭经济管理、家庭信息管理,特别是随着国际互联网的广泛普及,人们可以在家中用计算机浏览全世界的信息资源,通过电子邮件、BBS、ICQ 等方式与世界各地的亲友联系。另外,计算机游戏、多媒体娱乐丰富了人们的生活;计算机教学软件使得人们可在家里进行各个方面的学习,接受教育。计算机在家庭中的广泛应用大大改变了人们的传统生活方式。

2.2.2　通信技术

通信是人体信息传递机能的延伸,是人类赖以生存和发展的基本要素之一。在现代信息技术的体系架构中,如果将计算机技术比作是现代社会的“大脑”,那么,通信技术就可以称为现代社会的“中枢神经系统”。人们把 20 世纪 70 年代称作模拟电话时代,80 年代称为数据通信时代,90 年代称作综合信息通信时代,21 世纪称作智能通信时代。

现代通信技术的主要任务是通过一定的媒介将承载一定信息的信号从一点快速、准确地传递到另一点。人类社会通信技术的发展经历了从古代的烽火、信鸽和驿站,再到近代的邮政、电报、电话、广播和电视,到现代的卫星、光纤和计算机网络的发展进程。

通信能力的提升使得各种信息媒体(数字、声音、图形、图像等)可以在通信网络中高速传递,给人类社会带来了从生产方式到生活方式的深刻变化。人类不断地致力于研制更先进的信息传递技术,以最大限度地拓展人类获取信息、传递信息和利用信息的能力。

现代通信技术主要包括数字通信、卫星通信、微波通信、光纤通信等。宽带网络技术的发展促进了第二代互联网和第三代移动通信的发展。计算机技术与通信技术的紧密结合,使信息处理和信息传递逐渐走向一体化的发展方向。

2.2.3 计算机网络

计算机网络技术是通信技术与计算机技术相结合的产物。计算机网络是按照网络协议,将地球上分散的、独立的计算机相互连接的集合。连接介质可以是电缆、双绞线、光纤、微波、载波或通信卫星。计算机网络具有共享硬件、软件和数据资源的功能,具有对共享数据资源集中处理及管理和维护的能力。

计算机网络可按网络拓扑结构、网络涉及范围和互联距离、网络数据传输和网络系统的拥有者、不同的服务对象等不同标准进行种类划分。一般按网络范围划分为以下三类。

1)局域网(LAN) 局域网的地理范围一般在10千米以内,属于一个部门或一组群体组建的小范围网,例如一个学校、一个单位或一个系统等。

2)城域网(MAN) 城域网介于LAN和WAN之间,其范围通常覆盖一个城市或地区,距离从几十千米到上百千米。

3)广域网(WAN) 广域网涉辖范围大,一般从几十千米至几万千米,例如一个城市、一个国家或洲际网络。此时用于通信的传输装置和介质一般由电信部门提供,能实现较大范围的资源共享。

计算机网络由一组节点和链路组成。网络中的节点有两类:转接节点和访问节点。通信处理机、集中器和终端控制器等属于转接节点,它们在网络中转接和交换传送信息。主计算机和终端等是访问节点,它们是信息传送的源节点和目标节点。

计算机网络技术实现了资源共享。人们可以在办公室、家里或其他任何地方,访问查询网上的任何资源,极大地提高了工作效率,促进了办公自动化、工厂自动化、家庭自动化的发展。

2.3 计算机信息管理——信息系统

信息系统的理解应该有两个角度:一是作为技术的信息系统,如 MIS、OA、DSS;二是与社会信息行业相关的行政隶属关系系统,如咨询行业系统、科技信息研究系统等。我们所要研究的是作为技术的信息系统。

2.3.1 信息系统概述

信息系统是以加工处理信息为主的人造系统。它由人、硬件、软件、数据和规程组成,目的是及时、正确地收集、加工、存储、传递和提供信息,实现组织中各项活动的管理、调节和控制。广义上说,任何进行信息加工处理的系统都可视为信息系统,如地理信息系统、文献信息系统、情报检索系统等。我们讨论的信息系统是狭义的概念,是基于计算机系统、通信网络等现代信息技术手段且服务于管理领域的信息系统,即指管理信息系统。信息系统的概念结构如图 2-2 所示。

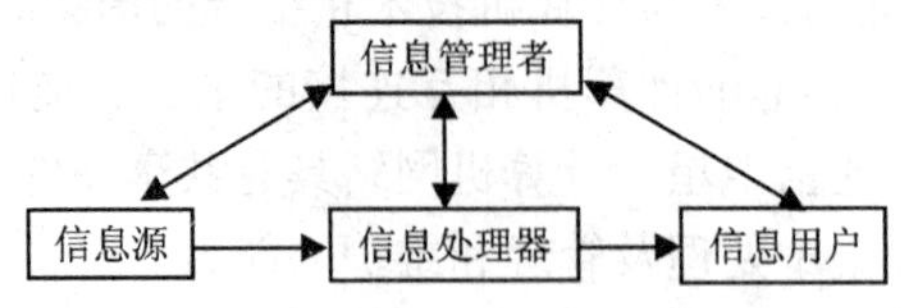

图 2-2 信息系统的概念结构

信息系统的基本功能是对信息进行收集、处理、存储、维护、检索和输出,并且能向有关人员提供有用的信息,从而实现为其提供决策支持的目的。信息系统的功能同时反映出信息被加工处理的若干阶段,这些阶段构成了信息循环和信息的生命周期。

1) 信息的收集　这是信息系统功能的基础。信息收集是将分布在不同信息源的信息汇集起来。在原始数据收集过程中,首先要保证其客观性和真实性;其次是目的性、适用性和经济性。在信息收集时,一般需要制定一个收集方案或模型。先从信息需求入手,确定收集什么信息,然后是如何收集,包括收集的技术、方法和手段。

2) 信息的处理　通过各种途径和方法将收集到的原始信息,必须经过加工处理,才能成为对管理和决策有用的信息。

3) 信息的存储　数据进入信息系统后,经过加工处理形成对管理有用的信息。由于不同信息的属性和时效不同,加工处理后的信息,有的立即利用,有的暂时不用,有的只利用一次,但绝大多数管理信息需要长期保存、多次使用。因此,必须将这些信息进行存储,以便随时调用。当组织规模较大时,所需存储的信息量也非常大,这时就要借助于先进的数据存储技术。数据存储包括物理存储和逻辑组织两个方面。

物理存储是指把信息保存在适当的介质上;逻辑组织是指按信息的内在联系组织和使用数据,把大量的信息按一定的结构存储。

4)信息的传输　从信息源采集的数据在进入处理和存储阶段,以及经过加工处理到信息使用者,这些都涉及信息的传输过程。信息在传输中形成信息流。信息流具有双向特征,也就是信息传输包括正向传递和反向传递。企业信息传输既有不同管理层之间的信息垂直传输,也有同一管理层各部门之间的信息横向传输。为了提高传输速度和效率,企业应当合理设置组织结构,明确规定信息传输的级别、流程、时限以及接收方和传输方的职责。在信息传输时应考虑采用先进的传输方式,尽量减少时延。

5)信息的维护　保持信息处于可靠、安全和随时可用的状态。

6)信息的查询(或检索)　信息存储的目的之一是为了信息的重复利用。存储于各种介质上的海量信息要让使用者便于检索,为用户提供方便的查询方式。信息检索和信息存储属于同一问题的两个方面,两者密切相关。迅速准确地检索应以科学的存储为前提。为此,必须对信息进行科学的分类与编码,采用先进的存储介质和检索工具。信息检索一般需要用到数据库技术。数据库技术的先进程度和检索方案的设计,决定着检索速度的快慢。

7)信息的输出　信息系统的目的是按管理职能和管理者的要求,保质保量地输出多种形式的信息。衡量管理信息有效性的关键,不仅在于信息收集、加工、存储、传输等环节,更在于信息输出的实效、精度与数量能否充分满足管理的要求。信息输出还要根据管理信息的特点,选择合适的输出媒体、输出格式、输出方式,以确保信息传递满足快捷准确、使用方便以及保密等要求。

2.3.2 信息系统类型

在一个组织中,人们的利益、专业和层次各不相同,因此存在为满足人们不同需求而设计的不同类型的信息系统。单靠某一种系统不可能满足组织中所有的信息需求。一般可以把信息系统分成6种不同的类型,即事务处理系统(TPS)、办公自动化系统(OAS)、管理信息系统(MIS)、决策支持系统(DSS)、高层支持系统(ESS)、企业间信息系统(IOIS)。

这些不同类型的管理信息系统都有自己的特点。有关这些不同类型的管理信息系统的输入、输出、处理过程和典型用户的描述如表2-2所示。

表2-2　不同类型的管理信息系统的特点

类型	输入	处理过程	输出	典型用户
TPS	事务数据、事件	分类,存储,排序,合并,插入,修改	详细的报告,处理过程的数据等	业务操作人员,管理人员

续表

类型	输入	处理过程	输出	典型用户
OAS	通知、文件	文字处理,文档管理,调度安排,通信联系,存储,获取	文档,计划,备忘录,管理报告	办公室人员
MIS	处理过的事务数据,面向管理的数据,程序化的模型,简单的模型	报告生成,数据管理,简单的建模,统计,查询	总结和报告,例行的决策	中层管理人员
DSS	一些处理过的数据,大量的面向管理的数据,专用的决策模型	交互式的查询响应,管理科学和运筹学建模,仿真运算	特殊的报告,决策方案,管理查询的响应	专家,经理
ESS	各种处理过的事务数据、外部数据、内部数据	信息获取,个性化分析,交互式操作,仿真	当前的状况,发展的趋势,管理查询的响应	高层管理人员
IOIS	各种处理过的事务数据	报告生成,数据管理,简单的建模,统计,查询	总结和报告	企业间的协调管理人员

2.3.2.1 事务处理系统(TPS)

事务处理系统(Transaction Processing System, TPS)用于组织中的操作层,主要任务是执行例行的日常事务,其任务、资源和目标都是预先确定且高度结构化的,例如销售订单的输入、旅馆预约、客户信息登记、工资单处理以及人事档案录入等。在事务处理系统中,把事务定义为一项基本的处理工作,其功能是记录组织所进行的一件件经营活动。用事务处理系统实现的事务常常通过个人计算机或联机终端实现。在事务处理的同时,直接将事务内容信息记录到计算机系统中。在一定的时间内积累的事务记录汇总形成一个事务文件。经常使用从事务活动中得到的数据更新事务文件中的内容。这种事务记录的更新工作,或者在对事务文件处理时进行,或者在随后的主机运行时进行。

可以想象,一个现代化企业如果没有事务处理系统,其运转将是很困难的。因此,事务处理系统对每一个企业来说都是非常重要的。曾有人这样评价:20 世纪 60 年代,一个企业如果没有计算机处理系统照样可以生存;而在 90 年代,如果企业的事务处理系统出现几个小时的故障,就有可能给企业带来灾难性的损失,还有可能会殃及其他企业。

事务处理系统有两个特点需注意:第一,许多 TPS 跨越了组织与外界环境之间的界限,在客户与企业仓库、生产车间与管理部门之间建立起一种联系,也就是说,假如 TPS 不能正常工作,那么来自外界的输入(如客户的订购数据)以及对外的输出(如向客户的产品送货单)等都无法成功地进行;第二,与其他类型的系统相比,TPS 是主要的信息生产者,因为 TPS 是记录企业一切事务活动的系统,且同外部环境之间保持着密切的关系,因此它是管理者获取即时信息和历史记录的唯一地方。TPS

也可以看做是组织信息的处理器,它可以向管理者提供有关企业内部操作、企业与外界的关系等信息。

2.3.2.2 办公自动化系统(OAS)

办公自动化系统(Officc Automation System, OAS)为组织的知识层提供所需的信息服务,侧重于辅助数据工作者的工作。

一般来说,知识工作者是指那些专业技术人员。他们的主要工作就是开发新的信息和知识。数据工作者一般是指那些从事秘书、会计、档案等工作的人员,他们是以加工、利用、控制、传播信息为主要工作的管理者。OAS 就是专为办公室的数据工作者提高其工作效率而设计的系统,它能够支持办公室的协调与通信。通过 OAS,企业能够建立与客户、供应商及企业外部组织之间的通信联系,从而提高企业的管理工作效率。

典型的办公自动化系统用文字处理、桌面印刷系统和数字档案等工具来处理并管理文档;用电子表格系统制作日程安排表;还可以通过电子邮件或电视会议等进行通信。创造并挖掘知识的知识工作者们目前已经能够较好地掌握一些传统的办公自动化技术。目前不断涌现出一些新的技术能够更有效地支持企业的任务。OAS 目前已进入第三代——知识工程,而不是第一代的公文流转。OAS 是介于结构化与非结构化之间的一些事务处理。

办公自动化系统在企业中的作用不可低估。随着经济由制造型向生产服务型和知识信息型的转变,企业的生产率和经济对知识的依赖性会日益增加。这正是在过去10年间办公自动化系统应用飞速发展的原因。

2.3.2.3 管理信息系统(MIS)

所谓管理信息系统(Management Information System,MIS),是一个由人、计算机及其他外围设备等组成的能进行信息的收集、传递、存储、加工、维护和使用的系统。其主要任务是最大限度地利用现代计算机及网络通信技术加强企业的信息管理,通过对企业拥有的人力、物力、财力、设备、技术等资源的调查了解,进行正确的数据加工处理并编制成各种信息资料及时提供给管理人员,以便管理人员进行正确的决策,不断提高企业的管理水平和经济效益。目前,企业的计算机网络已成为企业进行技术改造及提高企业管理水平的重要手段。

管理信息系统有如下特点:

(1)MIS 支持操作和管理控制层的结构化决策,有时对高层管理者进行计划也有一定辅助作用;

(2)MIS 主要用于产生预定的报告和日常操作控制;

(3)MIS 依赖于现存的企业数据和数据流;

(4)MIS 具备一些有限的分析能力;

(5)MIS 通常利用当前数据和历史数据辅助决策;

(6)MIS 的系统模式比较固定;

(7)MIS 主要用于组织内部,而不是外部;

(8)MIS 的信息需求明确、固定;

(9)MIS 的建立需要经过较长的系统分析、系统设计过程。

为了更好地了解管理信息系统,我们先来简单回顾一下管理信息系统的发展和应用历程。

20 世纪 30 年代,柏德论证了决策在组织管理中的作用。20 世纪 50 年代西蒙提出管理依赖于信息与决策的观点,同时维纳发表了控制论。这些都为管理信息系统概念的提出做了理论上的准备。系统论、信息论和控制论的形成也为管理信息系统的形成奠定了基础。1946 年诞生第一台计算机,1954 年 IBM 公司第一次用计算机计算员工工资。20 世纪 60 年代开始了物料需求计划(Material Requirement Planing, MRP)的研究。这些为 MIS 概念的提出做了实践的准备。1970 年,瓦尔特·肯尼万最早提出"管理信息系统"一词,这时正是 MRP 的形成和发展时期。20 世纪 80 年代,制造资源计划(Manufacture Resources Plan, MRP Ⅱ)开始形成。1985 年,管理信息系统的创始人高登·戴维斯比较完整地提出了管理信息系统的定义:"这是一个利用计算机硬件和软件以及手工作业进行分析、计划、控制和决策的模型和数据库的用户—机器系统。它能提供信息,支持企业或组织的运行、管理和决策功能。"在这一定义中包含了 MIS 三要素中的数学方法和计算机应用,但没有明显地提出系统观点。

可以简单地认为,管理信息系统发展到现在大致经历了 MRP、MRP Ⅱ、ERP 三个阶段。

20 世纪 60 年代的制造业为了打破传统发出订单和催办的计划管理模式,设置了安全库存量,为需求与订货提前期提供了缓冲。到了 70 年代,企业的管理者们已经清楚地认识到,真正需要的是有效的订单交货日期,因而产生了对物料清单的管理和利用,形成了物料需求计划。到了 80 年代,企业的管理者们又认识到制造企业必须有一个集成的计划,以便解决阻碍企业生产的各种问题。要求以生产与库存控制的集成方法来解决问题,而不是以库存来弥补或者以缓冲时间的办法来补偿,这时制造资源计划产生了。这里之所以使用 MRP Ⅱ 的名称,是为了与 MRP 的名称相区别。90 年代以来,随着科学技术的进步及其不断向生产与控制方面的渗透,解决合理库存与生产控制问题所需要处理的大量信息和企业资源管理的复杂化,要求信息处理的效率更高。传统的人工管理方式已经难以适应,这时只能依靠计算机来实现,且信息的集成度要求扩大到企业的整个资源的利用和管理,因此产生了新一代的管理理论和计算机信息系统,这就是 ERP。ERP 是当今国际上先进的企业管理模式,其主要思想是对企业所有的人、财、物、信息等资源进行综合平衡和优化管理,面向全球市场协调企业中的各个管理部门,围绕市场导向开发各种业务活动,使企业在激烈的市场竞争中全方位地发挥自己的能力,从而取得最好的经济效益。

1.物料需求计划(MRP)

不论在MRPⅡ中,还是在ERP中,MRP都是核心内容。MRP有广泛的适应性,它不仅适用于多品种中小批量的生产,而且适用于大批量的生产;它不仅适用于制造业,还适用于某些非制造业。

1)*MRP的基本思想* MRP的基本思想是:围绕物料转化组织制造资源,实现按需要准时生产。一般加工装配式生产的工艺顺序是:将原材料制造成各种毛坯,再将毛坯加工成各种零件,零件组装成部件,最后将零件和部件装配成产品。如果要求按照一定的交货时间提供不同数量的各种产品,那么就必须提前一定时间加工所需要数量的各种零件;要加工各种零件,就必须提前一定时间准备所需数量的各种毛坯,直至提前一定时间准备各种原材料。实际上,物质产品的生产是将原材料转化为产品的过程。对于加工装配式生产来说,如果确定了产品生产数量和部件的生产周期,就可以按照产品的结构确定产品的所有零件和部件的数量,并且可以按照各种零件和部件的生产周期,反推出它们的生产时间和投入时间。

2)*库存订货点理论* 早在20世纪30年代初期,企业控制物料的需求通常采用控制库存物品数量的方法,为需求的每种物料设置一个最大库存量和安全库存量。最大库存量是为库存容量、库存占用资金的限制而设置的;安全库存量也叫最小库存量,意思是说物料的消耗不能小于安全库存量。由于物料的供应需要一定的时间(即供货周期,如物料的采购周期、加工周期等),因此不能等到物料的库存量消耗到安全库存量时才补充库存,而必须有一定的时间提前量,即必须在安全库存量的基础上增加一定数量的库存。这个库存量作为物料订货期间的供应量,应该满足这样的条件:当物料的供应到货时,物料的消耗刚好到了安全库存量。这种控制模型必须确定两个参数:订货点与订货批量。

3)*物料需求计划理论* 库存订货点理论模型在当时的环境下起到了一定的作用,但是随着市场的变化和产品复杂性的增加,它的应用受到一定的限制,如不能反映物料的实际需求,往往为了满足生产需求而不断提高订货点的数量,从而造成库存积压,库存占用的资金大量增加,产品成本也就随之升高,导致企业缺乏竞争力。20世纪60年代,IBM公司的约瑟夫·奥利佛博士提出了把物料的需求分为独立需求与相关需求的概念。在此基础上,人们形成了"在需要的时候提供需要的数量"的重要认识。理论的研究与实践的推动,发展并形成了物料需求计划理论,即基本的MRP。这种理论主要包括客户需求管理、产品生产计划、原材料计划以及库存记录。其中客户需求管理包括客户订单管理及销售预测,将实际的客户订单数与科学的客户需求预测相结合即能得出客户需要什么以及需求多少。应注意的是,客户需求预测应是科学的预测,而不是主观的猜测或只是一个主观的愿望。产品生产计划指的是最终生产的产品的时间和数量,这将成为决定需要多少劳动力和设备以及需要多少原材料和资金的依据。产品生产计划应是客户需求与现有库存量比较的结果。产品生产计划要求非常精确,因为不准确的产品生产计划有可能导致资源浪费或是不能满足客户的需求。原材料计划是在产品生产计划的基础上制定的原材料需求计划,表示要生产所需要的产品而需要准备的原材料的具体情况。而在确定购买原材料之前,需要检查现有库存记录,并通过比较得到实际的购买量,因此,保证库存数据的准确性尤为重要。

2. 制造资源计划(MRPⅡ)

随着计算机技术的发展,MRP管理思想借助于计算机这一强有力的工具,发展成为一种有效的管理方法。MRP系统建立在两个假设的基础上:一是生产计划是可行的,即假设有足够的设备、人力和资金来保证生产计划的实现;二是物料采购计划是可行的,即假设有足够的供货能力和运输能力来保证完成物料供应。但在实际生产中,能力资源和物料资源总是有限的,往往会出现生产计划无法完成的情况。因而,为了保证生产计划符合实际,必须把计划与资源统一起来,以保证计划的可行性。后来的研究者在MRP的基础上增加了能力需求计划,使系统具有生产计划与能力的平衡过程,形成了闭环MRP,进而又在闭环MRP的基础上增加了经营计划、销售、成本核算、技术管理等内容,构成了完整的企业管理系统制造资源计划(MRPⅡ)。

MRPⅡ利用计算机网络把生产计划、库存控制、物料需求、车间控制、能力需求、工艺路线、成本核算、采购、销售、财务等功能综合起来,实现企业生产的计算机集成管理,全方位地提高了企业管理效率。MRPⅡ系统是现代化的管理方法与手段相结合,对企业生产中的人、财、物等制造资源进行全面控制,以最大的客户服务、最小的库存投资和高效的工厂作业为目的的集成信息系统。

MRPⅡ系统是站在整个企业的高度进行生产、计划及一系列管理活动的,它通过对企业的生产经营活动做出有效的计划安排,把分散的工作中心联系起来进行统一管理。因而,MRPⅡ是将企业的生产、财务、销售、技术管理等子系统综合起来的一体化系统,各部分相互联系,相互提供数据。成本核算要利用库存记录和生产活动记录;供应计划是建立在生产计划上的按需供应;生产计划的制定要依赖于销售计划与生产计划大纲;能力平衡过程是各工作中心的可用能力与生产计划中的能力需求的平衡过程;设计部门不再是孤立的,而是与各项生产活动相联系;产品结构构成控制计划的重要方面,财务成本核算可及时进行,而不是事后算账。这样,MRPⅡ系统通过这样一个过程,就实现了对企业经营活动的全面控制和管理。MRPⅡ的核心在于各级计划系统。

MRPⅡ系统作为一种企业管理信息系统,必然要包含企业管理的基本功能。而MRPⅡ作为一种现代化的管理思想和方法,作为一种管理哲理,其目标在于合理安排计划,充分利用各种制造资源,提高设备和工时利用率,实现均衡生产,提高"多品种,小批量"生产类型企业的生产组织能力,因而,MRPⅡ的应用不可能采取千篇一律的模式。同时,MRPⅡ作为一种管理思想虽有广泛的适应性,但其应用却与一个企业的生产环境和内部条件密切相关,在MRPⅡ应用中,不同企业有不同的看法,不同的应用阶段也各有其重点。再有,企业的生产需随着市场的变化不断调整和完善。因此,MRPⅡ系统结构也不是一成不变的。现代企业面临的是一个开放、竞争、多变的国际大市场,企业要在市场中求生存、求发展,就必须适应现代市场的要求,不断转换经营策略。同时,随着我国经济体制改革的不断深入和建立现代企业制度的驱动,我国企业的管理体制、组织机构、经营机制都处在不断完善的过程中,因此,在MRPⅡ的应用中,要选择合适的结构,使开发的系统能够随环境的变化而不断变化,以保持长久的生命力。

3. 企业资源计划(ERP)

从MRP到MRPⅡ的发展过程中可以看出,MRPⅡ系统在企业中的应用有以下趋势:资源概念的内涵不断扩大,企业计划的闭环逐渐形成,应用由离散制造业逐步转向流程工业。MRPⅡ系统已经比较完善,应用也已相应普及,但其资源的概念始终局限于企业内部,在决策支持上主要集中在结构化决策问题。随着计算机网络技术的迅猛发展,20世纪90年代以来,统一的国际市场逐渐形成,面对国际化的市场环境,包括供应商在内的供需链管理,已经成为企业生产经营管理的重要部分,MRPⅡ系统已无法满足企业对资源全面管理的要求。MRPⅡ逐渐演变成为新一代的企业资源计划(Enterprise Resource Planing,ERP)。

ERP系统从功能上看仍是以制造过程为中心,其核心是MRP,它体现了制造业的通用模式。ERP在MRPⅡ耐用消费品的功能的基础上,向内、外两个方向延伸,向内主要以精益生产方式改造企业生产管理系统,向外则增加战略决策功能和供需链管理功能。

ERP管理系统主要由以下功能子系统组成。

1)*支持企业整体发展战略的战略经营系统* 该系统的目标是在多变的市场环境中建立与企业整体发展战略相适应的战略经营系统,实现基于Internet/Intranet(/Extranet)环境的战略信息系统,完善决策支持服务体系,为决策者提供全方位的信息支持;完善人力资源开发与管理系统,既面向市场又注重企业内部人员的培训。

2)*全面成本管理系统* 在一个不完全竞争的市场环境中,价格在竞争中仍旧占据着重要地位。ERP的全面成本管理系统的作用和目标就是建立和保持企业的成本优势,并由企业成本领先战略体系和全面成本管理系统予以保障。

3)*敏捷后勤管理系统* 很多企业存在着供应链影响企业生产柔性的情况。ERP的一个重要目标就是在MRP的基础上建立敏捷后勤管理系统(Agile Logistics),以解决如供应柔性差、生产准备周期长等制约柔性生产的瓶颈,增加与外部协作单位技术和生产信息的及时交互,改进现场管理方法,缩短关键物料供应周期。ERP系统不仅仅是MRPⅡ系统的扩展,而且是新的市场环境下的全新的经营理念,ERP系统实际上包含着一系列管理思想和方法的变革。

作为一种先进管理手段,ERP 系统所涉及的管理内容和目标是不断提高的。在知识经济初见端倪的今天,知识是企业最宝贵的资产和资源,是拉动经济增长的动力,知识管理正成为 ERP 系统的新内容。早在 20 世纪 80 年代,保罗·罗默教授就曾提出了经济增长四要素理论,其核心思想是把知识作为经济增长最重要的要素。现在,企业的价值已不在于拥有多少厂房、设备和产品,而在于知识产权、客户的信赖程度、与商业伙伴合作的能力、电信基础结构以及雇员的创新潜力和技能等。知识资源已成为企业最重要的战略资源。要把企业的知识资源纳入 ERP 管理之中,即把知识的识别、获取、开发、分解、储存、传递、共享等组成一条知识链,并对其进行有效管理。知识管理就是企业对其所拥有的知识资源进行管理的过程。管理信息发展的趋势是:从信息管理走向知识管理,从信息资源开发走向知识资源开发,由客户机/服务器结构走向 Internet/Intranet 结构。知识管理则是信息管理的延伸和发展,信息管理只是将各种各样的信息以一定方式汇总、组织起来,方便人们使用计算机进行查询和检索,然而,如何由信息产生知识,即如何利用数据信息取得知识、再利用知识获得最大的利润或效益,则是知识管理的内容。知识来源于信息,是对信息的提取、识别、分类和归纳,因此,信息管理是知识管理的基础,知识管理则是信息管理的延伸。

知识管理包括以下六个方面的内容。

1)*知识管理的基础设施*　它是知识管理的支持部分,如关系数据库、知识库、多库协调系统、网络等基本技术手段以及人与人之间的各种联系渠道等。

2)*企业业务流程的重组*　其目的是使企业的知识资源更加合理地在知识链上形成畅通无阻的知识流,让每一个员工在获取与业务有关知识的同时,都能为企业贡献自己的知识、经验和专长。

3)*知识管理的方法*　包括内容管理、文件管理、记录管理、通信管理等。

4)*知识的获取和检索*　包括各种各样的软件应用工具,例如智能检索、多策略获取、多模式获取和检索、多方法多层次获取和检索、网络搜索工具等。

5)*知识的传递*　如建立知识分布图、电子文档、光盘、DVD 及网上传输、打印等。

6)*知识共享和评测*　如建立一种良好的企业文化、激励员工参与知识共享、设定知识总管、促进知识的转换、建立知识产生效益的评测条例等。

知识管理将成为 ERP 一个新的管理内容和发展方向,而如何管理和利用好企业的知识资源,为企业创造更多的财富,也将是 21 世纪企业管理的新课题和重大的任务。与 MRPⅡ一样,ERP 虽然是由离散制造业发展而来,但其原理和方法同样适用于流程工业。

4. 客户关系管理系统(CRM)

客户关系管理(Customer Relationship Management,CRM)产生自 20 世纪 90 年代初,随着市场经济的发展和竞争的加剧,产品不断更新换代,新产品层出不穷,产品差异化越来越小,单纯依靠产品已经很难延续持久的竞争优势。饱受竞争蹂躏的企业也开始意识到,企业成功的关键在于重视顾客的需求,提供满足顾客需求的产品和服务,确保顾客能从与企业的各种接触中获得较高的满意度,以相对稳定的客户关系来抵御动态竞争环境的冲击,寻求差别化竞争优势。当然,企业也不再只是把顾客看做是单纯的利润创造机器,它们希望与每个顾客都保持一种更亲密的、个性化的关系。客户关系管理的出现正是迎合了时代发展的要求,逐渐引起了学术界和企业界的高度重视。

CRM 是一种旨在改善企业与客户之间关系的新型机制,是发展客户和保持客户忠诚度的一种策略。通常客户关系管理包括客户资源管理、市场营销管理、销售业务管理、客户关怀与服务管理等方面。CRM 的核心在于:了解客户的需求;知道哪些客户是最有利可图的,哪些客户是重要客户;什么是最有效的沟通方式;如何细分客户。

客户关系管理包含三项基本技术。

1)以客户为中心的企业管理技术　所谓以客户为中心的企业管理技术,是一种以客户为企业行为指南的管理技术。在这种管理技术中,企业管理的需要以客户需要为基础,而不是以企业自身的某些要求为基础。

2)智能化的客户数据库技术　要实施以客户为中心的管理技术,必须有现代化的技术。在以客户为中心的企业管理技术中,智能化的数据库技术是所有其他技术的基础。

3)信息和知识的分析技术　以客户为中心的管理思想,必须建立在现代信息技术基础之上,没有现代信息技术,就无法有效地实现以客户为中心的管理技术。要想实现这种管理技术,企业必须对智能化的客户数据库进行有效的开发和利用,这种开发的基本与核心技术就是信息和知识的分析处理技术。

客户关系管理具有八项主要功能。

1)基础设置　该模块是建立 Internet 客户关系管理系统的运行环境,包括系统名词、公司信息、员工信息、产品信息、竞争者信息、操作权限、客户属性的设置等。

2)市场管理　该模块具有对 CRM 目标的建立、维护、查询、打印及目标达成情况的评估、分析等管理功能,包括目标管理、价格规划管理、市场活动管理、市场情报管理等。

3)模块功能摘要　该模块建立和管理客户完整的档案。客户类型和级别可由用户自定义分析,对不同级别的客户设置相应的访问标准,若未能及时访问,系统将进行提示;对客户的行业、区域分布作统计分析;对客户的级别、数量分布作统计分析;对客户信息来源进行统计分析;对客户贡献度进行统计分析,记录客户纪念日等。

4)合作伙伴信息　在此模块中分别设立经销商信息、科研机构、政府机构和其他伙伴信息,用户可以根据伙伴类型分别建立数据库。

5)客户跟进管理　此模块包含有客户例行访问提示、客户跟进计划、客户跟进计划执行、客户跟进状态和客户订单丢失。

6)客户订单管理　提供客户订单的录入、维护、查询功能;可以对销售折扣进行处理;提供收款单的录入、维护、查询功能;可以按公司、部门、业务员或产品对客户需求、订单进行统计分析;自动分析、统计客户的应收款明细情况和汇总情况。

7)客户服务管理　支持客户投诉信息的录入、维护、查询、统计、分析;支持客户投诉的处理流程和处理及时性、有效性的分析;支持客户跟踪服务工作的监管;提供客户满意度调查及调查结果的统计分析功能;提供售后服务工程师的意见及建议的录入、维护、查询、统计和分析功能。

8)决策支持　通过建立CRM系统数据库及数据的采集和输入所获得的大量有价值的信息尚处于孤立、零散的状态,需要对其作进一步的加工和处理。系统采用数据挖掘技术和模型分析技术,对有价值的数据、信息进行分类、汇总、统计、分析,向企业的决策者提供及时、可靠的"CRM预警"信息,展示企业的客户开发、需求、订单、服务等CRM动态情况,考核、评估企业不同管理层次、不同地区的目标达成率、计划完成率等CRM绩效情况,提供企业感兴趣的各种CRM分析和CRM预测,便于决策者及时、准确地把握市场CRM的商情动态,并对未来的CRM业务做出科学、合理的决策。

客户关系管理的发展体现出如下三个趋势。

1)CRM的市场趋势　包括三个方面。①越来越高的消费者期望:越来越高的消费者期望促使企业采用新的渠道和多渠道战略,以避免客户注意力转移,因此客户关系管理对企业而言变得更加重要。②不断增加的客户复杂性:企业与客户之间的关系复杂程度可用下列函数表示:关系复杂程度 $R(f)$ = 细分的市场数 × 产品品种 × 渠道数目 × 企业数目。③从大批量生产向大批量定制转变:消费者现在要求准确适合他们的产品和服务,企业要想在激烈的市场竞争中处于有利地位,必须满足消费者个性化的需求。而互联网的应用,提高了供应商、生产者、客户的协作能力。

2)CRM推行趋势　包括三个方面。①CEO对CRM关注增强:成功的CRM实施正在使企业利润增加、股价上涨,CEO可以期待更多的奖金和红利,所以这种对信息系统和业务管理的期望是紧要的。②CRM的预算增加:在CEO的关注驱动下,许多企业正在进行战略重点的转移,将供应链的重心向客户转移。这样就导致了企业IT投资从后台管理系统(ERP)转向前台办公系统(CRM)。③客户关系管理的规范化:客户关系管理的日趋规范化也将不断促进CRM继续推行并发展完善。

3)CRM实施的趋势　CRM应用结构发生变化;客户数据大爆炸;供应商竞争格局发生变化;项目失败数增加。

5.供应链管理系统

供应链是指从物料获取并加工成半成品或成品,再将成品送到用户手中,这一过程中一些企业和部门的业务活动及其相互关系构成的网络,它包括物料来源、产品生产、运输管理、仓库管理甚至需求管理,通过这些功能的集合把产品和服务提供给最终用户。供应链实际上是由产品生产和流通过程中所涉及的原材料供应商、生产商、运输商、批发商、零售商以及最终消费者组成的供需网络,各成员之间建立了一种相互依存的关系。

供应链分为内部供应链和外部供应链。内部供应链是指企业内部产品生产和流通过程中所涉及的采购部门、生产部门、仓储部门、销售部门等组成的供需网络;而外部供应链则是指企业外部的与企业相关的产品生产和流通过程中涉及的原材料供应商、生产厂商、储运商、零售商以及最终消费者组成的供需网络。

供应链管理(Supply Chain Management,SCM)兴起于20世纪90年代,随着各种自动化和信息技术在制造业中的应用,制造生产率已被提高到了相当高的程度,制造加工过程本身的技术手段对提高整个产品竞争力的潜力的影响开始变小。为了进一步挖掘降低产品成本和满足客户需要的潜力,人们开始将目光从管理企业内部生产过程转向产品全生命周期中的供应环节和整个供应链系统。不少学者研究得出,产品在全生命周期中供应环节的费用(如储存和运输费用)在总成本中所占的比例越来越大。另外,随着全球经济一体化和信息技术的发展,企业之间的合作正日益加强,它们之间跨地区甚至跨国合作制造的趋势日益明显。国际上越来越多的制造企业不断地将大量常规业务"外包"(Outsourcing)出去给发展中国家,只保留最核心的业务(如市场、关键系统设计和系统集成、总装配以及销售)。我国一些运营良好的家电企业(如春兰空调公司)和高科技企业(如深圳华为公司)在其生产经营过程中也是把很多零部件生产任务外包给其他厂家。在这些合作生产的过程中,大量的物资和信息在很广的地域间转移、储存和交换,这些活动的费用构成了产品成本的重要组成部分,而且对满足顾客的需求起着十分巨大的作用。因此,有必要对企业整个原材料、零部件和最终产品的供应、储存和销售系统进行总体规划、重组、协调、控制和优化,加快物料的流动,减少库存,并使信息快速传递,时刻了解并有效地满足顾客需求,从而大大减少产品成本,提高企业效益。因此,供应链管理作为一种新的学术概念首先在西方被提出来,很多人对此开展研究,企业也开始这方面的实践。在全球经济一体化的今天,从供应链管理的角度来考虑企业的整个生产经营活动,形成这方面的核心能力,对广大企业提高竞争力将是十分重要的。

供应链管理是指人们在认识和掌握了供应链环节内在规律和相互联系的基础上,对整个供应链中各参与组织、部门之间的物流、信息流与资金流进行计划、协调与控制等,以达到最佳组合和最高效率,提高所有相关过程的速度和确定性。它通过前馈信息流(如订货合同、采购单等)和反馈信息流(如完工报告、库存量、销售量等)将供应商、核心企业直至消费者连成一个整体的管理模式。它的最终目标是缩短产品从设计构思到消费者手中的时间,降低产品成本,满足消费者多样化的需求。

供应链管理实际上是对整个供应链系统进行计划、协调、操作、控制和优化的各种活动和过程，其目标是要将顾客所需的正确的产品(Right Product)能够在正确的时间(Right Time)，按照正确的数量(Right Quantity)、正确的质量(Right Quality)和正确的状态(Right Status)送到正确的地点(Right Place)——即“6R”，并使总成本最小。

(a)供应链管理面临的问题

在当今全球经济一体化、企业之间日益相互依赖、用户需求越来越个性化的环境下，供应链管理正日益成为企业一种新的竞争战略。在有些西方国家，供应链管理甚至被列为大学工商管理硕士(MBA)教育中的一门专业课程。然而，从供应链的角度来考虑企业的经营管理，在我国还处于刚起步的阶段，目前在研究和应用上都还很缺乏，主要存在以下问题。

1)安全问题　当一家公司打算上供应链的时候，首先考虑到的是Internet上的安全问题，因为企业的大部分商业信息和产品信息都通过网络来传输，所以大部分企业都需要采取一定的措施保护数据，只有拥有权限的用户才能接触到与之相关的数据。

2)商业流程的变化　供应链实施真正的挑战是使商业流程发生了变化，E-Supply Chain(电子供应链)改变了企业的各个方面，从计划到购买到下订单，企业内部的业务流程需要重新整合，要建立信息系统。另外为使E-Supply Chain实施成功，企业必须能够在Internet上与它的供应商、客户充分合作，交换有关存货、生产时间表、预测、提升计划和例外处理的信息。许多企业仍不愿共享某些信息，例如生产时间表，害怕这些信息会落入竞争对手手中，损害企业的利益。因此，企业应在共同的商业利益的基础上，建立与发展供应链内各成员的相互信任，这是整个供应链顺利运行的基础。

3)供应链中各环节的合作问题　由于供应链是一种协作活动，一旦有一个环节不能有效运作，整个链的效率都会遭到损失。但一条供应链不可避免地会有力量较弱的成员，它们不具有与它们的商业伙伴相同的财力和技术支持。有些实力强大的成员有独占所有新供应链财务收益的意图，所以一些小企业不愿意加入。但从长远来看，大部分的高层管理者认为，只有在所有成员之间分享投资成果，才有利于供应链的成功，需要加强供应链上各企业之间的合作。

4)利益分配　财务利益的分配是公司成功的重要因素。通过供应链的协作和快速反应机制，能大大降低交易成本和库存成本，也能够减少企业的风险，那么整个供应链上的企业应把这部分节约的成本与合作伙伴进行分配。这样做有助于合作伙伴之间作为一个团队来运作，如果把所有收益据为己有，合作伙伴就没有利益驱动。

5)SCM软件的缺乏　目前市场上的SCM软件中，国外厂商SCM软件产品成熟、性能优越，但价格昂贵、实施难度大；国内SCM软件产品小巧灵活、使用方便而且价格便宜，但相对不太完善、功能不太齐全，而且企业中也缺乏专业技术人员，实施起来较困难。

(b)供应链管理的实施步骤

供应链管理实施步骤中实施自动的电子供应链分为三个阶段。

1)企业内部资源整合 企业加入到供应链后需要及时地获得有助于迅速、高效决策的信息,生产流程必须最优化,从而实现最佳的效率、产量和响应时间。库存必须降至最低,同时还要达到支持客户服务目标的最佳水平。所以企业必须进行业务流程的重组,建立信息系统(不是一定要建立 ERP,但是一定要有能快速收集信息并做出反应的系统)。

2)与上游供应商和下游销售商建立关系 与供应商、销售商制定协作计划,订立进程表,利用供应链下订单;并制定一套定价、交货、付款的规则,同时制定监控方法;有了规则,就可以与自己的存货管理、付款系统连在一起。

3)采用 Internet 技术 把所有供应商和客户的数据建立电子链接,任一客户或任一供应商都能与企业交换信息,就像一个企业一样,建立一个能够快速满足市场需求的网络系统。

(c)实施供应链管理的优点

供应链管理是近几年在企业实行电子化和信息化管理中最流行和最有效的管理模式之一。事实也证明,成功的供应链管理确实能使企业在激烈的市场竞争中,明显地提升企业的核心竞争力。实施供应链管理具有以下优点。

1)节约交易成本 供应链上各企业通过网络系统订货,将大大降低供应链内部各环节的交易成本,缩短交易时间。

2)降低存货水平 通过扩展组织的边界,供应商能够随时掌握存货信息,组织生产,及时补充,因此企业已无必要维持较高的存货水平。

3)降低采购成本,促进供应商管理 由于供应商能够方便地取得存货和采购信息,采购管理人员就可以从这种低价值的劳动中解脱出来,从事具有更高价值的工作。

4)减少循环周期 通过供应链的自动化,预测的精确度将大幅度提高,这将导致生产企业不仅能生产出需要的产品,而且能减少生产的时间,提高顾客满意度。

5)增加收入和利润 通过组织边界的延伸,企业能履行其合同,增加收入并维持和扩大市场份额。

6)改变企业的关系 从企业之间的竞争转变为供应链的竞争,它强调核心企业通过和其上下游企业之间建立的战略伙伴关系,使每个企业都发挥各自的优势实现双赢。这一竞争方式将会改变企业的组织结构、管理机制和企业文化。

7)实现供求的良好结合 供应链把供应商、生产商、销售商紧密结合在一起,并对它们进行协调、优化管理,使企业之间形成和谐的关系,使产品、信息的流通渠道最短,进而又使消费者的需求信息沿供应链逆向迅速地、准确地反馈到销售商、生产商和供应商,帮助其做出正确决策,保证了供求的良好结合。

2.3.2.4 决策支持系统(DSS)

1.决策支持系统的概念与发展

可以说一切用于支持决策的系统都是决策支持系统(Decision Support System,DSS)。和MIS一样,DSS也是服务于组织管理层的系统。

决策支持系统的概念出现于20世纪70年代初期。由于它是一种新型的不断扩充与发展的系统,其确切概念或定义始终处于争论和探讨之中。1971—1976年,从事决策支持系统研究的人数逐渐增多,1975年以后,决策支持系统作为这一领域的专有名词逐渐被大家承认,但人们忽略了在DSS中对人类思维和行为的模仿应该是研究的关键问题。1978—1988年,DSS得到了迅速发展,它已成为一个非常流行的名词术语,只要是为管理服务的软件,都被冠以DSS。但是,什么是DSS?至今DSS仍没有一个学术界公认的严格的定义。

在信息技术界存在着各种学派之争,他们各自持有明显不同的看法,常见的看法有以下几种:

(1)DSS是由MIS渐进发展而达到高级阶段,MIS是DSS的一部分;

(2)MIS包含运用模型分析数据辅助决策功能,DSS是MIS的一部分;

(3)DSS与MIS是统一的信息系统的两个不同的、互相联系又互相区别的组成部分;

(4)DSS与MIS是计算机应用于管理工作中的两个不同发展阶段;

(5)DSS和MIS没有区别,只不过是从不同的角度,以不同的观点来研究决策活动的,因此只是一个名词的不同表达;

(6)DSS是多年来计算机在管理的实际应用中发展起来的一项独立的新技术,主要用于支持决策活动。

基于一般性的描述,本书给出一个参考性的定义。决策支持系统是为决策者提供有价值的信息及创造性思维与学习的环境,能够帮助决策者解决半结构化和非结构化决策问题的交互式计算机系统。从根本上说,决策支持系统主要是在支持决策能力上的突破。它的结构能使计算机加工信息的能力与决策者的思维和判断能力结合起来,从而解决更为复杂的决策问题。因此,DSS是管理人员大脑的延伸,提高了决策的有效性。同时DSS只能起到"支持"作用,不能代替决策者,只是由管理人员或决策者控制下的一个辅助决策的工具。它不需要预先指定目标,自动完成全部决策过程,通过人机对话方式,帮助决策者解决所面对的复杂的半结构化和非结构化决策问题。但由于实际工作的复杂性,DSS与MIS两种类型的信息系统往往难以截然分开。例如,某个库存管理系统既包括日常报表的生成,又包括库存资金的分析预测,实际上是DSS与MIS两者功能的结合。今后我们谈的DSS,大都指的是以DSS功能为主的信息系统。

信息系统用于支持决策的类型多种多样，而一个 DSS 总是针对某一个确定的决策问题进行工作的。与 TPS 和 MIS 相比，DSS 有如下特点：

(1)强调灵活性、适应性及快速响应；

(2)用户参与并控制输入、输出；

(3)只需少量或根本无须高级程序员协助操作；

(4)可以支持那些事先无法确定解决方案的决策和问题；

(5)利用高级分析和模型工具；

(6)面向中、高层管理人员的决策活动。

决策支持系统把数据库和模型库结合起来，在用户的广泛介入下，解决半结构化或非结构化的问题。它不同于主要用于记录数据的 TPS，也不同于主要用于产生预定报告的 MIS。DSS 主要用于分析数据，它所产生的报告没有一个固定模式。可以说，DSS 是一个灵活的分析工具。DSS 在各个领域的应用产生了巨大的经济效益。如美国的 IBM 公司通过 DSS 的使用，节省了 5% ~10% 的原材料；美国海军的人事调动通过 DSS，过去需要 200 人完成的工作现在只要十几个人即可完成。

2. 决策支持系统的特征

决策支持系统的特征实际上表现为与其他不同类型系统（如 TPS 和 MIS）的区别上。我们把 DSS 的特征归纳如下：

(1)对决策者提供支持，而不是代替他们的判断；

(2)支持解决半结构化和非结构化决策问题；

(3)支持决策过程的各阶段；

(4)支持决策者的决策风格和方法，改善个人与组织的效能；

(5)支持所有管理层次的决策，进行不同层次间的沟通和协调；

(6)易于为非计算机专业人员以交互对话方式使用；

(7)要由用户通过对问题的洞察和判断来加以控制；

(8)强调对环境及用户决策方法改变的灵活性及适应性。

3. 决策支持系统的功能

一般说来，决策支持系统的功能主要体现在它支持决策的全过程，特别是对决策过程各阶段的支持能力。多数 DSS 具有以下八个功能。

(1)决策目标、参数和概率的规定相当于决策过程的形成问题和建模，需要有容易使用的用户界面、非程序化建模语言、概率函数、目标搜索和模拟能力。

(2)数据检索和管理相当于决策过程的收集和分析数据，能够建立多维数据结构、数字字典和数据库，具有数据文件合并、交互式数据录入和编辑、与其他用户或系统间进行数据传输以及数据安全与完整性维护管理功能（较好的数据库管理系统具有这些管理功能）。

(3)决策方案的生成相当于决策过程的形成方案，具有“如果……则……”

(WHAT…IF)和敏感性分析功能。

(4)决策方案后果的推理相当于决策过程的方案模拟,能够自动求解联立方程,具有“IF…THEN…ELSE”的建模语言和逻辑推理机制,具有各种数学库函数、预测与时序分析函数及影响分析函数。

(5)语言、数值和图形信息的显示相当于决策过程的建立人机交互对话,显示和接受用户命令,具有统计函数和程序,灵活有力的报表格式化和图形处理、合并能力及自然语言用户界面等。

(6)方案后果的评价相当于决策过程的方案比较、评价和选择,具有经济评价功能、优化功能和风险分析功能。

(7)决策的解释和执行相当于决策过程的方案实施,具有根据模型(用命令和建模语言表示)方便求解的标准化程序和逻辑算法,灵活有力的报表格式化和图形处理功能。

(8)战略的构成相当于决策过程的决策情景分析、问题生成和战略研究,具有包含业务知识和推理规则的机内辅助存储(即知识库),能够辅助问题生成和战略研究。

4. 决策支持系统的分类方法

决策支持系统通常按系统的特性及其应用状况进行分类。例如该系统支持哪些管理层次,支持哪种决策类型,侧重支持哪些方面,支持的深度与广度等,都可作为系统分类的出发点。下面我们介绍三种常见分类方法。

1)*按支持层次分类*　决策支持系统可以支持组织中的各个管理层次,根据各管理层次决策任务的不同,系统可以划分为:①战略规划决策支持系统,用于高层管理决策;②作业控制(或调度指挥)决策支持系统,用于操作层管理决策的。

2)*按支持的决策类型分类*　一些信息专家列举了三种决策类型。①独立的:一个决策者应具有充分的职权以做出完全的、可以实现的决策。②顺序的相互依赖:一个决策者做出部分决策之后,将其结果传送给其他决策人,他只完成决策的一部分。③合作的相互依赖:决策由几个决策人共同研究,协商做出。针对这些决策类型,可以将决策支持系统相应的划分为:个人决策支持系统、组织机构决策支持系统(又叫分布式决策支持系统)和群体决策支持系统。

3)*按照决策支持系统本身的功能分类*　可以把决策支持系统分为专用 DSS、DSS 工具和 DSS 生成器。专用 DSS 是指专门针对某种问题的决策支持系统,如专用于电站投资的支持系统,专用于某地区货运汽车调度的决策支持等。DSS 工具是指一些工具,如某种语言、操作系统、某种数据库软件等。DSS 生成器是通用决策支持系统。实际上由于决策的复杂性,决策涉及面太大,我们不可能建造一个通用的决策支持系统,而只可能建造一个生成器。这个生成器可以生成各种决策支持系统,所以它是通用的。但它也不是那么直接,必须还要生成。DSS 生成器可以帮助决策者快速而容易地建立专用决策支持系统。这种系统类似于专家系统外壳，是一种开发环境。

5. **决策支持系统的结构和组成**

系统的功能主要由系统结构决定，具有不同功能特色的DSS，其系统结构也不同。历史上，专家学者们曾提出多种DSS的框架结构，目前DSS的系统结构大致有两大类：一类是以数据库、模型库、方法库、知识库及对话管理等子系统为基本部件构成的多库系统结构；另一类是以语言系统、问题处理系统和知识系统为基本部件构成的系统结构。

决策支持系统的系统模式和基本结构如图2-3所示。

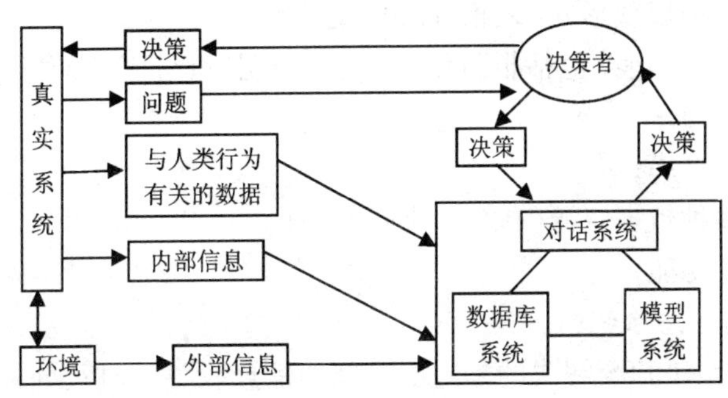

图2-3　DSS的基本结构图

完整的DSS系统模式可以表示为DSS本身以及它与“真实系统”、人和外部环境的关系。管理者（决策者）处于核心位置，他运用自己的知识，把他和DSS的响应输出结合起来对他管理的“真实系统”进行决策。管理者往往需要辅助人员的帮助。对一真实系统而言，提出的问题和操作的数据是输出信息流，而人们的决策则是输入信息流。图的右边即为DSS，由模型库系统、数据库系统和人机交互系统等组成。

决策支持系统是三个子系统的有机结合，即对话部件（人机交互系统）、数据部件（数据库管理系统和数据库）、模型部件（模型库管理系统和模型库）的有机结合。

1）*人机对话部件*　人机对话部件是决策支持系统与用户之间的交互界面。用户通过“人机交互系统”控制实际决策支持系统的运行，决策支持系统既需要用户输入必要的信息（用于控制）和数据（用于计算），同时又要向用户显示运行的情况以及最后的结果。人机对话部件包括提供形式多样的显示和对话形式、输入输出转换、控制决策支持的有效运行等功能。

2）*数据部件*　数据部件包括数据库和数据库管理系统。数据库用来存储大量数据，数据库由数据库系统来管理和维护。

3）*模型部件*　模型部件由模型库和模型库管理系统组成。模型库用来存放模型。模型不同于数据，它总是以某种计算机程序形式表示，如数据、语句、子程序甚至于对象等。

2.3.2.5 高层支持系统(ESS)

高层支持系统(Executive Support System,ESS)是近年来发展起来的新技术,它专门用于辅助高层管理者获取和运用有关信息,并将这些信息用于指挥企业的运转。高层管理者通过ESS了解企业的日常活动,而不致被大量繁杂的数据淹没。ESS又称"预警系统",它为企业高层主管人员寻找机会或发现问题提供有效的信息。ESS系统信息一般是图像的、预警性的,而非一般性数据或行政性报告。为满足高层管理者对决策信息的需求,ESS有如下特点:

(1)简单、灵活的人机界面,文件浏览功能;

(2)信息有多种表现形式(表格、图形、文件等);

(3)灵活的设计功能(包括报告结构、信息说明、符号、色彩、标题的设计等),以满足用户的不同需求;

(4)分析和模型库;

(5)可访问多种数据资源(包括企业内、外部);

(6)电子邮件功能。

2.3.2.6 企业间信息系统(IOIS)

TPS、MIS、DSS和ESS解决的是组织内部的信息收集、分析、处理、传递和信息资源共享问题。这些系统的建立为企业和组织内部的管理与决策人员提供信息和决策支持,对提高企业的经营管理水平,发挥了极其重要的作用。这些系统的应用不仅极大地提高了企业的工作效率和经济效益,更为重要的是增强了企业的竞争力。

但是,随着企业所面临市场环境的变化,为了谋求生存和发展,企业必须具有快速响应市场变化的能力,即要能及时提供适应市场的品质高、价格低、服务好的产品或服务。为了能快速响应市场,从管理角度来看,企业必须加强与其合作伙伴之间的协作;从信息角度来看,必须要及时、准确、完整地收集、分析、处理和传递大量的企业内部和外部信息。因此,信息系统技术在企业中的应用不仅要解决企业内部各部门之间的信息快速、准确传递和信息资源共享问题,更重要的是实现企业和其合作伙伴之间的信息快速、准确传递和资源共享。在这种企业需求的拉动下,在迅猛发展的计算机网络技术的推动下,出现了一种新型的计算机系统,即企业间信息系统。

企业间信息系统(Inter-Organizational Information System,IOIS)是由系统的参与者(即应用系统的企业)和系统的支持者(如通信公司)利用计算机技术和通信技术专门设计和开发,由两个或多个不同的企业共同使用,实现企业之间信息的自动交换和信息资源共享的计算机信息系统。

IOIS与TPS、MIS、DSS和ESS等在许多方面存在着比较大的差别。

(1)TPS、MIS、DSS和ESS等这些企业内部的信息系统是在单个企业的控制下,进行企业内部的各种数据处理。而IOIS则跨越了企业的边界,处理多个企业之间的信息快速、准确传递和信息共享。系统中的某一个参与企业的员工可以在另外一个参与企业中借助系统直接进行资源的分配,并且进行其业务处理。这种跨越企业边界运行业务的能力,使企业内部现有的一些控制、规划以及资源分配系统都面临着新的挑战,大多数企业都必须修改其已有的一些管理系统,以适应 IOIS 所带来的跨越企业边界的一些必要的协调和控制。

(2)企业内部的各种信息系统是在企业统一领导下,通过统一的规划、设计而开发出来的信息系统。由于企业间的信息系统是多个企业参与的系统,因此企业间信息系统是由多个企业通过相互协商、共同分析、设计、开发和应用的系统。这两种系统的产生机制是不一样的。

(3)由于企业间信息系统跨越了企业边界,一方面使得企业内信息系统的管理问题上升为跨越企业边界的不同实体之间的信息交换问题;另一方面,由于系统的不同参与企业具有不同的管理机制、规章制度等,因此他们之间的信息交换必然会带来一些新问题,这些问题中的关键是信息传递的可靠性问题。例如,在 IOIS 的通信网络上传递的电子信息什么时候、什么条件下才能真正转换为一个订单?当系统的参与企业互为竞争对手时,系统上的哪些操作行为会引发不公平的竞争?而对于 TPS、MIS、DSS 和 ESS,则根本不存在这些问题。

(4)在企业内部的各种信息系统,不存在系统的支持者这一概念。但是,在企业间信息系统中,系统的支持者是一个非常重要的概念,它是企业间信息系统所特有的。虽然大多数行业中的中间媒介不是一个新概念,但是在 IOIS 中却处于一个全新的、具有特殊作用的地位。例如,美国的 Cirrus 公司就是一个 IOIS 的支持组织,虽然该公司不是银行,但是它所提供的 ATM 国内网络系统可以使银行为其客户提供 24 小时的全国范围内的服务。

(5)企业间信息系统通常比传统的企业内部的各种信息系统对参与系统的企业有更广泛的、更重大的潜在竞争影响力。

2.4 信息系统安全

信息系统在建设和运行时,必须要有一个可靠、稳定的环境来保证数据的安全可靠。MIS 面临着种种有意和无意的威胁,如计算机犯罪、计算机病毒、安全缺陷、系统漏洞、人为错误操作和自然灾害等。要想达到安全目的,必须从道德伦理、法律、管理和技术不同层次上采用有效措施来防范。

安全是信息资源管理中的一个重要问题。目前信息系统已广泛地应用于金融、贸易、商业、企业各个部门,但是由于信息系统本身的漏洞和其他自然或人为的因素,它在给人们带来极大方便的同时,也为那些不法分子利用信息系统进行破坏和犯罪提供了可能。我们知道信息系统是以计算机和计算机网络为基础的应用管理系统,因而它是一个开放式的系统。信息系统的开放性和信息共享促进了计算机应用的飞速发展,但也正是这种开放性和计算机系统本身的脆弱性,导致了信息系统安全的诸多问题。如果信息系统不采取安全保密措施,任何与网络系统连接的网络节点,都可以不受限制地访问网络中的资源。例如,在银行服务系统中,如果非法分子进入到他人的账户中,在几秒钟内就可以将一笔巨款转移到自己名下,给客户和银行带来极大的损失;黑客、信息间谍等都可以窃取重要数据;病毒、恶意攻击也可能给信息资源造成重大的破坏。

2.4.1 信息安全及信息系统的安全

对"信息安全"没有公认和统一的定义,但在国内外对信息安全的论述大致可以分成两大类:一类是指具体的信息技术系统的安全;另一类是指对某一特定信息体系(如一个国家的银行信息系统、军事指挥系统等)的安全。信息系统安全可描述为:为了防范意外或人为地破坏信息系统的运行或非法使用信息资源,而对信息系统采取的安全保护措施。

与信息系统安全性相关的因素主要有:自然及不可抗拒因素、硬件及物理因素、电磁波因素、软件因素、数据因素、人为及管理因素和其他因素等。

所谓信息系统的安全是指组成信息系统的硬件、软件和数据资源的安全。信息系统安全保护的基本内容是:保障计算机及其相关的和配套的设备、设施(含网络)的安全,保障运行环境的安全,保障信息的安全,保障计算机功能的正常发挥,以维护信息系统的安全运行;避免计算机系统信息受到自然和人为因素的影响而破坏、更改或泄漏系统中的信息资源,从而保证信息系统能够连续正常运行。

从信息系统安全保护的内容中可以看到,信息系统的安全实际包含两部分内容:一是指信息系统自身的安全;二是指对信息系统的安全保护。

信息系统自身的安全包括信息的完整性、保密性、可用性和真实性四个方面。完整性是指在存储和传输过程中,不能被非法地篡改、破坏,也不能被偶然、无意地修改,保证信息的完整性是信息系统安全的基本要求;保密性是指信息必须按照拥有者的要求保持一定的秘密性,防止信息在非授权的情况下被访问,或一旦泄漏也能保证在一定期限内不被解密;可用性是指在任何情况下,经过授权的用户能存取所需的信息,并且能够享受到系统提供的服务,这是系统能够完成可靠性操作的重要前提;真实性是防止系统内的信息感染病毒,保证信息的真实和可靠。

保障信息系统的安全的实质就是保护信息的完整性、保密性、可用性和真实性,防止来自各方面的因素对信息资源的破坏。信息系统的安全是一个系统的概念,从传统的面向单机、面向数据的 MIS 的信息安全,到 20 世纪 80 年代后期微机局域网时代,以及目前基于 Internet 和 Intranet 的 MIS 信息安全。在不同发展阶段,信息系统对安全性的要求也在不断变化。现代的信息安全涉及个人权益、企业生存、金融风险防范、社会稳定和国家安全。它是物理安全、网络安全、数据安全、信息内容安全、信息基础设施安全与公共、国家信息安全的总和。

2.4.2 影响信息系统安全的因素

归纳起来,影响信息系统安全的因素主要有以下六个方面。

(1)信息系统是结构十分复杂的系统,它自身是电子产品,它所处理的是电子信息,由于电子技术基础薄弱,抵抗外部环境的能力还比较弱,所以这两者都比较容易受到破坏。例如,水、火、地震、雷电、有害气体等可以损坏计算机系统的硬件,而强磁场、强电子脉冲干扰等,则可以破坏信息系统的软件和数据。

(2)计算机系统工作的电子脉冲会产生电磁辐射,容易造成信息泄漏,信息在输出和传输过程中,容易被截取、复制。

(3)通信网络的弱点。信息共享是时代发展的要求,广泛的联网也增加了众多的不安全因素。互联网是一个不设防的开放大系统,通过未受保护的外部环境和线路,谁都可以访问系统内部,搭线窃听、过程监控、攻击破坏有可能来自于网络相通的任何地点、任何终端。

(4)实践证明,计算机技术、计算机网络技术都是有缺陷和漏洞的。违法分子发现这些技术上的漏洞后,就可以进行非法侵入和其他违法活动。同时,由于信息系统存在缺陷和漏洞,有时一些操作失误或某些偶然因素会得到错误的结果,甚至破坏整个系统。

(5)针对信息系统的犯罪活动日益增多,技术手段越发先进。例如,当前已经开发出种类繁多的黑客程序、计算机病毒和其他有害程序。它们正在严重地威胁着信息系统的安全,已经造成了严重的损失。

(6)敌对势力、敌对分子和非法组织利用互联网进行煽动、渗透、联络,进行反动宣传、传输有害信息等非法活动。

我们只有了解了影响计算机系统安全的这些因素,才可以找出对策、采取措施,保障计算机系统的安全。

2.4.3 信息系统安全的模型

《中华人民共和国计算机信息安全保护条例》总则的第三条指出:“计算机信息系统的安全保护,应当保障计算机及其相关的和配套的设备、设施(含网络)的安全,运行环境的安全,保障信息的安全,保障计算机功能的正常发挥,以维护计算机信息系统的安全运行。”可见,信息系统安全是一个复杂的系统工程,它的实现不仅是纯粹的技术问题,而且还需要管理、法律、道德伦理等社会因素的配合。我们可以把信息系统安全归结为一个层次模型。在模型中,各层之间互相依赖,下层向上层提供支持,如表2-3所示。

表 2-3 信息系统安全层次模型

数据信息安全	7 层
软件系统安全措施	6 层
通信网络安全措施	5 层
硬件系统安全措施	4 层
物理实体安全措施	3 层
管理细则、保护措施	2 层
法律、道德、伦理	1 层

第 1 层:法律制度与道德规范。日益严重的计算机犯罪,迫使各国尽快制定出严密的法律、政策,从根本上改变计算机犯罪无法可依的局面,以全新的概念和要求,规范和制约人们的思想与行为,将信息系统的安全纳入规范化、法制化和科学化的轨道。

第 2 层:管理制度的建立和实施。安全管理制度的建立与实施,是现代信息系统安全的重要保证。包括管理制度的制定、管理人员的安全教育培训、制度的落实、职责的检查等方面的内容。在信息系统安全保护工作中,人是最积极的因素,任何管理制度和安全措施都要通过人去落实。这方面的主要措施有:建立健全的安全管理规章制度、人员调离的安全管理制度、设备与数据管理制度及人员的安全管理制度,同时软件开发人员、系统管理人员与业务操作人员必须严格分开等。

第 3 层:物理实体运行安全。指采取必要的措施,对运行中的计算机系统的实体和信息进行保护,保证信息系统能够长期、稳定、可靠地运行,保障信息系统功能的实现。运行安全的保护范围包括信息系统的软件和硬件。因此,应当对多种因素(人为的和自然的)加以综合考虑,多方面同时采取相应的措施。例如可以通过对系统的全程监控,对不安全因素的出现进行及时的报警并采取措施改变或控制其扩散。此外,还要防止计算机病毒的侵害,确保整个信息系统持续正常地运行。

第 4 层:硬件实体安全。指保护计算机系统硬件和相关网络设备、通信线路及其他配套设备、存储媒体的实体安全,确保它们在对信息的采集、处理、传送和存储过程中,不会受到人为或者其他因素造成的危害。

第 5 层:通信网络安全。计算机网络实现了信息资源共享。然而,资源的共享和分布处理也增加了网络信息系统受攻击、信息泄漏和被窃取的机会。现在,计算机网络连接到世界的每一个角落,广泛的连接给间谍、违法分子和黑客提供了大量可乘之机。

第 6 层:软件系统安全。保护信息系统中的各种程序及数据、文档不被任意篡改、失效和非法复制,保证计算机运行的软件是否正确、可靠和安全。软件安全是信息系统功能正常发挥的重要前提条件。

第7层:数据信息安全。是保护信息系统内存储的数据或资料不被非法使用和修改,保障系统中数据的安全和纯洁性。数据信息的安全是对信息系统的保护,主要是保护信息的完整性、可靠性、保密性和可用性,防止泄漏、非法修改、非法删除、非法使用、窃取数据信息。

造成计算机不安全的原因是十分复杂的。有人为因素,也有自然因素;有故意的因素,也有偶然的因素;有管理因素,也有技术因素。在当前的条件下,要保证庞大的网络系统的绝对安全是不可能的。不同系统、不同任务和功能、不同规模、不同工作方式对信息系统的安全要求是不同的。保护信息系统安全的重点应当放在预防上,必须采取有效的预防措施,使不法分子无机可乘。同时,还必须时刻提高警惕,对采取的安全措施不要过于乐观。

2.4.4 信息安全技术

近年来,信息系统安全性的提升主要来自信息安全产品和服务的贡献。整个市场保持着以商用密码、防火墙、防病毒、入侵检测、身份识别、网络隔离、防信息泄露和备份恢复等产品为主导的格局,在反垃圾邮件技术、大规模网络化技术和安全存储技术等方面取得了很大的技术进展。

2.4.4.1 信息安全技术

1. 信息保密技术

信息的保密性是信息安全性的一个重要方面。保密的目的是防止别人破译机密信息。加密是实现信息保密的一个重要手段。所谓加密,就是使用数学方法来重新组织数据,使得除了合法的接收者之外,任何其他人都不能恢复原先的“消息”或读懂变化后的“消息”。加密前的信息称为“明文”,加密后的信息称为“密文”。将密文变为明文的过程称为解密。

加密技术可使一些主要数据存储在一台不安全的计算机上,或可以在一个不安全的信道上传送。只有持有合法密钥的一方才能获得“明文”。

在对明文进行加密时所采用的一组规则称为加密算法。类似的,对密文进行解密时所采用的一组规则称为解密算法。加密和解密算法的操作通常都是在一组密钥控制下进行的,分别称为加密密钥和解密密钥。

2. 数字签名技术

签名主要起到认证、核准和生效的作用。政治、军事、外交等活动中签署文件,商业上签订契约和合同,以及日常生活中从银行取款等事务的签字,传统上都采用手写签名或印鉴。随着信息技术的发展,人们希望通过数字通信网络进行迅速的、远距离的贸易合同的签名,数字或电子签名应运而生。

数字签名是一种信息认证技术。信息认证的目的有两个:一是验证信息的发送者是真正的发送者,还是冒充的;二是验证信息的完整性,即验证信息在传送或存储过程中是否被篡改、重放或延迟等。认证是防止敌人对系统进行主动攻击的一种重要技术。

数字签名是签署以电子形式存储消息的一种方法，一个签名消息能在一个通信网络中传输。共钥密码体制的诞生为数字签名的研究和应用开辟了一条广阔的道路。电子签名主要还是秘密密钥、数字指纹与CAD的结合。

3. 身份识别技术

通信和数据系统的安全性常常取决于能否正确识别通信用户或终端的身份。身份识别技术使被识别者能够向对方证明自己的真正身份，确保被识别者的合法权益。

在传统方式下，自然人和法人的确立、申报、登记、注册，国家的户籍管理，身份证制度，单位机构的证件和图章等，这些都是社会责任制的体现和社会管理的需要。有了这些传统的识别信息，人们面对法律，才能进行行为的社会公证、审计和仲裁。随着社会的信息化，不少学者试图采用电子化生物唯一识别信息，如指纹、掌纹、声纹等，进行身份识别。但是，由于代价高，存储空间大，而且准确性较低，不适合计算机读取和判别，只能作为辅助措施应用。而使用密码技术，特别是共钥密码技术，能够设计出安全性高的识别协议。

身份识别方式主要有通行字方式和持证方式两种。

2.4.4.2 计算机病毒防范技术

1. 计算机病毒的定义

任何可执行的会自动复制自己、影响计算机正常运行的代码都被称作计算机病毒。

2. 计算机病毒的特点

计算机病毒具有感染性、潜伏性、可触发性和破坏性。

3. 计算机病毒的分类

1）引导型病毒　通过感染磁盘上的引导扇区或改写磁盘分区表(FAT)来感染系统，它是一种开机即可启动的病毒，先于操作系统而存在，所以用软盘引导启动的电脑容易感染这种病毒。该病毒几乎常驻内存，激活时即可发作，破坏性大。

2）文件型病毒　以感染COM、EXE、OVL等可执行文件为主，病毒以这些可执行文件为载体，当运行可执行文件时就可以激活病毒。文件型病毒大多数也是常驻内存的。

3）混合型病毒　兼有文件型病毒和引导型病毒的特点，所以它的破坏性更大，传染的机会也更多，杀灭也更困难。

4）宏病毒　是一种新型的文件型病毒，它寄存于Word文档中，一打开隐藏有该种病毒的文档，宏病毒即被激活。该病毒还可衍生出各种变形变种病毒，由于Word的广泛应用，所以宏病毒的流行非常广泛。

4. 反病毒三大技术

1) *实时监视技术* 这个技术为计算机构筑起一道动态、实时的反病毒防线,通过修改操作系统,使操作系统本身具备反病毒功能,拒病毒于计算机系统之门外。时刻监视系统当中的病毒活动,时刻监视系统状况,时刻监视光盘、互联网、电子邮件上的病毒传染,将病毒阻止在操作系统外部。且优秀的反病毒软件由于采用了与操作系统的底层无缝连接技术,实时监视器占用的系统资源极小,用户完全感觉不到对机器性能的影响,根本不用考虑病毒的问题。只要实时反病毒软件实时地在系统中工作,病毒就无法侵入我们的计算机系统。可以保证反病毒软件只需一次安装,今后计算机运行的每一秒钟都会执行严格的反病毒检查,使互联网、光盘、软盘等途径进入计算机的每一个文件都安全无毒,如有毒则自动杀除。

2) *自动解压缩技术* 目前我们在互联网、光盘以及 Windows 中接触到的大多数文件都是以压缩状态存放,以便节省传输时间或节约存放空间,这就使得各类压缩文件已成为了计算机病毒传播的温床。如果用户从网上下载了一个带病毒的压缩文件包,或从光盘里运行一个压缩过的带毒文件,用户会放心地使用这个压缩文件包,然后自己的系统就会不知不觉地被压缩文件包中的病毒感染。而且现在流行的压缩标准有很多种,相互之间有些还并不兼容,全面覆盖各种各样的压缩格式,就要求了解各种压缩格式的算法和数据模型,这就必须和压缩软件的生产厂商有很密切的技术合作关系,否则,解压缩就会出问题。因此,在反病毒技术中,对压缩文件进行自动解压缩检测是必需的。

3) *全平台反病毒技术* 目前病毒活跃的平台有:Windows、NOTES、Exchange 等。为了反病毒软件做到与系统的底层无缝连接,可靠地实时检查和杀除病毒,必须在不同的平台上使用相应平台的反病毒软件,如用的是 Windows 的平台,则必须用 Windows 版本的反毒软件。如果是企业网络,各种版本的平台都有,那么就要在网络的每一个 Server、Client 端上安装 Windows 等平台的反病毒软件,每一个点上都安装了相应的反病毒模块,每一个点上都能实时地抵御病毒攻击。只有这样,才能做到网络的真正安全和可靠。

5. 计算机病毒的显著特点及防御方法

目前计算机病毒的发展有以下显著特点。

1) *利用漏洞的病毒开始增多,及时修补系统漏洞是御毒良方* 漏洞是操作系统致命的安全缺陷,如果系统存在漏洞,即使有杀毒软件的保护,病毒依然可以长驱直入,对系统造成破坏。比如"SQL 蠕虫王"病毒就是利用了 SQL Server 2000 的漏洞进行传播,"冲击波"病毒也属此类。预防漏洞型病毒最好的办法,就是及时为自己的操作系统打上补丁,关闭不常用的服务,对系统进行必要的设置。

2) *病毒向多元化、混合化发展,整体防御成为趋势* 计算机病毒中混合型病毒越来越多,它们集合了蠕虫、木马、后门等等功能,利用多种途径传播,危害极大。比如"爱情后门"就是一个混合型病毒,它虽然属于蠕虫类病毒,但它不仅会通过邮件、网络进行传播,还会给系统开后门,对用户电脑进行远程控制。而这种病毒的最终目的不仅仅是为了使用户的计算机系统瘫痪,对于攻击者来说,用户存储在计算机上的机密资料对于他们更有价值。针对混合型病毒增多的趋势,未来的杀毒软件将是整体防御的全面解决方案。

3)有网络特性的病毒增多,杀毒软件的多途径实时监控是关键　2003 年,有网络特性的病毒开始增多。像蠕虫、木马(黑客)、脚本等类型的病毒,它们都通过网络进行传播。从统计数据上看,这三类病毒占了所有病毒总数的大部分,其中,对个人电脑和企事业单位影响最大的是蠕虫和木马病毒,像求职信、大无极就属此类病毒。这类病毒会通过网络或邮件漏洞进行传播,从而阻塞网络、使服务器瘫痪。多用途实时监控,是应对网络病毒泛滥的最佳措施。

4)针对即时通信软件的病毒大量涌现,用户安全意识要提高　随着上网聊天人数的增多,那些专门针对 QQ、MSN 等即时通信软件的病毒快速增加,比如影响比较大的专门偷盗 QQ 用户密码的病毒“QQ 传送者”和“QQ 木马”、针对 MSN 的“请客”病毒和专门偷 MSN 密码的“MSN 窃贼”病毒。这意味着,两大主流即时通信软件都开始遭受到病毒的威胁,用户使用即时通信软件越来越不安全。在这种情况下,用户要提高自己的安全意识,比如对于即时通信软件上的好友发送过来的网址和文件,一定要小心。因为这可能是病毒发送的,好友并不知情。关注即时通信软件的升级报告,也是保护系统安全的好办法,比如 QQ 的每一次升级,都会弥补上若干的漏洞。中毒之后,到专业的反病毒厂商网站上寻求专杀工具也是一个好办法。

6. 计算机病毒防范技术重点措施

与以往的平台相比,Windows2000/XP 引入了很多非常有用的特性,充分利用这些特性将能大大地增强软件的能力和便利。应该提醒的是,尽管 Windows2000/XP 平台具备了某些抵御计算机病毒的天然特性,但还是未能摆脱计算机病毒的威胁。单机防范计算机病毒,一是要在思想上重视、管理上到位,二是依靠防杀计算机病毒软件。

2.4.4.3　防火墙技术

1. 防火墙的定义

防火墙能增强机构内部网络的安全性。防火墙系统决定了哪些内部服务可以被外界访问,外界的哪些人可以访问内部的服务以及哪些外部服务可以被内部人员访问。防火墙必须只允许授权的数据通过,而且防火墙本身也必须能够免于渗透。

2. 防火墙的五大功能

(1)允许网络管理员定义一个中心点来防止非法用户进入内部网络。

(2)可以很方便地监视网络的安全性,并报警。

(3)可以作为部署 NAT(Network Address Translation,网络地址变换)的地点,利用 NAT 技术,将有限的 IP 地址动态或静态地与内部的 IP 地址对应起来,用来缓解地址空间短缺的问题。

(4)是审计和记录Internet使用费用的一个最佳地点。网络管理员可以在此向管理部门提供Internet连接的费用情况,查出潜在的带宽瓶颈位置,并能够依据本机构的核算模式提供部门级的计费。

(5)可以连接到一个单独的网段上,从物理上和内部网段隔开,并在此部署WWW服务器和FTP服务器,将其作为向外部发布内部信息的地点。从技术角度来讲,就是所谓的停火区(DMZ)。

3. 防火墙的分类

防火墙的发展经过了第一代软件防火墙、第二代硬件防火墙,现在已是第三代——All in one(集三防于一身)。按照防火墙对内外来往数据的处理方法,大致可以将防火墙分为:包过滤防火墙、代理防火墙(应用层网关防火墙)和Dual Homed(双宿/双穴主机)防火墙。

4. 防火墙的缺陷

由于互联网的开放性,防火墙也有一些防范不到的地方。

(1)防火墙不能防范不经由防火墙的攻击。例如,如果允许从受保护网内部不受限制地向外拨号,一些用户可以形成与Internet的直接连接,从而绕过防火墙,造成一个潜在的后门攻击渠道。

(2)防火墙不能防止感染了病毒的软件或文件的传输。这只能在每台主机上装反病毒软件来预防。

(3)防火墙不能防止数据驱动式攻击。当有些表面看来无害的数据被邮寄或复制到Internet主机上并被执行而发起攻击时,就会发生数据驱动攻击。

因此,防火墙只是一种整体安全防范政策的一部分。这种安全政策包括公开的、以便用户知道自身责任的安全准则,职员培训计划以及与网络访问、当地和远程用户认证、拨出拨入呼叫、磁盘和数据加密以及病毒防护有关的政策。

实验1:了解ERP

实验名称:了解ERP

背景知识:

企业的所有资源都可用三大流来表示,即物流、资金流和信息流,而ERP就是对这三种资源进行全面集成管理的信息系统,是一个对企业资源进行有效共享与利用的系统。概括地说,ERP是建立在信息技术基础上,利用现代企业的先进管理思想,为企业提供决策、计划、控制与经营业绩评估的全方位、系统化的管理平台。

其功能主要为:

(1)客户管理;

(2)供应链管理；

(3)财务管理；

(4)生产管理；

(5)人力资源管理；

(6)设备管理；

(7)决策支持管理。

本质上讲,ERP是一种工具,它本身不是管理,不能取代管理。企业大的管理问题只能由管理者自己去解决。只有正确的认识ERP是什么,才能在ERP实施之前认真分析企业在管理上存在的问题,为ERP发挥效益提供基础。

实验目的:

(1) 了解ERP的基本概念,熟悉ERP的基本内容。

(2) 通过因特网搜索与浏览,了解网络环境中主流的ERP技术网站,尝试通过专业网站的辅助与支持来开展ERP应用实践。

实验准备:

(1)在开始本实验之前,请回顾教科书的相关内容。

(2)准备一台能够访问因特网的计算机。

实验内容与步骤:

1. 查阅有关资料,根据你的理解和看法,给出ERP的定义:

____

____

____

____

这个定义的来源是:

____

____

2. 专业网站分析:用友ERP。

用友软件股份有限公司成立于1988年,1999—2003年转型ERP成功。用友公司长期致力于提供企业自主知识产权的企业应用软件、电子政务管理软件产品、服务与解决方案,是中国最大的管理软件、ERP软件和财务软件供应商之一。

在ERP领域,用友拥有丰富的企业应用软件产品线,覆盖了企业ERP、SCM、CRM、HR、EAM、OA等业务领域,可以为客户提供完整的企业应用软件产品和解决方案。

请登录用友公司网站(http://www.ufida.com.cn),认真浏览阅读,并回答问题。

1)用友ERP/U8企业应用套件产品主要适用于哪一类企业:

____

2)用友 ERP/U8 整合的企业八大核心业务的具体内容是:

①财务管理:

②供应链管理:

③生产制造管理:

④客户关系管理:

⑤分销及连锁零售:

⑥决策管理:

⑦行政办公管理:

⑧人力资源管理:

3. ERP 网站搜索分析:看看哪些网站在做着企业信息化和信息资源管理的技术支持工作?请在下表中记录。

网站名称	网址	主要内容描述

你在本次搜索中使用的关键词主要是:

____

在本次实验搜索中,你感觉比较重要的两个 ERP 专业网站是:

①____

②____

综合分析:你认为各 ERP 专业网站当前的技术热点是(列举三个网站及其技术热点):

①____

②____

③____

实验 2:个人数字证书与 CA 认证

实验名称:个人数字证书与 CA 认证

实验目的:

(1) 通过因特网搜索与浏览,了解《中华人民共和国电子签名法》及其关于电子认证服务的相关规定。

(2) 了解 CA 认证的基本原理和作用。

(3) 熟悉数字证书的申请和使用过程。

实验准备:

(1)在开始本实验之前,请回顾教科书的相关内容。

(2)准备一台能够访问因特网的计算机。

实验内容与步骤:

1. 熟悉电子签名的基本概念,查阅 2005 年 4 月 1 日正式实施的《电子签名法》,根据该法的内容,完成下列填空。

1)电子签名同时符合下列条件的,视为可靠的电子签名。

①____

②____

③____

④____

2)《电子签名法》规定;电子认证服务提供者签发的电子签名认证证书应当载明下列内容。

①____

②____

③____

④____

⑤____

⑥____

⑦____

2. 个人数字证书的申请与 IE 基本设置。

步骤 1:个人数字证书的申请。

提示:一些数字认证中心网站	
http://www.bjca.org.cn	北京数字证书认证中心
http://www.sheca.com	上海市数字认证中心
http://www.zjca.com.cn	浙江省数字认证中心
http://www.hnca.com.cn	河南省数字认证中心
http://www.gdca.com.cn	广东省数字认证中心
http://www.gzca.gd.cn	广州市数字认证中心
http://www.hbca.org.cn	湖北省数字证书认证管理中心有限公司
http://www.hndca.com	海南省数字证书认证中心

不同数字认证机构的个人数字证书申领方法不尽相同,但基本一致。请选择一个电子认证服务的机构,了解该机构关于个人证书的申领流程,尝试申领一个自己的数字证书(推荐在广东省数字认证中心申领,目前免费),并将步骤记录如下:

①____

②____

③____

④____

⑤____

⑥____

步骤 2:了解计算机中 IE 浏览器的证书设置。

打开 IE 浏览器,在菜单中单击"工具"→"Internet 选项"命令,在打开的对话框中单击"内容"标签,进一步单击对话框中的"证书"按钮,屏幕将分类显示关于证书的信息,见图 2-4、图 2-5。

步骤 3:数字证书的导入和导出。

数字证书的导入:单击图 2-5"证书"对话框中的"导入"按钮,通过"导入向导"把数字证书导入以形成数字证书。"导入"操作时,需要选择导入证书的存储区,可以由系统自动选择,也可以由用户指定。默认情况下,系统存入"个人证书"之中,如果要导入的是对方的证书,则应该指定存储位置为"其他人"。

数字证书的导出:单击上面"证书"对话框中的"导出"按钮,通过"导出向导",把已经安装好的数字证书导出作为一个文件保存。

3. 数字证书的使用。

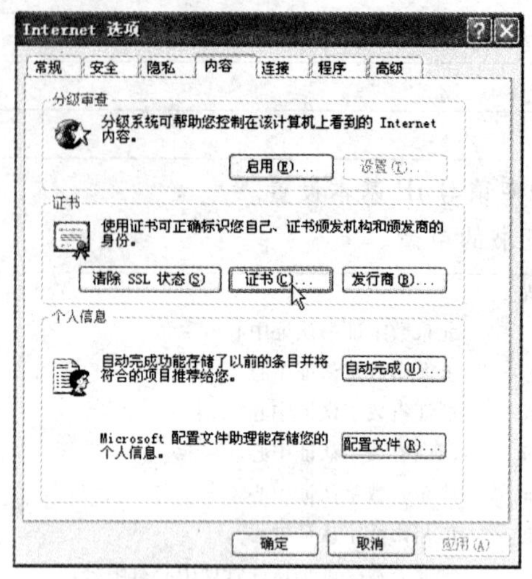

图 2-4　IE 浏览器中的证书设置

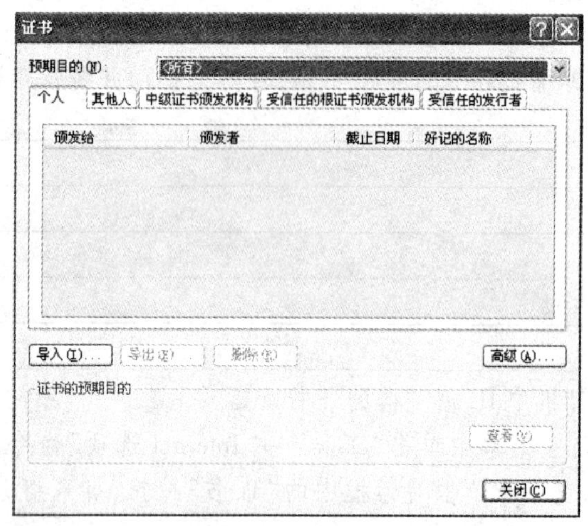

图 2-5　证书的相关信息

数字证书是标志和证明网络通信双方身份的数字信息文件,使用非常广泛,请参看各个认证中心的网站,在此由于篇幅的原因,不作详细说明。

以下仅列出 CA 数字证书常见的用途:网上报税、网上拍卖、网上招投标、网上支付、网上社保、安全电子邮件……

本章小结

本章主要介绍了信息技术和管理信息系统的相关内容，重点讲述了管理信息系统的分类，同时对信息技术的含义、信息安全等内容进行了较为详细的阐述，并向学生介绍了计算机技术的发展历程、网络技术等方面的内容。

通过本章的学习，学生应掌握信息技术和管理信息系统的定义及信息安全和管理的基本知识。重点掌握信息系统的概念和分类，为本书后面章节的学习打下基础。

参考文献

[1] 卢泰宏，沙勇忠. 信息资源管理[M]. 兰州：兰州大学出版社，1998.
[2] 党跃武. 信息管理导论[M]. 北京：高等教育出版社，2006.
[3] 张 军，张庆来. 管理信息系统[M]. 兰州：兰州大学出版社，2005.
[4] 何有世，刘秋生. 管理信息系统[M]. 南京：东南大学出版社，2003.
[5] 李艳杰. 管理信息系统[M]. 南京：东南大学出版社，2005.
[6] 周 苏，王求真. 信息资源管理实验教程[M]. 北京：科学出版社，2007.

思考与练习

1. 不定项选择题

(1)信息技术的支撑技术主要是指(　　)。

A. 机械技术　　B. 电子与微电子技术
C. 激光技术　　D. 传输技术
E. 生物技术

(2)一般微型计算机的硬件系统包括(　　)。

A. 操作系统　B. 存储器　C. 中央处理器　D. 输入输出设备
E. U盘

(3)常见的系统软件有(　　)等。

A. 操作系统　B. 语言处理系统　C. 数据库系统　D. 分布式软件系统
E. 人机交互系统

(4)常见的应用软件有(　　)等。

A. 文字处理软件　　B. 数据处理软件
C. 图形处理软件　　D. 网络应用软件
E. 游戏软件

(5)现代通信技术主要包括(　　)等。

A.数字通信　B.节点通信　C.卫星通信　D.微波通信

E.光纤通信

(6)计算机网络按网络范围可划分为(　　)。

A.局域网　B.城域网　C.市域网　D.广域网

E.州域网

2.填空题

(1)________是信息管理的技术基础。

(2)从广义上讲,信息技术是指扩展人的信息器官功能,完成信息____________功能的一类技术的总称。

(3)信息技术体系包括4个基本层次:______、______、______和______。

(4)________年诞生了第一台全光数字计算机。

(5)计算机系统由________和________两部分组成。

(6)计算机软件包括________和________两大类。

(7)MRPⅡ和ERP的核心内容都是________。

(8)信息系统的安全实际包含两部分内容,一是指__________,二是指__________。

(9)信息系统自身的安全包括信息的______、______、______和______4个方面。

(10)计算机病毒的特点包括:______、______、______和______。

3.名词解释

(1)信息技术;(2)计算机网络;(3)信息系统;(4)信息安全;(5)计算机病毒。

4.简答题

(1)信息技术包含的层次及每个层次的内容分别是哪些?

(2)简述信息系统的基本功能。

(3)简述信息系统的分类。

(4)客户关系管理系统包含的基本技术有哪些?

(5)影响信息系统安全的因素有哪些?

(6)简述信息系统安全保护的基本内容。

(7)防火墙的五大功能是什么?

第3章　信息获取

本章要点

◎ 信息源
◎ 信息的评价
◎ 信息获取的方法与途径

学习内容

1. 信息源的概念及分类
2. 记录型信息源的分类
3. 信息评价的一般指标
4. 信息源的评价方法
5. 信息准确度的评价
6. 信息的经济性评价
7. 信息获取的原则
8. 信息获取的方法与途径

学习目标

1. 了解:信息评价的方法

2. 理解:信息评价的指标,信息源的评价方法,信息准确度的评价,信息的经济性评价

3. 掌握:信息源的相关概念,信息获取的方法与途径

关键词

信息获取、信息源、信息评价

信息的获取是信息管理的首要环节,是开展信息服务的物质基础。只有认真做好信息获取工作,才能保证以后各步的顺利进行。本章主要讨论信息源的种类、特点以及信息的评价、获取的方法。

3.1 信息源

信息源,顾名思义,就是信息的来源。人们在科研活动、生产经营活动、文化活动和其他一切活动中所产生的成果和各种原始记录,以及对这些成果和原始记录加工整理所得的成品(如数据库、文摘索引杂志等等)都是借以获得信息的源泉。可见,信息源不仅包括从事科研、生产、经营和文化活动的人们生产的成果,同时也包括信息工作者生产的成果。

信息源按照不同的标准可以划分为不同的种类。按信息源的存在形式划分,信息源可分为口头信息源、实物信息源、记录型信息源和智力型信息源。

3.1.1 口头信息源

口头信息源是指由人的口头交流传播的信息。它主要通过谈话、授课、讨论、演讲、集会等人际交谈方式进行传播,使之得以利用。口头信息无时不在,无处不有,这一极为丰富的信息源可以为一切人所享用。个人交流是收集口头信息最古老也是最常用的方法。

3.1.2 实物信息源

实物信息源是由实物携带和存储的知识信息,如某种生物的样品、产品样机、工艺品等。实物信息源直观生动,含有丰富的信息,易于理解和吸收。许多技术信息是通过实物来保存和传递的,在技术引进、技术开发和产品开发中发挥着重要作用,是反求工程的基础。

实物包括自然实物和人工实物(人类文化的创造物,例如文物、产品等),它们的可传递性一般较差。这类信息源不能直接进入信息系统,要对其进行管理,必须先将它转换成记录型信息。

3.1.3 记录型信息源

记录型信息源包括由传统介质(纸张、竹、帛等)和各种现代介质(磁盘、光盘、缩微胶卷、胶片等)记录和存储的知识信息,如各种书籍、期刊、数据库、网站等等。记录型信息源的特点是传播信息比较系统,便于保存、积累和利用。它是信息存在的基本形式,也是信息管理的主要对象。

记录型信息源可以从不同的角度进行划分。

1. 按记录方式和载体材料划分

可分为印刷型、缩微型、计算机阅读型、网络型和视听资料五大类。

1) *印刷型* 这是一种有着悠久历史的传统形式，由于阅读、利用方便，至今仍广为流传，成为传播信息的主要形式。其缺点是体积大，分量重，收藏要占很大空间，管理较为困难。

2) *缩微型* 一般指以感光材料为载体，利用光学记录技术，使印刷型文献按比例缩小的文献资料，包括缩微胶卷、缩微胶片（平片）和缩微卡片等缩微品。

3) *计算机阅读型* 它是将文字和图像转换成二进制数字代码，记录在磁带、磁盘或光盘等载体上，阅读时，再由计算机将它输出，转换成文字或图像。它能存储大量信息，并以极快的速度从中取出所需信息。

4) *网络型* 这是近几年随着互联网的普及应用而出现的新形式。它直接在网上产生、发布、存储和传播，如各类网络书刊、网络新闻、网站信息等，可以下载存储在其他载体上。这类信息虽然也需要计算机帮助才能阅读，但它直接在网上存取，这是它与计算机阅读型的区别之处。

5) *视听资料* 又称声像资料或直感资料，它是运用录音、录像和摄影技术直接记录声音与图像的文献形式，包括唱片、录音带、录像带、电影、幻灯片等。这类文献给人以直观感觉，对于传播信息有独特作用。

在这五种形态的记录型信息源中，印刷型仍然是最基本的信息源，在各类信息源中居于首位。增长最快的则是网络型信息源。

2. 按不同内容、性质和加工情况划分

可以分为零次信息、一次信息、二次信息和三次信息。

1) *零次信息* 从信息理论来讲，零次信息是信息的一个部分，是一切信息产生的源信息，即客观存在于社会生活中，通过人的视觉、听觉、触觉等形成的言语、神情、动作、气氛等表象形式。其主体是口头信息及行为表现，包括广义的网络语言。通俗解释就是：没有经过考证，尚无任何依据的，经过人的眼、耳、鼻、口等器官在人们的头脑中形成的思维及其表象形式。零次信息通过加工、整理可以形成零次文献。

2) *一次信息* 凡是在科研、生产、经营、文化及其他各类活动中产生的原始信息，称为一次信息，如期刊论文、研究报告、市场调查报告、专利说明书及各种网络信息。

3) *二次信息* 是对一次信息进行加工整理后产生的一类信息，如书目、题录、简介、文摘等形式的检索工具。二次信息的重要作用，不仅在于报道，更重要的是为查找一次信息提供线索。

4) *三次信息* 是在一、二次信息的基础上，经过分析、综合而产生的信息。人们常把这类信息称为信息分析研究的成果，如综述、述评、学科年度总结、文献指南、书目等。

另外,按编辑出版形式的不同特点,可分为图书、期刊、会议资料、专门报告、专利资料、政府出版物、学位论文、产品样本、档案、标准、新闻报纸等。这些是目前最常用的记录型信息源。

3.1.4 智力型信息源

智力型信息源主要指由人脑存储的知识信息,包括人们掌握的各类知识、诀窍、技能和经验,有的可以用语言和文字明确表达和记录,有的则难以明确表达和记录,故又被称为隐性知识。这类信息由人的活动携带,根据社会需求提供各类咨询服务,帮助用户解决问题。随着现代咨询业的兴起和知识经济的出现,这类信息源变得越来越重要。这类信息源主要通过政策、法规来进行组织、协调和管理。在实际操作时,可借鉴和吸收人力资源管理的理论方法进行管理。

3.2 信息的评价与选择

3.2.1 信息评价的一般指标

现代社会信息量极为丰富,有"知识爆炸"、"信息海洋"之说。对个人来说,他面对的信息是无穷的。在这些无穷的信息当中,如何舍弃信息垃圾、信息失真、信息病毒等,选择对自己有价值的信息是信息管理活动急需解决的问题。

然而,对信息价值的评价是一个复杂的课题,它在很多情况下取决于信息利用者的工作范围、性质、目的和个人素质。不可能制定一个统一的标准,对各类信息排列出一个适应于各行各业用户的优劣顺序。但是可以通过信息的一般特性指标对信息的价值进行判断。

有价值的信息是实现某种目标所需要的知识,是进行决策和选择所必需的资料。有价值的信息必须具备及时性、准确性、综合性、获取简易性、经济性等特性。具体地说,有价值的信息应具备如下条件:

(1)能够及时地以适当的方式提供解决问题所需要的依据;

(2)信息符合用户需求的内容;

(3)信息的可信赖程度高;

(4)信息具有综合性;

(5)信息容易获取(即不是用特殊的手段或极少数人才能获取);

(6)信息的费用与目标吻合。

人类在社会、经济、科技、文化及其他各种活动中所用的信息极其广泛,其意义也不尽相同,我们可以通过对信息源、信息准确度、信息费用三方面的评价来判断信息是否有价值。

3.2.2 信息源的评价与选择

搜集到各种信息之后，有必要将它们按信息源的类型分开整理，然后检查各类信息源所携带的信息是否正确、可靠，是不是附加了某种限定条件等等。按信息源整理信息不仅能够很好地掌握其分类范畴，而且还可以系统地检验、评价信息的意义和价值。

目前，对信息源的评价一般采用两种方法：一种是信息工作者根据对信息源的一般要求对信息源进行评分评价，称为直接评价法；另一种是调查信息利用者对各种信息源的利用情况，或由信息利用者根据自己的实际需要来评价信息源，称为间接评价法。

1. 直接评价法

直接评价法就是按照有价值的信息应当具备的一般条件或标准，从不同角度和侧面对信息源的价值给予评分评价。这种方法的特点是简单易行，带有主观色彩。一般采用五项指标、十分制对常见的信息源进行评价(见表3-1)。各种信息源的该五项指标得分相加便是该信息源所得的总分，按总分多少可对信息源进行排序。

表3-1 信息源直接评分评定表

评测准则	信息源												
	Ⅰ	Ⅱ	Ⅲ	Ⅳ	Ⅴ	Ⅵ	Ⅶ	Ⅷ	Ⅸ	Ⅹ	Ⅺ	Ⅻ	XIII
及时性	10	5	1	8	8	10	3	4	8	2	4	8	10
综合性	4	6	10	8	6	9	8	8	9	9	7	6	4
经济性	8	7	4	9	10	9	6	10	6	5	9	8	10
准确性	5	8	8	10	3	10	10	9	10	8	7	8	5
易获取性	8	7	4	7	10	8	8	6	6	6	3	6	9
总分	35	33	27	42	37	46	35	37	39	30	30	36	38

表中：Ⅰ为大众传播媒介，如报纸、广播、电视电影等；Ⅱ为期刊；Ⅲ为专著、汇编、手册、图集等不定期出版物；Ⅳ为科技报告、技术总结；Ⅴ为产品样本、目录、使用说明、广告等；Ⅵ为技术档案；Ⅶ为标准文献；Ⅷ为专利说明书；Ⅸ为生产计划、总结、统计报表；Ⅹ为政府出版物；Ⅺ为学位论文；Ⅻ为会议录、学术报告、展览会资料；XIII为直接对话、日常接触中得来的口头信息。

如果考虑信息利用者的工作性质对上述五项指标的不同要求，还可按重要性程度给各指标一个权值，这样，每个指标的得分分别乘以权值后再相加所得的总分，更能说明信息源被利用的情况和价值。

总的说来，这种评定方法还是十分粗浅的，不能准确地揭示信息源的真正价值。第一，对各指标的评分带有极大的主观性，完全取决于信息工作者个人对信息源的认识和了解。即使使用加权对各指标加以区别,也还是由信息工作者本人主观判定的。因此评分是否准确、加权是否合理都值得推敲。第二,信息源的价值只有在实际利用中才得到真正体现,这种评定方法完全不考虑信息源在实际利用中的真正动态,因而不能正确反映信息源的价值。第三,上述五项指标也还是不够完备的。一些重要的特性指标如信息的针对性、简明性、新颖性等未列入,一方面这些指标难以量化评分,另一方面指标过多也使评价变得复杂。尽管如此,我们还是可以用这种方法对信息源做出评价,作为收集和传递信息的一个参考判据。

2. 间接评价法

间接评价法是通过信息用户来评价信息源。以调查表的方式调查用户对信息源的需求和利用情况,然后由信息工作者对调查所得到的数据进行统计分析和对比,对信息源的价值做出评定。这种方法的特点是需要信息用户密切配合,工作量较大,但评价结果较为客观。

利用间接法评价信息源,可以把调查和评分结合起来使用。在调查表中要求用户根据自己利用信息源的情况对所要评价的信息源评分,根据需要可采用十分制或其他评分制。每个用户的评分虽是主观的,但最后由信息工作者对大量用户的评分进行统计分析将会得出较为客观的结论。

下面是这种方法的具体程序。

设信息工作者将有 n 个项目的 m 张调查表收回后汇总成表 3-2 的形式。

表 3-2　信息源间接评分评价表

被调查人	信息源					
	F_1	F_2	…	F_j	…	F_n
1	a_{11}	a_{12}	…	a_{1j}	…	a_{1n}
2	a_{21}	a_{22}	…	a_{2j}	…	a_{2n}
⋮	⋮	⋮		⋮		⋮
i	a_{i1}	a_{i2}	…	a_{ij}	…	a_{in}
⋮	⋮	⋮		⋮		⋮
m	a_{m1}	a_{m2}	…	a_{mj}	…	a_{mn}
总　计	R_1	R_2	…	R_j	…	R_n

表中 a_{ij} 是被调查者 i 对第 j 个信息源的评分,信息价值较高的信息源其评分相应较高。例如,如果采用十分制,价值最高的信息源可评 10 分,价值最低的信息源可评 1 分。

为了确定被调查者对所需评价的信息源认识的重要性次序,可以采用下述四种相对重要性指标进行比较,指标值较大者则较重要。

1)评分平均值　用被调查者(指有效的被调查人)的人数去除这些被调查者给

某一信息源的评分之和，便是该信息源的评分平均值：

$$\bar{R}_j = \frac{\sum_{i=1}^{m} a_{ij}}{m} \tag{3-1}$$

式中：$\bar{R}_j$ 为信息源 j 的平均评分；m 为被调查人数；a_{ij} 为被调查人 i 给信息源 j 的评分。

2）评分比重　某一信息源所得全体被调查者的评分和，在全体被调查者给所有信息源的评分总和中所占的比重，便是该信息源的评分比重：

$$P_j = \frac{\sum_{i=1}^{m} a_{ij}}{\sum_{j=1}^{n} \sum_{i=1}^{m} a_{ij}} \tag{3-2}$$

式中：P_j 为信息源 j 的评分比重；n 为信息源数；a_{ij}，m 与（3-1）式中的相同。

3）最高评分频度　全体被调查者给某一信息源的全部评分中评最高分数的人数所占的比例，称为最高评分频度：

$$\rho_{\max} = \frac{m'}{m} \tag{3-3}$$

式中：$\rho_{\max}$ 为最高评分频度；m' 为最高评分的被调查者人数；m 同前。

4）平均名次指标　首先将全部信息源分别就各个被调查者的评分排队，列出名次，这样每个信息源就得到与被调查者数量相同的名次数目，然后用被调查者总数去除名次的数值和，便是相应项目的平均名次，数字最低者为佳。

$$M_j = \frac{\sum_{i=1}^{m} C_{ij}}{m} \tag{3-4}$$

式中：M_j 为信息源 j 的平均名次；C_{ij} 为被调查者 i 给信息源 j 的评分排队名次；m 同前。

上述四种指标，可单独采用，也可以同时使用其中几种，然后取名次平均值，便可确定信息源的重要性次序。

下面用一个简单的实例说明上述方法的应用。

设有 5 名被调查者对 4 种信息源的评价如表 3-3 所示（评分采用五分制）。

根据（3-1）式，各信息源的平均评分为：

$$\bar{R}_1 = \frac{9}{5} = 1.8 \quad \bar{R}_2 = \frac{17}{5} = 3.4 \quad \bar{R}_3 = \frac{15}{5} = 3 \quad \bar{R}_4 = \frac{14}{5} = 2.8$$

根据（3-2）式，各信息源的评分比重为：

$$P_1 = \frac{9}{9+17+15+14} \approx 0.16 \quad P_2 = \frac{17}{9+17+15+14} \approx 0.31$$

表 3-3 信息源间接评价实例

被调查人	信息源			
	文摘(F_1)	快报(F_2)	期刊(F_3)	图书(F_4)
1	1	2	3	5
2	1	2	5	3
3	1	5	3	2
4	5	3	2	1
5	1	5	2	3
总 计	9	17	15	14

$$P_3 = \frac{15}{9+17+15+14} \approx 0.27 \quad P_4 = \frac{14}{9+17+15+14} \approx 0.25$$

根据(3-3)式,各信息源的最高评分频度为:

$$P_{\max 1} = \frac{1}{5} = 0.2 \quad P_{\max 2} = \frac{2}{5} = 0.4 \quad P_{\max 3} = \frac{1}{5} = 0.2 \quad P_{\max 4} = \frac{1}{5} = 0.2$$

要计算平均名次指标,将全部信息源分别就各被调查者的评分排队,列出名次,即可将表 3-3 转换为表 3-4。

表 3-4 平均名次表

被调查人	信息源				
	1	2	3	4	5
文摘(F_1)	4	4	4	1	4
快报(F_2)	3	3	1	2	1
期刊(F_3)	2	1	2	3	3
图书(F_4)	1	2	3	4	2

根据(3-4)式和表 3-4,各信息源的平均名次为:

$$M_1 = \frac{4+4+4+1+4}{5} = 3.4 \quad M_2 = \frac{3+3+1+2+1}{5} = 2$$

$$M_3 = \frac{2+1+2+3+3}{5} = 2.2 \quad M_4 = \frac{1+2+3+4+2}{5} = 2.4$$

从上述各评价指标值可知,所调查的五个用户对所列四种信息源的评定结果是,快报最为重要,接下来依次是期刊、图书、文摘。

利用间接法对信息源进行评定,除按上述要求用户对信息源总体进行评分外,还可以从不同的侧面和角度(如前面所说的及时性、综合性、可靠性等)对信息源进行评分。不过这样会使得信息人员的统计分析工作量大大增加,但评定结果将更准确。

上述四种相对重要性指标同样可以应用于表 3-1 中的项目和数据,做法完全相同,读者可自行练习。

3.2.3 信息准确度的比较评价

信息评价的另一个重要方面是比较评价信息的准确度,可以从两种角度来进行。

第一种角度的评价包括下面三种方法:①不同的信息源获得同一性质的信息比较;②定期地、系统地搜集信息,调查过去同种信息是否出现并和新获取的信息进行比较评价;③从多种信息源搜集、分析同种信息和相关信息,与切题的信息进行比较评价。

一般把从各个方面获得的同一信息,并进行比较评价的方法称作"交叉检验"。由于信息的比较也是相应的信息源的比较,所以经常注意各种信息源的特点及各自携带的信息、可靠性水平等方面的评价数据,是非常有益的。平时还要注意建立起各种信息源的获取渠道。

第二种角度是从信息所含的六个要素出发评价信息的准确度。任何信息都包含六个要素:内容(What),原因(Why),时间(When),地点(Where),人(Who),方法、途径、状况(How),即国外常说的"5W1H"。对信息进行比较评价时,要把信息分解成上述六个方面,其步骤大致如下:

(1)把信息分解成六个要素,按要素分成不同的组;

(2)分析各组中有无共同点,把具有共同点的信息抽出来;

(3)只用被抽出来的、具有共同点的信息要素构成信息形态;

(4)把组成信息形态的要素分别同原信息进行比较;

(5)根据比较结果,对于被认为最有共同点的原信息做进一步调查检验,分析它与其他信息的相关程度、相关的交接点等。

按照上述步骤对信息进行比较评价,即使评价者不同,也照样可以得到可靠性较高的信息。

此外在评价信息时,还应指出信息是零次信息、一次信息、二次信息,还是三次信息。近年来,伴随信息量急剧增加,二次信息、三次信息也正在不断增加,这些信息是对一次信息加工而得到的。因为其中有一部分由于信息加工者的意图或强调某一方面而改变了原信息的实质内容,所以利用这类信息时,必须加以分析。

3.2.4 信息的经济性评价

信息的搜集、分析、加工、利用,需要人力、财力和时间。由于信息分布的广泛性和信息利用的时效性之间的矛盾,信息搜集受到约束和限制。一般都要求迅速、准确、廉价地获得所需信息。但是对于迫切需要的信息,有时也不惜高价获取。利用信息时,信息的经济性是一个重要的影响因素。

在经济环境和技术条件急剧变化的时代,信息的价值将越来越高。但如果在经济上负担过大也没有意义,重要的是使得所需信息的内容与获得该信息所付的费用保持平衡。随着现代信息技术的不断发展,将会有许多非印刷型资料问世。例如各类声像信息、磁性记录和网络信息大量增加,样品、样机、各类试制品和通过直接交流而得到的零次信息，占有越来越重要的地位。这样，只图完美无缺地搜集各类期刊、报纸、书籍等印刷型信息就远远不够了。今后，仅掌握重要的信息源也将花大量的人力、财力和时间。

为了经济而有效地搜集信息，可以从下述三个方面出发来评价信息。

(1)所需信息存在率的评价。首先要调查有关的信息源、载体、实物(产品等)是否存在，如果存在，要用什么方法从何种途径获得，评价获取的难易程度。

(2)所需信息适合率的评价。即评价获取的信息与所需信息的内容吻合程度，例如解决问题的有效程度，为利用该信息而需要加工处理的必要程序等都是评价尺度。

(3)所需信息可靠性的评价。二次信息和三次信息，应评价其性质、加工深度、是否能获得证明性信息以确认其可靠性。此外，由于信息可以传递某一事物或课题的全部内容，也可传递部分内容，根据其所处的位置便可评价信息的可靠性。

下面进一步从实际信息管理的角度来考察信息的经济性。为此，把从某一机构现有信息库中检索出的信息与真正所需要的信息进行对比，如图 3-1 所示。

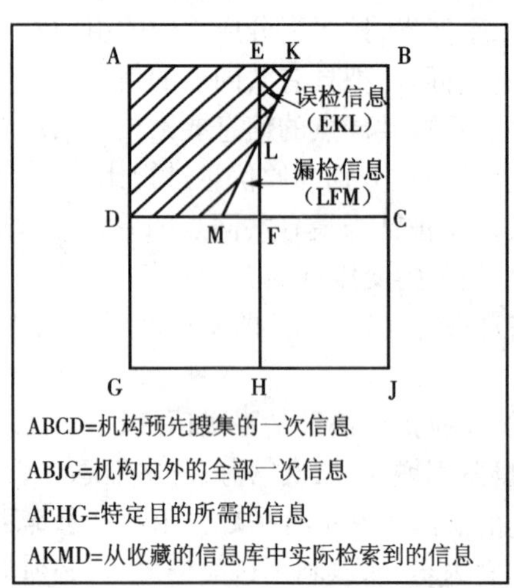

图 3-1 信息的再现率与适合率

我们把从信息库中检索到的相关信息的比例称为再现率，即图中的 AELMD/AEFD；而真正所需的信息的比例称为适合率，即图中的 AELMD/AKMD；图中 EKL 部分是误检信息，即不需要的信息；LFM 部分虽是所需信息，但未被检索出来，称为漏检信息；AEHG/ABJG 表示机构信息的存在率。

在利用信息时，应当按照前述观点，对信息最合适的储存量、信息检索手段、信息利用率、信息的有效率等方面进行检查评价，以此来评价信息的经济性。评价信息而不考虑其经济性是没有意义的。对图 3-1 中的 ABJG 部分，不可能力求收全，应当事先配备好挖掘信息源的能力和手段，针对机构变化着的信息需求，随时提供所需信息。积极利用外部信息服务机构和网络，建立本机构最佳信息结构，这可以说是信息管理的上策。

在按照前述方法进行信息评价之后，还可以按以下六个标准对信息进行综合评价，分出等级，以便于识别。

(1)从其他信息源得到了确认；

(2)通过检索相关信息等措施，大致被认为是确切的信息；

(3)从过去同种信息的可靠性来看，虽不能说绝对确切，但确切的可能性很大；

(4)似乎不是错误信息；

(5)不太真实；

(6)不能评价其可靠性。

需要指出，信息的提供、评价和利用等环节都是由人来进行的，所以不可避免地会产生人为的或无意识的错误。必须认识到这种错误出现的可能性是经常存在的，表3-5列举了可能发生信息利用和评价错误的原因及内容。在所列出的各种原因导致的信息错误中，有的是不可避免的，只要稍一疏忽就可能发生。信息提供者与利用者要认识到这一点，从而力求不犯或少犯错误。

表3-5　出现信息错误的原因

原因	原因简述
缺乏客观性	没有客观地理解获取的信息，而是掺杂了一些主观因素
取材不足	只用片面的素材、片面的信息来完成报道工作
理解不足	判断问题受潮流、情绪影响，不探究其真理、本质
调查、分析不充分	过于追求信息提供的速度，而不进行充分的调查和分析
思考能力不足	没有足够的对新问题的思考能力，而是墨守成规，不能抓住事物的本质
不可靠性太大	对于信息不明确之处置之不理，而将自己主观臆断的内容注入信息
凭兴趣评价信息	有时对于自己感兴趣的信息过分强调，对自己不感兴趣的信息则置若罔闻，歪曲了信息的真正价值

3.3　信息获取的方法与途径

3.3.1　信息获取的原则

为了避免人力、物力和时间上的浪费，提高信息搜集的效率，在搜集信息时，必须注意掌握以下几个原则。

1)目的性原则　信息的获取必须有明确的目的，必须根据具体任务和实际需要有的放矢地收集。

2)准确性原则　该原则要求所收集到的信息要真实、可靠。不准确的信息不仅浪费了人力、物力和时间,甚至还会导致决策失误,造成巨大的经济损失。这个原则是信息收集工作的最基本的要求。为达到这样的要求,信息收集者必须对收集到的信息反复核实,不断检验,力求把误差降到最低限度。

3)系统性原则　一般的,信息的产生和传播具有零散、断续的特点,它不是一次性地集中发出而是时间上有间隔、内容上不完善的。因此,多方拓展信息来源,注意信息的积累,加强信息的系统性,是提高信息质量的一个重要因素。

4)时效性原则　信息的利用价值取决于该信息是否能被及时地提供给使用者,即它的时效性。信息只有及时、迅速地提供给它的使用者,才能有效地发挥作用。信息如果过时,也就失去或减弱了其使用价值。保证信息收集及时有效的办法就是积极做好信息预测工作,抓潜在信息,走在时间的前面,而不是"马后炮"。因此,只有信息是"事前"的,对决策才是有效的。

5)科学性原则　当代信息源数量庞大、形式多样、内容重复分散、品种繁杂,给信息的选择和搜集带来了极大的困难。因此,需要经常采用科学方法研究信息源的分布规律,选择和确定信息密度大、信息含量多的信息源。例如可以用前节介绍的方法从不同的角度评价信息源的价值,还可以采用布拉德福定律来选择核心信息源,检测信息搜集的完整程度。

3.3.2　常用的信息获取方法与途径

不同类型、不同载体、不同内容的信息往往具有不同的流通渠道和分布范围,应当根据前述信息搜集的效率指标加以评价和权衡,通过不同的途径、采用不同的方法获取。常用的搜集信息方法或途径主要有以下几种。

1)采购　尽管在信息技术的支持下,人们可以利用多种现代化的方式获取信息,但是采购仍然是我们获取和积累有价值的信息的重要方式。特别是许多公开出版的书刊(包括一次文献、二次文献和三次文献等记录型信息)和发行的数据库,必须根据国内外公开发行的各种指南来购买。而且采购是一种经常性的、稳定的、系统的搜集和获取信息的有效方式,无论对团体还是个人都非常适用。采购包括订购、现购、邮购、委托代购等多种具体方式,可以根据采购规模和自己的需要进行选择。

2)调查　调查既包括访谈,也包括对实物、现场的实地考察、搜集,如现场调查、访问、发放问卷、样品搜集等等。用调查方式不仅可以获得记录型信息源,还可获得非记录型信息源,尤其是口头信息。调查、搜集信息虽然不如其他方法搜集信息那样系统、连续,数量也不够多,但其速度快、质量高、准确性好、针对性强,是获取信息的有效方法,尤其是获得非文献信息源的最有效的方法。

3)交换　利用本系统所拥有的信息源(如出版物等)与其他单位进行交换,互相调剂,互相补充,扩大信息来源。交换的信息源多属于内部资料、非卖品,不能通过采购或其他方式获得,只有通过交换取得。直接交换资料,不通过其他中间环节(如发行系统或书商),有利于信息的迅速及时获取。

4)索取　对于有些信息可以通过通信联系或直接派人联系取得,这种方法称为索取。例如,各国厂商为了推销自己的产品,常免费赠送产品样本、说明书、期刊、产品目录,有时赠送实物样品。有的文献资料,提供对象有一定的范围,在此范围之外的单位或个人,一般无法取得。若是国内资料,可以通过建立联系索取;国外资料可以通过业务联系或学会、协会关系,或设法委托具有这些关系的第三者帮助,间接索取。通常注意各种期刊所刊载的消息和广告,是获得索取途径的有效办法。

5)检索　即从各类不同的数据库和信息系统中查寻所需要的信息。主要有手工检索和计算机检索两种方式。当前,以计算机为工具通过网络进行检索正在取代手工检索、脱机检索、联机检索而成为信息检索的主流。许多重要的数据库和大型信息系统都已连接上网。各种图书馆目录、参考工具书、全文资料、图形和影像信息、计算机软件及商用数据库等各种类型的信息源都存储、流通于网络系统上,形成了一个丰富多彩、潜力无限的高速信息网络世界。与传统的检索方式相比,网络检索有很多优越性,如对通信线路要求较低,检索成本低,可以快速取得脱机打印结果,代表了系统检索发展的方向。

要顺利地进行信息获取,还要合理地组织获取流程。因为信息的调查、搜集包括大量的事务性工作,而各种获取方法的流程是不同的。具体如何安排,还要根据信息机构的规模、设备状况、人员水平结构和工作传统等情况而定。

本章小结

本章重点讲述了信息源的相关概念和分类,信息获取的方法与途径。同时对记录型信息源的类别进行了较为详细的阐述,并介绍了信息源的评价方法,信息的准确性、经济性评价等方面的内容。

通过本章的学习,学生应掌握什么是信息源及如何获得有价值的准确信息。同时,学生应理解信息评价的方法与相关指标。

参考文献

[1]　胡昌平.信息管理科学导论[M].北京:高等教育出版社,2001.
[2]　马费成.信息管理学基础[M].武汉:武汉大学出版社,2002.
[3]　卢泰宏,沙勇忠.信息资源管理[M].兰州:兰州大学出版社,1998.
[4]　马费成,李纲,查先进.信息资源管理[M].武汉:武汉大学出版社,2001.
[5]　岳剑波.信息管理基础[M].北京:清华大学出版社,1999.

思考与练习

1.不定项选择题

(1)记录型信息源中最基本的信息源是(　　)。

A. 缩微型　　B. 网络型　　C. 计算机阅读型　D. 印刷型
E. 视听资料

(2)按照信息源的存在形式划分信息源可包括:(　　)。

A. 口头信息源　B. 实物信息源　C. 记录型信息源　D. 智力型信息源
E. 网络型信息源

(3)信息获取的原则包括(　　)。

A. 目的性原则　B. 准确性原则　C. 系统性原则　D. 时效性原则
E. 科学性原则

(4)常用的信息获取方法与途径有(　　)。

A. 采购　B. 调查　C. 交换　D. 索取
E. 检索

2. 填空题

(1)实物信息源中的实物包括__________和__________。

(2)记录型信息源中最基本的信息源是__________。

(3)任何信息都包含内容(What)、原因(Why)、__________、__________、__________、__________六个要素,即国外常说的"5W1H"。

3. 判断题

(1)实物信息源中的实物包括自然实物和人工实物。(　　)

(2)从信息理论来讲,一次信息是信息的一个部分,是一切信息产生的源信息。(　　)

(3)二次信息是对一次信息进行加工整理后产生的一类信息,如书目、题录、简介、文摘等形式的检索工具。(　　)

(4)间接评价法就是按照有价值的信息应当具备的一般条件或标准,从不同角度和侧面对信息源的价值给予评分评价。(　　)

(5)利用间接法评价信息源,可以把调查和评分结合起来使用。(　　)

4. 名词解释

(1)信息源;(2)实物信息源;(3)记录型信息源;(4)智力型信息源。

5. 简答题

(1)请说明记录型信息源划分的类型。

(2)请说明有价值的信息应该具备哪些条件。

(3)请说明对信息源进行评价的直接评价法的优缺点。

(4)简述评价信息准确度的两种角度。

(5)搜集信息时,应该注意掌握哪几个原则?

(6)信息获取的方法或途径有哪些?

第 4 章　信息组织

本章要点

◎ 信息组织概述
◎ 元数据
◎ 信息描述
◎ 信息揭示
◎ 信息存储

学习内容

1. 信息组织的含义
2. 信息组织的要求和目的
3. 信息组织的理论基础
4. 信息组织的方法基础
5. 信息组织的一般过程和原则
6. 元数据的定义
7. 元数据的结构
8. 元数据的功能
9. 信息描述的作用和原则
10. 信息揭示的方法及种类
11. 信息存储技术
12. 信息存储体系
13. 传统时期的信息存储方法
14. 网络时期的信息存储方法

学习目标

1. 了解:信息组织的理论与方法基础
2. 理解:元数据的结构与功能,信息描述的原则,信息存储技术,信息存储体系
3. 掌握:信息组织、元数据、信息描述的相关概念,信息揭示的方法,信息存储方法

关键词

信息组织、元数据、信息描述、信息存储

信息的合理组织与表达是实现良好的信息检索与信息获取的重要前提,是成就网站可用性与友好性的核心要素。缺乏良好组织的信息由于没有给读者留下思维的空间或不符合用户的思维习惯,会大大降低信息传递与接收的效率。信息组织是信息资源建设的中心环节,通过信息组织可以达到甄别信息、精化信息、重组信息的目的。信息组织是建立信息系统的重要条件,是信息检索与咨询的基础,是开展用户服务的有力保证。

4.1 信息组织概述

4.1.1 信息组织的概念

4.1.1.1 信息组织的含义

信息组织是一个序化的过程,目的在于方便人们对信息的利用,让人们发现问题的答案,努力支持随机的浏览和定向的检索。在我国,对信息组织这一概念的阐述最早是由宋彩萍与霍国庆在 1997 年明确提出来的,他们在《信息组织论纲》中是这样描述的:"信息组织是将处于无序状态的特定信息,根据一定的原则和方法,使其成为有序状态的过程,其目的是将无序信息变为有序信息,方便人们利用信息和有效地传递信息。"由于信息组织的重要性,人们从来没有停止过对它的关注,纷纷从不同的角度为信息组织进行定义。党跃武将它界定为:"信息组织是在信息搜集基础之上进行的信息系统的信息整理和序化工作。"马张华对这一概念的表述为:"信息组织亦称信息资源组织,它是根据信息资源组织的需要,以文本及各种类型的信息源为对象,通过对其内容特征等的分析、选择、标引、处理,使其成为有序化集合的活动。"

本文归结以上内容给出这样的定义:信息组织是根据信息资源检索的需要,利用一定的科学方法和规则,通过对信息外在特征和内容特征的分析、选择、标引、处理,使其有序化,从而保证用户对信息的有效获取和利用,实现信息的有效流通和组合。从此定义中可以看出,信息检索的需要是信息组织的前提,一定的科学规则和方法是信息组织的保证,信息组织的对象是根据检索需要而采集的各种信息,手段是分析和处理信息的外在和内容特征,目的是保证用户的有效获取和利用。这包含两层意思:一是序化,即是整序,把杂乱无序的事物整理为有序的活动;二是重组,即信息开发,是信息组织的深化和优化,它是把无序的信息整理为有序,进而重组激活,挖掘信息潜在价值,使信息得到充分有效的利用,满足用户各层次、多种类需求的过程。

4.1.1.2 信息组织的要求

1. 信息特征有序化

这包括三个方面的内容:一是要将内容或外在特征相同或者相关的信息集中在

一起,与无关的信息区别开来;二是集中在一起的信息要有系统、有条理,按一定标识呈现某种秩序,并能表达某种意义;三是相关信息单元之间的关系要明确化,并能产生某种关联性,或者能给人某种新的启示。

2. 信息流向明确化

现代管理科学的基本原理表明,信息作用力的大小取决于信息流动的方向。信息整序要做到信息流向明确化。首先,要认真研究用户的信息需求和信息行为,按照不同用户的信息活动特征确定信息的传递方向;其次,要注意根据信息环境的发展变化不断调整信息流动的方向,尽量形成信息合力。

3. 信息流速适度化

信息流速的不断加快使人们感受到巨大的信息压力,眼花缭乱的信息流可能会降低决策的效率。同时,人们面对的决策问题在不断发展变化,信息需要也在不断更新。为此必须适当控制信息流动速度,把握信息传递时机,提高信息的效用。

4.1.1.3 信息组织的目的和意义

信息组织的目的可以概括为“实现无序信息向有序信息的转换”。具体地说,信息组织的目的应包括:①减少社会信息流的混乱程度;②提高信息产品的质量和价值;③建立信息产品与用户的联系;④节省社会信息活动的总成本。

早期的信息组织活动是自发的和分散的,不利于合理、有效地利用整个社会的信息资源,也不便于充分利用科学技术的发展为信息组织工作提供技术手段,由此便产生了现代信息组织与以计算机技术为基础的信息存取系统。现代信息组织既是人类社会在漫长的发展历程中对文献、知识和信息资源进行管理的延伸与拓展,同时也是社会经济高速发展,信息成为重要的经济资源背景下发展起来的信息管理模式。信息组织的意义主要体现在以下几个方面。

1. 信息组织是使信息成为资源的手段

人类在实践活动中创造和积累了丰富多彩的信息和知识,正是由于信息与知识的积累,人类的物质文明和精神文明才得以繁衍和继往开来。伴随着科学技术的突飞猛进,信息数量急剧膨胀,与此同时,“垃圾信息”也大量存在,妨碍了人们对有用信息的吸收和利用,导致社会信息的有效利用率下降。社会信息的有效利用必须以信息加工、处理与序化等系列活动为必要条件,即针对某一目标,采用搜集、选择、整理、描述、存储等一系列信息处理过程,将分散的、无序的信息加工成为有序信息流,以便于通过各种方式向人们提供信息服务,充分发挥信息的社会与经济效用。因此,信息成为资源的基本手段就是信息组织。

2. 信息组织有助于减少社会信息流的混乱程度

巨量的杂乱无章的社会信息不仅不能成为方便人们利用的信息资源,而且还会妨碍人类对大量信息的开发利用,干扰人们正常的管理与决策活动。因此,信息组织的目标之一就是减少社会信息流的混乱程度,控制信息的流速和流向,使信息能够在适当的时候有针对性地传递给需要者,通过信息组织的成果形式——信息存取系统,控制信息的数量与质量,使用户能够获取适合自己吸收能力的高质量信息。

3. 信息组织有助于提高信息产品质量及利用效率

信息组织的各个环节都是根据方便用户使用的原则与要求进行的,因此,信息组织工作一方面要形成面向用户查询的信息存取系统,促进用户对各类信息资源的有效获取与有效利用;另一方面,信息组织需要通过信息描述、信息揭示、信息存储等活动鉴别信息,提高信息质量,促进信息资源增值,提高信息资源开发利用的针对性与适用性。未经组织的原始个体信息往往处于彼此毫无联系的自然离散状态,大量信息由于缺乏深层次加工,缺乏科学稳定的框架结构,难以形成一个能够科学地反映其领域特色、提供有效查检、充分实现其信息价值的有序信息集合体。通过信息组织所形成的信息产品不仅质量高,而且可提供多人重复使用,从而大大提高信息资源的使用效率。

4.1.2 信息组织的理论与方法基础

4.1.2.1 信息组织的理论基础

1. 系统科学理论

系统科学的思想是20世纪20年代由奥地利学者路德维希·冯·贝塔朗菲(Ludwig Von Bertalanffy)在研究理论生物学的时候提出来的。系统具有整体性、内部相关性、环境相关性、层次性、有序性、目的性等特征。系统论认为,系统内部各要素是相互关联的有机结合在一起,系统的整体功能大于各要素功能之和。在信息组织中,如果将大量的、分散的、杂乱的信息组织成一个系统,建立起内在的关联性,那么,信息系统的整体功能将大于各个信息单元的功能之和。也就是说,这将充分发挥信息资源的作用,基于这一原理,信息组织的目标就是建立信息系统。

2. 耗散结构理论

耗散结构理论由比利时布鲁塞尔学派领导人伊利亚·普里高津(Ilya Prigogine)提出。其基本思想有两点:一是系统内部非平衡是有序之源;二是开放系统不断与外界进行物质和能量的交换,熵趋于最小值,能量远离平衡,混乱度最小(熵=温度/热能,熵是物理热力学概念,用来指无用混乱的信息)。非平衡、开放系统是有序之源,因此信息组织所要建立的信息系统应该是一个开放的系统,与外界进行信息的交换。信息组织通过与外界交换物质、能量与信息,对信息整序加工,使信息系统成为远离平衡态的开放系统。因此,耗散结构理论可作为信息组织的理论基础。

3. 协同学理论

协同学由德国科学家哈肯(Haken)于1970年提出,是一门研究系统进化普遍规律的科学,它研究由许多子系统构成的系统是如何通过协作从无序到有序演化的规律。无论什么系统,它从无序向有序的演化都是大量子系统之间相互作用而又协同一致的结果。一个信息系统是由多个子系统构成的,建立各子系统之间的协同作用机制是非常重要的。

4. 突变理论

突变理论是20世纪70年代发展起来的一个新的数学分支,由法国数学家托姆(R. Thom)提出,它用形象而精确的数学模型来揭示和预测事物的连续性中断的质变过程。突变理论的一个重要观点是"突变是产生有序性的重要源泉"。突变理论为信息组织理论的发展与完善提供了理论基础。

5. 知识组织理论

"知识组织"(Knowledge Organization)这一概念,是1929年英国著名分类法专家布利斯(H. E. Bliss)提出来的。此后,知识组织一直受到图书馆学界的关注。所谓知识组织,是指对知识客体进行诸如整理、加工、揭示、控制等一系列组织化过程。在美国,分类、编目、主题标引等课题被称之为"知识组织"。知识组织的任务是寻求抑制知识存取无序化的方法,其目标是使知识(资源)处于有序化状态,并提供有序知识,保证客观知识主观化过程的顺利进行。主观知识的组织在人的大脑中进行,表现为复杂的神经生理活动,人工智能、认知心理学等重点研究主观知识组织的内在机理;客观知识的组织是通过人的认知进行分类,并凭借一定的方法完成的。信息组织主要关注客观知识的组织活动。

6. 信息自组织理论

信息自组织是信息组织方法的拓展,是信息组织理论研究中的新课题。不借助外部控制而能实现从无序到有序的转变,并维持稳定有序状态的系统称为自组织系统。信息自组织是指作为信息系统组成要素的信息,由于人与人之间、人与系统其他要素之间存在的相关性、协同性和默契性而形成特定结构与功能的过程,也就是信息系统无须外界指令而能自行组织信息,实现自我有序化和优化的过程。近年来,全社会信息总量的持续增长、信息技术的飞速发展,使信息系统显著地具备了自组织的条件,特别是网络信息已经具有自组织的开放性、远离平衡和非线性相关等特征。因此,研究信息自组织理论对于网络信息的组织具有非常重要的理论与实践意义。

4.1.2.2 信息组织的方法基础

语言学、逻辑学、知识分类是信息组织的方法基础。

1. 语言学

要把庞杂分散的信息组织成有序优化的整体,就必须建立符号系统。有了这种符号系统,信息系统的有序特征才能体现,信息单元的个体特征才能被揭示出来,各种信息单元才能对号入座,纳入到这种符号系统的框架之中,形成一个便于检索的序化信息集合。尽管各种信息组织符号系统的形式不同,但都和自然语言一样,有着共同特征:有语词、有词汇、有语法,这就是信息组织的语言学基础。

2. 逻辑学

形式逻辑是关于思维规律的科学，信息组织是一种思维活动，它必须遵循科学的思维方法。也就是说，进行信息组织工作必然用到形式逻辑的一些方法，信息组织的行为只有符合逻辑思维规律，才能保证信息组织的优化序化质量。

3. 知识分类

分类是人们认识事物的一种最基本的方法。知识分类是一门研究知识体系结构的学问。信息的主体是知识，信息组织活动必须建立在人们对知识体系认识的基础之上。

4.1.2.3 信息组织的技术基础

1. 计算机技术

传统的信息组织是以文献或以“文字”为处理单位，基于手工操作的，速度慢、效率低。计算机及其相关技术的出现并应用于信息组织工作，极大地促进了信息组织手段与技术的现代化。1956 年，美国海军兵器试验站首次将计算机引入书目工作，该站采用 IBM—701 型计算机建立世界上第一个书目存取系统。同期卢恩（H. P. Luhn）首创题内关键词索引，开机编索引之先河。进入 60 年代，书目工作自动化进一步发展，机读目录 MARC 研制成功，极大地促进了信息组织现代化的进程。20 世纪 70—80 年代以来，信息组织的现代化领域不断扩展，计算机自动索引、文摘、检索网络化、翻译自动化、编目自动化等都得到极大的发展。自动标引技术也相继问世，特别是有关自然语言的自动标引，将信息揭示与标引推向了一个崭新的发展阶段。总之，计算机技术是信息组织的核心技术，随着计算机技术的不断发展，信息组织将逐渐实现信息处理的自动化及智能化。

2. 多媒体技术

多媒体技术是计算机技术、通信技术和大众传播技术等的有机统一体，是多项技术相互融合而成的。多媒体技术使计算机从单纯文字和数字处理进化成能够处理声音、文本、图像、图形、动画、电影及电视等多种媒体。多媒体技术使大众传播技术、计算机技术和通信技术三大信息处理技术紧密结合起来，其目标是要尽可能实现信息交流的高保真效果、通信带宽和交互控制能力。多媒体技术具有多维化、非线性、集成性、交互性和实时性等特征。多媒体技术改善了用户与计算机、用户与用户之间交互的方法和手段，导致多媒体系统中信息组织方法的变化。

3. 数据库技术

20 世纪 60 年代，在文件管理的基础上，人们开发了信息管理的新技术——数据库技术。在长期的实践中，数据库以其独特的优点表明它是信息资源组织与共享的最佳方法。数据库技术从诞生到发展，已经经历了层次数据库、网状数据库、关系数据库等多种数据库结构，目前面向对象数据库正处于快速发展时期。面向对象的数据库不仅能管理常规数据，而且能管理绚丽多姿的现实世界中的各种信息，多媒体数据库系统就是一个实例。多媒体数据库为现实世界中各种信息的数字化、规范化管理提供技术保证。

4.1.3 信息组织的一般过程和原则

4.1.3.1 信息组织的一般过程

从广义上说，信息组织的内容范围非常广，从信息采集、信息描述与揭示、信息存储、信息分析一直到服务的这个完整的过程中，都渗透着信息组织的活动。信息采集是信息组织的前提；信息描述是对信息的初级组织；信息揭示是核心，是对信息的中级组织；信息分析是深化，是对信息的高级组织；信息存储是对信息及其他信息组织的成果的空间组织；而信息服务则是宗旨，是信息组织这个微观信息管理过程重要环节的目标。虽然这几个方面并不是严格意义上的逐次推进的几个阶段，但它们之间既相互独立而又保持联系，共同构成信息组织的完整内容和全部意义。

信息组织的一般过程包括信息替代和信息序化两部分。信息的替代过程（也可称为信息揭示过程）实际上是对原始信息的外表特征（包括题名、著者、出处等）和内容特征（包括分类号、主题词、摘要等）进行描述的过程，这项工作通常称为著录。著录的结果是将原始信息制成它的替代信息——二次信息。信息序化是对替代信息给出信息标识（如分类号、主题词等）的过程，这项工作通常称为标引，这样就形成了检索工具。因此，可以说信息组织是为信息检索服务的，具体而言，信息著录是为检索利用信息，从而揭示信息的一种重要方法，是对信息特征进行分析、选择和记录的一个过程。而标引就是在此之后，为信息配上相关检索知识（检索词）的过程。所以说，信息组织与信息检索在实际操作中是两个互逆的过程，具体如图4-1所示。

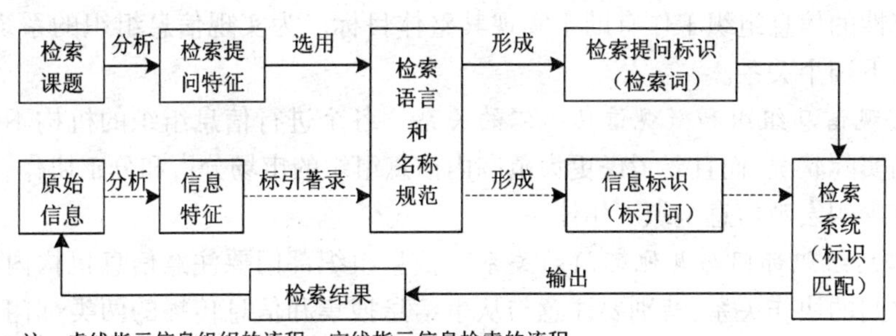

图4-1 信息组织与检索的关系

检索者在查找所需信息时，只要以该系统所用的标识作为提问标识，与系统中的信息特征标识进行比较，并将信息特征标识与提问标识一致的信息检索从信息检索系统中检出，检出的部分就是检索的结果。通过检索结果的指示，便能找到原始信息。由于信息检索是信息组织的逆向过程，所以，通过信息检索可以进行信息组织质量的评价。通常我们在进行评价时惯用的两个指标是查准率和查全率。

4.1.3.2 信息组织的基本原则

信息组织具有负责性和变易性,要求必须在一定的科学原则的组织下进行信息组织,切实避免随意性、无计划性和盲目性等现象,从而使信息组织真正发挥整序信息、科学分流、促进选择、保证利用的功能和作用,形成健全完善的信息组织体系和顺畅通达的信息组织流程。因此,在信息组织中,必须坚持以下基本原则。

1. 客观性原则

描述和揭示信息的外在特征和内容特征必须客观而准确,要根据信息本身所反映的各种特征加以科学地反映和序化,形成相应的信息组织的成果。客观性原则率先确定了信息描述和揭示的数据来源必须是客观存在的信息本身。在文献信息描述中,客观性原则得到了充分的体现,所有的著录依据,都以文献本身为基础。同时,客观性原则也对具体的信息组织工作提出了相应的要求。在信息组织中,不能损害信息的本来效用,不歪曲信息本身,也不肢解信息本身;不能毫无根据地、人为地添加一些不准确的思想和观点,要完整地、全面地、准确地反映信息的客观特征。在信息揭示中,我们对网罗度和专指度的把握就体现了这一思想。如网罗度反映了在信息揭示的主题分析中,对信息中论述的主题范围和数量的表征程度,即信息本身是多主题还是单主题,各主题具体包容了哪些主题因素。无论是网罗度还是专指度的分析和标引,都必须建立在对信息本身的客观了解和判断的基础上。另外,信息组织的客观性原则还要求我们不断跟踪信息源的发展变化和信息组织技术的发展变化,使信息组织与条件变化和环境变化保持客观一致性。

2. 系统性原则

系统性的信息组织工作有助于实现其整体目标。为实现信息组织的系统性,必须把握以下四个关系。

1)宏观信息组织和微观信息组织的关系　各个进行信息组织的机构不仅要立足自身的实际状况,而且要考虑更大范围内信息组织的市场分占和分工协作,从而形成一个完善的宏观信息组织工作体系。

2)信息组织部门与其他部门的关系　信息组织部门要注意信息机构内部的各个部门之间的协作关系,特别要注意与从事信息搜集和信息传播的两类部门以及进行机构日常管理的行政部门的关系,以便在信息机构良好运行的环境下保证“信息搜集—信息组织—信息传播”一条龙工作流程的顺畅通达。

3)信息组织工作的各个环节之间的关系　信息组织工作本身也具有多个环节,保持各个环节的正常联系有助于使信息组织工作一环紧扣一环,其中特别要注意信息描述的基础性地位,它是信息揭示、信息分析和信息存储的必要准备。

4)不同信息处理方法之间的关系　由于信息本身的特殊性,在具体进行某一类信息的组织时必须充分满足于这种特殊性,但也必须全面把握各种信息处理方法的极大相似性，尽可能采用统一而规范的处理方法。用系统的观点和方法来进行信息组织工作的协调管理，有助于发挥信息组织的整体优势，也有助于实现信息组织的整体功能。

3. 目的性原则

信息组织具有鲜明的目的性，必须充分围绕用户的需求开展工作。信息组织在一般情况下并不直接与用户联系，处于一般信息管理流程的中间位置，但信息管理的一切环节都必须以“用户第一”为宗旨，信息传播及其效果如何，在很大程度上是由信息组织的水平所决定的。同时，从现代信息管理发展来看，信息组织和信息传播具有趋于融合的发展态势。因此，信息组织工作也必须积极开展用户研究，充分了解用户需求，使信息组织成果能极大地方便用户选择和利用。要努力采用用户认可和习惯的方式进行信息组织，但也要不断改良现有方法和采用新的方法。这种新的方法仍然要通过用户教育等一系列手段最终得到用户的认可。信息组织的目的性原则同时要求，为了实现信息组织的目标必须注意信息工作的计划性和长期性，以及信息机构本身的性质、特点和能力。

4. 现代化原则

信息组织的现代化主要表现在两个方面：一是信息组织的思想观念现代化；二是信息组织的技术手段现代化。信息组织的思想观念现代化集中体现在信息组织的标准化上。信息组织的标准化主要体现在信息组织工作的统一性、信息组织方法的规范性、信息组织系统的兼容性和信息组织成果的通用性方面。信息组织的标准化是整个信息交流和管理标准化的重要组成部分，主要包括：①基本术语标准；②有关信息技术标准（如信息交换格式、程序设计与数据库语言、网络标准与协议等）；③信息组织技术标准（如信息描述规则、信息代码、信息标引规则、信息组织成果编排规则等）；④其他相关标准。

为此，信息领域的若干国际性标准组织已经制定和实施了一系列有关信息组织工作的标准，为促进信息组织的整体化、科学化发展创造了良好的条件。信息组织的技术手段现代化已经充分证明，现代信息技术在信息组织中的广泛推广和应用形成了不可逆转的信息组织自动化方向，自动标引、二次信息自动生成和数据库建设成为目前已经比较成熟的信息组织自动化成果。信息组织的技术手段现代化改变了传统的手工方式，不仅极大地提高了工作效率，而且极大地提高了工作质量；不仅与信息管理发展大趋势相协调，而且能更好地满足用户的多样化信息需求。以自动标引为例，自动标引是指计算机根据文献的标题或文摘中的自然语言，自动地选定标引该篇文献的主题词。它与手工标引相比有三大优点：①标引速度快；②标引一致性好；③检索效率高。由于中西文语言的差别，中文自动标引比西文自动标引要困难得多，但随着自动标引技术及支持性技术的发展，自动标引的优越性将进一步得到发挥。

5. 重要性递减原则

重要性递减原则即依据信息的重要程度序化信息，通常的做法是突出重要信息使其处于醒目位置，而将其他次要信息置于不显著的相应位置。这个原则是根据用户查询信息的心理规律提出的。一般认为，用户在选择信息时遵循着相关性与适用性两个规律，而影响相关性的因素中最重要的一方面就是信息在系统中所处的物理位置。在序化好的信息阵列里，排在前面的信息更容易被用户选择。

4.2 元数据

随着网络技术的迅速发展，信息已经改变了传统的形式，并在数量上飞速增长。在这种形势下，传统的信息资源描述规范已难以适应网络信息资源的特性，元数据规范纷纷诞生并投入应用。元数据经历了从 MARC 发展到 DC 核心元数据，从档案元数据 EAD 扩展到各种不同类型信息资源的元数据，从描述元数据逐步形成各种不同功能的元数据，从图书馆应用延伸到其他领域应用，逐步成为数字信息资源的描述和组织规范。

4.2.1 元数据的基本含义

什么是元数据？元数据有哪些基本内容？到目前为止，还没有一个统一的、具有权威性的定义，人们根据各自的理解对元数据进行了描述。以下选择了一些有代表性的元数据定义，可以帮助我们理解其基本思想。

4.2.1.1 元数据的诞生

元数据的英文名称为 metadata。该词最早出现于美国航空与宇宙航行局（National Aeronautics and Space Administration，NASA）的《目录交换格式》（Directory of Interchange Format，DIF）手册中。

事实上，元数据作为一个概念，古已有之。传统的图书馆卡片、出版图书的版权说明、磁盘的标签等都是元数据的表现形式。“书目”作为元数据的一种形式在以图书为资源存在形式的相关行业应用了千百年，其他许多行业也都有自己的元数据格式，例如名册、账本、药典等。但“元数据”作为一个统一概念的提出首先起因于对电子资源管理的需要。因特网的爆炸式发展，使人们一时难以准确地找到自己所需的信息，人们就试图模仿图书馆对图书进行管理的方式，对网页进行编目。对元数据的研究和应用使人们看到了新的可能性，元数据可以成为下一代万维网——“语义万维网（Semantic Web）”的基石，通过表达语义的元数据，以及表达结构、关系和逻辑的 XML/XMLS/RDF/RDFS/OWL 等形式化描述，计算机能够对于数据所负载的语义进行理解和处理，从而赋予因特网以全球的智慧和惊人的能力。

4.2.1.2 元数据的定义

关于元数据最本质、最抽象的定义为“关于数据的数据(data about data)”。元数据是对数据进行组织和处理的基础,是用来描述数字化信息资源并确保这些数字化信息资源能够被计算机自动辨析、分解、提取和分析归纳的一种框架或一套编码体系。在哈佛大学数字图书馆项目中,元数据被定义为:元数据是帮忙查找、存取、使用和管理信息资源的信息。在这个定义中,元数据既适合于电子资源,又适合于非电子资源;不仅包括编目信息,也包括其他管理和存取资源的信息。美国图书馆协会编目描述和存取委员会在研究了46种元数据定义后,对以下三个术语进行了定义,即元数据、元数据体系和互操作性。元数据是结构化的编码数据,用于描述载有信息的实体特征,辅助描述数据的标识、发现、评价和管理;元数据体系提供正式的结构设计,识别给定学科知识结构,经过信息系统的建立,连接学科信息结构,系统将会测定主题的标识、发现和使用主题的信息;互操作性指两个或更多的系统或组成部分之间交换信息的能力,不用任何特殊规矩,使用任何系统交换信息。这里把元数据看成一个系统,描述了元数据的个性、元数据与元数据的关系、元数据与其他系统的联系。

元数据是一种广泛存在的现象,在许多领域有其具体的定义和应用。

在数据仓库领域中,元数据被定义为:描述数据及其环境的数据。一般来说,它有两方面的用途:首先,元数据能提供基于用户的信息,如记录数据项的业务描述信息的元数据能帮助用户使用数据;其次,元数据能支持系统对数据的管理和维护,如关于数据项存储方法的元数据能支持系统以最有效的方式访问数据。具体来说,在数据仓库系统中,元数据机制主要支持以下五类系统管理功能:①描述哪些数据在数据仓库中;②定义要进入数据仓库中的数据和从数据仓库中产生的数据;③记录根据业务事件发生而随之进行的数据抽取工作时间安排;④记录并检测系统数据一致性的要求和执行情况;⑤衡量数据质量。

在软件构造领域,元数据被定义为:在程序中不是被加工的对象,而是通过其值的改变来改变程序的行为的数据。它在运行过程中起着以解释方式控制程序行为的作用。在程序的不同位置配置不同值的元数据,就可以得到与原来等价的程序行为。

在图书馆与信息界,元数据被定义为:提供关于信息资源或数据的一种结构化的数据,是对信息资源的结构化的描述。其作用为:描述信息资源或数据本身的特征和属性,规定数字化信息的组织,具有定位、发现、证明、评估、选择等功能。

此外,元数据在地理界、生命科学界等领域也有其相应的定义和应用。

4.2.2 元数据的结构

元数据在处理海量的信息与数据时起到了重要的作用,它的结构应该是多层次的。根据目前人们开发的元数据方案可以看出,一个元数据格式的结构包括:内容结构、句法结构和语义结构。

4.2.2.1 内容结构

内容结构(Content Structure)对元数据的构成元素及其定义标准进行描述。一般由以下元素构成:①描述性元素,即对数据对象的基本内容特征进行描述的元素,例如标题、作者等;②技术性元素,即对数据对象制作、传递、使用或保存过程的技术条件或参数进行描述的元素,如压缩方法、扫描分辨率、使用软件等;③管理性元素,即对数据对象进行管理的要求、规格和控制机制进行描述的元素,例如有效期、使用权限等;④复用元素,即一元数据集从其他元数据集中复用的元素,有可能需要对其语义范围和编码规则进行修订;⑤元素的选取使用规则,例如是否必备元素或可选元素、是否为可重复元素、是否由子元素组成等。

人们一般根据特定应用领域的成熟信息处理框架或标准来决定元数据的内容结构,并在元数据定义中进行说明。

4.2.2.2 句法结构

句法结构(Syntax Structure)是定义数据结构以及如何描述这种结构。它包括:①元素的分区、分层、分段组织结构,如元数据标准 MARC 分成头标区、地址目次区和数据字段区,EAD 分为头标区、前面事项段和档案描述段,CEDARS 分为保护描述信息和内容信息;②元素结构描述方法,一般用 XML DTD 来定义,也有用 XML Schema、RDF 或 SGML DTD 来定义的;③DTD 描述语言,如 EBNF Notation;④元数据复用方式,如通过 Namespace 联结相关 DTD、Ontology 或内容规范;⑤与被描述数据对象的捆绑方式,元数据与数据对象捆绑在一起,如在 HTML HEAD 中,标记作为数据对象的一部分。

4.2.2.3 语义结构

语义结构(Semantic Structure)是定义元数据元素的具体描述方法,包括三个层次。

1. 元素定义

是对元素本身有关属性进行明确的定义,一般采用 ISO 11179 标准,通过 10 个属性来界定所有元素:①Name,元素名称;②Identifier,元素标识;③Version,版本;④Registration Authority,登记机构;⑤Language,描述元素本身的语言,不是元素内容语言;⑥Definition,定义;⑦Obligation,使用约束;⑧Datatype,数据类型;⑨Maximum Occurrence,最高出现次数;⑩Comment,注释。

2. 元素内容编码规则定义

确定在描述元素内容时应该采用的编码规则。内容编码规则可以是特定标准,也可以是最佳实践,或是自定义的描述要求等。

3. 元素语义概念关系

元素语义概念在不同领域有不同意义,例如 Title 在文献领域是文献标题,在社交领域则是人的职衔等。因此,需要说明它所处的上下文关系,来表明它与其他概念之间的关系。可以通过 RDF/RDFS 技术来定义元素概念的类属关系,通过 XML Namespace 技术将元素与相应的语义定义、语义网络和语义层次关系表链接起来,从而支持对元素语义及语义关系的进一步限定。

另外,元数据是动态的,处于不断变化之中,所以有必要指名描述元数据的版本变化情况,并通过系统发布。

4.2.3 元数据的功能及常用格式

元数据的主要作用在于对信息的描述、定位、搜寻、记录、评估及选择等。具体来说,它主要有以下几方面的功能。

1)确认和检索(Discovery and Identification) 主要致力于帮助人们检索和确认所需要的资源,数据元素往往限于作者、题名、主题、位置等简单信息。Dublin Core 是其典型代表。

2)著录描述(Cataloging) 用于对数据单元进行详细、全面的著录描述,数据元素囊括内容、载体、位置与获取方式、制作与利用方法,甚至相关数据单元方面等,数据元素数量往往较多。MARC、GILS 和 FGDC/CSDGM 是这类元数据的典型代表。

3)资源管理(Resource Administration) 支持资源的存储和使用管理,数据元素除比较全面的著录描述信息外,往往还包括权利管理、电子签名、资源评鉴、使用管理、支付审计等方面的信息。

4)资源保护与长期保存(Preservation and Archiving) 支持对资源进行长期保存,数据元素除对资源进行描述和确认外,往往包括详细的格式信息、制作信息、保护条件、转换方式和保存责任等内容。

5)系统建模(System Modeling) 对系统整体过程进行描述,支持自动的系统流程定义和识别,支持基于系统模型的模块搜寻、嵌套和匹配等。

根据不同领域的数据特点和应用需要,20 世纪 90 年代以来,许多元数据格式在各个不同领域出现。它们专门被用于处理相应的信息资源,如档案、地理信息、博物馆、人文、科技等。据大概统计,目前有 20 多种元数据格式,例如:

(1)网络资源:Dublin Core、IAFA Template、CDF、Web Collections, MARC(with 856 field);

(2)文献资料:MARC(with 856 field), Dublin Core;

(3)人文科学:TEI Header (Text Encoding Initiative Header);

(4)社会科学数据集:ICPSR SGML Codebook;

(5)博物馆与艺术作品:CIMI(Computer Interchange of Museum Information)、CDWA(Categories for The Description of Works of Art)、RLG REACH Element Set、VRA Core;

(6)政府信息:GILS (Government Information Locator Service);

(7)地理空间信息:FGDC/CSDGM(Federal Geographic Data Committee/Content Standard for Digital Geospatial Metadata);

(8)数字图像:MOA2 metadata、CDL metadata、Open Archives Format、VRA Core NISO/CLIR/RLG Technical Metadata for Images;

(9)档案库与资源集合:EAD;

(10)技术报告:RFC1807、ibTeX、EELS、EEVL;

(11)连续图像:MPEG-7。

需要指出的是,现在已经很难区分超文本、超媒体和多媒体,特别是当前严格意义下的超文本系统已经少见(在某些场合,如一些DOS应用软件的帮助功能中还可以见到)。总的来讲,多媒体的含义更广一些,而超媒体强调的是对多种媒体信息的组织、管理以及对这些信息的检索和浏览。超媒体技术广泛应用于与各种信息查询有关的方面,如字典和参考资料、信息检索、商品介绍展示、旅游和购物指南、交互式娱乐等。

4.2.4 常用元数据

国内外元数据规范种类很多,包括:一般信息描述元数据MARC、DC和TEI;特殊资源描述元数据EAD、GILS、CSDGM;图像描述元数据CDWA、VRA Core等。本书简要介绍两种较通用的描述性元数据。

4.2.4.1 MARC元数据

1. MARC元数据的简介

MARC(Machine-Readable Catalogue)是用于在计算机条件下描述、存储、交换、控制和检索著录数据的标准,已成为世界上流行最广的书目数据标准(http://lcWeb.loc.gov/marc/)。MARC最初由美国国会图书馆以阿弗拉姆夫人为首的一个小组于1965年研制的一个计划,后来称之为MARC Ⅰ,其目的是探索以机读形式产生目录数据的可行性。1968年英美两国合作研制出更好的机读格式即MARC Ⅱ。其他国家由于不同的需要,各自在MARC Ⅱ基础上研制出了自己的MARC。

MARC表现了不同类型图书馆对象数据的书目描述及其关系,有利于地区图书馆共享书目数据,但是MARC缺乏管理信息,如知识产权、保存信息等,不能满足对权威性用户文件和级别评估的要求。美国图书馆网络开发部和MARC标准办公室与有关专家继而开发了基于XML的书目元数据体系《元数据对象描述体系》(Metadata Object Description Schema,MODS)和MARCXML标准。

2. MARC元数据的应用

MARC元数据从研制之日起,就一直在图书馆、信息部门和数据库服务公司使用,经过多次修改和提高,使MARC元数据的功能逐步得到了完善。虽然以后又出现了许多新的描述元数据规范,但都没有完全取代MARC元数据,图书馆还是在使用MARC元数据进行书目数据的标引。为了实现MARC元数据与其他元数据的互操作,MARC标准办公室已推出MARC与DC对照、MODS与DC对照等研究成果,以便元数据系统能够自动映射。

4.2.4.2 DC元数据

1. DC元数据简介

DC是都柏林核心(Dublin Core)的简称,全称是都柏林核心元素集(Dublin Core Element Set),网站是http://www.dublincore.org/。都柏林核心是于1995年3月在美国俄亥俄州的都柏林召开的第一届元数据研讨会上提出来的,并以会议所在地名字命名。之后又先后召开了六次元数据研讨会,每次会议对都柏林核心都进行一定的补充和修订,使都柏林核心的结构和功能不断完善。都柏林核心以其简练、易用、可扩展等特性,被广泛认同为网络资源描述元数据集。当前,研究和应用都柏林核心的各种项目已遍及美洲、欧洲、大洋洲、亚洲等地,都柏林核心已被翻译成多种语言。1998年9月,因特网工程特别任务小组(IETF)将都柏林核心作为一个正式标准(RFC2413)予以启动推广。目前,都柏林核心已成为美国国家信息标准Z39.85的内容。DC的维护和发展由Dublin Core Metadata Initiative(DCMI)组织负责。

2. DC元数据结构

当前所使用的DC由15个基本元素组成,分成3大部分。

(1)资源内容描述部分有题名、主题、说明、来源、语种、关联和覆盖范围。题名指资源名称;主题指资源内容主题;说明指关于资源的简要描述;来源指资源的出处信息;语言指资源所使用的语言;关联指与其他资源之间的关联;覆盖范围指资源涉及的地理、时间或管理的范围。

(2)知识产权部分有创建者、出版者、其他责任者和权限。创建者指资源内容的主要责任者;出版者指资源的提供、发表、出版者;其他责任者指资源内容的其他承担责任的人;权限指资源所属或管理的权限信息。

(3)外部属性描述部分有日期、类型、格式和标识符。日期指资源制作日期;类型指资源内容的特征和类型;格式指资源的数据格式;标识符指对资源进行标识的标识信息。

自从1998年9月IETF公布网络资源描述方式的正式标准后,DC已被广泛应用于各领域,作为网络信息资源揭示和组织的描述语言。通过一段时间的应用,逐渐发现DC并不能完全满足对资源描述的具体化需求。为了解决这个问题,各个应用机构又根据自己的需求,设置了一些说明。但是,由于各地或特定领域应用者设置的修饰词,导致代理机构和用户的不理解。为了解决此问题,同时为了提高各机构、学科、领域之间的互操作性,DCMI委员会经过认定,公布了DC标准的修饰词。

3. DC元数据应用

DC元数据在网络信息资源的应用已遍及全世界,不仅是图书馆和信息机构使用,而且在政府、企业、科研机构、教育机构、商业机构等领域都使用。我国“中国国家试验性数字式图书馆项目组”的元数据方案和实施意见是由上海图书馆完成的,共分为都柏林核心元素定义及其限定、资源描述框架(RDF)及其含义、实施实例与说明以及实施建议四个部分。DC 元数据作为《我国数字图书馆标准规范建设》项目的基本思路,目前已推出了不同数字信息资源类型的元数据规范。

4.3 信息描述

信息描述,亦称信息著录、信息编目,是根据一定的描述规则和技术标准,对信息的外在特征和部分内容特征进行分析、选择、记录的过程。因为信息的表现形态与载体形态是多种多样的,因此对于不同形式的信息或者不同形式的信息载体,要针对其特点,选用不同的描述方法。

从信息组织的加工层次上看,信息描述是一种初级组织形式,它主要是侧重于信息的外在特征的描述,对部分内容特征的描述也主要是对部分显性内容特征即信息载体上标注的内容特征的描述,而且并不放在重要地位。如 ISBD(International Standard of Bibliographic Description)模式中通常只有附注项才能包容部分内容特征。当然,信息的某些特征既是外在特征,又可能是内容特征。如信息的题名是与其他信息的主要区别点并且在信息载体上通常给予反映,在信息组织中信息的“题名——责任者”往往被作为标志性识别项目,“题名页”、“题名屏”等类似结构部分中题名具有显著地位,有时题名还出现在信息多个结构部分中,成为逐页题名或其他名称。同时,题名也往往是重要的内容特征。通常题名有两种:一种是隐性题名——并不直接表达信息的主题内容,如“静静的顿河”、“变形记”等隐喻性、模糊性题名;一种是显性题名——直接表达信息的主题内容,包括部分表达主题内容的题名(如“基督山伯爵”、“养生学”)和较全面表达主题内容的题名(如“国内外管理科学与工程研究热点的比较分析”、“高校现代远程教育的发展与特征”)。其中显性题名就成为重要内容特征。

4.2.3.1 信息描述的作用和原则

信息描述工作,是依据描述规则对信息资源的特征进行分析、选择、记录的操作过程。对信息资源记录的结果,即为元数据。信息描述的目的,就是以元数据为中介,对信息资源进行各种操作。

1. 信息描述的作用

1)识别　确认并对要进行组织的信息资源进行个别化描述,使用户能识别此资源对象。

2)定位　提供信息资源位置的信息,以便供用户访问时使用。它可以是传统文献集合中信息资源的排列位置,也可以是数据库中的位置,在网络环境下则主要为信息资源在网络中的地址,从而可以方便用户对资源访问。

3)检索 通过在描述数据中提供检索点,方便用户对资源的检索和利用。传统检索系统通常需要在描述记录的基础上确定检索点,组织相应的检索工具,提供各种基本的检索途径;在电子检索系统中,一般可以利用描述数据,同时利用各种特征进行检索。

4)选择 通过记录信息资源的各种特征,诸如主题、作者、资源类型、篇幅、出版或发布信息以及日期等,供用户对信息资源的使用价值进行判断,决定是否选择该资源。

2. 信息描述的原则

为了保证元数据的质量,信息描述操作必须客观反映信息资源的特征,严格遵循元数据规范进行操作,一般应遵循以下的原则。

1)准确 即对信息资源的描述应真实反映其内容特征,通常应根据描述对象提供的数据加以记录,必要时,也可以参考其他来源对有关的数据加以纠正,使用户可以通过描述,对信息资源的特征有一个准确的了解。

2)规范 指信息资源的描述应严格遵守相应的描述规范,并在可能时依据相关的规范文档或控制词表。不仅对传统文献资源类型的描述,应按照系统的要求加以记录;对网络资源的描述,也应在可能的情况下,采用推荐的描述标准或规范化词表作为工具,以使得描述结果能取得一致,获得较好的使用效果。

3)完备 描述项目应比较完备,使得可以从信息资源的各种特征出发进行检索操作。文献单位对传统文献的描述一般应按照系统规定的描述级别进行,对各种电子资源,特别是网络资源的描述,也应该利用相关条件对各种特征进行充分记录,尽可能保证基本数据的完备。

4.2.3.2 信息描述的一般程序

描述信息一般应遵循一定的工作程序,以保证信息资源的描述质量。信息描述的操作程序通常为:查重—描述—标引—复核并输入系统。

1. 查重

在对信息资源进行描述前,首先需要通过系统进行查核,确定该信息资源是否为已收入系统的信息资源、该信息资源的不同版本或为经过更新的资源,并采用相应的方法加以处理。如该资源为已经收入系统的信息资源,如图书馆中同一版本的文献或同一对象的网络信息资源,除必要时审核该描述是否有可以修正的地方,并进行必要的加工外,一般可直接采用原来的描述结果,将其输入系统。如该信息资源为已有资源的不同版本或经过更新的资源,则可在采用原有描述的基础上,根据更新情况对原有描述进行部分增补或调整,例如对图书的版次、网络信息资源涉及的时间、地址上的变化等加以补充记录后,输入系统。如该信息资源为新收入系统的资源,则按照系统的要求,加以原始编目,重新进行描述和标引处理。

查重不仅可以避免不必要的重复劳动,同时也是保证对信息资源描述和处理一致性的重要手段。

2. 描述

描述操作通常应根据描述规范,按照不同信息资源的特点加以处理。图书馆等文献单位对所收藏的信息资源的描述比较严格,一般遵循相应的著录标准和采用标引工具进行;在描述过程中,可以适当参考文献中的在版编目数据,并根据其描述信息资源提供的数据进行著录。

网络资源的描述,一般按照文献机构的要求和相应规范进行操作,可采用都柏林核心集或相应领域的描述规范作依据。一般情况下,对网络资源的描述通常依据网络资源的描述信息源进行记录,必要时也可查核各种相关的参考工具。

在电子环境下,对信息资源的描述还可以采用复制、修改相似资源元数据的方式通过修改、调整等进行描述操作,以减少工作量,提高描述的一致性。

3. 标引

标引在此处主要指分类标引、主题标引等。标引操作一般需要在对信息资源进行主题分析的基础上,依据一定的类表、词表或标引规范进行。标引操作的结果是给出符合信息资源内容特征的分类标识和主题标识。文献单位在对图书等分类标引时,为将标引结果用于文献排架,在赋予分类号的同时,通常还根据分类排架的需要,给予书次号,组成分类索书号。在实际操作中,描述操作和标引可以同时进行。

4. 复核

在完成描述和标引以后,一般应进行复核,检查所进行的描述和标引是否符合要求,并根据系统的要求对文献等进行必要的处理,再将描述结果输入检索系统。复核包括检查描述项目是否完备、准确;分类标引、主题标引的结果是否符合系统的要求等。复核工作一般应由有经验的工作人员进行。在复核的同时,传统文献单位一般还根据建立手工检索工具和文献收藏的需要,进行标目加工,编制参照等。

4.4 信息揭示

同信息描述相比,信息揭示工作显得更加复杂与艰难,最主要的原因在于信息组织加工人员必须首先对欲揭示的信息加以理解,在理解的基础上提炼出其思想内容,并用一定的符号加以记录。对信息的理解程度不同,要求也就不同,但要保证信息分析人员熟悉信息所反映的学科,否则根本无法进行信息的揭示工作。

综合起来看,目前人们在对信息内容揭示已经形成的基本成熟的科学方法有两种:一种是分类方法,一种是主题方法。

4.4.1 分类方法

分类方法在汉代时期即已经明确出现,以刘向、刘歆的《七略》与《别录》为代表。

信息资源分类的主要工具是分类法。其基本思想是:将人类所发现以及发明创造出来的知识以学科体系进行分类,构建出一个人类知识的地图总汇。待我们揭示信息的内容时,通过分析信息内容,在这个知识地图中标记出其位置。反过来看,通过了解其信息在知识地图中的位置,就可以明确其所处的学科体系、层次关系、内涵释义。换句话说,通过知识地图这个中介事物,间接地了解信息的内容,从而达到揭示信息的目的。

分类方法的关键在于两点:一是构建出知识分类地图;二是在此知识分类地图中找到信息的位置。

到目前为止,人类构建知识分类地图的方法有三种:等级列举式、分面组配式、列举组配式。其中,以等级列举方法应用最为广泛。世界上绝大多数分类法都是集合了部分分面组配思想的等级列举式分类法。

4.4.1.1　等级列举式分类法

顾名思义,等级列举式分类法包含两方面的含义,一是等级,二是列举。等级列举式分类法将所有的类目组织成一个等级系统,并且采用尽量列举的方式编制的分类法。这种分类法通常将类目体系组织成一个树状结构,按照划分的层次,逐级列出详尽的专指类目,并在以线性形式显示时,以缩格表示类目的等级关系。由于这种分类法通常是依据传统的知识分类体系编制的,人们习惯也将其称为体系分类法。

等级列举式分类法是一种传统的分类法类型,也是目前使用最普遍的分类法形式。比较著名的有:美国《杜威十进分类法》(Dewey Decimal Classification,简称《杜威法》或 DDC)、《美国国会图书馆图书分类法》(Library of Congress Classification,简称《国会法》或 LCC)、《中国图书馆图书分类法》(简称《中图法》)等。例如,《中图法》将人类知识分为五大部类二十二大类:马克思主义、列宁主义、毛泽东思想;哲学;社会科学;自然科学;综合性知识。在将这些基本大类设定为类目的基础上,社会科学按政治、经济、文化的次序分列为九个基本大类,自然科学则按基础科学和应用科学分别设类的原则分列为十大类。这些大类序列如表4-1所示。

表4-1　中国图书馆图书分类法简表(22大类)

A 马克思主义、列宁主义、毛泽东思想	N 自然科学总论
B 哲学、宗教	O 数理科学和化学
C 社会科学总论	P 天文学、地理科学
D 政治、法律	Q 生物科学
E 军事	R 医药卫生
F 经济	S 农业科学
G 文化、科学、教育、体育	T 工业技术
H 语言、文字	U 交通运输

续表

I 文学	V 航空、航天
J 艺术	X 环境科学、安全科学
K 历史、地理	Z 综合性图书

下面以经济学科为例,分析其如何以等级的原则列举经济知识,从而构建出经济学科的知识地图。

F　经济
F0　经济学
F1　世界各国经济概况、经济史、经济地理
F2　经济计划与管理
F20　国民经济管理
F21　经济计划
F22　经济计算、经济数学方法
F23　会计
F239　审计
F24　劳动经济
F25　物资经济
F27　企业经济
F270　企业经济理论与方法
F271　企业体制
F272　企业计划与经营决策
F273　企业生产管理
F274　企业供销管理
F275　企业财务管理
F276　各种企业经济
F279　世界各国企业经济
F28　基本建设经济
……

将人类掌握的所有学科都进行如此等级列举,并把结果整合起来,就形成了具有中国文化特色的等级列举式分类法,也就是我们所说的知识地图总汇。

可以看出,等级列举式分类法的特点是:①分类结构显示直观,易于把握、便于使用;②类目体系展开比较系统,并可以根据实际使用需要对类目的等级进行适当调整;③标记简明,适于分类排架,也可以用于组织分类检索工具。

列举式分类法的不足是:①揭示专门主题能力差,往往无法满足确切分类的需要,不能充分揭示信息资源中大量存在的细小专深主题;②类表具有一定的凝固性,

不便于根据需要随时改变、调整检索途径，不能进行多角度检索；③无法根据现代科学的发展自动生成新类，难以与科学的发展保持同步；④大型列举类表一般篇幅较大，对类表管理的要求较高。

4.4.1.2 分面组配式分类法

分面组配式分类法是指在类目之间完全采用分面结构、将文献的内容分析为若干个因素，从分面寻找相应的类号，并按照一定的次序将其排列组配成一个完整的分类号。分面组配式分类法的特点主要在于将事物分面，所谓面就是指事物的一个方面和一个侧面。

分面组配式分类法主要是为了克服等级列举式分类法体系庞大、类目不能及时反映学科发展的缺点而提出的。其基本思想是：任何复合主题，不管多么复杂，都可以分解为相应的基本概念；同时，它们也可以通过相应基本概念的组合加以表达。因此，分类法不必详尽列举所有主题，只要在类表中按照范畴列出各种基本概念，并分别配以相应号码；使用时，先分析标引对象的主题，根据主题分析的结构，通过相应概念类目的组配表达信息的主题内容，以这些类目的标识的组合，表示该主题在分类体系中的次序。

纯粹的分面组配式分类法又称全分面分类法，一般仅在较小的学科或专业范围内使用。伦敦分类法研究小组编制的专业分面分类法都属于这一类型。它的主体是分面类表，此外还有编制及使用说明、大纲、索引等。分面类表由若干组面构成。组面是用某一单一系列的分类标准对一个主题领域进行划分而产生的一组类目，即表示某一类事物某一方面属性的一组简单概念。例如图书馆学分面分类法就可用图书馆类型、资料、操作、学科、地区、时代等特征进行划分，从而产生6组类目，即6个组面。每一组面还可用同一系列的更细的标准进行划分，分为两个或多个亚面。例如图书馆类型面可以划分为几个亚面，形式如表4-2所示。

表4-2 图书馆分面列表

上属机构分面	用户分面	规模分面
E1 公共图书馆	D1 儿童图书馆	C1 大型图书馆
E2 高等学校图书馆	D2 盲人图书馆	C2 中型图书馆
E3 社区图书馆	D3 普通图书馆	C3 小型图书馆
……	……	……

组面或亚面之下可根据需要设立细分的类目。经过系统排列，就形成一个由组面、亚面、类目等构成的分面分类体系。在使用分面组配方法揭示信息内容时，依据表中的基本概念进行组配，从而完整表达出信息内容。

分面组配式分类法有这样几个特点：①分面组配式分类法虽然类目较少，但能通过类目的组配表示众多的主题概念，标引文献的能力强于等级列举式分类法；②可以较自由地扩大或缩小检索范围，能从多途径检索文献，还可进行比较精确的组配检索,在检索性能和检索效率方面都优于等级列举式分类法;③采用分段标记制度,便于分类表的增补和修订,检索较为灵活;④可用于组织分类目录以及建立分类检索系统等。其中半分面分类法还可用于文献的分类排架和分类统计等。

虽然分面组配分类方法有很多优点,但在现实使用中基本没有被广泛应用,因为其不如等级列举式分类方法类目明晰,标引难度高,号码长。

比较重要的分面组配式分类法有《冒号分类法》(Colon Classification,简称 CC),《布立斯书目分类法(二版)》(Bliss Bibliographic Classification,简称 BC2);

4.4.1.3 列举组配式分类法

列举组配式分类法是整合上述两种分类法的优点,在详尽列举类表的基础上,广泛采用各种组配方式的分类法,因此也被称为半分面分类法。这种分类法以列举式类表为基础,具有一定的直观性,同时广泛采用组配方法,基本上可以达到与分面类表同等标引水平。但其列举式类表的管理修订工作,需要较大的工作量;类目之间的组配往往使用多种辅助符号,标记复杂、冗长。有代表性的列举组配式分类法有《国际十进分类法》(Universal Decimal Classification,简称 UDC)、俄罗斯的《图书馆书目分类法》等。

按照类目体系展开的维度,分类法可以分为单维和多维两种类型。传统分类法根据文献资源组织的需要和检索工具的特点,一般采用单维的线性结构,使用交替和参照等形式作为揭示类目之间的横向联系的补充。这一体系适应在传统环境下建立分类收藏和手工检索工具的需要,但不能充分揭示类目之间的多种联系。网络分类法借助于超文本技术,可以改变传统分类法单线结构的局限,通过重复反映、动态揭示等方法,充分反映知识之间的各种联系,满足终端用户的不同需要,建立起不同于传统分类法的网状结构。目前网络上使用的 Yahoo 等主题指南虽然仍有许多可改进之处,但已经在这一方面做出了许多有益的探索。

此外,文献分类法还可以依据不同的标准,区分出不同的类型,如根据其涉及的学科领域的范围不同,分为综合性分类法、专业分类法;根据其适用的文献类型,分为图书分类法、期刊分类法、标准文献分类法、专利分类法、报纸分类法、资料分类法、网络资源分类法;根据分类文献的规模,分为大型分类法、中小型分类法等。

构建出知识分类地图后,就可以用此地图揭示信息的内容。世界上现有的著名分类法基本上都有被用于揭示与组织信息资源的案例。如 Canadian Information by Subject(加拿大国家图书馆)、BUBL Link、CyberDewey:A Hotlist of Internet Sites Organized Using Dewey Decimal Classification Codes 等 30 多个网站全部使用 DDC 作为其工具。德国网上资源的 GERHARD 等则利用了 UDC 分类体系。加拿大多伦多参考图书馆用于揭示与组织天文学资源的 Expanding Universe 和 PICK(Quality Internet Resources in Library and Information Science)、Internet Resources Arranged by the Library of Congress System 等 20 多个网站则采用了 LCC 分类法。

4.4.2 主题方法

分类方法可以从学科角度揭示信息内容，但是由于一个主题内容可以分属于不同的学科，因此在搜索某一主题信息时，就要从分类知识地图的多个部类中查找。如“企业信息化”主题内容，可以分属于经济、管理、工业技术、哲学、法律等多个大类。将一个主题内容的信息集中揭示，而且使用自然语言中文字词语的形式标识，不再使用符号助记的方式，可以大大方便用户的使用，也符合用户信息利用行为的习惯。这种方法就是主题方法。

主题法是直接以表达主题内容的语词作检索标识、以字顺为主要检索途径，并通过参照系统等方法揭示词间关系的标引和检索信息资源的方法。它是除分类法外另一种从内容角度揭示信息内容的方法。

4.4.2.1 主题法的特征

目前国内采用的主题法的类型很多，一般都具有下述特征。

1）*直接以语词作为检索标识* 主题法不像分类法那样以一种抽象的号码系统作为检索标识，而是直接选用自然语言中的语词进行标引和检索。例如“茶的焙制”这一主题，《中图法》的标引结果应为TS272.4；但在主题法中，可以直接标引为“茶叶加工”，比分类法直观。

2）*以字顺作为主要检索途径* 虽然主题法往往也采用按范畴、词族等方式对主题词进行组织，但字顺方法始终是它的主要排检依据。我国的主题检索系统通常是根据汉字特点，按照拼音或笔画笔顺进行排检的；因此在使用主题法检索时，只要知道检索对象的名称，就可以按相应的排检方式进行查找。在采用机检系统的情况下，一般可以直接输入语词，由计算机进行查找，不像分类法那样，使用前必须预先了解主题词之间关系，因此通用性好。

3）*以特定的事物、问题、现象，即以主题为中心集中信息资源* 分类法由于受学科体系的限制，从不同学科角度研究同一对象的信息资源是分散在各知识分类的；主题法则没有这一限制，而是直接从主题对象的角度揭示图书资料，这一特性是由语词标识和字顺排列决定的。以论述茶的文献为例，在分类法中，关于茶的种植、茶的焙制、茶的贸易等主题，一般应按学科分别归入农业科学、工业技术、经济等不同科学部门；而在主题法中，通过语词标识和字顺排列，可以直接在“茶”这一主题下集中予以揭示。

4）*通过参照系统等方式揭示主题词之间的关系* 为了在采用字顺序列的同时有效揭示主题概念之间的联系，主题法发展了完备的参照系统，通过在主题词下设置用、代、属、分、参等多种参照项，建立起“隐蔽的分类体系”。此外，一些系统还备有词族索引、范畴索引、轮排索引等多种辅助索引，通过各种形式的结合，在主题词之间建立起充分的语义联系。当然，各种主题系统中对词间关系的揭示状况是不平衡的，就整体而言，其对主题之间关系的揭示不如分类法。

5)主要用来揭示信息记录、编制各种主题检索工具及主题存取系统。与分类法相比,主题法的特点是可以集中与一个主题有关的各个方面的信息资源,检索的直接性、通用性好,适合于进行各种专指检索,在性能上具有与分类法相互补充的特点。但主题法通常不用于组织文献资源,只用于建立各种检索工具(不仅用来编制各类手工检索的书目索引,同时也广泛用于组织机检系统,供计算机检索使用)。

以下利用图示对主题法中的标题词、单元词、叙词、关键词概念进行简单的描述,如图4-2所示。

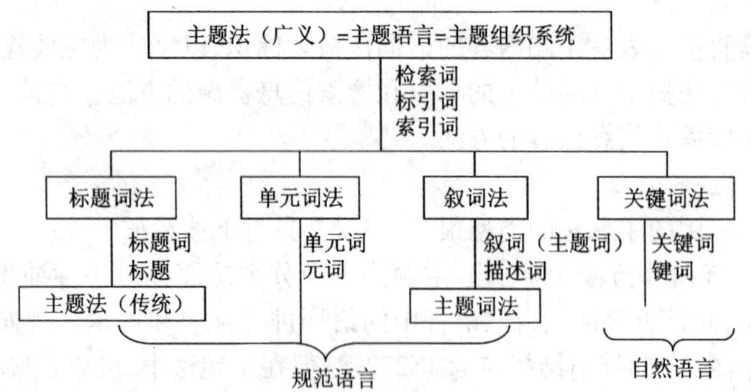

图4-2 主题法语言的名称

4.4.2.2 主题法的类型

主题法的类型按照选词方式的不同可以分为标题法、元词法、关键词法和叙词法四种;而按照其使用时组配的先后顺序,可以分为先组式主题法和后组式主题法两种。

1. 标题法

标题法是一种以标题词作为主题标识,以词表预先确定的组配方式标引和检索的主题方法。所谓的标题词,是指经过词汇控制,用来揭示信息内容的词或词组,通常为比较定型的事物名称,如"信息管理"、"信息存储和检索"等。

这种方式是在手工检索工具的基础上发展起来的一种按列举方式编制的主题法类型,其除了直接选取自然语言中的单词和词组作为标识外,还大量采用了复分标题,如音乐—奥地利、参考书—书目等。通过这些形式,对一个主题对象的各个方面及其特征进行专指标引,并集中相关信息资源。

标题法是一种先组式的主题法,开创了主题法的最初形式,探索了标题法词汇控制的一系列方法,包括:制定了标题的选择和确定的准则、规定了标题的形式、标题之间关系的揭示、标题标引过程中组配方法的使用等。

标题法的特点是:①采用列表式词表,形式直观;②先组式标题结构固定,含义明确;③按照词表列举的标题和副标题进行标引,操作方便;④主要通过以参照方式对词汇进行控制,并揭示标题之间的相关性。

标题法的不足是:①采用列举式方式,往往造成收词量巨大、专指度相对不足、修订量大等问题;②大量使用先组式标题,在手检工具中无法顾及多个因素、多个角度检索,必然会影响检索效果。

基于上述问题,标题法现在已经不常使用,只有美国国会图书馆制定的《美国国会图书馆标题表》(Library of Congress Subject Headings,简称 LCSH)因其编制机构的权威性而使用范围相对广泛一些。在揭示网络信息内容时,也偶尔使用标题法的案例。

2. 元词法

元词法是为了克服标题法的不足而发展起来的一种主题法类型,元词法是以元词作为主题标识,通过字面组配的方式表达信息内容的一种主题方法。所谓元词,也称为单元词,是表达主题内容的最基本、最小的、字面上不能再分的语词。如"企业信息管理"要分解为"企业"、"信息"、"管理"三个单元词。

可以看出,元词法已经不再是一种先组式主题法,而是后组式主题法。它首先将信息内容分解为最小的词汇单元,在使用时将这些词汇单元再组配在一起,而不是预先就组配好。但是很明显的是,通过拆分成最小的词汇单元后,部分词汇并不能完全地、正确地揭示出信息内容。这是字面分解和语义概念分解不一致所导致的结果。

元词法曾在 20 世纪 50 年代初用于美国的一些文献机构,除采用卡片目录的形式外,也用于穿孔卡系统。与标题法相比,元词法的特点是:①词表体积小;②标引专指度高;③便于从不同主题词角度检索;④适合对专指主题进行标引。

元词法的不足是:①直接性差;②不宜于查找论述基本主题的文献,例如,不适宜对论述"经济"、"化学"等基本主题的文献进行查找;③采用字面组配方法,在字面分解与语义分解不一致时,容易造成误差,例如,按字面组配,"猎户星座"应为"猎户"和"星座"进行组配,使得信息资源归入与内容不相关的语词之下;④早期的元词法不建立参照系统,无法进行相关资料的检索。

元词法在主题法发展中的主要贡献是率先探索了后组式检索方法。元词法使用的反记法,是目前机械检索系统中倒排挡的先声,后来为叙词法等主题法类型所采用。此外,元词法还广泛探索了后组式检索中的规律和问题,为叙词法的发展和使用开辟了道路。元词法目前已为叙词法所取代。

3. 叙词法

所谓叙词法,是以从自然语言中精选出来的、经过严格处理的语词作为文献主题标识,通过概念组配方式表达文献主题的主题法类型。叙词,也称为主题词,是经过规范化处理的、以基本概念为基础的表达信息内容的词和词组。

叙词法出现于 20 世纪 50 年代末期,是认识到其他主题法的不足后,吸收它们的长处而发展起来的一种新型信息揭示语言类型。叙词法与元词法不同,它是将概念组配引入主题法,在采用词汇标识进行组配的同时,以概念组配代替了元词法的字面组配。叙词语言的概念组配虽然与字面组配一样,都是通过语词标识的组配表达文献主题的,但两者存在着以下不同。

(1)语词单元不同。元词法严格采用字面上不能再分的语词为标识单元,有时会影响其对主题内容的确切表达;叙词法改为以表达基本概念为基础,既收元词,又收词组,对主题的表达更加准确。例如,标引“音乐学院”时,元词法使用“音乐”、“学院”两词组配,会出现音乐学院、学院的音乐课两种含义;而叙词法直接以“音乐学院”进行标引,就不会出现二义性。

(2)组配的依据不同。元词法按照字面组配的方式对复合主题分拆和组配,方法简便,但往往会影响对主题对象的准确揭示;叙词法依据概念关系对复合主题进行分解和组配,对主题的揭示比较确切。例如“天文物理学”这一主题,按照字面组配,可以采用“天文”和“物理学”加以组配;而依据概念组配,则应使用该主题构成的概念单元,以“天文学”和“物理学”进行组配,显然后者比元词法表达确切。

上述改进使叙词法的标引结果更加准确。除上述特点外,叙词法的最显著特点是,它是一种综合多种检索语言技术方法的基础上发展起来的词汇控制系统,集多种检索语言的功能于一身,使其成为一种具备优越性能的现代检索语言。其特点如下:①结构完备,词汇控制严格,可以根据检索系统的需要对词汇进行有效处理和显示;②组配准确,标引能力强,能够准确、专指地标引和揭示各种组题内容;③检索效率高,可以通过灵活组配方式进行多途径检索,达到较好的使用效果;④对检索系统适应能力强,可以同时适用于手工检索系统的需要。

虽然叙词法具有很多优点,但其缺点也是比较明显的:①由于词汇控制要求严格,词表编制和管理的难度大,要花费大量人力、物力和财力资源;②信息内容揭示须在概念分析的基础上进行,所以标引难度大,要求高。

叙词法是当前受控语言的主流。到目前为止,国外的叙词表数量不少于千种,我国的叙词表也超过了130种。当前国内使用最广泛的叙词表就是《汉语主题词表》(简称《汉表》)。

因叙词法属于控制严格的主题方法,所以在概念词的词形、词义和词间关系方面都要加以人工的控制。对叙词的控制表现为四个方面。

1)词汇控制　词汇控制主要解决叙词的类型及范围问题。一般来说,叙词全是名词或名词性词组,少量形容词也可以作为叙词。

2)词形控制　词形控制是指根据主题标引和检索的需要对语词形式及构成成分加以规定,以保证效果。如规定语词形体(繁简体、异体等)、规定外来语和数字用法、规定标点符号用法、规定词序、规定外文词形、规定词长等。

3)词义控制　它包括同义控制和词义控制两种情况。同义控制主要是对一义多词及含义相近,可以根据需要互相代替的词语之间的控制。一般选其中一个为叙词,另一个为非叙词。词义控制对一义多词现象进行控制,包括对多义词、同形异议词以及词义含糊的语词等的处理,一般采用在叙词后加限义词或加注的方式解决。

4)词间关系控制　词间关系是为了显示按字顺排列的叙词间的内在联系而建立的叙词间关系,它把孤立的叙词联系起来,建立一张“隐形”的叙词概念关系网。

因此，有人也认为叙词表是一部隐形的分类体系。总的来说，叙词的词间关系有三种：等同关系、等级关系、相关关系。等同关系亦叫同一关系，是叙词与含义相近或相同，可以相互替代的语词之间的关系；等级关系是指上位概念叙词与下位概念叙词之间的一种关系，也称为属分关系、族关系；相关关系亦称类缘关系，是叙词之间除等同关系、等级关系之外语义关系的一种关系。一般来说，语义相关的词汇在概念上没有替代、上下位关系，但在应用、理解等方面可以互相参考，从而达到扩大检索范围，提示检索思路的作用。

4. 关键词法

上述三种主题方法全是受控语言法，而关键词法则基本上属于非受控语言。它不再采用严加控制的词汇表现形式，而直接采用自然语言来揭示信息内容。这也更加体现出“以用户为中心”的信息管理工作的宗旨。关键词法的出现是对主题法传统思想的一种变革，它反映了信息揭示与检索手段和方法的趋势。

关键词法是为了适应目录索引编制过程自动化的需要而产生的，关键词法是将信息原来所用的，能描述其主题概念的具有实质意义的词抽出，不加规范或只做极少量的规范化处理，按字顺排列，以提供检索途径的方法。所以，使用关键词法揭示信息内容时，可以使用自己想用的任何词汇，而不用考虑词汇多重含义以及词形等因素。在实际操作中，一般要做到少量的规范化要求，比如规定从信息创作者本人使用的词汇中抽取关键词，抽词范围规定在标题中、在文摘中、在全文中等。

网络信息资源的揭示与组织大多采用这种方法，如各大搜索引擎的主题搜索途径，要求用户任意输入关键词后，它再到包含此关键词的网页中找出符合要求的网页或文件资源。因其宽泛化的要求，导致信息检索的效率受到了极大的影响。但是，也有一些网络信息资源是采用既有的主题法来组织的。如采用美国国会图书馆主题表LCSH的系统有INFOMINE(University of California, Riverside)、MavWeb(University of Texas at Arlington Library)等，采用医学主题表MeSH的有Alphabetical List of NLM Sections(Organizing Medical Networked Information, OMNI)、CliniWeb Browse(Oregon Health Sciences University Library)等。

关键词法的优点是：①简便易行，标引时无须查看词表，直接根据题名、文摘中的语词进行标引，可以降低对标引人员的要求，节省标引时间；②易于使用计算机编制，实现检索工具编制过程的计算机化，保证通报文献的及时性及生产过程的高效率和低成本；③能够及时更新词汇，出现在题名、文摘中的具有检索意义的词汇均可立即用于标引和检索。

关键词法的不足是：①关键词检索工具的质量往往直接受文献题名质量的影响；由于不同学科领域题名在反映文献主题内容的程度上存在很大的差异，用关键词语言建立的检索工具，质量往往不稳定，会导致漏检、误检；②作为一种自然语言形式，关键词语言未进行相关词的检索，会增加用户负担，影响检全率；③题名中的不少语词为通用概念，以它们为检索入口建立的检索款目没有实际检索意义；④汉语由于存在分词难题,应用计算机进行汉语关键词标引仍需要解决词汇切分问题。

现代信息检索要求用户查找的方便性和准确性,但使用关键词法不能或很难达到这种效果。而使用叙词法会对用户提出很高的要求,在现实中是不真实的。因此就要寻找两者的结合点,既要使终端的用户利用起来方便,又要保证在起始端的信息揭示与组织中严格按照概念词来进行,以提高用户查询的效率。用户不用考虑其所想检索的信息是如何揭示以及组织的,而使其想使用的词汇转换成严格控制的叙词,再将此叙词放到严格使用叙词法组织好的数据库中进行匹配检索,查到结果后向用户输出。一般认为这种方法就是后控技术,即后台控制技术。通过后控技术,既方便了用户,又提高了检索效率。但由于其技术的复杂性,现在使用此技术的信息检索系统并不多见。

4.5 信息存储

4.5.1 信息存储概述

信息存储是指按照一定的规则方法,将各种信息有效地存储在一定载体或空间,以便有效查询,是信息在载体与空间的排序与组织。它包含三层含义:一是将所收集的信息按照一定规则记录在相应的信息载体上;二是将这些载体按照一定的特征和内容组织成系统有序的、可供检索的集合体;三是应用计算机等先进的技术和手段,提高信息存储的效率和利用水平。

信息存储时需要遵守以下基本原则。

1)统一性　统一性原则是指信息的存储形式应该在全国甚至全世界范围内保持一致,这就要求信息存储时需要遵守相关的国家标准。

2)便利性　便利性原则是指信息的存储形式要以方便用户为前提,否则会影响用户使用该信息资源。

3)有序性　有序性原则是指信息存储时要按一定规律进行排列,以方便检索。

4)先进性　先进性原则是指信息的存储形式应该尽量采用计算机以及其他新兴材料作为信息存储的载体。

信息的检索与利用依赖于信息的积累和加工存储。可以说,没有信息的存储工作,就谈不上信息的检索工作。

4.5.2 信息存储技术

从早期以印刷品为载体存储信息,到现在以磁盘、电子书等新型载体存储信息,信息存储技术有了迅速的发展,后者不仅使信息存储高密度化,而且使信息存储与快速检索结合起来,大大提高了信息存储与检索的效果。

下面对信息存储的主要技术加以介绍。

4.5.2.1 印刷存储

中国古代四大发明中的造纸和印刷术的出现,对信息的存储与交流带来了深刻的影响。印刷是指将文字、图形等信息经过一定的工艺操作,成批量地复制出来。随着印刷术的日益精湛,在各种类型的印刷载体,如各种纸质、纺织品、皮革、塑料、玻璃、陶瓷上印刷的效果,已经达到相当精美的程度。纸质以外的印刷载体,如纺织品等,尽管也起到了存储、传递、交流信息的作用,但主要还是作为生活用品及装饰用品,它们并不适合作为积累和保存大量信息的载体。长期以来,世界各国的图书馆、档案馆、文献信息中心、资料室等公益性的文献存储机构,也正是一直以纸质印刷文献为保存对象,以达到信息存储、交流、利用和共享的目的。

纸质文献对信息的揭示和组织是从信息内容、载体材料、记录符号和记录方式四个基本要素着手的:①信息内容是文献最基本的要素,它是文献的内涵和实质;②载体材料是文献的外在形式,是信息内容赖以存在的依附体,是信息内容得以传播的媒介;③纸质文献的记录符号通常为文字和图表,文字的存在历史悠久,在促进人类物质文明和精神文明的进步过程中发挥了巨大的作用;④记录方式即信息内容被存储到载体材料上的方式,如手写、印刷、拍摄等。

印刷存储,目前俗称第一媒体,尽管它受到广播、电视、网络等媒体的巨大冲击,但在今天仍然有着强大的生命力。随着各种存储技术的发展以及社会信息量的日益膨胀,印刷存储也显露出许多不足之处:①信息的印刷存储体积大、容量小、占用空间大;②信息的印刷存储速度慢,印刷过程复杂,印刷周期长,造成文献信息出版的"滞后";③信息的印刷存储使文献信息的传递速度和传递范围受到影响,不能快速地实现信息内容的有效传送;④信息的印刷存储也造成文献管理的困难,纸张等本身寿命有限,又容易受到外在因素的损害,如温度、湿度、自然灾害等。

虽然如此,信息的存储至今仍离不开印刷存储,并且印刷存储也仍然是信息存储的主要方式,但是,随着信息技术的发达,人们将越来越多地采用其他更为先进的信息存储技术。

4.5.2.2 缩微存储

缩微技术是缩微摄影技术的简称,是人类继印刷存储后发明的另一种信息存储技术。英国人约翰·丹赛(John Dancer)于1939年成功地将20英寸的文件缩微成0.12英寸。此后,缩微技术以其独特的形象逐步在信息存储与交流中发挥作用,尤其是20世纪70年代以后,缩微技术先后与计算机技术、光盘技术相结合,组成了完美的信息存储与检索系统。

信息的缩微存储是用缩微摄影机将文件资料缩小拍摄在感光胶片上,经加工处理后作为信息载体保存起来,供以后拷贝、发行、检索与阅读之用,是迄今最成熟的文献资料全本真迹存储和检索技术。

1. 缩微存储技术的特点

缩微存储技术的优点如下:

(1)缩微品的信息存储容量大,密度高;

(2)存储介质占用空间小,由于缩微品体积小、重量轻,在存储相同数量资料的情况下,缩微品比普通纸节省存储空间98%,其体积与重量仅为印刷品的1%;

(3)缩微品忠于原件,不易出差错;

(4)保存时间长,在通常环境下缩微品可以保存50年,如果在适当环境和湿度下可以保存100年以上;

(5)便于计算机检索,采用缩微技术,可将非同一规格的原始文件规范化和标准化,从而便于管理。

缩微存储技术也存在一些缺点,它在检索与阅读时需要专门的缩微阅读器,长时间阅读易于疲劳,没有文献书刊的美感,不能像在纸印刷品上那样在缩微品上进行批注,修改困难,同时保管条件要求严格。

2. 缩微技术的主要成就

缩微技术最令人瞩目的进展就是它与电子计算机及其他存储介质的结合,拓宽了它的应用领域,发挥了它的潜能,其主要成就如下。

1)计算机输出缩微胶片(Computer-Output Microforms,COM)技术　COM技术能将计算机输出的二进制信息转换成可阅读的缩微影像,并直接将它们记录在缩微片上。COM的输出速度很快,每秒可摄录数千乃至上万字符。COM设备可起到一个档案库存储器的作用。

2)计算机输入缩微胶片(Computer-Input Microforms,CIM)技术　CIM与COM的作用正好相反,它是把缩微胶片上的字符、文字、图像等信息转变为电脉冲,以机器可读的形式记录在磁介质和光介质载体上。同样,再通过COM可获得原始缩微胶片的复制品。因此,CIM具有进一步推广COM、扩大缩微品应用的重要作用。

3)计算机辅助缩微品检索系统　计算机辅助缩微品检索系统是一种将计算机信息检索技术、缩微品及纸质资料各自特点融为一体的自动化检索系统。它的主要设备有:计算机系统、缩微品存取设备、缩微阅读机和缩微复印机。其实现方法为:将缩微胶片信息中的可检索项(主题词、关键词、分类号等)以及信息所在胶片的地址(卷号、片号、顺序号等)输入计算机,并组成索引;通过计算机外设输入检索要求,检索软件逻辑判断,获得命中结果(信息所在缩微品中地址),由此取出原文,并显示在缩微阅读器上或由缩微复印机输出纸质原始资料复制品。目前,计算机辅助缩微品检索系统具有能在1分钟内,从1万页缩微资料中检索出任意1页的能力。

4)视频缩微系统　它是由缩微、视频和计算机三种技术结合在一起构成的影像资料全文存储检索系统。由于采用视频技术,可以把输入的影像资料先暂时存入磁盘,实现随存随用,克服了传统缩微系统因制备缩微品需要时间而不能立即将新资料供用户使用的缺点。而且输出的缩微影像经扫描数字化,可通过网络传送,使网络中众多的用户不但可以同时共享机读二次文献而且能共享全文影像资料。

缩微技术已经发展成为一种成熟的技术,并且已广泛应用于珍贵的文献和典籍的保存。世界各地的大型图书馆常采用该技术对珍本、善本和孤本进行缩微处理，而且利用计算机辅助缩微品检索系统和视频缩微系统，实现全文检索，并逐步通过通信网络，实现缩微品自动存储检索和缩微全文资料共享。

4.5.2.3 *磁存储*

在现代信息存储技术中，磁存储是信息存储的主要手段，磁存储信息系统，尤其是硬磁盘存储系统，是当今各类计算机系统的最主要存储设备。自1989年丹麦的V. Poulson成功地发明了第一台磁性录音机以来，磁存储技术逐渐为人们所接受和用于计算机、自动控制、医疗卫生、广播电视、电影娱乐、宇航技术、军事技术、地质勘探、文化教育、金融商务等方面，并在磁媒质和相关设备方面有了很大的发展。

1. 磁存储的特点

磁能存储一切可以转换成电信号的信息，如文字、声音、图像等。它具有下列特点：①信息能长久保存在磁介质中，并可重复使用，而一旦所录信息无用时，又可随时抹去，再重新记录新信息；②能同时进行多路信息的存储，而且当采用多路频率调制方式进行存储时，能保证这些信息之间的时间和相位关系；③存储频带宽广。

2. 主要磁存储介质

1) *计算机磁带*　磁带是最早出现的一种磁表面存储载体，它始于录音介质，主要用来记录模拟信号。计算机问世后，磁带作为计算机存储信息载体。磁带是磁介质中成本最低，但信息存储速度最慢的一种。

2) *硬盘*　硬盘又称硬磁盘，是在铝合金圆盘上涂有磁表面记录层的磁记录载体。一般来说，盘的大小不同、密度不同，盘面上的磁道数也不同，扇区的分法也不尽相同。磁盘存储器最大的优点是能够随机存取所需要的数据，数据传输速度快，适合作为大容量的检索设备。

3) *软盘*　软盘技术诞生于20世纪70年代。软盘又称软磁盘，是在柔性塑料圆盘上涂有磁记录层的载体。软盘的优点是它的驱动器体积小、重量轻、结构简单、价格低；缺点是存储容量小，存取速度与数据存储率都较低，且容易损坏。目前软盘已经逐步被淘汰。

4) *移动存储磁盘*　移动存储磁盘可以用于存储任何数据文件以及在电脑间方便地交换文件，是近年来兴起的信息存储方法和技术，包括移动硬盘、MP3、U盘等。移动存储磁盘以其大容量、小身材、兼容性好、性能稳定等优点正逐渐取代软盘，成为人们在电脑间传递数据的最佳工具。

4.5.2.4 *光存储*

信息的激光存储技术是20世纪人类最有影响的信息技术之一，是利用激光和计算机存储信息的最新技术。光存储经历了只读存储器CD-ROM、可刻录存储器CD-RW、DVD-ROM、DVD刻录等阶段。与磁存储相比，信息的光存储具有下列特点。

(1)数据存储容量大、携带方便。目前规模生产的光盘容量很大，现市场销售的直径120 mm的DVD光盘，容量已达到4.7G左右，实行双面存储，可以达到8.5G。

(2)抗电磁干扰。电磁干扰的频率远远低于光频,因此光不受外界电磁场的干扰,不同光束之间也很难相互干扰。

(3)非接触式读写。因光束读写不会磨损或划伤存储介质,这不仅延长了存储寿命,而且使存储体可以拆卸、移动和更换。

(4)生产成本低廉、数据复制工艺简单高效。目前光盘盘片和光盘机的生产技术都已成熟。复制过程中盘片所需的加工周期仅2秒左右。按现有设备工艺材料水平计算,只读光盘每兆字节的生产成本低于0.1分人民币。

(5)存储寿命长。光存储介质均由性能稳定的材料制成,在常温环境下数据保存寿命在100年以上。

4.5.2.5 电子纸与电子书存储

20世纪90年代初,托夫勒在《第三次浪潮》里预言,计算机的普及会带来无纸办公,从而减少纸的用量。而事态的发展却与托夫勒的预言正好相反,计算机普及使纸的用量激增。时至2001年,盛行550余年不衰的纸和造纸术终于遇到了值得重视的竞争者——电子纸或电子墨水。

电子纸是对"像纸一样薄、可擦写的显示器"的统称。电子油墨(或电子墨水)是电子纸的核心。最初研制的电泳液显示寿命短,后来发明的微胶囊技术才使电子纸得以进入实际应用。在美国,IBM公司研制出一种"柔软"的薄晶体管,这种晶体管的厚度不超过一根头发丝的直径,并具有良好的柔韧性,在此基础上可以制造出像报纸一样能卷曲折叠的计算机显示器。2000年,日本千叶大学开发的电子纸厚度只有0.1 mm,真正达到了纸的厚度。

电子纸具有很多优点:电子纸视角很大,靠反射环境光工作、底色是非常地道的纸白,完全适合于电子阅读,可以在强光下舒服地阅读;电子纸上的图像在断电后也可以照样显示;电子纸质量非常轻,厚度也不到1 mm,可弯曲,且非常容易做成大尺寸的产品;电子纸的分辨率达到200~300点/英寸(现在计算机显示器的分辨率为72~92点/英寸);电子纸显示中不存在屏幕刷新,因此非常省电;电子纸是柔性的,可以像真正的纸张那样任意的折叠弯曲;大批量生产之后,其价格可以控制在相当低的水平上。

电子书借助传统的书籍阅读方式,并综合了网络技术和计算机技术,将传统的书籍数字化。之所以出现电子书,是由于CD-ROM出版物已经进入了一个非常尴尬的境地,其原因就在于计算机并不是最合适的阅读工具,所以具有足够分辨率、便于携带的新型阅读工具的出现就是必然的了。电子书首先是一个简单的PC,具有计算机能力、通信能力和多媒体功能,此外还具有电子设备的各种特点。电子书与一个笔记本计算机的屏幕很相似,并配有特殊的笔接触设备。操作非常简单,一般直接操作具有翻页功能的按钮,一些复杂的功能如传输、搜索等都可以用接触笔来完成。

电子书相对于传统书籍的主要特点有:内容具有可选性;便于查找特定的词汇、定义和其他参考性资料;可自己定制阅读,即改变显示的对比度、字体大小和文字风格。

4.5.3 信息存储体系

信息存储体系可以从传统的角度来看,也可以从计算机的角度来分析,本节主要讨论计算机信息存储体系。计算机信息存储体系是利用计算机对一定范围内的信息集合进行选择、记录和存储,以便用户采用科学手段与技术获取必要和充分信息资源的计算机信息系统。从整体上看,计算机信息存储系统包括硬件、软件和数据库。

4.5.3.1 硬件设备

硬件设备,在这里指计算机中用于处理数据的各种硬件设备的总称,即所谓的计算机外部设备和用于控制计算与处理数据的中央处理器(CPU)以及存储数据与程序指令的主存储器和外部存储器等机器设备。如图4-3所示。

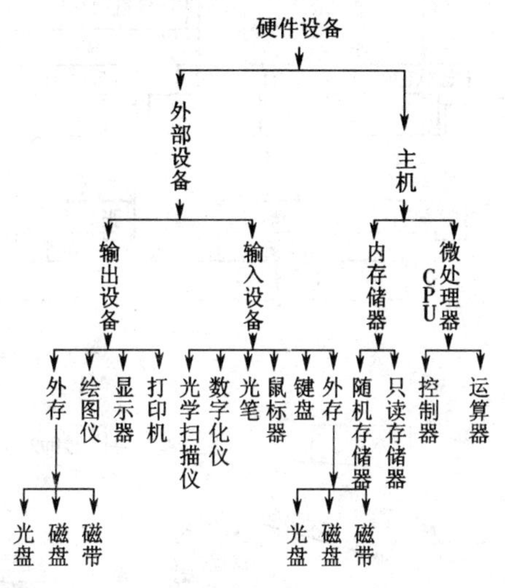

图4-3 计算机硬件设备

中央处理器是存储系统的核心,承担整个系统运行和管理的任务。外部存储器和输入输出设备等统称为存储系统的外围设备。

4.5.3.2 软件

软件是计算机信息存储体系中各类程序和各种文件数据的总称,分为系统软件和应用软件两种。系统软件是为计算机进行有效运转和管理其他程序的执行而设计的操作软件,它是关于组织控制计算机硬件资源协调工作的操作程序。

计算机信息存储体系的应用软件通常包括自动标引软件、词表管理软件、各种匹配程序及数据管理程序等,其中数据库管理程序是计算机信息存储体系最基本、最重要的组成部分。

4.5.3.3 数据库

数据库技术是计算机科学的重要分支,出现于20世纪60年代末。数据库是计算机信息存储体系的基础,也是用户进行计算机信息存储与检索的对象。数据库的类型很多,可以根据不同的标准进行划分。

1. 从数据的存储方式划分

可以分为层次数据库、网状数据库、关系数据库和面向对象的数据库。

1) *层次数据库* 在现实世界中,许多实体之间的联系本身就是一种自然的层次关系。例如,学校行政机构的数学模型是一种典型的层次关系,一所大学管理若干个学院,每个学院有若干个系,每个系又有若干个教研室。层次数据库是以层次结构模型为基础的数据库。层次结构模型描述了数据之间的层次关系。层次结构模型用树形结构来表示各类实体以及实体间的联系，描述数据之间一对一或者一对多的关系。如图4-4所示。由层次结构数据模型组成的数据库系统称为层次数据库系统。

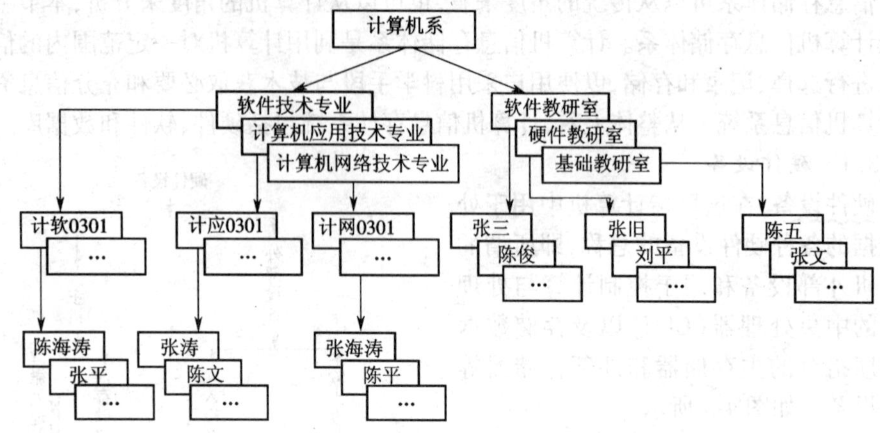

图4-4　层次模型举例

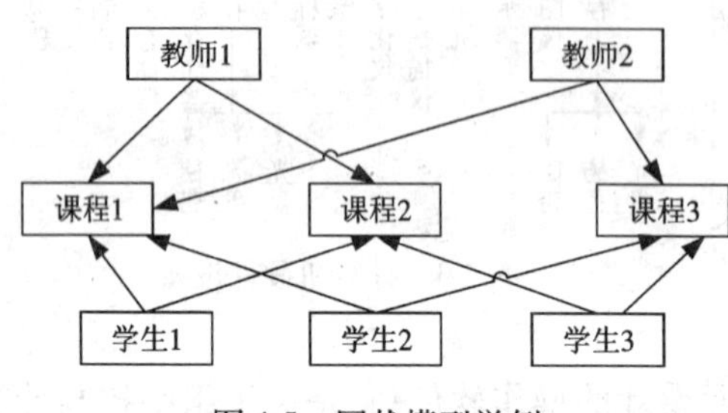

图4-5　网状模型举例

2）网状数据库　网状数据库是以网状结构模型为基础的数据库。现实世界中事物之间的联系更多的是非层次关系的，用层次模型表示这种关系很不直观，网状模型克服了这一弊病，采用网络结构表示这种非层次关系。网状模型是一种比层次模型更具普遍性的结构，它去掉了层次模型的两个限制，允许多个节点没有双亲节点，允许节点有多个双亲节点，此外它还允许两个节点之间有多种联系（称为复合联系）。因此，用网状模型可以更直接地去描述现实世界，而层次模型实际上是网状模型的一个特例。可以用学生和教师间的关系来举例网状模型，一个学生可以由多个教师任教，一个教师可以教多个学生，如图4-5所示。由网状结构数据组成的数据库系统称为网状数据库系统。

3）关系数据库　关系模型是目前使用最广泛的一种数据模型，是以集合论中的关系概念为基础逐步发展起来的。关系数据库系统采用关系模型作为数据的组织方式。与层次模型和网状模型相比，关系模型的概念简单、清晰，并且具有严格的数学基础，形成了关系数据理论，操作也直观、容易，因此易学易用。无论是数据库的设计和建立，还是数据库的使用和维护，都比非关系模型时代简便得多。关系式数据结构把一些复杂的数据结构归结为简单的二元关系（即二维表格形式），见表4-2。表中的每一行代表一个实体，称为记录；每一列代表一个实体的属性，称为数据项；记录的集合称为关系。由关系数据结构组成的数据库系统称为关系数据库系统。

表4-2 关系结构模型举例

学号	姓名	性别	出生年月	系
0001	李静	男	1981.5	信息工程系
0002	赵红	女	1982.1	化学工程系
……	……	……	……	……

4）面向对象的数据库　基于以上数据库系统设计目标源于商业事务处理，不能很好地解决CAD/CAM、计算机辅助软件工程CASE等方面的复杂应用，数据库研究人员借鉴和吸收了面向对象的方法和技术，提出了面向对象的数据模型和对象关系模型。面向对象数据库（OODB）是指对象的集合、对象的行为、状态和联系是以面向对象数据模型来定义的。在面向对象的数据库系统中，一切概念上存在的小至单个整数或数字串，大至由许多部件构成的系统均称为对象。面向对象的数据库系统支持面向对象的数据模型，面向对象模型的基础是面向对象的程序设计方法，例如人们所熟悉的C++、Java、VisualBasic等程序设计语言，将对象数据部分和程序部分封装在一起，应用程序员无须显示编程和管理其内部联系，便可成功地在计算机辅助设计等应用中对复杂对象的表示进行细化。面向对象的数据库系统比一般数据库系统具有更多的特点和应用领域。

2. 从数据类型划分

可以分为文献数据库、数据型数据库、事实型数据库、多媒体数据库和超媒体数据库。

1）文献数据库　是计算机可读的、有组织的相关文献信息的集合，包括书目型数据库、全文数据库和超文本数据库三种形式。书目型数据库的信息来源于公开发行的图书、期刊、科学报告、会议论文、学位论文和政府出版物等。书目型数据库是由经过加工处理后，存储在计算机中的文档及其逻辑关系组成的。全文数据库是一种存储文献全文或者其中主要文献部分的源数据库，分成直接原文型和摘录型两种。超文本数据库是一种按信息之间的关系进行非线性存储的工具，其特点就是将文本和各文本之间的"关系"，通过"节点"和"链"有机地组织起来，使传统文本实现向超文本的转变。在文献数据库中，文献信息不是以传统的文字，而是将文字用二进制编码的方式表示，按一定的数据结构，有组织地存储在计算机中，从而使计算机能够识别和处理。文献数据库是当前通过遍布于全世界的通信网络进行联机情报检索的最早的和主要的处理和检索对象。

2）数据型数据库　数据型数据库存储的主要内容是各类数据，也可以说，数据型数据库是机读数据库的集合。数据型数据库因内容不同而具有不同的数据结构。如单元形式存储的数据主要有人才信息等，这是以一个单元建成的数据库；而表册形式则采用多维矩阵形式存储信息,如各类经济数据等。

3)事实型数据库　事实型数据库也称指南型数据库,是一种存储简单而独立存在的非文献信息,如机构、人物、产品、年代、地理位置、事件等,每个条目都是对一个事实确切、完整的描述。所以,事实型数据库提供的是关于各类型事物的实体性信息。事实型数据库内容丰富,类型较多,按信息内容划分有人物传记数据库、机构名录数据库、产品或商品信息数据库以及投资指南库、基金指南库、商标指南库、技术标准库等。我国影响比较大的事实型数据库有"全国科技成果交易数据库"等。

4)多媒体数据库　多媒体数据库是数据库技术与多媒体技术结合的产物,是传统数据库的扩展。多媒体数据库不是对现有的数据进行界面上的包装,而是从多媒体数据与信息本身的特性出发,考虑将其引入到数据库中。多媒体数据库从本质上来说,要解决三个难题:第一是信息媒体的多样化,数值数据和字符数据,要扩大到多媒体数据的存储、组织、使用和管理;第二要解决多媒体数据集成或表现集成,实现多媒体数据之间的交叉调用和融合,集成粒度越细,多媒体一体化表现才越强,应用的价值也才越大;第三是多媒体数据与人之间的交互性,没有交互性就没有多媒体,要改变传统数据库查询的被动性,能以多媒体方式主动表现。

5)超媒体数据库　超媒体数据库是超文本技术与多媒体技术在网络数据库设计中的产物。多媒体和超文本的结合大大改善了信息的交互程度和表达思想的精确性,多媒体又可使超文本的交互式界面更加丰富,从而形成了超媒体的概念。能对超媒体进行管理和使用的系统称为超媒体系统。超媒体数据库在因特网上应用十分广泛,除应用于各类超媒体搜索引擎外,还在远程教育、电视会议、远程医疗等方面具有广阔的应用前景。

4.5.3.4　数据仓库

数据仓库(Data Warehouse,DW)这个概念在20世纪90年代初被提出来,著名的数据仓库专家W. H. Inmon给予数据仓库如下描述:数据仓库(Data Warehouse)是一个面向主题的(Subject Oriented)、集成的(Integrate)、相对稳定的(Non-Volatile)、反映历史变化(Time Variant)的数据集合,用于支持管理决策。数据仓库是一个作为决策支持系统和联机分析应用数据源的结构化数据环境,数据仓库所要研究和解决的问题是从数据库中获取信息的问题。对于数据仓库的概念可以从两个层次予以理解:首先,数据仓库用于支持决策,面向分析型数据处理,它不同于企业现有的操作型数据库;其次,数据仓库是对多个异构的数据源有效集成,集成后按照主题进行了重组,并包含历史数据,而且存放在数据仓库中的数据一般不再修改。

数据仓库的建设,是以现有企业业务系统和大量业务数据的积累为基础。数据仓库不是静态的概念,只有把信息及时交给需要这些信息的使用者,供他们做出改善其业务经营的决策,信息才能发挥作用,才有意义。把信息加以整理归纳和重组,并及时提供给相应的管理决策人员是数据仓库的根本任务。一般认为整个数据仓库系统包含四个层次:数据源、数据的存储与管理、OLAP(在线分析技术)服务器、各种前端工具。

数据仓库具有以下特征。

1)面向主题　这里指的是数据仓库的结构是围绕主题的。操作型数据库的数据组织面向事务处理任务,各个业务系统之间各自分离,而数据仓库中的数据是按照一定的主题组织的。主题是一个抽象的概念,是指用户使用数据仓库进行决策时所关心的重点方面。在一个数据仓库中有许多主题,而一个主题又通常与多个操作型信息系统相关,这些主题的维表在整个数据仓库中是共用的。如"用户统计"(实现各种用户情况分析)中地理区域、信用度等信息就和"账户统计"这个主题中的维表信息为相同的信息,从而保证整体数据仓库数据的一致性、有效性。

2)集成　集成指的是,数据仓库是将多个异种数据源,如关系数据库、一般文件和联机事务处理记录等,集成在一起,在集成过程中使用数据清理和数据集成技术,确保命名约定、编码结构、属性度量等一致性。面向事务处理的操作型数据库通常与某些特定的应用相关,数据库之间相互独立,并且往往是异构的。而数据仓库中的数据是对原有分散的数据库数据抽取、清理的基础上经过系统加工、汇总和整理得到的,必须消除源数据中的不一致性,以保证数据仓库内的信息是关于整个企业的一致的全局信息。

3)相对稳定　相对稳定指的是,数据仓库修改和删除操作很少,通常只需要定期加载和刷新。操作型数据库中的数据通常实时更新,数据根据需要及时发生变化。数据仓库的数据主要供企业决策分析之用,所涉及的数据操作主要是数据查询。数据进入数据仓库以后,一般会被长期保留。

4)反映历史变化　操作型数据库主要关心当前某一个时间段内的数据,而数据仓库中的数据通常包含历史信息,系统记录了企业从过去某一时点(如开始应用数据仓库的时点)到目前的各个阶段的信息。通过这些信息,业务决策者按照不同的时间观察数据的曲线及趋势,便于制定决策。

4.5.4　传统时期的信息存储方法

在传统印刷型媒体阶段,人们经常采用分类存储法与主题存储法两种方法来进行信息的存储。为了更加高效地组织信息,还辅之以其他次要方法,如字顺存储法、时空存储法、号码存储法等。

1)分类存储法　分类存储法是依据分类法的要求和信息内容给每一个信息进行学科的归类,并给予一个代表其学科内容的类号。在组织信息时,依据这个类号进行排列。这种方法历史最悠久,是对知识分类体系的反映。

2)主题存储法　主题存储法则与分类存储方法不同,它不是从学科的角度出发考虑信息的存储问题,而是从概念的角度出发,将位于不同学科的、表达相同或相近概念的信息统一在一起。而这个概念则是词或词组,没有歧义性。所以说,这两种方法相辅相成。主题法一般还可分为标题法、单元词法、关键词法、叙词法。主题存储法就是将表达信息内容的这些概念再根据一定的规则排列起来,以便于人们的查找与组织。

3)字顺存储法　字顺存储法是一种信息存储的辅助方法,一般与分类法或主题法配合使用。如分类号或概念依据英文字母或汉语拼音的顺序,把它们组织排列起来,就是使用了字顺法。国外也称之为"字典法"。

4)时空存储法　时空存储法也是一种信息存储的辅助方法,一般与其他方法配合使用。它是按照时间和空间的要求,将信息加以组织。如某年鉴、报纸、年度统计报告等,就要按照年代的顺序加以组织存储;再如地方志等,就要以地理名称为依据加以组织存储。

5)号码存储法　号码存储法是一种信息存储的辅助方法,一般与其他方法配合使用。它是按照信息被赋予的号码次序或大小顺序排列存储的方法,如标准信息、专利信息等。

4.5.5　网络时代的信息存储方法

随着计算机与网络技术的发展,网络信息的组织因其表现及生成方法与传统信息资源不一致,所以出现了一些新型的信息组织方法。网络信息的存储可划分为不同层次来进行方法研究,网络一次信息存储方法有超媒体组织方法、自由文本方法和文件方法,网络二次信息的存储方式有主题树方法、数据库方法和网络信息指引库方法。

1)超媒体组织方法　超媒体技术则是超文本与多媒体技术的结合,它是一种非线性的多媒体信息网络结构和信息管理技术。超媒体是以超文本的非顺序结构为基础,对各类教学信息,如图片、声音、图像以及动画等,可以进行有效的处理和管理。科学研究证明,人类的记忆结构是一种"联想式"的。联想式的记忆结构就要求知识元素的呈现和表达应该是非线性的,使人们可以通过高度链接的网络结构在各种信息库中自由航行,找到所需要的任何媒体的信息。所以说,超媒体组织方法更符合人们的思维习惯,用起来更加得心应手。

2)自由文本方法　这个方法主要用于全文数据库的组织,是对非结构化的文本信息进行组织和处理的一种方式。全文数据库是用自然语言揭示知识单元,根据全文情况直接设置检索点。它属于一次信息的数据库组织方法。

3)文件方法　它是指以文件系统为单位对信息资源进行组织和检索。文件是计算机保存与处理结果的基本单位,数据在计算机中全是以文件的形式保存的。它是操作简单方便,更适应于非结构化信息(如图形、图像、图表、声音等)的处理,被大量运用到网络信息资源的组织方法。如 FTP 的协议和服务,就是帮助人们利用以文件方式组织信息资源的。但随着网络信息资源利用的不断普及和信息量的不断增多,以文件为单位共享和传输信息会使网络负载越来越大;而且当信息结构较为复杂时,文件系统难以实现有效的控制和管理。因此,文件方式只能是组织网络信息资源的辅助形式。

4) 主题树方法　主题树方法就是将信息资源按照某种事先确定的概念体系结构,分门别类地逐层加以组织,用户通过浏览的方式逐层加以选择,层层遍历,直到找到所要的信息线索,并通过信息线索直接找到相应的网络信息资源。这种主题树的方式类似于传统的分类组织方法,所不同的是:传统的分类组织方法更加严谨、科学、规范;而网络主题树方式则面向网络信息类型,更多地反映了人们所关注的社会信息,具有片段性、实用性,缺乏科学性,有时可用性较差。

5) 数据库方法　数据库方法是目前信息系统常用的一种方法,是指将所获得的信息资源按照固定的记录格式存储在数据库中,它将事务对象的共同属性抽取出来作为数据库的字段,以众多字段共同说明事务对象的特征。每个对象的多方面特征描述(字段)构成一条完整的记录,众多记录(对象)形成一个数据库文件。而数据库文件的组织方法又由计算机根据文件组织的方法加以管理,可以很方便地进行查询、统计,进行分析。

6) 网络信息指引库　指引库是指从物理上讲并不存储各种实际的信息资源,但对其访问却可以检索到有关数据库的实际资源,即指引用户到特定的地址获取所需的信息。这样就可以把因特网上与某一或某些主题相关的节点进行集中,按照方便用户检索的原则,用用户熟悉的语言组织起来,向用户提供这些资源的分布情况,指引用户查找。因为它更多的是从学科的角度来组织存储信息,所以有时也称之为“学科导航”。指引库类似于我们所建立的专题数据库。它们的本质区别在于其内容不同。指引库中存放的是有关主题或用户所需信息的数据库或服务器的地址等信息。形象地说,因特网是信息的海洋,指引库是航海图。为提高因特网上检索信息的效率(检准率和检全率的合理组合),需要网上导航,需要有关的网站、网页甚至网上私人信息的检索及目录服务,Yahoo、Altavista 和 Sohoo(www. sohoo. com. cn)等所从事的工作可谓网上导航。

本章小结

本章首先对信息组织的基本知识进行了详细的介绍,包括信息组织的含义,信息组织的要求、目的及意义等,还介绍了信息组织的一般过程和原则;其次本章对信息组织中的基本要素元数据的结构与功能进行了说明;再次,对信息描述及信息揭示进行了阐述,主要介绍信息描述的作用与原则及信息描述的一般程序,信息揭示的主要方法;最后,本章对信息存储进行了较为详细的介绍,包括信息存储的技术及信息存储的方法等。

通过本章的学习,应掌握信息组织、元数据、信息描述的相关概念,信息揭示的方法,信息存储方法;并理解元数据的结构与功能,信息描述的原则,信息存储技术等相关内容;同时还应了解信息组织的理论与方法基础,信息存储体系等内容。

参考文献

[1] 孟广均.信息资源管理导论[M].北京:科学出版社,1998.
[2] 储节旺,郭春侠.论网络信息组织[J].情报理论与实践,2000(4).
[3] 张 帆.信息组织学[M].北京:科学出版社,2005.
[4] 谢新洲.信息管理概论[M],北京:中央广播电视大学出版社,2003.
[5] 马张华.信息组织[M].北京:清华大学出版社,2001.
[6] 张广钦.信息管理教程[M],北京:北京大学出版社,2005.
[7] 何斌,张立厚.信息管理原理与方法[M].北京:清华大学出版社,2006.
[8] 史田华,等.信息组织与存储[M].南京:东南大学出版社,2003.
[9] 孙建军.信息资源管理概论[M].南京:东南大学出版社,2005.
[10] 陈次白,等.信息存储与检索技术[M].北京:国防工业出版社,2006.
[11] 陈利平.数据库原理[M].北京:中国铁道出版社,2007.
[12] http://www.dlresearch.cn/dc/ (DC元数据中文wiki网).

思考与练习

1.不定项选择题

(1)信息组织的应该遵循(　　)。
A.客观性原则　B.系统性原则　C.目的性原则　D.现代化原则
E.重要性递减原则

(2)信息组织与(　　)在实际操作中是两个互逆的过程。
A.信息获取　B.信息检索　C.信息管理　D.信息整序
E.信息服务

(3)一个元数据格式的结构包括(　　)。
A.内容结构　B.数据结构　C.句法结构　D.语义结构
E.复用结构

(4)信息描述的作用有(　　)。
A.识别　B.定位　C.检索　D.选择
E.查重

(5)主题法的特征有(　　)。
A.直接以语词作为检索标识
B.以字顺作为主要检索途径
C.以特定的事物、问题、现象,即主题为中心集中信息资源
D.通过参照系统等方式揭示主题词之间的关系
E.主要用来揭示信息记录、编制各种主题检索工具及主题存取系统

(6)信息存储时需要遵守的基本原则是(　　)。
A.统一性　B.便利性　C.有序性　D.选择性

E. 先进性

(7)下列属于磁存储介质的是(　　)。

A. 硬盘　　B. 光盘　　C. 软盘　　D. 移动存储磁盘

E. 电子书

(8)从整体上看,计算机信息存储系统包括硬件、软件和(　　)。

A. 系统　　B. 程序　　C. 数据库　　D. 数据结构

E. 磁盘

2. 填空题

(1)系统论认为,系统内部各要素是相互关联地有机结合在一起,系统的______大于__________之和。

(2)________、________、________是信息组织的方法基础。

(3)信息组织的一般过程包括____________和____________两部分。

(4)信息组织与____________在实际操作中是两个互逆的过程。

(5)分类方法的关键在于两点,一是______________;二是________________。

(6)纯粹的分面组配式分类法又称______________,一般仅在较小的学科或专业范围内使用。

(7)叙词的词间关系有三种:__________、__________、__________。

(8)从整体上看,计算机信息存储系统包括硬件、__________和__________。

3. 判断题

(1)信息组织的一般过程包括信息替代和信息整合两部分。(　　)

(2)纯粹的分面组配式分类法又称全分面分类法,一般仅在较小的学科或专业范围内使用。(　　)

(3)叙词的词间关系有三种:等同关系、相近关系、相关关系。(　　)

4. 名词解释

(1)信息组织;(2)元数据;(3)信息描述;(4)标题法;(5)元词法;(6)叙词法;(7)关键词法。

5. 简答题

(1)简述信息组织的一般过程;　　(2)简要说明元数据的结构;

(3)简要说明元数据的功能;　　(4)简述分类法的基本思想;

(5)简要说明叙词控制的四个方面;　　(6)简述信息光存储的特点;

(7)简述计算机存储系统;　　(8)简述数据仓库的特征。

6. 论述题

(1)请说明信息描述的一般程序。

(2)试对主题法与分类法进行比较分析。

(3)试论网络时代的信息存储方法。

第 5 章　信息检索

本章要点

◎ 信息检索基本知识
◎ 现代信息检索技术
◎ 常用数据库检索

学习内容

1. 信息检索的含义
2. 信息检索的类型
3. 信息检索的一般程序
4. 全文检索
5. 多媒体检索
6. 超媒体及超文本检索
7. 联机检索
8. 光盘检索
9. 网络信息检索
10. 常用中文数据库
11. 常用外文数据库

学习目标

1. 了解:常用中文数据库、常用外文数据库
2. 理解:全文检索、多媒体检索、超媒体及超文本检索、联机检索、光盘检索
3. 掌握:信息检索的含义、信息检索的类型、信息检索的一般程序、网络信息检索

关键词

信息检索、现代信息检索技术、数据库检索

20 世纪中叶以前,信息的存储和传播主要以纸介质为载体,信息检索活动主要围绕着相关文献的获取和利用而展开。因此,“文献检索”成为信息检索的同义词被更为广泛的使用。20 世纪 50 年代以后,社会信息传播与存储载体呈现多元化发展,人们不再拘泥于载体研究信息检索,于是开始广泛使用“情报检索”一词。近年来,由于汉语中“信息”一词较“情报”一词的含义更加宽泛,因此,人们越来越倾向于将文献检索和情报检索统称为信息检索这一更具兼容性的概念。

5.1 信息检索基本知识

通俗地说,信息检索就是信息用户为处理解决各种问题而查找、识别、获取相关的事实、数据、知识的活动及过程。作为人类社会活动必不可少的一部分,信息检索有着悠久的历史,而随着信息社会的到来,其重要地位日益突出。伴随着信息检索活动的开展,信息检索的研究应运而生,其主要研究内容包括:信息检索理论、信息检索语言、信息检索工具或信息检索系统的构建及评价、信息检索技术与方法等。

5.1.1 信息检索的含义

随着信息检索理论和实践的发展,人们对信息检索的认识也在不断深入。目前对于信息检索这一概念,学术界尚无公认一致的定义,国内外有关专家从不同的角度解释信息检索,较为具有代表性的观点有以下几种。

1)从通信的角度认识信息检索　莫尔斯(Calvin N. Mooers)在 1950 年发表了《把信息检索看做是时间性的通信》一文,不仅首次提出了“信息检索”这个概念,并认为“信息检索是一种时间性的通信形式”,“此种通信是时间性的,在时间上从一个时刻通往较晚的时刻,而在空间上可能还在同一地点”。也就是说,通过信息检索得到了一些文献,从而使得信息发布者与信息用户之间建立起一种通信。这一观点旨在说明,信息传递是一种特殊的通信形式,正是这种通信促使了人类思想、文化、科学上的交流。莫尔斯强调在通信双方,信息发送者必须尽可能发送一切信息,是时间性通信的被动一方;而信息接收者是主动活跃的一方,他才决定什么时候接收以及接收什么信息。因此,信息检索的问题就在于,如何把一个可能的用户指引向所存储的信息。

2)从信息处理的角度认识信息检索　从信息处理的角度来看,信息检索的基本问题是如何处理信息和信息的结构。这种认识偏重于信息管理领域,认为信息不仅限于传统“文献”的范围,图像、声音、数据等也都能反映信息,并把信息检索视为计算机科学技术的一个分支。这种认识强调如何构造以及利用什么形式来构造信息结构的问题。在当今因特网迅速发展,网络信息极大丰富的情况下,这种认识对于信息检索工具的设计和组建,具有指导意义。

3)从信息检索过程的角度认识信息检索　这种观点认为,信息检索就是查找出含有用户所需信息的文献的过程。这是一种传统的主流观点,支持者较多。美国信息检索专家兰卡斯特的经典表达是"信息检索系统并不检索信息"。因为信息是无形的,必须依附于文献而存在。虽然信息检索的最终结果是满足用户的信息需求,但检索的直接对象还是文献。当用户阅读文献并理解其内容时,用户的信息需求才被满足。

4)全息检索　我国的王永成教授认为,全息检索就是"可以从任意角度,从存储的多种形式的信息中高速准确地查找,并可以任意要求的形式和组织方式输出,也可仅输出人们所需要的一切相关信息的电脑活动"。这里所谓的任意角度,是指要求检索系统以用户可能的任何检索需求作为出发点,并把这些出发点都设计成"检索入口";所谓多种形式的信息,指的是在现代多媒体技术能够存储并输出文本、图像和声音信息的条件下,继续发展直至能输出超声频与超视频信息;所谓任意要求的信息组织形式,是指按用户需求对已检索到的信息加以组织并输出,从而真正实现人机检索过程中"以人为本"的服务宗旨;所谓输出一切"相关信息",从存储方面看,系统对存储的文本的外部特征、文本的内涵特征以及其他辅助性特征等的描述与信息本身存在不可避免的差异,应尽量缩小这种差异;从检索一方看,用户对信息需求的认知能力、表述能力也同样影响到其能否检索出与真正的信息需求相关的结果。因此,"相关性"不仅是传统文献检索,也是全息检索的基本特征和评价检索系统的重要参考指标。以上这些工作都是由计算机来完成的。

5)概念信息检索　Chank 等专家认为,概念信息检索是基于自然语言处理中对知识在语义层次上的析取,并由此形成知识库,再根据对用户提问的理解来检索其中的相关信息。它与传统文献检索的不同之处在于,后者是基于关键词为核心的标引与检索,而关键词在很多情况下并不能确切表达文献信息的概念和内容,因此误检与漏检在所难免。而概念信息检索要对输入的原文内容中的概念,而不是关键词来进行组织和安排,在对其进行语义层次上的自然语言处理基础上,来获取相关的概念和范畴知识,然后通过记忆机制将它们存储到知识库中以备检索。概念信息检索系统一般由记忆机制、语义分析机制、知识库、人机接口等部分组成。

从实际检索工作的角度出发,可对信息检索这样表述:信息检索具有广义和狭义两重含义。广义的信息检索是指将信息按一定的方式组织和存储起来,并根据用户的需要找出相关信息的过程。其中包括"存"与"取"两个环节,"存"即信息存储,是对信息进行收集、标引、描述及组织,并对其进行特征化表达及加以整序,形成信息检索工具或检索系统的过程;"取"即信息查找,是通过某种查询机制从检索工具或检索系统中查找出用户所需的特定信息或获取其线索的过程。狭义的信息检索仅仅指信息查找的过程,也即"取"这一环节。

5.1.2 信息检索的类型

根据不同的标准,信息检索可以划分为不同的类型。本书从以下角度进行阐述。

1. 按检索对象的内容划分

按检索对象的内容划分,信息检索可分为文献检索、数据检索和事实检索。

1) *文献检索* 文献检索是以文献作为检索对象,查找含有用户所需要信息内容的文献。文献检索是一种相关性检索而非确定性检索,系统不直接解答用户所提出的问题本身,只提供与之相关的文献或文献的属性信息与来源指示,供用户参考和取舍。所以其检索对象是包含特定信息的各类文献。

2) *数据检索* 数据检索是将经过选择、整理、鉴定的数值数据存入数据库中,根据需要查出可回答某一问题的数据的检索。这些数值型数据各种各样,包括物理性能常数、调查数据、统计数据、人口数据、国民生产总值、外汇收支等。数据检索是一种确定性检索,即直接提供用户所需要的确切的数据,而且检索结果一般也是确定性的:要么是有,要么是无;要么是对,要么是错。有些数据检索系统不仅能查出数据,还提供一定的运算、推导能力。用户获得各种经过整理、计算过的量化信息,从而为定量分析提供依据。

3) *事实检索* 事实检索是存储关于某些客体(如机构、人物等)的指示性描述,或关于某一事件发生的时间、地点、经过等信息并将其查找出来的检索。有人认为这种检索实际上也可归入数据检索,因为事实也可以是一种数据,即非数值型数据。这里所说的事实检索,是指数值信息和系统数据信息混合的检索。这种检索既包含数值数据的检索、运算、推导,也包括事实、概念等的检索、比较、逻辑判断。一般先从系统中检索出所需信息,再加以逻辑推理才能给出结论。这样的事实检索已经超出传统的信息检索的范畴,实质上是一种问题求解过程或专家系统技术。

其实,用户所需的数据或事实不能脱离文献而单独存在。因此,数据或事实检索也是以文献检索为依托的。它们之间有许多共同之处,文献检索用的大多数技术方法都适用于数据检索或事实检索。在信息服务过程中,二者也常常是相互配合、相辅相成的。

2. 按检索方式划分

按检索方式划分,信息检索可分为手工信息检索和机器信息检索。

1) *手工信息检索* 手工信息检索是指以手工操作的方式,利用检索工具书进行信息检索。手工信息检索是信息检索的传统方式,已经经历了一个多世纪的发展历程。其优点是直观、灵活,便于控制检索的准确性;缺点是查找较复杂,检索速度慢,工作量较大。

2)*机器信息检索* 机器信息检索主要指计算机信息检索,是通过机器对已经数字化的信息,按照设计好的程序进行查找和输出的过程。按机器检索的处理方式分类,有脱机检索和联机检索;按存储方式分类,有光盘检索和网络检索等。机器检索不仅大大提高了检索效率和检索的全面性,而且拓展了信息检索领域,丰富了信息检索的研究内容。

计算机信息检索是从手工信息检索的基础上发展起来的,并且日益成为信息检索的主流方式,但手工信息检索工具的价廉、灵活、便携等特征,使其仍有存在和发展的空间。为了满足用户的多种需求,给予用户更多的选择,向用户提供多样化的服务形式,手工信息检索还将与计算机信息检索共同存在,互相补充,互为促进。

3. 按检索要求划分

按检索要求划分,信息检索可分为强相关检索和弱相关检索。

1)*强相关检索* 强相关检索强调检索的准确性,向用户提供高度对口信息的检索,也称为特性检索。这种检索注重查准,只要检索得到的文献信息能够满足用户的需求即可,通常对于检索结果的数量多少不做要求。

2)*弱相关检索* 弱相关检索强调检索的全面性,向用户提供统完整的信息检索,也称为族性检索。这种检索注重查全,要求检索出一段时间期限内有关特定主题的所有信息。为了尽可能避免漏检相关信息,对于检索的准确性相对要求较低。

要注意的是,这两种检索是要求比较极端的检索类型。实际上更多的场合,用户对于检索的要求介于两者之间:既要求查找对口的信息,又希望得到所有的信息。但在信息检索的实际过程中,查准和查全常常不能兼顾。

4. 按检索的时间跨度划分

按检索的时间跨度划分,信息检索可分为定题检索和回溯检索。

1)*定题检索* 定题检索是查找有关特定主题最新信息的检索,又称为 SDI(Selective Dissemination of Information)检索。其特点是只检索最新的信息,时间跨度小。定题检索在文献信息库更新时运行,即每当文献信息库加入新的文献信息时,就用根据用户检索需求拟定的检索提问检索一遍,查找出特定主题的最新信息,分析整理检索结果并以一定的方式提供给用户。这种检索模式非常适合于信息跟踪,便于及时了解有关主题领域的最新发展动态。用户一旦向检索服务机构订购定题检索,一般就会在较长时间内多次运行,由检索服务机构持续向用户提供最新信息。

2)*回溯检索* 回溯检索是查找一段时间内有关特定主题信息的检索,也称为追溯检索。其特点是既可以查找过去某一段时间的特定主题信息,也可以查找最近的特定主题信息。与每个定题检索需要多次运行不同,每个回溯检索一般只运行一次,从已有的文献信息库中查找出某个时间段内特定主题的信息,并提供给用户。

到目前为止,用户利用最多的是回溯检索。大多数的检索课题都属于回溯检索,但定题检索发展很快,科研课题研究中需要 SDI,近年来在工商经贸领域定题检索也日益得到企业用户的广泛运用。

5. 按检索对象的形式划分

按检索对象的形式划分,信息检索可分为文本检索和多媒体检索。

1)*文本检索* 文本检索是查找含有特定信息的文本文献的检索,其结果是以文本形式反映特定信息的文献。这是一种传统的信息检索类型,在信息检索中至今依然占据着主要地位。

2)*多媒体检索* 多媒体是相对于单媒体而言,是指将声音、图像、通信等在内的多种媒体的功能有机结合在一起,并用某种新媒体来代替传统媒体的多种媒体。多媒体信息检索是指根据用户的需求,对文字、声音、图像、图形等多种媒体信息进行组织、存储,从而识别、查找并获取所需信息的过程。多媒体信息检索包括两层含义:一是对离散媒体的检索,如查找包含某种颜色或色彩组合的特定图像;二是指对连续媒体的检索,如查找包含某一特定场景的视频资料。多媒体信息检索与文本信息检索相比,其主要特点是:信息类型复杂,存储与检索技术复杂,具有交互性、同步性,在技术的实现上亟待研究和突破。

6. 按检索对象的信息组织方式划分

按检索对象的信息组织方式划分,信息检索可分为全文检索、超文本检索和超媒体检索。

1)*全文检索* 全文检索是将存储于数据库中的整本书、整篇文章中的任意内容查找出来的检索。它可以根据需要获得全文中有关章、节、段、句、词等的信息,也可进行各种统计和分析。检索时按照用户的要求,可以对文献的全文(包括篇名、作者、单位、关键词、中英文摘要、正文、参考文献等内容)进行最为全面的扫描和检索,而不是像书目检索那样只是对文献的替身(文摘或题录)进行检索。通过全文检索能直接检出原始文献,一次检索到位,给传统的目录数据库检索以极大的打击,实现了查找文献线索与索取原文的工作统一。

2)*超文本检索* 超文本系统是将诸多文本信息通过超链接联系起来而形成的一种非线性的文本结构。从组织结构上看,超文本的基本组成元素是节点和节点间的逻辑链接,每个节点中所存储的信息以及信息链被联系在一起,构成相互交叉的信息网络。与传统文本的线性顺序检索不同,超文本检索强调中心节点之间的语义联系结构,靠系统提供的复杂工具做图示穿行和节点展示,提供浏览式查询。而传统的文本检索系统则强调文本节点的相对自主性。

3)*超媒体检索* 超媒体检索是对超文本检索的补充。其存储对象超出了文本范畴,融入了静、动态图像(图形)以及声音等多种媒体信息。信息的存储结构从单维发展到多维,存储空间范围不断扩大。

7. 按检索途径的特点划分

按检索途径的特点划分，信息检索可分为常用法、回溯法和循环法。

1）常用法　常用法也称工具法，是检索中最为常用的方法，指利用检索工具或系统中常设的检索入口（如主题、分类、著作者、题名、号码等）查找文献信息的方法。其具体操作又可分为顺查、倒查、抽查三种。顺查方法是根据有关课题的起始年代，利用选定的检索工具由远及近地进行逐年查找。倒查方式与顺查方式相反，是利用选定的检索工具由近及远地进行逐年查找，直到满足信息检索的需要为止。抽查方式是针对有关学科专业的发展特点，根据检索的要求，重点抓住学科专业发展兴旺、文献发表数量较多的年代，抽出一个或几个时间段进行查找。

2）回溯法　回溯法也称引文法，是利用文献末尾所附的参考文献或引文为检索入口，由点到面地查找到更多的来源文献的方法。这需要编制和使用引文索引这种较为特殊的检索工具或检索系统。

3）循环法　循环法也称分段法，是综合常用法和回溯法的检索方法，在查找文献信息时，既利用一般的检索途径，又利用原始文献后所附的参考文献作为检索入口，分阶段按周期地交替使用两种方法。

5.1.3　信息检索的一般程序

信息检索通常按以下五个步骤进行。

1. 分析检索课题和明确检索要求

分析研究课题是实施检索中最重要的一步，也是影响检索效果和效率的关键因素。课题分析是一项较为专深的逻辑推理过程，既需要有与课题相关的专业知识，又需要熟练掌握检索工具的特点，还必须具备一定的综合能力。在课题分析中，要明确以下问题：

（1）找出课题所涉及的主要内容和相关内容，从而形成主要概念和次要概念；

（2）尽可能多地列出表达检索概念的自然语言词语的同义词和近义词；

（3）多了解与检索有关的背景情况，如该主题内容在学科中的发展状况等；

（4）明确课题需要的文献类型、语种、出版年代等方面的要求；

（5）了解课题对查全、查准、查新方面有无具体要求。

2. 选择检索工具或检索系统

明确了课题的检索范围和要求后，就要据此选择检索工具或检索系统。首先，根据检索要求以及检索工具或系统的收录范围、报道内容及倾向等，初步选择一些符合要求的检索工具或系统；然后，再根据这些检索工具或系统的质量、性能、检索人员以往使用的经验、熟练程度等，选定一个或几个合适的检索工具或系统。

3. 确定检索途径、检索方法

检索途径是开始查找的入口点。常用的有分类检索途径、主题检索途径、著作者检索途径、题名检索途径等。采取哪种检索途径，要从课题检索要求出发。如果课题检索要求泛指性强，所需文献范围较广，则最好选择分类途径；如果课题检索要求专指性强，所需文献比较专深，则最好选择主题途径；如果事先知道文献著作者、题名、分子式等条件，则选用著作者途径、题名途径、分子式途径等进行检索为好。同时根据用户检索的目的、期望的文献数量以及有关主题在学科中的发展状况，选用适当合理的检索方法。

4. 查找和阅读文献线索

根据确定的检索途径，查找某种索引或把检索式输入检索系统中自动进行查找，按所查找索引的使用方法，查找出文献的文摘号，再根据文摘号查出文献的篇名、来源等资料线索和内容提要，并浏览机检结果。应仔细阅读各条线索，了解有关文献的内容，并以此决定对原始文献的取舍。

阅读文献线索过程中应注意以下问题。

(1)正确识别文献类型。这需要掌握各种文献类型的著录特点。

(2)正确识别刊名的缩写。将缩写刊名还原为全称，可利用检索工具年度累计索引中编制的“来源索引”或期刊刊名缩写与还原的工具书，如《Periodical Title Abbreviation by Abbreviation》等进行。

(3)正确识别非拉丁语系文字音译。欧美国家出版检索工具时，为提高速度，一般都将非拉丁语系(如日文、俄文、中文等)国家的出版物中原始文献名称、著作者姓名等项，采用音译法转换成拉丁文拼写。在获取原始文献时需要使用相关工具书或各种音译对照表，将拉丁文音译还原为原文语种。

5. 索取原始文献

利用检索工具或系统，确定所需原文的详细出处(如期刊刊名、出版年、卷、期、页码等)，通过各种馆藏目录、联合目录等查找所需文献的收藏单位，联系借阅或复制；或者通过国内终端直接向国际大型联机检索系统订购原文。目前，在一些光盘检索系统中，可以直接得到原文。

检索是一个反复的过程。在实际检索时，要想最后取得检索的成功，获得满意的信息资源，除按照上述五个基本步骤进行外，还需要在检索过程中不断核准或校正。图5-1详细描述了检索的基本流程。

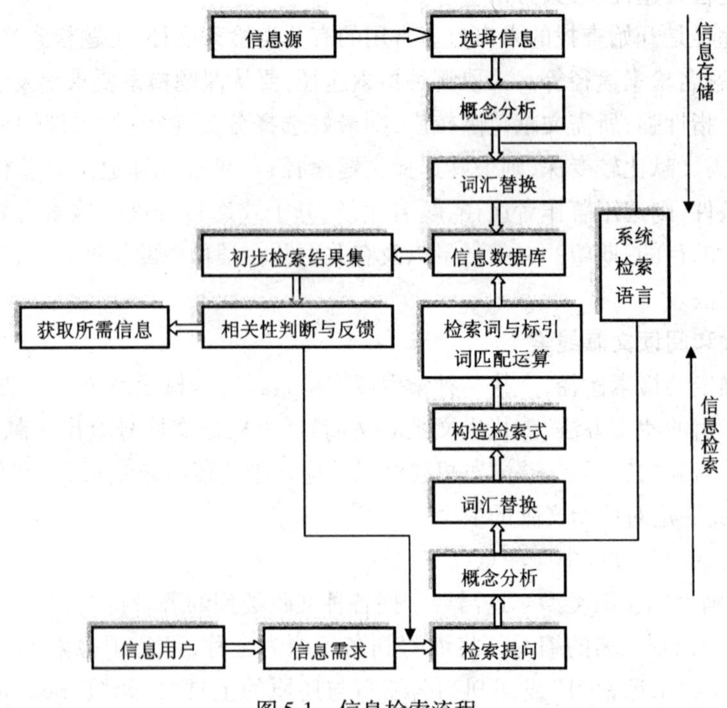

图 5-1　信息检索流程

5.2　现代信息检索技术

信息检索技术是应用于信息检索过程的原理、方法、策略、设备条件和检索手段等因素的总称。早在 20 世纪 70 年代,国外就有人预言,电子计算机和光纤通信技术的问世及其相互结合将引起信息检索技术的根本性变革。80 年代,光存储技术的应用,促进了传统信息检索系统模式的改观。90 年代,Internet 的普及应用,彻底改变了人类的生活和工作方式。在信息检索这一领域,传统检索的中介代理服务功能正逐步减弱,成千上万的各行各业的人都将成为网络系统的最终用户。网络系统中存储的内容除原来的二次信息外,已出现越来越多的全文本数据、事实数据、数值、图像和其他多媒体信息资源。计算机创新的网络环境和各种先进技术使信息的可获得性及传递速度大大改观,跨文件、跨文档和跨数据库以及在多媒体数据库中自由检索已成为现实。在这种情况下,传统的赋值标引、检索方式,用同一界面应付不同水平和不同要求的用户,用静态的同一标准去衡量检索效果等技术在新的联网条件下是远远不够的。全文检索、多媒体检索、超媒体及超文本检索、光盘技术、联机检索、网络检索等先进的检索技术正迅速发展起来。

5.2.1 全文检索

全文检索技术是20世纪50年代末产生的一种新的信息检索技术。最早的全文检索系统是1959年美国匹兹堡大学卫生法律中心研制的。全文检索系统的出现为人们获取文献原文而非文献线索信息提供了一条有效途径。近年来,全文检索的应用范围不断拓展,它与出版技术的结合,使各种科技期刊、专利文献、新闻报纸等全文数据库应运而生。国外许多著名的报纸,如美国《纽约时报》《新闻周刊》《美国新闻与世界报道》,加拿大《多伦多环球邮报》等的电讯稿都出版了机读全文数据库,每天更新。全文数据库涉足的专业领域越来越广,除了法律文本、报纸期刊外,一些年鉴、手册、百科全书、参考书等也成为全文系统处理的对象。此外,一些著名的文学作品也可以转换成全文数据库。

5.2.1.1 全文检索系统及其功能

全文检索以全文数据库存储为基础。所谓全文数据库即是将一个完整的信息源的全部内容转化为计算机可以识别、处理的信息单元而形成的数据集合。而且,全文检索系统还必须对全文数据库进行词(字)、句、段落等更深层次的编辑、加工,同时,允许用户采用自然语言表达,借助截词、邻词等匹配方法直接查阅文献原文信息。

全文检索系统的基本功能可以从系统设计与检索两方面看。

从系统设计角度看,其功能包括:

(1)全文本规模的处理功能很重要,包括全文本的标引、抽词、排序及索引编制;

(2)设置二级检索机制,其中第一级满足作为标引词的检索,查找模式为布尔逻辑检索,第二级检索为二次检索,其对象可以是未经标引的词或字符串,采用顺序扫描方式,找出与输入词匹配的段落或记录;

(3)具备二级词表机制,即关键词表与后控词表,前者利用文本中已有标识,通过加注标引,提取关键词的词表形式显示出来,后者由专家事先准备,由系统自动捕捉,在自然语言标引的同时备有后控词表机制,满足族性检索要求;

(4)多级输出方式,即屏幕显示、打印机打印,甚至可以配备格式化语言供用户控制输出格式等。

从检索角度看,其功能包括:

(1)内容与外表特征组合检索,即满足某一外部特征或某一内容特征的单独检索,也可以是两种特征的组合检索,还可以进行外部特征和内容特征各自之间或更多组合的检索;

(2)全文分类专题检索和二次检索,即用户可以在某一分类专题表中选择专题号进行检索,凡被赋予该号的文献均被命中输出,还可以在专题检索基础上进行二次检索,即由用户通过输入的某一关键词,利用在专题检索中获得的有限文献集合内直接进行文中的扫描匹配检索;

(3)全文关键词单汉字检索,即当用户需要检索的关键词未在标引短句库和后控词表中出现时,可以通过全文关键词单汉字检索,将所有包含关键词的文献检索出来;

(4)位置限定检索,包括同句、同段、同篇位置的限定检索;

(5)后控词表检索,是指具备后控关键词智能检索及后控关键词分类检索的功能。

5.2.1.2 全文检索系统的实现技术

全文检索系统的基本问题是怎样处理全文本数据,即如何在计算机中存储表示各个知识项。通常进行的"全文分割处理"或"电子文本格式化"就属于这一范畴,这涉及全文检索系统在概念层次上的构建模型。

1. 关系型全文检索系统

关系模型用于处理结构化、线性的数据,表示实体与实体之间的联系。它采用表格表示一维数据,表达模型简单,易于处理,由此构建的数据库即是关系型数据库。书目数据库就采用了这种模式。例如可以赋予书的属性有书名、作者、出版者等,而书的集合构成了一个二维表,在此基础上可开发出关系型书目数据库。这种关系同样适合于全文数据库,即将全文数据库看做是一类复杂的、具有书目结构的数据库。在书目系统中按记录组织文献,每条记录又分成若干字段,将此种方法扩充到全文中,再辅以全文检索技术,就构成了全文数据库的开发思路。

针对全文文献固有的多样性、结构的不规范性、篇幅的大小不一等特点,目前在构建关系型全文检索系统时有如下两种选择。

(1)从文本内容出发,将文本中相对独立、完整的内容单元作为一个记录单位,如一个标题下的文本作为一条记录,一个小节作为一个记录,一个百科全书条目作为一个记录单元等,除人工加注标识符外,行之有效的途径是由软件自动识别印刷文本中的特殊排版符,抽取所需字段入库。

(2)从文本外部形式划分自然段,一个自然段作为一个记录。此方法简单,由计算机自动完成,但缺点是不能将一个前后彼此相关联的由始而终的事件有机地结合在一起,容易造成分割现象,甚至断章取义。因此,关系型数据格式化的优化方案是上述两种选择的结合。

关系型全文检索软件费用比较低廉,但它无法处理表格、图形数据,应用范围受到一定的限制。

2. 层次型全文检索系统

全文本文献有着复杂的层次结构体系。如在一篇文章中的每个标题之下可以派生出若干子标题,每个子标题又有多个观点等,常见的自然段划分就是层次结构最明显的反映。全文数据适合于用层次模型描述,可以将层次模型组织的全文检索系统的数据结构分为逻辑文档、文本文档、倒排文档三种类型。

逻辑文档用于提取整个文本的框架，便于向上、向下、平行移动，以确保文本在显示过程中的连续性，即实际上的浏览性文本。文本文档存储文献的内容，如以 ASCII 码源文本的形式存在，根据逻辑文档中的位置指针建立起逻辑文档与文本文档之间的联系。倒排文档决定层次模型的检索机制。

层次模型全文系统抛开了记录的概念，以较低层次的文本单元，如节、段等作为处理的基本单元，具有加工简单，能够提供不同层次间的链路关系的功能。并且，由于它根据文本内容的有机联系来存储、处理数据，能反映保留文献数据全貌，因而优于关系模型。

3. 面向对象的全文检索系统

关系模型只适合处理线性数据，不易直接表现层次结构数据。层次模型虽然可以按树形结构处理数据，但只能描述二元一对多的关系，不能确切表现二元多对多关系，因而无法满足联想式、启发式信息检索要求。而面向对象模型的超文本全文系统相对上述两种模型来说，显示出诸多的优越性：

(1) 支持不同层次的数据抽象概念化，可将特定数据模型或类型的所有操作集中起来，增加数据库的模块化程度，易于理解一类对象的共同性质；

(2) 支持继承性，即一个类可以成为另一个类的子类，因而不仅继承了超类的所有特性，同时可以定义自己的特性，由此，方便地形成树形结构的层次体系；

(3) 支持多继承性，即允许对象属于不同的类，即任意类的交叉，这一特点在结构中表现为每个节点允许多个交节点的存在；

(4) 允许对象间通过定义适当的过程和消息来表达相互间的复杂关系。

可见，面向对象模型是一种以自然的方式再现客观世界中事物的逻辑关系，直观显示文献数据库极为复杂的层次结构体系，目前面向对象的方法正被用于超文本系统的研制中。只有借助超文本技术，才能研制出集关系模型、层次模型、面向对象模型为一体的全文检索系统。

4. 自动标引技术

标引实质上是对文献进行分析操作的过程，标引的质量直接影响检索效果。但传统标引中使用的规范化文本（主题词表、分类表）的模式并不适合文本检索系统。因为全文篇幅巨大，工作量无法估计，词表维护代价大；词表无法及时反映学科体系中词与词间关系的变化；词表不具备系统所要求的专指性等。

目前，全文检索系统采用自动标引的方法主要有以下四种。

(1) 计算机辅助标引，即首先由人工标出关键词，然后由计算机提取这些知识项，形成关键词表，再对全文进行扫描。

(2) 词典标引，包括关键词词表法、停用词表法、部件词典法等多种方法。部件词典标引在全文检索系统中运用较多。该法将词的语法属性引入到自动分词中，比形成分词技术有明显的优势。

(3)单汉字标引,中文文本中单个汉字是构成词、句、段、节、章的基本单元,具有无穷的组配能力,能构成二字词、三字词或包括更多字的词汇。但中文语法复杂,增加了对中文词处理的难度。国内学者以汉字作计算机处理的天然单元,在标引与检索中使词一级降到字一级,利用相邻度、通配符检索的功能,将汉字组合成词,从而绕过词的切分问题。

由于单汉字标引与计算机辅助标引、词典标引一样,采用的都是自然语言,难以保证查全率,因而在技术上适当增加了词汇控制和后控制措施,以满足等级、同义词、族性检索的需要。

5.2.1.3 全文检索系统存在的问题及解决方法

全文检索系统存在的以下问题有待进一步解决:

(1)全文检索系统存储的对象是信息源本身,而不是信息的线索,因而占用空间大;

(2)系统响应速度慢;

(3)全文检索系统采用自然语言标引与检索,因而假联系、错组配在所难免。

针对上述问题.目前的解决办法主要是:

(1)针对存储空间问题,开展对适用于全文数据库的压缩技术以及与之相关的代码技术的研究,如超高密度磁盘、光盘及芯片技术的研究等;

(2)针对上述第(2)、(3)问题的解决办法是提高标引质量、引进后控机制,标引短句加权,减少误检,提高查准率;

(3)当前 CPU 已取得巨大的进步,CPU 的多核、64 位、SMT、VE 技术已使今天的微机达到了原大型机 80% 的运行效率,64 位预示着内存容量可达 64 G。

5.2.2 多媒体检索

随着多媒体计算技术的迅猛发展,各种音频、图像、视频信息开始层出不穷,人们已不再满足于传统的文字检索,提出了对多媒体信息的检索需求,因此,基于内容的多媒体信息检索应运而生。多媒体检索技术是把文字、声音、图像(形)等多种信息的传播载体通过计算机进行数字化加工处理而形成的一种综合技术。多媒体技术的应用使信息检索系统在满足社会多元化信息需求上得到进一步升华。

5.2.2.1 视频检索

视频检索的用途比较广泛,如关于卫星云图变化、人体内器官运作等。这种检索就是要在大量的视频数据中查找所需要的视频片断。用户需求往往具有层次化特征,比如要检索关于某一个镜头中的某个主题的视频段或某些图像帧等。因此,视频系统的层次化结构处理是视频检索的关键,采用的技术主要有以下三种。

1)框架检索　框架的组织即是对一个数据对象或类似于传统数据库中的记录进行结构层次处理,可按视频主题或按内容特点安排。主题框架的最高层次是主题目录,其下可定义超类、类及子类等。内容框架的最高层次是视频镜头的源,如名称、地点及拍摄时间等,其下分别为背景、对象的运动情况等。框架检索是基于对框架的填充技术,每个检索首选最高层,一旦命中,则按内容的填充框架提供给用户。其检索接口是一个基于框架层次结构的表格。

2)特征描述检索　这是针对视频的局部特征(事物的颜色、形状、纹理等)及视频中目标的运动情况的检索。其中,基于主色调的检索在视频检索中效率较高。用户可选用系统提供的调色板,指出所需检索的镜头或代表帧的主色调,也可以通过调色板调整其所需颜色。

3)浏览检索　层次化浏览是视频检索常用的方法,如利用分层场景转移图进行浏览,获取整段视频的场景图之后,再用分层方法对代表帧聚类,并将每类选取的代表帧作为浏览节点再依次向下一层浏览。

5.2.2.2　声音检索

声音检索常用的方法有以下两种。

1)特征描述法　包括自然语言描述法和声音解释法。自然语言描述法是将原始的声音录制成文件形式保存,通过对文本的自然语言描述(如题目、内容特征介绍等),提供声音检索。声音解释法,即把对声音特征所作的适当索引与声音数据一起存入多媒体数据库中,根据对每个声音解释中的节点来建立声音索引的方法。

2)内容检索法　包括四类:①赋值检索,即按用户指定某些声学特征的值或范围的说明进行检索;②示例匹配检索,即由用户根据选择示例的声音或在对声音的某些特征进行描述基础上的检索;③浏览检索,即将某种或某些声音的内容分割为若干节点,用链路连接,用户可按任意顺序通过链路进行检索;④语言识别与合成方式的检索,该方法是由语言识别装置将原始语言转化为计算机可以理解的数据,存入语言数据库,将语言与文本信息统一起来,由数据库管理系统统一描述、编辑、存储与检索。

5.2.2.3　图像检索

基于内容的图像检索技术是一种综合集成技术。它通过分析图像的内容,如颜色、纹理等建立特征索引,并存储在特征库中。用户查询时,只要把自己对图像的模糊印象描述出来,即可在大容量图像信息库中找到所要的图像。

用户对图像检索的要求一般分为准确的图像实例检索、模糊实例检索和描绘示例检索。对于系统来说,不管是哪种检索要求,都要对图像特征进行匹配。

用户一般对颜色、纹理、形状以及目标的空间关系特征比较敏感,因此常用基于内容的检索方法,具体包括以下三种。

1.基于颜色特征的检索

颜色是图像内容组成的基本成分,也是人识别图像的主要特征之一。系统首先对图像色彩规范作定量化预处理,然后用直方图工具进行匹配来满足不同的检索要求。直方图匹配方法主要有四种。

1)*量距离法* 即以图像的直方图在各个灰度级上的值构成特征矢量,按照欧式距离公式计算特征矢量之间的距离,以距离值表示图像之间的差别度。

2)*直方图交叉法* 即取两幅图像的直方图在各个灰度级上的较小值,累加后来表示图像之间的相似度。相似度代表两幅图像的公共部分。

3)*直接差值法* 即把直方图在各个灰度级上的值对应相减,并做归一化处理,用差值表示图像之间的差别。如果两幅图像内容一样,相似度为1。相似度值越小,图像间差别越大。

4)*主色调扩展法* 主色调能够代表一幅图像的基本面貌,如蓝色主色调与大海或蓝天的图像有关,浅黄色与沙滩画面的图像有关等。用户以色调为主检索的出发点往往靠肉眼主观判断,不免常有模糊性、随机性。为此,需要将用户选定的主色调扩展到一定范围,以避免检索颜色的不确切性。系统通常采用的主色调扩展法,主要是根据多种主色调的颜色在图像中的重要程度,采用模糊度与比例的方法扩展为匹配直方图供检索匹配。

2. 基于纹理特征的检索

纹理是图像中最难于描述的特征。很多图像在局域内可能呈现出不规则性,而在整体上又表现出某种规律。从人的感知经验发现,粗糙性和方向性是人们区别纹理用的两个主要特征。

对纹理的检索一般采用QBE(Query by Example)方式。为了缩小查找纹理的范围,纹理颜色也可作为检索特征。通过对纹理颜色的定性特征描述,将检索空间缩小到某一颜色范围之内,然后再以QBE为基础,调整其粗糙度、方向性和对比度,逐步逼近检索目标。

3. 基于形状特征的检索

以形状或轮廓作为检索出发点是图像内容检索的一个重要方面。其标准方法有两种。

1)*模板匹配法* 即系统根据用户用手绘出的图像,或通过系统提供的绘图工具给出的大致形状或轮廓与已存储的图像进行逐个匹配提供检索的方法。

2)*特征矢量法* 即直接针对图像寻找适当的矢量特征用于检索,或用图像压缩技术对图像进行分解并矢量化,将其存入多媒体数据库,以备检索的方法。

5.2.3 超文本及超媒体检索

传统文本都是线性的,用户必须顺序阅读。超媒体则不同,它是一个非线性的网状结构。用户要沿着交叉链选择阅读自己感兴趣的部分。早期的超文本以文字为主。随着多媒体技术的发展,开始容纳包括图像(形)、视频、声频等各种动、静态信息,统称为超媒体系统或超级文本系统。它可以提供用户自由浏览信息。

1. **超文本检索**

超文本是一种信息的组织方法。它把不定长的基本信息单元存放在节点上，这些基本信息单元可以是单个字、句子、章节、文献，甚至是图像、音乐或录像。节点以链路方式链接。链路可以分为层次链、交叉引用链、索引链等，构成网状层次结构。超文本的特点是以联想式的、非线性的、铁路式的网状层次关系，允许用户在阅读过程中从其认为有意义的地方入口，直接快速地检索到所需要的目标信息。超文本组织信息的方式与人类的联想记忆方式有相似之处，从而可以更有效地表达和处理信息。简单地说，超文本是一种按信息之间关系非线性的存储、组织、管理和浏览信息的计算机技术。

超文本技术与传统技术不同，它不仅注重所要管理的信息，更注重信息之间的关系的建立和表示，超文本以信息和信息之间的关系全面地表示现实世界中的各种知识、各种系统。超文本检索时其内容排列是非线性的，按照知识（信息）单元及其关系建立起知识结构网络，操作时用鼠标去点击相关的知识单元，检索便可追踪下去，进入下面各层菜单。这种检索方式常用在多媒体电子出版物中。这类出版物不仅采用超文本，而且常采用超媒体（Hypermedia），提供文本和图形接口。Internet 上的 WWW 便是典型例子。

2. **超媒体检索**

目前，超文本技术已经渗透到计算机学科的各个领域，如数字图书馆、教育多媒体、WWW、信息知识管理、智能用户接口等。超文本与多媒体的融合产生了超媒体。事实上，超媒体的原文 Hypermedia 就是超文本 Hypertext 和多媒体 Multimedia 的结合词。简单来说，允许超文本的信息节点存储多媒体信息（图形、图像、音频、视频、动画和程序），并使用与超文本类似的机制进行组织和管理，或者说用超文本技术管理多媒体信息就构成了超媒体。但在实际中，管理和组合多媒体信息比单纯的文本信息复杂得多，所以要将超文本的知识表达方式与多媒体对文本、图形、图像、音频、视频、动画等信息的存储和处理技术相结合。

超媒体系统主要提供基于浏览的检索方式和基于提问的检索方式。

超媒体系统的数据库是一个多维空间结构的文献链路网。链路网将同一篇文献或不同文献（或文献代表）的相关部分结构化地连接起来，这是传统的检索系统所无法实现的。这种组织结构决定了它主要通过非线性浏览获取信息，并非直接检索。通过浏览不但可以了解数据库的组织，从中查寻相关的信息，而且可以不断得到新节点的启发，重新调整检索的目标，使获取的信息更切题，或者通过浏览信息片段，动态地建立新的查寻路径。

为了减少浏览过程中经常出现的“迷路”现象，使用全局浏览器是目前常用的措施之一。所谓全局浏览器是以图形方式帮助用户定位，通过它可以在网络中四处移动，看到所有的节点。但全局浏览器也存在一些问题，如受屏幕面积限制，用户一次只能看到网络的一小部分，其余的部分必须通过改变浏览窗口才能显示。由于缺少语义信息，只显示节点名称和节点之间的链路会使用户对其中的实际内容和范围产生误解，节点和链路的不断增加也会导致全局浏览费时费力。目前解决这些问题的办法主要包括：

(1)利用概况窗展示一个网络结构的简况，使用户透过该窗口了解当时显示部分在网络中所处的位置；

(2)利用过滤器限制链路类型、节点类型或节点的扩展范围；

(3)编制路径目录(或树形或图表形)，以记录和显示用户在一次浏览过程中访问过的节点，帮助用户判明所查信息的方向和位段，以便及时调整浏览路线，避免过多重复。

基于浏览的查寻是从"哪里"到"什么"，而采用提问的方式则是从"什么"到"哪里"。与浏览方式相比，提问方式查找目标明确，准确度高，较适于大型系统。但该方式对用户要求高，用户必须熟悉专门化检索语言和检索策略。

从上述基于浏览的检索方式和基于提问的检索方式可以看出，超媒体系统有相对于传统检索的许多优越之处，但它同样存在不足。一方面，浏览的检索方式并不适于大型的超媒体检索系统，因为大型系统中存储文献(或文献代表)量大，随着节点和链路的不断增加，用户"迷路"现象在所难免；另一方面，超媒体系统不提供直接检索，仅靠用户自行浏览发现相关的主题内容，面对复杂多变的联想、选择链路、查看节点内容和判断取舍，需要花费大量时间和精力，影响检索速度。此外，超媒体系统节点间的链路是系统设计者根据关键词之间的关系预先设计好的，即链接是静态的，无法满足用户按自己的思路去创造、删除或修改，不能真正使用户自由联想。解决这些问题的办法在于用基于提问的检索方式来扩充浏览检索的功能。

需要指出的是，现在已经很难区分超文本、超媒体和多媒体，特别是当前严格意义下的超文本系统已经少见(在某些场合，如一些 DOS 应用软件的帮助功能中还可以见到)。总的来讲，多媒体的含义更广一些，而超媒体强调的是对多种媒体信息的组织、管理以及对这些信息的检索和浏览。超媒体技术广泛应用于与各种信息查询有关的方面，如字典和参考资料、信息检索、商品介绍展示、旅游和购物指南、交互式娱乐等。

5.2.4 联机检索

所谓联机信息检索(Online Information Retrieval)，是指信息用户利用终端设备，通过国际通信网络与世界上的信息检索系统进行直接人机对话，从检索系统的数据库查找用户所需信息的计算机检索系统。联机检索系统自 20 世纪 70 年代投入商业运营以来，其检索技术已发展得较为系统和完善，已经成为一种使用最广泛的计算机检索方式。

1. 联机检索系统组成

联机检索系统由联机检索中心、通信网络、检索终端以及和系统关联的人组成。检索终端设备起输入检索程序、显示检索过程、打印检索结果的作用;联机检索中心的计算机主机、数据库及软件主要起存储和检索情报信息的作用;通信网络主要起连接联机检索中心与终端设备的作用,是传输人机对话信息的通道;与系统关联的人包括检索者、系统维护人员、操作人员,他们的主要作用是编制检索策略,使监控系统正常运行。

要实现网络化的联机检索,检索系统必须先进入地区性、全国性或国际性的通信网络,在网络的节点上连接许多终端设备。用户通过检索终端,将信息需求按一定的查询语言和检索命令经通信网络传至系统的主机及其控制的数据库,系统将用户的提问与数据库中存储的数据进行匹配运算,并把检索结果立即通过网络返回给终端,实现人机实时对话。这种交互作用可能要进行多次,直至完成检索任务。

联机检索网络至少由联机检索中心、通信网络、检索终端等三部分组成,如图5-2 所示。

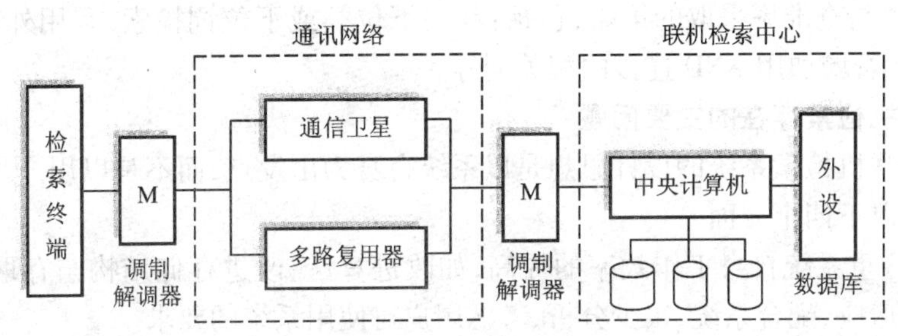

图 5-2　联机检索网络系统示意

联机信息检索系统的基本服务有回溯检索、定题检索、问答式检索服务、文献递送服务以及光盘服务等。

2. 联机检索系统的特点

联机检索系统具有以下特点。

(1)检索速度快,检索效率高。一般课题均可在几分钟之内完成检索过程,且在一系列系统的检索技术、检索策略的保证下能达到较为理想的查全率和查准率。

(2)信息资源丰富且质量较高。各大联机检索系统不仅是数据库经销商,而且也是数据库生产者,所提供的一般是各领域的核心、权威数据库,数量从几十个到数百个不等,信息资源丰富,而且经过严格的加工、处理和组织。

(3)数据库更新周期短,可及时提供最新信息。一些大型联机检索系统数据库的更新速度较快,达到季更新、月更新、周更新甚至日更新,用户可以及时获得最新信息。

(4)费用较高。联机检索收费包括的部分有:数据库检索使用费、通信费和信息提供费等。

(5)由于使用指令检索,要求检索者熟悉系统的检索指令和检索技术。

3. 联机系统的检索过程与策略

联机检索过程如下。

(1)分析课题实质,包括了解所需文献信息的类型及其内、外部特征,确定关键词、主题词等。

(2)进入检索过程,其步骤大体如下:①利用主题法或联机选择法选择合适的数据库;②将课题分析结果分解成系统能识别的检索词;③确定查找途径;④用逻辑运算符连接检索词;⑤在数据库中查找;⑥分析检索结果;⑦根据需要,检验全过程或中间过程,直至查到满意为止。

在进行联机检索时,构造检索策略的方法如下。

(1)提高查全率采取的策略,包括:去掉 AND 连接的非主题词;增加用 OR 连接的相关词;利用上位类或上位词检索;聚类方法;截词方法;同义词控制等。

(2)提高查准率采取的策略,包括:利用下位类或下位词检索;利用外部特征进行限制检索;增加用 AND 连接的相关词等。

4. 联机检索存在的主要问题

传统联机检索系统的设计思想是以系统自身为出发点,而不是以用户为核心,主要表现在以下四个方面。

(1)注重系统自身工作效率的提高,如改进算法、改进存储结构与存取技术等,让用户去适应、配合系统,很少分析、考虑用户对使用系统的要求。

(2)面向检索专家或中介机构。系统要求用户的提问必须采用规范化的检索语言来表达检索需求,用预定的策略构造提问式,按系统指令进行检索。这样,会使许多用户依赖于检索专家或专门的中介机构(文献信息服务部门),用户自己直接完成检索必须经过严格的培训。

(3)目前联机系统采用的布尔逻辑策略不能全面反映对检索课题涉及的语义和句法关系,很难避免输出结果出现零或过量的现象。

(4)人机界面不友好,且费用较高。

5.2.5 光盘检索

光盘检索系统是单机信息检索系统的一种。目前在信息检索领域应用的光盘主要是只读光盘(CD-ROM、DVD-ROM)。一张 4.75 英寸的光盘可存储 640 兆字节的信息,相当于十几万张印刷页的文字容量。光盘检索系统同时解决了单机检索系统数据存储量少以及联机检索系统通信费用较高的缺点,成为目前应用较广泛的一种计算机信息检索系统。

5.2.5.1 光盘检索系统的特点

光盘检索系统的优点有:①主要采用菜单驱动方式,直接检索,易于操作,同时引入了浏览方式,界面友好,检索功能强大;②一次购买,不限次数和时间使用;③由于是独立的检索系统,信息获取不涉及通信费用,且存储介质成本较低,使花销大大降低;④便于携带。但是,也不可避免地存在一些局限:①数据更新周期较长,时效性、灵活性比不上联机检索;②数据容量有限,一般按专业和领域建库,收录范围不够广泛;③检索使用的设备的软件的兼容性较差,各种光盘数据库检索系统目前还难以实现标准化和统一化。

5.2.5.2 光盘检索系统的服务模式

光盘检索系统的服务模式有单机模式和网络模式两种。

1)单机模式　单机模式基于一台计算机配以一台 CD-ROM 光盘驱动器或光盘塔组成。这种系统模式一次只能供一个用户检索,所以称作单机模式。

2)网络模式　光盘数据库网络模式是在局域网甚至广域网上提供多个用户在同一时间、不同地点读取一个或多个光盘数据库的信息服务系统。它克服了单机模式受服务地域限制的弊端。近年来,在高校和公共图书馆等信息用户集中的地方广泛建立起了局域网光盘检索系统,即电子阅览室和光盘检索室。

5.2.5.3 光盘检索的发展

目前在光盘检索的应用中,单机模式与网络模式并存,但光盘检索的网络化是光盘检索系统的发展趋势。它将光盘技术与通信技术相结合,实现光盘数据库同时为多个用户共享,大大提高了光盘数据资源的利用率,具有联机检索的使用方便、资源共享等特点。从光盘库产品的发展来看,光盘检索的发展历程经过了以下阶段。

1)SCSI 光盘库　这是第一代光盘库,体积庞大,光盘库必须通过 SCSI 总线连接服务器,用户访问光盘必须经过服务器,因此对服务器要求较高,速度慢且不支持并发用户同时访问,光驱速度慢,容易损坏,现在很少使用。

2)网络光盘库　第二代光盘库体积仍然庞大,内置了微处理器和软件,直接连接以太网,无须服务器支持即可独立运行。但不支持并发用户特殊访问,速度慢且光驱易损坏,正逐渐被淘汰。

3)网络镜像光盘塔/光盘服务器　第三代产品可直接连接 FDDI、ATM、以太网和令牌网,支持各种网络协议,采用大容量高速硬盘或磁盘阵列镜像光盘数据技术,内置 CPU 和操作系统,解决了前两代产品的一些问题,代表了光盘库的发展方向,是目前应用较为广泛的光盘库产品。

光盘检索未来的发展趋势主要有三个方面。

1)光盘网络化　实现光盘网络化不仅可以提高光盘的利用率,如可以实现多对一的检索效果,还可以使光盘数据库中的多张光盘同时被一个检索词扫描检索。光盘数据库在网上可以通过光盘塔组、光盘阵列或把光盘数据库的内容先复制在硬盘上,供网上用户共享。目前,北京大学、清华大学、上海交通大学、同济大学、北京图书馆等单位陆续建成单位的光盘局域网,取得了良好的利用效果。

2)点对点光盘检索　这是光盘检索服务的又一发展趋势。它是通过电话拨号来实现对远程光盘数据库进行检索。对于远距离的个人或单位,主要借助调制解调器和电话线,通过异步通信方式实现。点对点光盘远程检索的最大优点是,对设备要求不高、费用少、实用性强。

3)多媒体光盘　多媒体光盘代表着多媒体技术的发展方向。多媒体系统通常由个人主机、工作站、超级微机及声像输入输出设备、功能卡、控制设备、视频信息实时多任务支撑软件和创作语言等构成。它要把文字、图像、声音信息放在一起处理,需要很大的存储空间、较高的实时要求、较复杂的数据压缩和复原技术及宽带传输设备。恰好 CD-ROM 容量大、费用低,是一种理想的存储多媒体信息的介质,这预示着多媒体光盘将伴随着多媒体系统功能的增强应用于更多的领域。

5.2.6　网络信息检索

网络信息资源是极其丰富的,它们以各种媒体形式存在,包括文字、图像、声音、视频等;覆盖面极其广泛,涉及科学技术、社会、经济、教育等几乎所有的人类活动领域。要在如此众多的网络信息中发现自己所需要的信息,依靠单纯的手工检索是不可能实现的。网络信息源的浏览与检索必须遵循一定的方法,并借助一定的搜索工具,如搜索目录、搜索引擎等。

5.2.6.1　网络信息检索的特点

与传统的信息检索,如手工检索、联机检索等相比,网络信息检索有其自身的特点,主要表现在四个方面。

1)必须借助网络检索工具　Internet 上的信息极其丰富,包括各个学科专业,涉及社会生活的方方面面,而且这些信息分布在全世界不同的计算机主机上。要在如此众多的信息中寻找所需信息,依靠手工是不可想象的,也是不可能的,网络信息检索必须借助 WWW 搜索引擎等网络检索工具。

2)基于超文本结构　在 Internet 上,基于 WWW 的信息组织采用了超文本方式。网络信息的检索结果多以超文本方式显示,对于感兴趣的内容,用户只要点击其链接,即可直接得到所需信息,省去了用户寻找其他途径查找该信息的麻烦。但是,这种超文本结构会分散用户的注意力,使得检索结果失去整体性和全局性。

3)检索方法的多样性　网络信息检索必须利用网络检索工具。不同的检索工具有不同的检索方法,但是它们也有相似的地方。各种 WWW 搜索引擎,都能提供多种检索方法,如主题目录浏览、关键词检索、布尔逻辑检索、位置逻辑检索、字段检索、截词检索等。

4)多媒体检索　随着信息技术的发展,出现了网络信息的多媒体检索。在检索图像时,用户可以输入关于图像的描述,如图像所包含的内容、色调、亮度等,便可以检索出符合条件的图像。

5.2.6.2 网络信息检索的过程

网络信息检索的过程可以用图 5-3 表示。

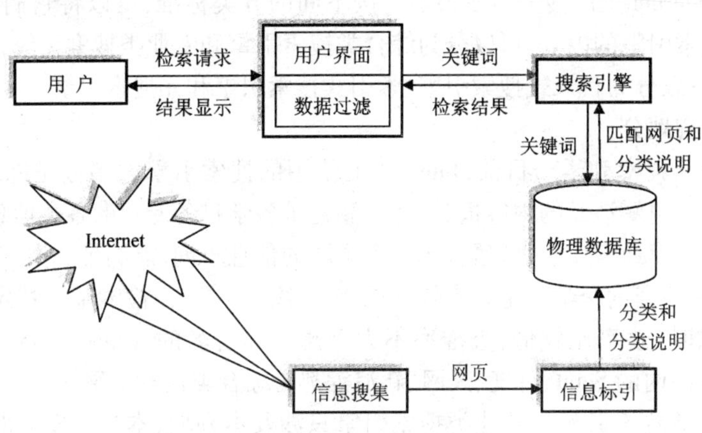

图 5-3 网络信息检索过程示意

(1)搜索引擎通过巡视软件自动搜集各种网络信息或者由人工搜集信息;然后由专门的标引软件或专业人员对所搜集到的信息进行分类标引等处理,并把结果存入索引数据库。这是网络信息检索的前提条件。

(2)搜索引擎通过 WWW 服务器软件为用户提供浏览器界面下的信息查询。用户根据需要,按照搜索引擎的检索规则,构造合适的检索表达式,并把检索要求输入检索界面中的检索输入框。检索界面为用户与搜索引擎的交互提供了条件。

(3)搜索引擎对用户的检索提问进行适当的处理,如发现语法错误就返回用户进行更改,有的搜索引擎还能对检索提问进行智能化处理,如加入一些同义词等,然后搜索引擎将提问式与索引数据库进行匹配,并进行必要的逻辑运算。

(4)搜索引擎将符合用户需要的信息以超文本链接的方式返回,并以 Web 页的形式显示给用户。用户浏览该 Web 页,查找感兴趣的相关信息,然后通过搜索引擎提供的链接直接访问相关信息。

5.2.6.3 搜索引擎

搜索引擎是最重要的网络信息检索工具之一,使用它可以快速地从海量的网络信息中检索到自己所需要的信息。充分利用搜索引擎的前提是充分了解搜索引擎的构成和原理。搜索引擎一般基于 Spider 的搜索系统,如 Lycos、Harvest 等,它能够从网上自动采集网页数据,并加以索引或主题分类,建立索引数据库,最后通过查询语法为用户返回匹配资源。搜索引擎多提供关键词检索,但其检索结果确实无法令人满意,如:反馈大量不相关的信息,查准率很低;对检索结果不加整理,导致同一资源重复出现；利用关键词检索无法说明该词是题名、著者还是主题；对于非文本文件的检索无法实现；网络涵盖面有限，大多数单个的搜索引擎所网罗的页面数量不到整个网络的30%等。检索结果的无法辨别使用户不得不花费大量的时间来确认有价值和可信赖的信息资源。

目前，Internet上的搜索引擎很多。按不同的分类标准，可以将它们分为不同的类型。按搜索引擎的内容，可以分为综合类搜索引擎和专业类搜索引擎；按其信息的组织方式，可以分为目录式搜索引擎、索引式搜索引擎和元搜索引擎。

1. 按内容划分

1）综合类搜索引擎　目前，Internet上使用的搜索引擎大多数是综合类搜索引擎。这类搜索引擎涉及的内容极其广泛，涵盖了各学科各专业的各类信息，因此这类搜索引擎的规模通常比较大，适合于各个主题的信息查询，能满足各类用户的检索要求，尤其是对于查询跨学科主题有较好的查全率。但是，在检索某一特定领域、特定专业的信息时，效率比较低，查准率不太理想。如著名的Yahoo、Excite、Google、InforSeek以及国内的Sohu、百度、天网、新浪等都是综合类搜索引擎。

2）专业类搜索引擎　专业类搜索引擎只涉及本领域、本学科专业的信息，因此规模通常比较小。由于这类搜索引擎大都由专业人员编制而成，而且某一学科专业的信息相对集中，因此，它具有“小而精”的特点。在查询特定领域的信息时，使用专业类搜索引擎不但可以提高检索速度，还可以提高专指度，加大检索深度和力度，最终提高查全率和查准率。

2. 按信息的组织方式划分

1）目录式搜索引擎　目录式搜索引擎主要通过人工发现信息，并依靠标引人员的知识进行甄别和分类，由专业人员手工建立关键词索引，建立目录分类体系。用户在利用目录式搜索引擎时，可进行浏览查询，从最高层目录开始，逐层深入，直到找到所需的信息为止，也可以进行关键词检索。由于这类搜索引擎主要依靠人工编制，所以通常数据库的规模比较小。也正因为人工编制，这类搜索引擎的质量通常比较高，检索效率也较高。如果用户不能详细确定查询的关键词或者用户只想全面了解某一方面的信息，则使用目录式搜索引擎的效果比较理想。最著名的目录式搜索引擎是Yahoo，它是WWW上最早、最著名的目录，是最流行的Web导航指南，是网络资源目录的典范。目录式搜索引擎最大的特点是不要求搜索人员明确了解自己的搜索目标，只依赖于分类式目录，层层深入，直接达到自己想找的信息。目前，目录式搜索引擎提供的分类检索所采用的分类体系一般不够科学、严谨，主要是知识领域不全和知识体系不严密所致；类目之间逻辑性差；类名用语不准确且缺少注释，难以判断其外延；类目按字顺排列或随意排列，割裂了类目间的逻辑联系，不利于查询；类目划分不规范，甚至有些搜索引擎分类体系动态性过强，缺乏必要的稳定性。所有这些因素的存在，都限制了搜索引擎的查找精度。

2）*索引式搜索引擎* 索引式搜索引擎主要依靠一种被称为“蜘蛛”、“机器人”等的计算机程序有规律的遍历整个网络空间，根据网络协议和程序自身的有关约定，记录网上的信息，并对其进行加工、整理，将信息加入到索引数据库。根据一定的规则，及时地对数据库进行补充与修改。用户在使用索引式搜索引擎时，只需输入检索主题的关键词，该搜索引擎就自动将用户输入的关键词与索引数据库进行匹配，然后将符合用户需要的信息以用户希望的方式显示出来。这类搜索引擎主要依靠计算机程序，所以在信息的采集上比较及时，采集信息的范围也比较广泛，但是由于其中的人工干预很少，所以信息的质量不如目录式搜索引擎。索引式搜索引擎一般由四个部分组成：信息搜集模块，蠕虫、爬虫或巡视软件索引模块，查询模块和用户界面模块。最近几年，“一炮走红”的索引类搜索引擎包括 Google、百度等。

值得注意的是，目录式搜索引擎和索引式搜索引擎之间的界限越来越模糊，大多数的网络检索工具同时提供两种方式的检索，从而使目录式搜索引擎的组织、引导功能与索引式搜索引擎的检索功能很好地结合起来。这种担负了网络资源主题指南和索引双重责任的混合型搜索引擎代表了搜索引擎的发展趋势。

3）*元搜索引擎* 元搜索引擎又称集合式搜索引擎，它将多个搜索引擎集成在一起，并提供一个统一的检索界面。这样省去了用户记忆多个搜索引擎的不便，使用户的检索要求能同时通过多个搜索引擎来实现，从而获得全面的检索效果。元搜索引擎又可分为并行式元搜索引擎和串行式元搜索引擎。并行式元搜索引擎将多个搜索引擎集成在一起，提供统一的检索界面。当用户输入一个检索提问时，它会自动对该提问进行处理，并同时发送给多个搜索引擎，同时检索多个数据库，将最后结果经过聚合、去重后输出给用户。使用这类搜索引擎时，由于同时运用多个不同的搜索引擎进行检索，而不同的搜索引擎的搜索方式、数据库规模等都各不一样，每个搜索引擎所用的检索时间不同，所以用户通常在输入检索式之后，还要对检索时间进行限制。这是一种集中式检索方式，其最大的优势在于，用户不用就同一提问一次次地访问不同的搜索引擎，不用多次输入检索式，而且因为同时使用多个搜索引擎，同时检索多个数据库，检索的综合性、全面性也有所提高。串行式搜索引擎则是将主要的搜索引擎集中起来，并按照类型等编排成目录，帮助、导引用户根据检索需要来选择合适的搜索引擎。它虽然能集中罗列多种搜索引擎，并将用户引导到相应的工具去检索，但是用户每次检索都只是使用某一种搜索引擎，这与使用普通的搜索引擎是一样的。串行式搜索引擎可以说是一种“搜索引擎的搜索引擎”，它帮助用户克服面对众多搜索工具时的无所适从感，省去了记忆多个搜索引擎地址的不便。

5.2.6.4 网络信息检索技术

网络信息检索必须借助于搜索引擎等工具，这是网络检索的前提。此外，要想达到良好的网络检索效果，还必须掌握一定的检索技术。

1. 布尔逻辑检索

在检索实践中，检索提问所涉及的概念往往不止一个，而同一个概念往往又涉及多个同义词或相关词。为了准确地表达检索需求，必须利用逻辑运算符号将各个检索词组配起来。常用的布尔逻辑运算符主要有以下三种。

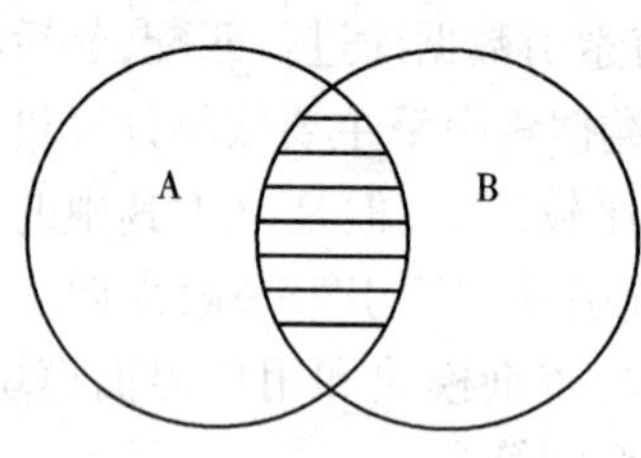

图 5-4 逻辑“与”关系示意

1）逻辑“与” 这种组配关系体现在具体的检索系统中通常用“AND”表示，它用于概念之间的交运算关系，一般用于组配不同的检索概念。例如要查询同时含有概念“A”和概念“B”的信息，可以表示为“A AND B”，其检索结果为集合 A 和集合 B 的相交部分，如图 5-4 的阴影部分所示。逻辑“与”可以用来限制检索范围，使检索的结果更加精确。当检索所得的结果过多，精确度不高的时候，就应该更彻底分析一下检索主题，寻找能表达主题的其他检索词，然后再利用逻辑“与”关系，进行再次检索。

2）逻辑“或” 这种组配关系体系在检索系统中通常用“OR”表示，它用于概念相并关系，可用其组配表达相同概念的检索词，如同义词、相关词等。例如要查询包含检索项 A 或者检索项 B 的文献，可表示为“A OR B”的形式，其检索结果是集合 A 与集合 B 合并相加得到的，如图 5-5 中阴影部分所示。逻辑“或”与逻辑“与”恰恰相反，它在检索过程中，通常用来扩大检索范围，提高查全率。如果检索过程中所得到的检索结果过少，就可以尝试用逻辑“或”，连接检索词的同义词、近义词等，从而查到更多可能符合检索要求的文献。

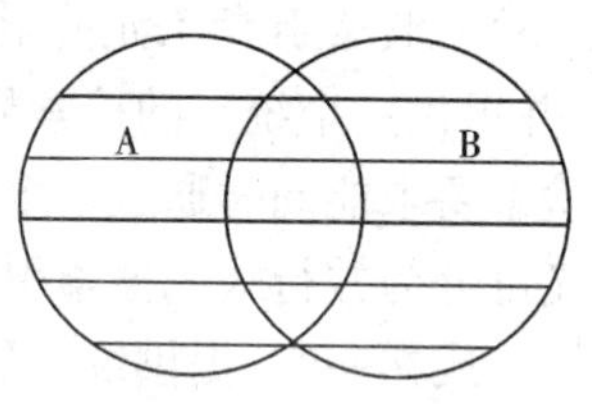

图 5-5 逻辑“或”关系示意

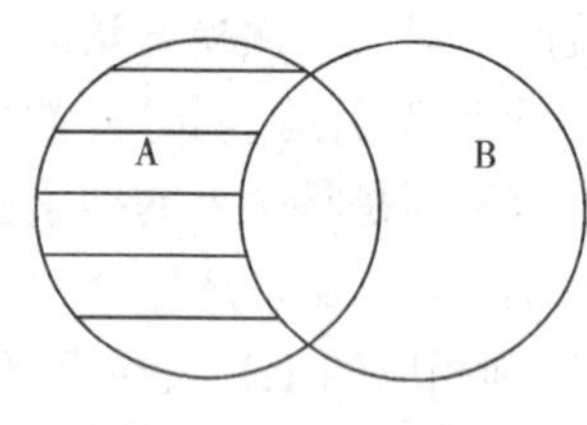

图 5-6 逻辑“非”关系示意

3）逻辑“非” 这种组配关系用“NOT”等形式表示，它用于在某一记录集合中排除含有另一概念的记录，例如要在集合 A 中排除含有 B 的信息，就可以用“A NOT B”的检索表达式，如图 5-6 中阴影所示。逻辑“非”在检索过程中，也用于限制检索范围，进一步精确所要检索的内容。但是“NOT”在使用中必须十分小心，因为它有可能将相关信息排除掉。

2. 位置检索

位置检索是限制几个检索词之间的邻近关系的检索方式，这种邻近关系包括在记录中的先后顺序及相对关系。位置检索实际上也是一种逻辑检索，它可以避免逻辑检索因为不考虑检索词的位置关系而出现的检索不准确现象。

位置检索通过位置逻辑符在检索式中的使用来实现，常见的位置检索算符有以下几种。

1)(W)或()——"with" 表示由(W)或()连接的两个检索项必须保持原有的顺序,且彼此邻接,之间不允许有任何单词。

2)(nW)——"nWords" 由(nW)连接的检索项在记录中出现的前后次序不变,但它们之间最多可以插入n个字词。

3)(N)——"near" 由(N)连接的检索项无须保持原有次序,但必须相邻。

4)(nN)——"nNear" 由(nN)连接的检索项无须保持原有次序,而且两者之间最多可以插入n个词。

5)(F)——"Field" 由(F)连接的检索项必须出现在记录的同一字段中,至于它们在该字段中的先后次序及它们之间的相对位置,则没有限制。

6)(S)——"Sentence" 由(S)连接的检索项必须同时出现在同一句子中,但它们之间的次序及相对关系不限定。

7)(L)——"Link" 用于连接具有等级关系的检索词,如一级标题是"rubber",二级标题是"natural",用"rubber(L)natural"就可以检索出,但是"natural(L)rubber"则不行。

3. 截词检索

截词检索也是一种常见的计算技术,在西文详细信息检索过程中使用尤其广泛。西方语言有一个共同的特点:构词灵活,在词干上加上不同性质的前缀或后缀,就可以派生出很多新词。由于词干相同,派生出来的词在基本含义上是一致的,形态上的差别多半只具有语法上的意义。正是由于这个原因,检索者如果不在提问式中列出一个词的派生形式,在检索时就很容易出现漏检。截词检索是防止这种类型漏检的有力工具,大多数信息检索系统都提供截词检索功能。不同的系统对截词检索采用的表示符号不同,如"?"、"*"、"#"等。

所谓截词,是指检索者将检索词在他认为合适的地方截断;而截词检索则是指用截断的词的一个局部进行的检索,并认为凡是满足这个词局部中的所有字符的文献,都为命中文献。截词的方式有很多种。按阶段的位置来分,可分为前截断、中截断和后截断三种类型;按截断的字符数量来分,可分为有限截断和无限截断两种类型。有限截断在截词时限定截去的字符数量,无限截断则不具体指明截断的字符数。

1)前截断 前截断是将截词符号放在一个字符串左方,以表示其左方的有限或无限个字符不影响该字符串的检索。如检索"*magnetic"时,可检出含有magnetic、electro-magnetic、electromagnetic、paramagnetic、thermo-magnetic等的信息,但不会检出含有magnetics,magnetical等词的信息。用前截词检索进行一个学科的不同应用领域的检索是很方便的。由于前截词检索实现的难度较大,目前提供前截词检索功能的系统不多。

2)后截断 后截断是最常用的截词检索技术。将截词符号放置在一个字符串右方，以表示其右的有限或无限个字符不影响该字符串的检索。如检索"journa *"时，可以得到包含 journal、journalist、journalism 等的信息。后截词检索通常用于词的单复数、年代、作者与同根词四个方面。后截词可以和前截词结合使用。使用后截词检索时，可以扩大检索范围，但是同时可能检出无关信息，尤其注意使用无限后截词检索时，所选词干不能太短，否则将造成大量误检，甚至发生溢出，导致检索失败。

3）中截断　中截断又称为"通用字符法"或"内嵌字符截断"、"屏蔽"。这种截断把截断符号放置在一个检索词的中间，而不是前面或后面。一般的，中截断仅允许有限截断。中截断检索很好地解决了英式英语和美式英语在拼写上的差异、单复数变化等所引起的信息漏检。

总之，检索系统提供的各种类型的截词方法，不仅能提高查全率，扩大检索范围，而且可以减少检索词的输入量，简化检索步骤，从而节省时间，降低费用。

4. 字段检索

在检索系统中，通常有一些缩小或约束检索结果的字段检索方法。检索系统的数据库设置、提供的可供检索的字段通常分为表示信息内容特征的主题字段和表示信息外部特征的非主题字段两大类。主题字段又称为基本检索字段，如题名、文摘等；非主题词字段又叫辅助检索字段，如作者、语种等。每个字段都有一个或两个字母表示的字段代码，用户在检索时可以在检索式中使用这些代码，以进一步限制检索要求。

5. 加权检索

加权检索和布尔逻辑检索及截词检索一样，是一种常用的检索技术。与它们不同的是，加权检索的侧重点不在于判定检索词或字符串是否在数据库中存在以及它与别的检索词的关系，而在于判定检索词或字符串在满足检索逻辑后对信息命中与否的影响程度。并不是所有的检索系统都能提供加权检索，而且不同的检索系统在对权的定义、加权的方式、权值的计算和检索结果的判定等方面，又有不同的技术规定。具体来说，加权检索有多种方式，如词加权检索、词频加权检索等，以下主要介绍词加权检索。

词加权检索是加权检索的最常见方法。首先对检索提问中的每一个检索词给定一个数值表示其重要程度——权。在检索中，先查找这些检索词在记录中是否存在，对存在的检索词检索它们的权值总和。只有当这个总和达到或超过预先给定的值时，该记录才算命中。这个预先给定的值称为阈值。如：

检索词	权值
A	6
B	3
C	2

阈值 T = 5

根据上述检索要求,含有下列各行检索词的文献将作为命中文献输出:

A,B,C　　　　权和 =11≥5

A,B　　　　权和 =9≥5

A,C　　　　权和 =8≥5

A　　　　权和 =6≥5

B,C　　　　权和 =5≥5

5.3 常用检索数据库

目前检索工具有书本式、磁带、光盘和网络数据库多种形式出版,本节内容将对比较常用的中文数据库和外文数据库进行简要介绍。

5.3.1 常用中文数据库

目前,中文数据库日益增多,较为常用的中文数据库如表 5-1 所示。

表 5-1 常用中文数据库概况

序号	常用中文数据库	类型	
1	中国期刊全文数据库(CJFD)(1994—)	网络型	全文
2	中国优秀博硕士学位论文数据库(CDMD)(2000—)	网络型	全文
3	中国重要会议论文全文数据库(CPCD)(1998—)	网络型	全文
4	中国期刊全文数据库(世纪期刊)(1979—)	网络型	全文
5	中国年鉴全文数据库(1912—)	网络型	全文
6	中国重要报纸全文数据库(2000—)	网络型	全文
7	维普科技期刊全文数据库(1989—)	网络型	全文
8	中国图书全文数据库	网络型/光盘版	全文
9	方正电子图书(试用)	网络型	全文
10	龙源期刊网(1997—)	网络型	全文
11	中国学位论文全文数据库(CDDBFT)(1980—)	网络型	全文
12	中国学术会议论文全文数据库(PACC)(1998—)	网络型	全文
13	慧科中文报纸数据库(1998—)	网络型	全文
14	中经网	电子型	图文
15	人民日报图文电子版(1946—2003)	网络型	全文
16	人民日报全文数据库(1946—)	网络型	全文
17	参考消息(1957.3—)	网络型	全文

续表

序号	常用中文数据库	类型	
18	经济日报(1983.1—)	网络型	全文
19	北大翻译数据库	网络型	全文
20	中国财经报刊数据库	网络型	全文
21	人大复印资料全文数据库(1995—)	网络型	全文
22	中国科学文献服务系统(Science China)(1985—)	网络型	全文
23	《国研报告》、《宏观经济》、《金融中国》的临时登录地址	网络型	全文
24	世界进口商名录大全	网络型	全文
25	国家法规数据库(1949—)	网络型	全文
26	北大法律信息网	网络型	全文
27	文渊阁四库全书	网络型	全文
28	四部丛刊	网络型	全文
29	全国报刊索引数据库(社科版)(1857—)	网络型	文摘
30	中文社会科学引文索引数据库(1998—)	网络型	文摘
31	万方中国科技论文统计分析数据库(CSTPC) 万方中国科技论文引文分析数据库(CSTPI)	网络型	文摘
32	万方中国科技成果数据库(CSTAD)(1986—)	网络型	文摘
33	万方中国科技文献数据库(CSTDB)(1980—)	网络型	文摘
34	外文文献数据库(ENPS):外文期刊(1995—)、外文会议(1985—)	网络型	文摘
35	万方中国企业、公司及产品数据库(CECDB)(1988—)	网络型	事实
36	万方中国科研机构数据库(CSI)	网络型	事实
37	万方中外标准数据库(BZ)	网络型	事实
38	中国生物医学文献数据库	光盘	文摘
39	中国化学文献数据库	光盘	文摘
40	中国产业经济信息网(2000—)	网络型	全文
41	中国大百科全书	网络型	全文

5.3.1.1 CNKI 知识资源网站

1. CNKI 概述

国家知识基础设施的概念,由世界银行于 1998 年提出。CNKI(China National Knowledge Infrastructure)工程是以实现全社会知识资源传播共享与增值利用为目标的信息化建设项目,由清华大学、清华同方发起,始建于 1999 年 6 月。在教育部、中宣部、科技部、新闻出版总署、国家版权局、国家计委的大力支持下,在全国学术界、教育界、出版界、图书情报界等社会各界的密切配合和清华大学的直接领导下,CNKI 工程集团经过多年努力，采取自主开发并具有国际领先水平的数字图书馆技术，建成了世界上全文信息量规模最大的“CNKI 数字图书馆”，并正式启动建设《中国知识资源总库》及 CNKI 网络资源共享平台。通过产业化运作，为全社会知识资源高效共享提供最丰富的知识信息资源和最有效的知识传播与数字化学习平台。

1996 年，由清华大学主办、中国学术期刊(光盘版)电子杂志社编辑出版、光盘国家工程研究中心和清华同方光盘股份有限公司制作的我国第一个全文、多功能的电子期刊——《中国学术期刊(光盘版)》问世。它择优收录了我国正式出版的核心期刊与专业特色期刊近 3 500 种。CNKI 工程就是以《中国期刊全文数据库》等各类知识信息资源为基础，采用现代信息技术建设的，适合我国国情，可以进行知识整合、生产、网络化传播扩散和互动式交流合作的国际级大规模信息工程。

CNKI 工程的主要内容包括：知识信息资源数字化建设及挖掘、网络数据存储与知识网络传播体系、知识信息组织整合平台、知识仓库建库管理和发布系统、知识信息计量评价系统和数据库生产基地建设等。

随着通信技术、数据存储技术的提高，CNKI 继 1999 年 6 月在 CERNET 上开通了第一个中心网站(www. cnki. net)后，又先后在中国内地以及港台、北美等地建设了十几个中心网站，并在许多图书馆和一些图书情报单位建立了镜像站点。所谓镜像站点就是把中心网站的软件和数据放在用户单位的服务器及磁盘阵列上，提供与中心站点相同的服务。服务范围内的任何一台计算机都可以很方便地进行检索。

目前，CNKI 有以下四种使用方式。

1）网上包库　用户远程上网登录 CNKI 数据库交换服务中心或当地 CNKI 知识网络管理中心，按年度交费使用。只要提供一台可以上网的计算机，通过光纤、DDN 专线、ASDL 或 ISDN 即可上网使用，无须增加任何硬件和软件设备，适合于任何机关或个人。

2）镜像站点　将 CNKI 数据库系统安装到用户的网络服务器上使用，适合单位内部网用户，访问速度快，但需要硬件投入和技术员进行系统维护。

3）流量计费　不受 IP 限制，分机构用户和个人检索阅读卡。

4）全文光盘　将 CNKI 数据库的全文光盘安装在单机或局域网，适合于范围较小、上网条件差的用户。

2. CNKI 主要数据库

1）中国期刊全文数据库　《中国期刊全文数据库(CJFD)》是目前世界上最大的连续动态更新的中国期刊全文数据库，累计期刊全文文献 1 550 多万篇，题录 1 500 余万条，分为十大专辑、168 个专题文献数据库。覆盖理工 A(数理化天地生)、理工 B(化学化工能源与材料)、理工 C(工业技术)、农业、医药卫生、文史哲、政治军事与法律、教育与社会科学综合、电子技术与信息科学、经济与管理。从 1994 年至今，收录国内公开出版的 7100 种核心期刊与专业特色期刊的文献，全文期刊的数据完整性达99%以上。其版本形式有《中国期刊全文数据库(Web版)》《中国学术期刊(光盘版)》《中国期刊专题全文数据库光盘版》。1994—2000年的专题全文数据库已出版"合订本",每个专题库1~2张DVD光盘。CNKI中心网站及数据库交换服务中心每日更新,专辑光盘每月更新(文史哲专辑为双月更新),专题光盘年度更新。

2)中国优秀博硕士学位论文全文数据库 《中国优秀博硕士学位论文全文数据库(CDMD)》是目前国内相关资源最完备、收录质量最高、连续动态更新的中国优秀博硕士学位论文全文数据库。从1999年开始至今,收录了国内335家单位的博士学位论文,367家单位的优秀硕士学位论文;文献数量已经达到30万篇,年更新10万篇;论文覆盖理工(A、B、C三辑)、农业、医药卫生、文史哲、政治军事法律、经济与管理、教育与社科综合、电子技术与信息科学十个专辑;其版本形式有Web版(网上包库)、镜像站版、光盘版。

3)中国重要报纸全文数据库 《中国重要报纸全文数据库(CCND)》是目前国内少有的以重要报纸刊载的学术性、资料性文献为收录对象的连续动态更新的数据库,知识来源于国内公开发行的1 000多种重要报纸。2000年6月至2005年12月31日,累计收录报纸全文文献493万多篇,每年递增120万篇。内容覆盖文化、艺术、体育及各界人物、政治、军事与法律、经济、社会与教育、科学技术、恋爱婚姻家庭与健康等,分为六大专辑。

4)中国重要会议论文全文数据库 《中国重要会议论文全文数据库(CPCD)》收录2000年以来国家二级以上学会、协会举办的重要学术会议、高校重要学术会议、在国内召开的国际会议上发表的文献。至2005年12月31日,累计收录会议论文全文文献38万多篇,每年增加1 000本论文集约10万篇。论文分为十大专辑:理工A、理工B、理工C、农业、医药卫生、文史哲、政治军事与法律、教育与社会科学综合、电子技术与信息科学、经济与管理。产品形式分为Web版(网上包库)、镜像站版、光盘版、流量计费。

5)中国年鉴全文数据库 《中国年鉴全文数据库(CYFD)》是由中国学术期刊(光盘版)电子杂志社、清华同方知网(北京)技术有限公司与各年鉴编辑单位合作建设,依托清华同方知网的网络出版平台,全面系统集成整合我国年鉴资源的全文数据库。年鉴是系统汇集上一年度重要的文献信息、逐年连续出版的资料性工具书。其收录范围是以上一年度为主,把有关的资料文献尽可能全面收集,着重反映一年来的新动态、新经验、新成果。《中国年鉴全文数据库》一方面全面展示我国纸质年鉴中的信息资源,将年鉴中的信息资源以条目为基本单位,重新整合、标注、归类入库,进而形成一个涵盖全面、系统反映国情资讯的信息资料库。覆盖范围包括:基本国情、政治军事、法制、经济、农业、工业、社会科学工作与成果、科技工作与成果、教育、文化体育、医疗卫生。

6)中国图书全文数据库 《中国图书全文数据库》主要遴选国内外部分经典专

著,以对科学技术和社会文化进步有重要贡献的原著、经典专著、名家撰写的教材为核心,包括工具书、教科书、理论技术专著、科普作品、古籍善本、经典文学艺术作品、译著、青少年读物等。图书全文数据库按内容分为 19 个专辑、126 个专题;高等教育类图书按 12 大专业、88 个学科进行分类;丛书类图书按 11 个专辑归类汇集。图书目录浏览细分到章节,可以按整书、按章节进行检索、定位、显示,可以按本、按章节下载。

7)中国科学文献计量评价数据库系列光盘　《中国科学文献计量评价数据库(ASPT)》系列光盘是我国科研院所、高等院校进行项目申报、基金资助、成果评估、人才选拔以及人文社会科学文献计量与评价研究的重要工具。由中国科学院文献情报中心(A)、中国社会科学院文献信息中心(S)、北京大学图书馆(P)、中国学术期刊(光盘版)电子杂志社(T)共同建设开发,故称"ASPT"系列光盘,由中国学术期刊(光盘版)电子杂志社正式出版发行。

3. CNKI 检索方法

CNKI 各数据库的检索方法大同小异,现以《中国期刊全文数据库》为例进行介绍。

(1)输入中国期刊网网址,进入中国期刊网主页,如图 5-7 所示。

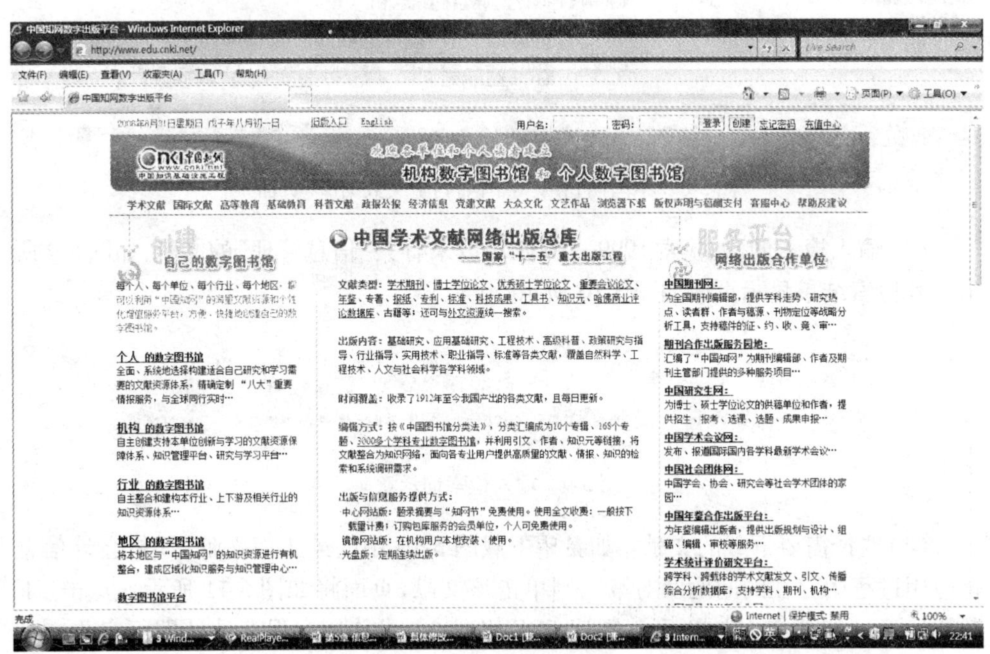

图 5-7　中国期刊网主页

(2)输入用户名和密码,即可进入中国期刊网数据库页面,单击"中国期刊全文数据库”。如图 5-8 所示。

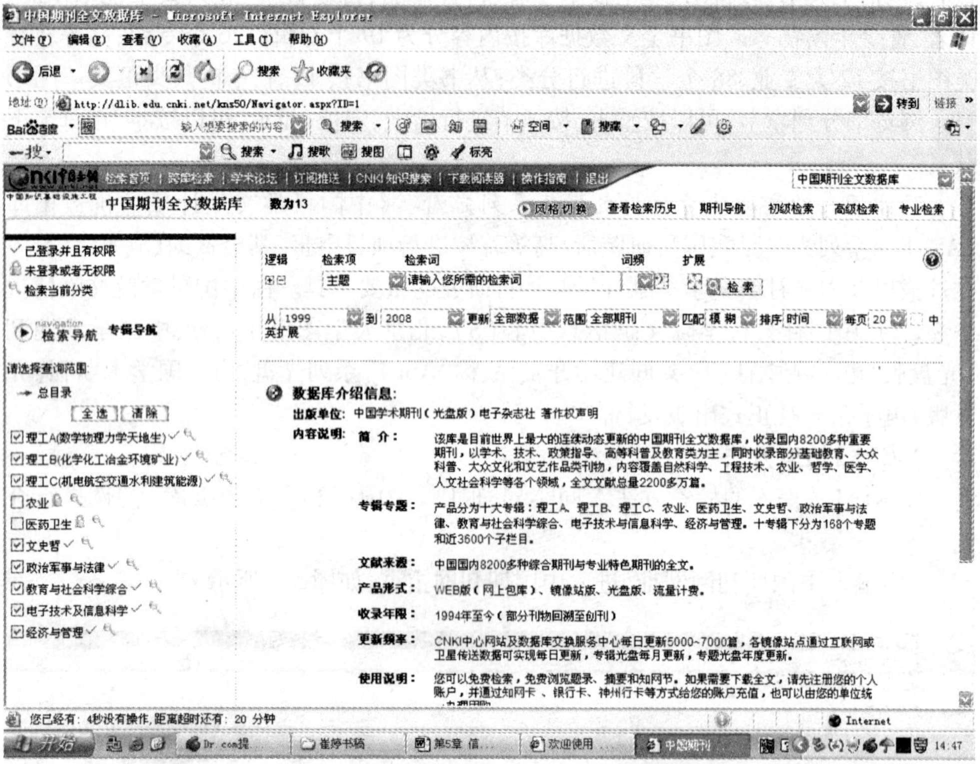

图 5-8　中国期刊网“中国期刊全文数据库”页面

(3)输入检索词,如检索 1999—2008 年以来有关“信息管理”的文献,如图 5-9 所示。其检索结果显示页面如图 5-10 所示。

图 5-9　输入检索词示意

(4)选择需要下载的文献。如希望下载图 5-10 中的第 3 篇文献“浅析会计信息化应用过程中存在的问题及对策”,则单击该文献,页面将如图 5-11 所示。点击“下载阅读 CAJ 格式全文”或“下载阅读 PDF 格式全文”并指定保存地址即可完成文献的下载。如果检索用户的电脑没有安装相应的浏览器,则需要事先下载安装。

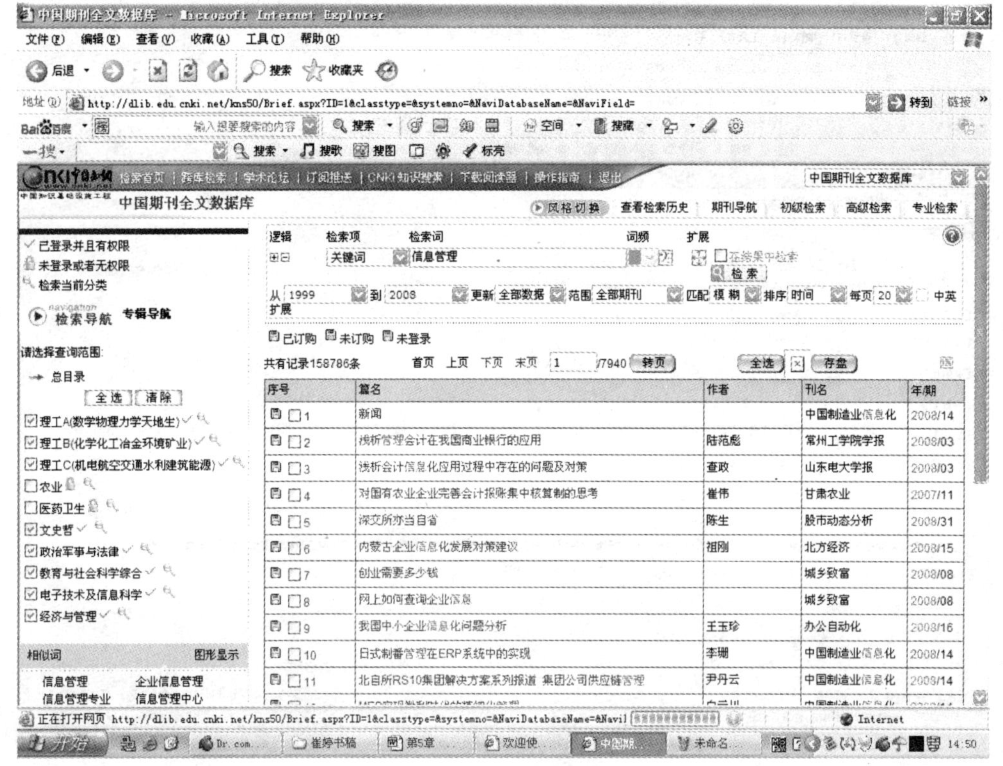

图 5-10 检索结果显示页面

5.3.1.2 万方数据资源系列

1. 概述

万方数据资源系统由中国科学技术信息研究所(简称为中信所)开发建立。中信所是我国成立最早、规模最大的国家综合性科技信息中心,长期以来一直从事信息检索与服务工作。我国改革开放后,中信所是最早引进国外联机数据库的机构之一,也是最早成立科技信息查新站和最早自主建设联机数据库的单位之一。自建的《中国企业、公司及产品数据库》《中国科学技术成果数据库》《中国科技论文统计与引文分析数据库》《中国学术会议论文数据库》和《中国学位论文数据库》是其"拳头产品"。

1993 年,中信所组建了万方数据公司,专门从事电子信息读物和信息咨询,主要业务就是在原来中信所已有的联机数据库的基础上开发、补充、完善,推出了万方数据系统。从 1997 年开始,国内一些信息服务商开始学习国外信息服务公司的经验,大量购买其他数据库生产公司的产品,连同自己生产的数据库一起放在 Internet 上,并建立一个统一的检索软件,所有的数据库均使用统一的检索软件,这种做法大大方

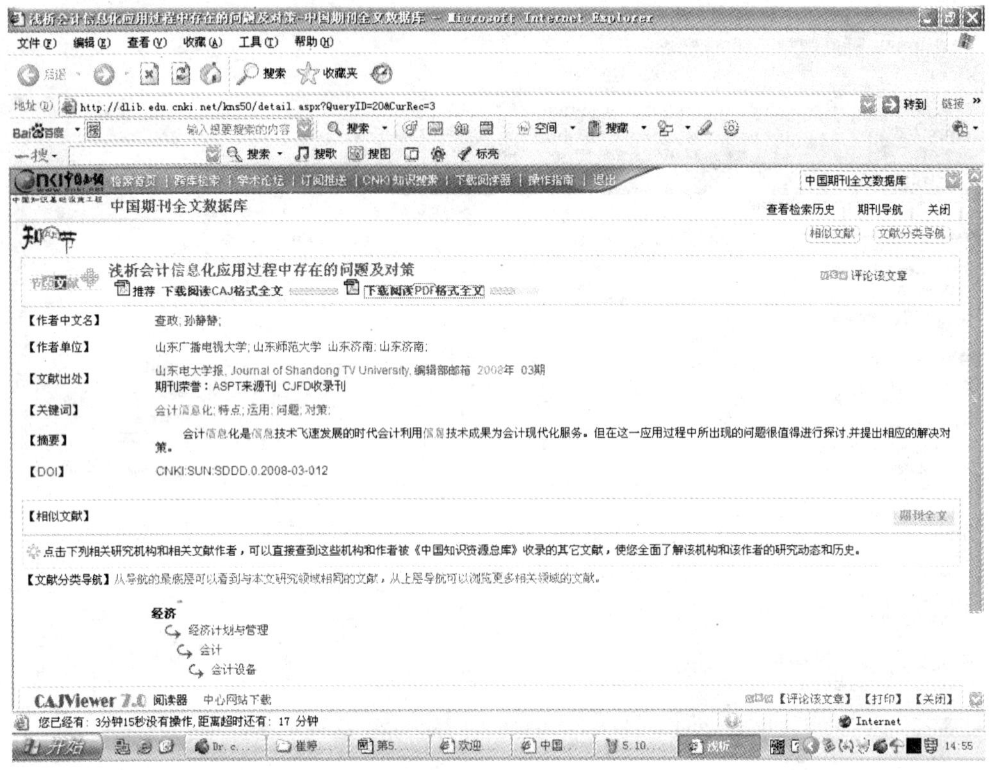

图 5-11　文献下载页面

便了用户。而且,随着网络速度的提高,其优越性愈加明显。万方数据公司走的也是这样一条道路。1997 年初,经国家科委支持立项,投资 1 000 万元,由万方数据公司承建中国信息工程,即 Chinainfo。

万方数据资源系统是以中国科技信息研究所全部信息服务资源为依托建立,是一个以科技信息为主,集经济、金融、社会、人文信息为一体,以 Internet 为网络平台的大型综合信息服务系统。

目前,全新改版的万方数据资源系统被整合为科技信息系统、数字化期刊系统、企业服务系统和行业竞争情报系统,面向不同用户群,提供全方位的信息服务。

1)科技信息系统　面向广大科技工作者、高校师生、公共图书馆、科研单位及政府管理部门,提供全方位的科技信息。它汇集中国学位论文、会议论文、科技成果、专利技术、标准法规、各类科技文献、科技机构、科技名人等近百个数据库,是国内唯一完整的科技信息群。

2)数字化期刊系统　作为国家"九五"重点科技攻关项目,集纳了理、工、农、医、哲学、人文、社会科学、经济管理与科教文艺等八大类 100 多个类目 5 000 多种期刊。

随着上网规模的不断扩大,数字化期刊已囊括我国所有科技统计源期刊和重要社科核心类期刊,成为中国网上期刊的第一大门户。

3)企业服务系统　以近20万家重要企业及其产品信息为基础,全面介绍中国企业生产现状、技术实力和发展前景,同时针对企业特点提供了以专业信息为主体,包括以行业动态、产业研究为内容的完整知识系统,是展示企业风采、查询工商信息的网络平台。

4)行业竞争情报系统　万方数据医药行业竞争情报系统、电力行业竞争情报系统、冶金企业技术竞争情报系统、通信技术行业竞争情报系统等系列行业竞争情报系统建立在万方数据庞大的数据库群之上,汲取万方数据各大系统海量数据及外部权威合作机构有关方面信息深加工整合而成,是行业所急需的信息整体解决方案。配以高质量的产业咨询报告和服务,成为战略决策的得力助手和获取竞争情报良好的信息资源平台。

2. 主要数据库简介

1)中国科学技术成果数据库(CSTAD)　CSTAD是科技部指定的新技术、新成果查新数据库。数据主要来源于历年各省、市、部委鉴定后上报国家科委的科技成果及星火科技成果。其收录范围包括新技术、新产品、新工艺、新材料、新设计,涉及自然科学各个学科领域。该数据库是我国最具权威的技术成果宝库。该数据库收录了从1964年到现在的有关新技术、新产品、新材料核心设计等的技术成果,目前已有51万条记录。

2)中国科技文献数据库(CSTDB)　CSTDB是在原国家科委信息司的主持和资助下,由万方数据公司联合四十几个科技信息机构共同开发的一个大型文献类数据库。栏目包括我国有史以来学科覆盖范围最广、文献时间跨度最长、文摘率最高的文献型数据,是科学研究、技术开发、工程设计、信息咨询、科教培训中不可替代的科技信息资源。

3)中国科技论文统计与引文分析数据库　中信所从1987年起,每年从中文科技期刊中选择1 200种左右的科技期刊为数据源,对论文情况进行较大规模的统计与分析,并将其结果公布,这就是所谓的国内“学术榜”。中国科技论文与引文数据库就是在这1 200种期刊的基础上开发的一个具有特殊功能的数据库,它集文献检索与论文统计分析于一体。功能主要有:查找国内发表的重要科技论文;了解历年来我国科技统计分析与排序的结果;了解各地区、部门、单位、作者以及各学科及基金自主论文的发表情况;开展科技论文引文分析。

4)中国学术会议论文数据库　1985年国家委托中信所开始收录由国家级学会、协会、研究会组织召开的学术会议论文,并委托万方数据公司加工制作成数据库产品。该数据库收录了由国际及国家级学会、协会、研究会组织召开的各种学术会议论文,每年涉及上千个重要的学术会议,是目前国内收集学科最全、数量最多的会议论文数据库。目前文摘总量达 102 万篇。1998 年,万方数据开始制作中国学术会议论文全文数据库,数据范围覆盖各学科领域,论文数量近 26 万篇,属国家重点数据库。

5)中国学位论文数据库　中信所是国家法定的学位论文收藏机构,自 1980 年以来开始收录我国自然科学领域各高等院校、研究生院及研究所的硕士研究生、博士及博士后论文,并委托万方数据公司加工制成文摘数据库产品。目前中国学位论文文摘数据库已经收录论文总计 59 万篇,充分展示了中国研究生教育的庞大阵容。在精选相关单位近年来学位论文的基础上加工成中国学位论文全文数据库,总量达 29 万篇,从侧面反映了中国科学研究的整体水平和巨大潜力。

6)中国国家标准数据库　包括国家技术监督局、建设部情报所提供的相关行业的中国国家标准、国际标准以及各国国家标准共计 16 个数据库,22 万多条记录,成为生产经营、科研工作不可或缺的宝贵信息资源。

7)中国专利数据库　包括发明专利、实用新型以及外观设计专利等数据库,是科技机构、大中型企业、科研院所、大专院校和个人在专利信息咨询、专利申请、科学研究、技术开发以及科技教育培训中不可多得的信息资源。

8)中国企业与产品数据库(CECDB)　该数据库是我国最具权威的企业综合数据库,始建于 1988 年,由万方数据联合国内近百家信息机构共同开发,是国内外工商界了解中国市场的一条捷径。目前,CECDB 的用户已经遍及北美、西欧、东南亚等 50 多个国家和地区,主要客户类型包括公司企业、信息机构、驻华商社、大学图书馆等。国际著名的美国 DIALOG 联机系统更将 CECDB 定为中国首选的经济信息数据库而收进其系统,向全球数百万用户提供联机检索服务。它是了解中国市场的一个最好的数据库。因此常被人们用来了解某产品的国内市场和企业的数量、经营规模和产品等信息。

3. 万方数据检索方法

(1)进入万方数据首页,网址为“http://www. wanfangdata. com. cn”。如图 5-12 所示。

(2)可进行跨库检索,也可选择希望检索的数据库,如单击“中国数字化期刊群”,页面如图 5-13 所示。

(3)输入检索词,如仍检索 1999—2008 年以来有关“信息管理”的文献,如图 5-14 所示。检索结果显示页面如图 5-15。

(4)选择需要查看、下载的文献。如希望下载图 5-15 中的第 1 篇文献“基于数字口岸港口物资信息管理系统的开发”,则单击该文献,页面将如图 5-16 所示。可进行全文的查看,也可下载该文献。如果检索用户的电脑没有安装相应的浏览器,则需要事先下载安装。

5.3.1.3　维普数据库

维普数据库是由国家科委西南信息中心重庆维普资讯公司出版,是国内最大的

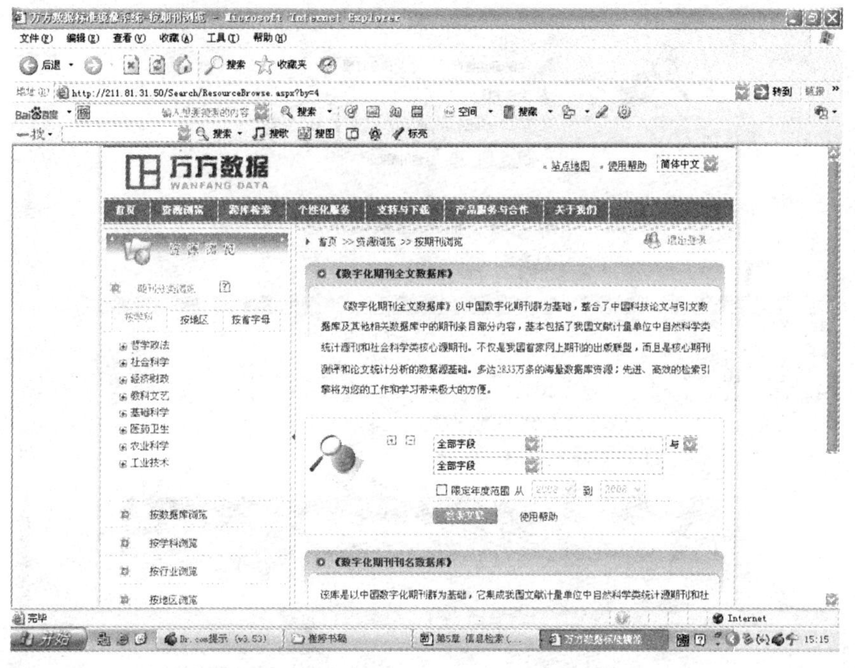

图 5-12　万方数据首页

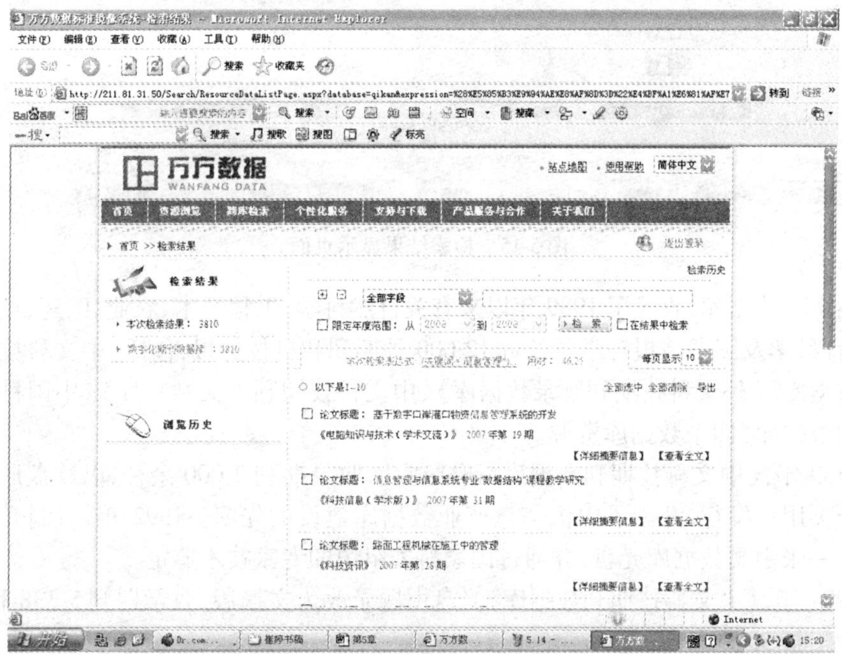

图 5-13　万方数据“中国数字化期刊群”检索页面

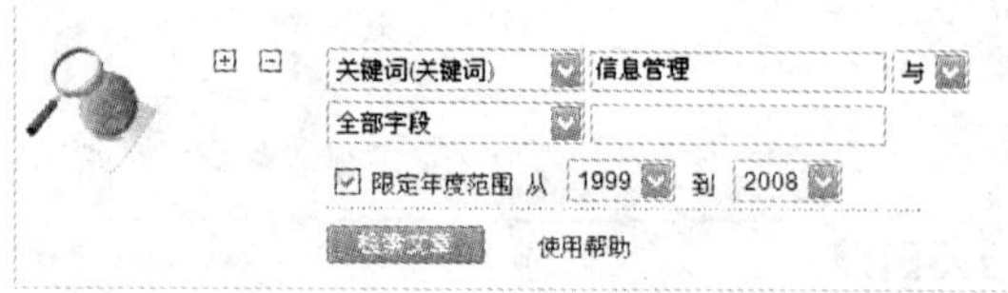

图 5-14　输入检索词示意

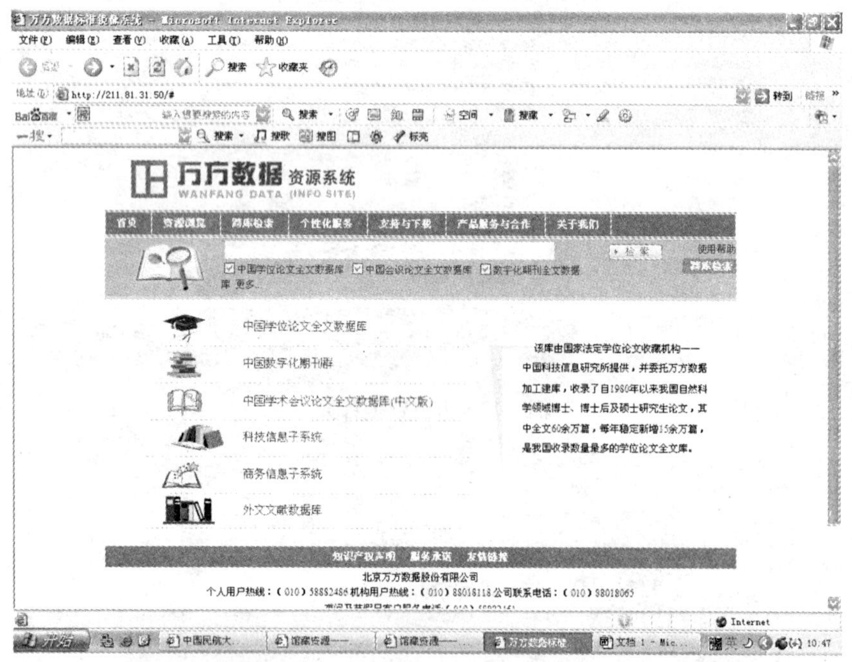

图 5-15　检索结果显示页面

综合性文献数据库，收录了 1989 年以来有关自然科学、工程技术、农业、医药、经济管理、教育科学及图书情报等学科的近 12 000 种期刊和科技剪报，包括《中文科技期刊全文数据库》《外文科技期刊题录数据库》《中文科技期刊引文数据库》《中国科技经济新闻数据库》四个数据库资源。

1989 年，《中文科技期刊数据库》研建成功，收录期刊 2 000 余种，以软盘形式开始向全国用户发行，开创了中国信息产业数据库建设的先河。1992 年，研制开发出我国第一张中文数据库光盘，并通过国家科委组织的专家技术鉴定。

1994 年，《中文科技期刊数据库》光盘由题录改为文摘版，收录期刊 5 338 种，年数据加工量 30 万条。

1999 年，《中文科技期刊数据库》曾更名为《中文期刊数据库》，该库题录文摘版将增加全部社科类期刊的数据加工，收录中文期刊 12 000 种。近年来，《中文科技期

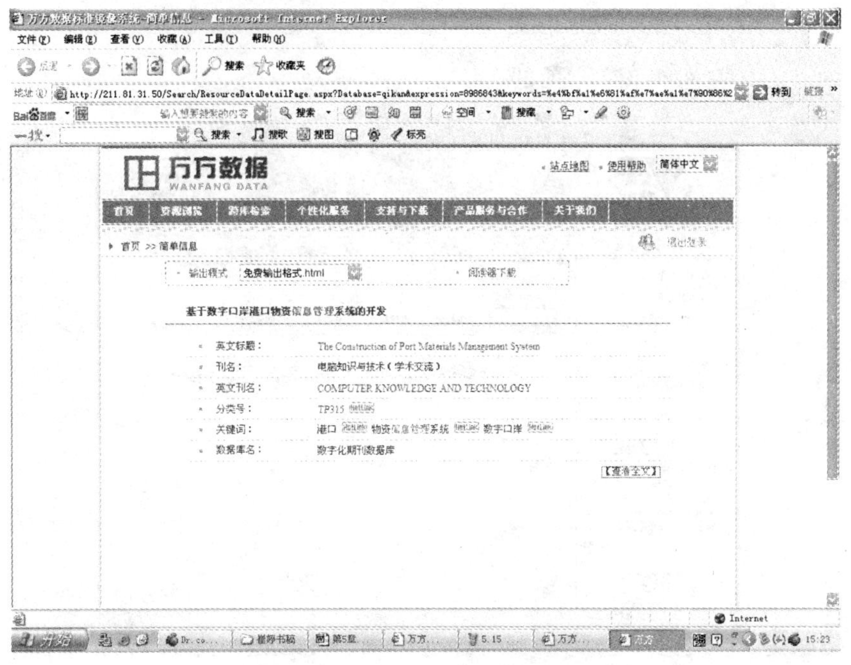

图 5-16　文献查看、下载页面示意

刊数据库》全面解决了文摘版收录量巨大但索取原文烦琐的问题,推出了全文版,并展开了网络和镜像服务,成为国内各省市高校文献保障体系的重要组成部分。

中文科技期刊数据库(维普)首页如图 5-17 所示,其检索方式与前述类似,不再赘述。

5.3.1.4　其他常用中文数据库

1. 中国人民大学《复印报刊资料全文数据库》

中国人民大学书报资料中心编选的复印报刊资料光盘是国内大型的社会科学、人文科学专题文献资料文献数据库,分“全文”和“索引”两套光盘。中国人民大学书报资料中心已在互联网上开通自己的网站 http://www.confu.cius.cn.net,通过数据专线提供更深入广泛的服务。这是个收费数据库。“复印报刊资料全文”从全国几千种报刊上精选出人文、社会科学论文的全文,从 1995 年开始,分 100 多个专题,每年分马列、哲学、社科总论、政治、法律一张光盘,经济一张光盘,文化、教育、体育一张光盘,语言、文学、艺术、历史、地理及其他一张光盘。从 1997 年开始,按季度汇集 100 多个专题全文于一张光盘内,全年共 4 张光盘,可以按专题类别提供服务。从 2003 年开始,文章查询统一使用 Web 版检索界面(1998—),但旧版的光盘检索界面依然存在。

“全文”学科分为:

图 5-17　中文科技期刊数据库首页

(1)马列、哲学、政治、法律、社科总论类(A1—D7);

(2)经济类(F1—F9);

(3)文化、教育、体育类(G0—L1);

(4)语言文字、文学、艺术、历史、地理及其他类(H1—Z1)。

2.《全国报刊索引》

《全国报刊索引》创刊于 1955 年,由上海图书馆编辑出版,月刊。分哲学社会科学版与自然科学技术版两种,国内公开发行。本索引系选自上海图书馆当月入藏的报纸与期刊,经精心挑选出优秀文献后,加以编辑而成。该索引由编辑说明、分类目录、作者索引、题中人名索引和引用报刊一览表组成,其主体部分是分类目录,采用"中图法"编排。

在著录上,《全国报刊索引》从 1991 年起采用国家标准——《检索期刊条目著录规则》进行著录,包括题名、著译者姓名、报刊名、版本、卷期标识、起止页码、附注等项。参照国家标准局颁发的《检索期刊条目著录规则》(GB3793—83),结合报刊文献的特点施行标准著录。

3. 电子图书

目前国内有几个重要的、大型的中文电子图书服务系统——超星数字图书馆、中国数图有限公司网上图书馆、书生之家"中华图书网"和方正 Apabi 数字图书馆等,均是具有竞争实力的。此外,国内还有一些基于不同目标而建立的电子图书服务系统,比较有名的是一些网上售书的网站,如博库等。它们为了促进图书的销售而制作了电子图书,供购买前的在线预览。这种电子图书系统形成了一定的规模,拥有独立的网站和一定数量的电子图书资源。从长远发展的角度来看,上述4个中文电子图书系统因拥有强有力的技术支持、大量的数字化资源以及长远的发展规划等,因而具有更强的生命力。这4个中文电子图书系统的基本情况如表5-2所示。

表5-2 中文电子图书系统主要指标比较

	超星数字图书馆	书生之家"中华图书网"	中国数图公司网上图书馆	方正 Apabi 数字图书馆
服务网址	http://www.ss-reader.com http://pdg.com.cn	http://www.21dmedia.com	http://www.d-library.com.cn	http://www.apabi.com
服务商	北京超星电子技术有限公司	北京书生科技有限公司	中国数字图书馆公司	北大方正电子有限公司
主要对象	中文电子图书	1999年后出版的中文电子新书	中文电子图书	中文电子新书
创办时间	1998年7月	2000年4月	2000年9月	2000年12月
浏览器	超星图书阅读器	书生数字信息阅读器	中国数图浏览器	Apabi Reader
电子图书数量	大于30万册	约5万种电子新书	约20万册	新书1万种
服务方式	镜像	镜像	网上服务	图书馆按需订购
阅读功能	全文检索、文字识别、书签、笔记	全文检索、文字拷贝、书签、笔记	书签	全文检索、批注、文字拷贝、书签、画线、加亮等
清晰度	扫描图像	扫描图像数字全息技术	扫描图像	矢量字体、任意比例缩放均保证高清晰度
文件大小	10 k/页;3~6 M/书	3~5 M/扫描书300页;1 M/全息书	12~16 k/页;4~6 M/书	平均小于1 M/书
全文信息	部分有	少部分有	无	全部为全文电子书

5.3.2 常用外文数据库

外文期刊文献的检索,主要可利用题录或文摘型检索刊物。国内出版的文摘型检索刊物中,就收录了大量的国外科技期刊资料,例如《国外科技资料目录》和《国外科技资料馆藏目录》等。当然,要比较集中地检索外文期刊文献,最好是利用外文检索工具。

5.3.2.1 EI 与 EI Village

1. 概述

美国《工程索引》(The Engineering Index,简称 EI)创刊于 1884 年,一百多年来经过许多变更,目前由美国工程信息公司编辑出版。

EI 收集的文献内容涉及应用科学与工程技术领域的各个学科,主要包括土木、环境、地质、生物工程、矿业、冶金、石油、燃料工程、机械、汽车、核能、宇航工程、电气、电子、控制工程、化工、农业、食品工程、工业管理、数理、仪表等。每年报道的学科侧重点不同,主要以当今世界工程技术领域的科研重点为主要对象。

EI 摘录的文献主要是各专业学会、高等院校、研究机构、政府部门和公司企业的出版物。文献类型有期刊论文、会议文献、技术报告、技术专著、学位论文、技术标准等,其中期刊论文占 53%、会议文献占 36%、图书 6%、科技报告 5%,但不报道专利及纯理论方面的文献(1969 年前曾收录美国的专利文献)。

EI 报道的文献均为美国工程学会图书馆(The Engineering Society Library)所收藏的文献,其地理覆盖面很广,近年来它所收录的文献来自世界上 50 多个国家、25 种文字,其中英文文献占 90%,侧重于北美、西欧、东欧等工业化国家,以美国工程技术方面的文献收录最全。

EI 是世界上著名的工程技术领域中权威性的大型文摘性检索工具之一,也是我国工程技术人员经常使用的一种检索工具。

2. EI 的出版形式

为满足用户不同的检索需要,美国工程信息公司以下面几种形式出版 EI。

1)印刷型 《工程索引月刊》(The Engineering Index Monthly)用于手工检索最新文献,《工程索引年刊》(The Engineering Index Annual)和《EI 累积索引》(The Engineering Index Cumulative Index 多为每 3 年出 1 期)用于手工回溯检索。为适应特定技术领域用户检索需要,1993 年以来工程信息公司按月发行一些专题性印刷型出版物。例如,EI 能源文摘(EI Energy Abstracts)、生物工程与生物技术、土木与结构工程、计算机与信息系统、电子与通信、环境工程、制造与加工工程、材料科学与工程、机械工程等。

2)缩微型 即工程索引缩微胶卷(EI Microfilm),便于保存。

3)机读型 机读型工程索引包括三类。①工程索引磁带(EI Compendex Plus)收录 1970 年以来的文献,每周更新,通过 DLAOG、ORBIT、ESA—IRS、STN、OCLC、DATA—STAR 等大型联机系统提供联机检索。②光盘型:EI 的光盘文摘库 EI Compendex,收录 1987 年以来的 EI 文献,记录每月更新,用于光盘检索系统。另外,还有 EI Page One,它在 EI Compendex 基础上扩大收录范围。③网络版:EI 的网络版即 EI Compendex Web 数据库。EI Compendex Web 是《工程索引》的 Internet 版本,文献收录范围比光盘版广,它的数据包括 EI 光盘版与 EI Page One 两部分的数据;收录自

1970 年以来的工程索引数据。EI Compendex Web 每年新增 500 000 条工程类文献，文摘来自 2 600 种工程类期刊、会议论文和技术报告。20 世纪 90 年代以来，数据库又新增了 2 500 种文献来源。化工和工艺的期刊文献最多，约占 15%，计算机和数据处理占 12%，应用物理占 11%，电子和通信占 12%，另外还有土木工程(6%)和机械工程(6%)等。数据库每年增加选自超过 175 个学科和工程专业的大约 250 000 条新记录，每周更新数据，以确保用户可以跟踪其所在领域的最新进展。

目前国内常见的检索 EI Compendex Web 的检索平台有两种：DIALOG@ Site 和 EI Vilage 2 检索系统。DIALOG@ Site 的镜像站设在东南大学和上海交通大学图书馆。东南大学的镜像站提供从 1996 年以来的美国工程索引数据库，检索界面为英文界面；上海交通大学图书馆的镜像站提供从 1995 年以来的美国工程索引数据库，检索界面是中文界面。两个镜像站的检索方法基本相同。EI Vilage 2 的镜像站设在清华大学图书馆，可以检索到 1970 年至今的文献，现国内已有 30 多所院校使用该系统。

5.3.2.2 INSPEC

INSPEC 是物理学、电子工程、电子学、计算机科学及信息技术领域的权威性文摘索引数据库，由英国电机工程师学会(IEE)编辑，主要收录自 1969 年以来世界范围内出版的 3 000 多种期刊、2 000 多种会议录以及科技报告、学位论文、图书等多种文献的文摘信息。与该数据库相对应的印刷型刊物是 SA(Science Abstracts)。

1. SA 概况

英国《科学文摘》(简称 SA)于 1898 年创刊，目前由英国电机工程师学会(Institute of Electrical and Engineers，简称 IEE)编辑出版。创刊 100 多年来，其刊名及内容经过多次变更，现分为 4 个专辑出版：《科学文摘 A 辑：物理学文摘》(Science Abstracts Series A：Physics Abstracts—PA，半月刊)；《科学文摘 B 辑：电气与电子学文摘》(Science Abstracts Series B：Electrical & Electronics Abstracts—EEA，月刊)；《科学文摘 C 辑：计算机与控制文摘》(Science Abstracts Series C：Computer & Control Abstracts—CCA，月刊)；《科学文摘 D 辑：信息技术文摘》(Science Abstracts Series D：Information Technology—ITA，月刊)。

从 SA 各分册名称大致可以知道其报道文献的专业范围。

(1)PA 收录文献的学科范围包括：理论物理、原子物理及分子物理，数学和数学物理，凝聚态物理，气体、流体、等离子体，光学，声学，热力学，磁学，生物物理和生物工程，基本粒子，核物理，材料科学，半导体物理，天文学与大气物理等。

(2)EEA 收录文献的学科范围包括：电气与电子工程、电路原理、微波技术、电子器件与材料、超导材料与装置、电光学、光电子学、激光技术、通信技术、雷达、无线电、电视、声频设备、测量仪器与设备、电机与电器、发电与输配电、电力系统、工业动力系统及其控制系统等。

(3)CCA 收录文献的学科范围包括:计算机科学,控制系统、人工智能,软件工程,机器人,计算机硬件及其外围设备,计算机软件及其应用,计算机在行政管理、情报工作、自然科学、工程等方面的应用,信息科学等。

(4)IT 是 1983 年增加的,主要报道企/商业用信息技术。内容分为五大类:总论和管理性问题,应用,一般系统,办公室自动化—通信,办公室自动化—计算。

2. SA 的特点

1)*文献资料来源广泛、报道量大* SA 所报道的内容主要是由 INSPEC 收集的文献资料,其文献来源于世界上 50 多个国家的 4 200 多种期刊、科技报告、会议文献、新书和学位论文等出版物(1977 年前还报道美英两国的专利说明书),其中科技期刊上的文章占绝大部分,以英美的文献为主,其他还包括德国、法国、荷兰、日本、俄罗斯、加拿大和中国等,年报道量大约 40 万条。其报道的文献品种居世界各大型检索工具之首。

2)*索引体系完备,独辟检索途径* 索引是提供文献检索的途径与入口。索引体系是否完备,检索途径是否多样化是衡量检索工具质量的标准。作为检索工具,SA 向用户提供了多元化的检索途径,除常规的主题检索、分类检索和著者检索途径外,还提供参考书目索引(Bibliography Index)、会议文献索引(Conference Index)、科技图书索引(Book Index)和团体著者索引(Corporate Author Index)等检索途径,这是其他检索工具所不具备的。再者,SA 独辟路径,提供主题指南索引(Subject Guide)检索途径。其特点是由主题词指引到分类号,便于不熟悉其分类体系的用户按图索骥,实现专题检索。同一主题可有两个或三个类属,它提示读者以其自己从业学科与应用领域查索文献,获得事半功倍的效能。

3)*出版形式多样* 计算机、通信和网络技术三位一体的迅速发展,为信息服务业的变革与改善提供了前所未有的技术条件。目前,为满足用户不同的检索需要,SA 有多种版本的载体同时出版发行:①印刷型,SA 各辑的月刊或半月刊本及其累积索引本,分别用于手工检索最新文献和回溯检索;②INSPEC 缩微胶卷,各辑均回溯到创刊年份;③INSPEC 缩微平片,可以回溯到 1974 年;④INSPEC 磁带,按周更新,该数据库在许多大型联机检索系统中运行,如 DLALOG、BRS、STN、ESA—IRS、DATA—STAR 等,供联机检索 SA 的文献;⑤光盘数据库(INSPEC Ondisc),收录 1989 年以来的 SA 文献,按季度更新,用于光盘检索;⑥INSPEC Web 是 INSPEC 的网络版,在国际互联网上为用户提供服务,收录了自 1969 年以来全世界范围出版的 3 300 余种科技期刊、2 000 余种会议论文集以及 1 000 余种科技报告、图书、学位论文等其他文献的文摘信息,目前 INSPEC 共有 750 万条数据,每年新增 38 万条数据,数据每周更新。

5.3.2.3 SCI、SSCI、A&HCI 等

引文索引的概念来源于人们的著述活动中。所谓引文,就是通常所说的参考文献。科学论文发表时,它后面往往列有引用书目或参考文献。论文之间的这种相互

引证与被引证的关系,使论文彼此联系构成一个"论文网"。引文索引正是揭示这种论文网的一种工具,它可以把绝大多数内容相关的文献紧密地联系起来,使引用同一旧文献的所有新出版的文献全部组合在一起。利用这种索引,可以从某一篇较早发表的论文(即引用的旧文献)为起点,检索到引用这篇论文的最新文献,它提供给读者一种不同于分类、主题以及其使用方法的检索途径。因此可以说,引文索引是一种从被引论文(Cited Article)去检索引用论文(Citing Article)的索引,它是以期刊论文后面列出的参考文献为标目,对期刊论文进行标引的方法。例如,A 作者发表了一篇论文(称 A 文),后来被 B、C 等人写文章时所引用,B、C 二人分别发表了 B 文和 C 文,则称 A 文为 B 文、C 文的"参考文献"或"被引文献",简称"引文"(Citation);称 B 文、C 文为"引用文献"或"来源文献"(Source Document),称 B 作者、C 作者为"引用作者"或"来源作者";因 B 文和 C 文都引用了 A 文,故称 B 文和 C 文为"相关文献"或"相关记录"(Related Records),称 A 文为 B 文和 C 文的"共享参考文献"(Shared Reference)。如果两篇文章的"共享参考文献"越多,说明这两篇文献的相关性越强。

引文索引将某篇文献的参考文献、相关文献、共享参考文献一一显示出来,通过引文检索,可以了解文献之间的内在联系。通过某篇文章参考文献之间的链接关系找到与检索课题相关的早期或最近的文献,形成一个相关文献关系网,有利于跨越时间、学科的限制对某一主题的文献进行全面的检索。

另外,通过引文分析法还可以进行学科结构和学科关系以及科学发展史的研究。从某学科内部期刊、文献引文所反映的主题相关性,可以了解某一学科的结构。从不同学科期刊、文献引用的网状和链状关系,可以揭示各学科之间的关系。并且,通过 SCI 可以展现某项目或事件的发生和发展,揭示某思想或方法的改善、扩充和修正等,了解各领域的前沿问题,从而得到完整的科学发展史,并预测未来的发展方向和热点问题。

19 世纪,美国法律界为了查找某个法律在不同案例中的应用情况而提出了引文法,但没有发展为一个系统的检索方法。从 1959 年开始,美国化学家兼情报学家加菲尔德(E. Garfield)研究如何用引文法以已发表的被引文献为线索,系统及时跟踪后来新发表的引用文献的方法,创办了科学情报研究所(Institute for Scientific Information,简称 ISI),从 20 世纪 60 年代起,出版引文索引。目前,由美国 ISI 出版的引文索引有下述出版物。

1)《科学引文索引》(Science Citation Index,简称 SCI)　创刊于 1961 年,原为年刊,1966 年改为季刊,1977 年改为双月刊,每年另出年刊。收录约 3300 种期刊和约 200 种特种文献,自 1995 年出版多期 5 年累积索引。

2)《社会科学引文索引》(Social Science Citation Index,简称 SSCI)　创刊于 1969 年,年出 10 期,收录约 1 500 种期刊和约 150 种特种文献,另约 3 000 种非核心期刊。1973 年改为月刊,自 1996 年起出版多期 5 年累积索引。

3)《艺术与人文引文索引》(Arts & Humanities Citation Index,简称 A&HCI) 创刊于1978年,年出3期,收录世界上约1 200种艺术和人文科学期刊及125种特种文献,也出版年度累积索引。

4)《科学评论索引》(Index to Scientific Reviews,简称 ISR) 创刊于1974年,半年刊,选用核心期刊约有3 000种,刊载国际科学文献的评论和调查文献索引,分主题、来源、团体和研究专业等4种索引。

5)《计算数学引文索引》(Compu Math Citation Index) 创刊于1981年,年出3期。报道内容包括计算机科学、数学、统计学、运筹学、数学物理学和计量经济学等,分来源、研究专业、引文、主题及团体索引。

此外,ISI每年还出版JCR(Journal Citation Reports,《期刊引用报告》)。JCR对包括SCI收录的3 500种期刊在内的4 700种期刊之间的引用和被引用数据进行统计、运算,并针对每种期刊定义了影响因子(Impact Factor)等指数加以报道。一种期刊的影响因子,指的是该刊前二年发表的文献在当前年的平均被引用次数。一种刊物的影响因子越高,也即其刊载的文献被引用率越高,一方面说明这些文献报道的研究成果影响力大,另一方面也反映该刊物的学术水平高。因此,JCR以其大量的期刊统计数据及计算的影响因子等指数,而成为一种期刊评价工具。图书馆可根据JCR提供的数据制定期刊引进政策,论文作者可根据期刊的影响因子排名决定投稿方向。

引文索引出版物中,在我国应用较为广泛的是《科学引文索引》及《社会科学引文索引》,即SCI和SSCI。这两种检索工具的编制方法基本相同,只是选用的文献类型和服务对象不同。

5.3.2.4 其他常用外文数据库

1. Springer Link 数据库系统

德国施普林格(Springer-Verlag)是世界上著名的科技出版集团,它通过Springer Link系统提供学术期刊及电子图书的在线服务。目前可在线阅读439种电子期刊(其中近400种为英文期刊),覆盖化学、计算机科学、经济学、工程学、环境科学、地球科学、法律、生命科学、数学、医学、物理与天文学等11个学科,其中许多为核心期刊,是科研人员的重要信息源。目前大部分期刊可以阅读全文,但也有一些期刊尚不能阅读全文,通常显示pdf字样的可以打开全文,显示remote pdf字样的则不能打开全文。

Springer Link数据库系统的国内镜像站设在清华大学,直接键入网址 http://springer. lib. tsinghua. edu. cn 或直接点击图书馆主页的"Springer Link全文电子期刊数据库",即可进入Springer Link数据库检索系统主页。

2. Kluwer 全文期刊

Kluwer Acdemic Publisher是荷兰具有国际声誉的学术出版商,它出版的图书、期刊一向品质较高,备受专家和学者的信赖和赞誉。Kluwer Online是其出版的779种期刊的网络版,专门基于互联网提供 Kluwer 电子期刊的查询、阅览服务。它所涵盖的24个学科专题如下:材料科学、地球科学、电气电子工程、法学、工程、工商管理、化学、环境科学、计算机和信息科学、教育、经济学、考古学、人文科学、社会科学、生物学、数学、天文学/天体物理学/空间科学、物理学、心理学、医学、艺术、语言学、运筹学/管理学、哲学。各学科的期刊收录情况如表5-3所示。

表5-3 Kluwer Online 各学科收录情况

生物学	73种	法学	59种
医学	71种	心理学	57种
物理学	14种	哲学	35种
天文学	7种	教育	22种
地球科学	18种	语言学	8种
数学	33种	社会科学	37种
计算机和信息科学	35种	工商管理	15种
工程	19种	运筹学和管理学	4种
电气电子工程	13种	考古学	5种
材料科学	13种	人文科学	2种
环境科学	8种	化学	23种
经济学		艺术	

CALIS 已引进了 Kluwer Online 数据库,并在北京大学图书馆建立了 Kluwer 镜像站(http://kluwer. calis. edu. cn/journalscan. asp)供购买该电子版期刊的用户使用。用户可以直接选择IP登录进入该检索系统,免费检索、阅览和下载全文,并不需支付费用。

3. Elsevier

Elsevier Science 是设在荷兰的一家跨国科学出版公司,该公司出版的学术期刊质量一直被世界各国所公认。Elsevier SDOS(Science Direct Onsite)是 Elsevier Science 公司的电子期刊全文数据库,该数据库收录了1998年以来 Elsevier 出版的1 250多种期刊的全文,内容涉及农业与生物学、化学与化工、临床医学、计算机科学、地球与行星科学、工程技术与能源、环境科学、生命科学、材料科学、数学、物理与天文学、社会科学等领域。该公司现已在中国设立了两个镜像站,即清华大学图书馆镜像站(http://elsevier. lib. sjtu. edu. cn/)和上海交通大学图书馆镜像站(http://elsevier. lib. tsinghua. edu. cn/),向国内订购 Elsevier SDOS 的用户提供服务。该系统的期刊更新及时,有些刊物先于纸质刊物面世。

4. EBSCO

EBSCO Publishing 公司成立于 1984 年。1994 年 EBSCO 推出在线全文数据库 EBSCO - host。迄今为止,EBSCO 可以为图书馆提供 60 多种数据库,其中最主要的两个全文数据库是 ASP 和 BSP。ASP(Academic Search Premier)收录了 7600 多种学术期刊的索引和文摘,其中有 3 900 种具有全文,是 EBSCO 最大的全文数据库,内容涉及社会科学、自然科学、经济、教育、文化等诸多方面。其中有 993 种是 SCI 和 SSCI 收录的核心期刊。提供的信息内容最远可追溯至 1975 年。BSP(Business Source Premier)收录的文献侧重于经济、管理和金融领域,涉及的主题范围有国际商务、经济学、经济管理、企业管理、商业、贸易、市场、金融、会计、劳动人事、银行等。收录了 4 600 余种期刊,有全文的 3 800 余种,其中有 SCI 和 SSCI 收录的核心期刊 388 种。提供的信息内容最远可追溯到 1922 年,数据库的数据每日更新。

EBSCO 系统的其他数据库包括:EBSCO Animals 收录自然与常见动物生活习性方面的文献;ERIC 教育资源文摘数据库,提供 2 200 余种文摘刊物和 980 余种与教育相关期刊的文摘以及引用信息;MEDLINE 医学文摘数据库,提供 4 600 余种生物和医学期刊的文摘;Newspaper Source 报纸资源数据库,选择性提供 180 余种报刊全文;Professional Development Collection 收录 550 多种教育核心期刊全文数据库;Regional Business News 收录 75 种美国区域商业文献全文数据库;World Magazine Bank,是 250 种主要英语国家出版物的全文汇总。

实验 3:网络信息资源的检索与利用

实验名称:网络信息资源的检索与利用

实验目的:

(1)熟悉网络信息资源检索的特点、过程。

(2)通过因特网搜索与浏览,了解网络信息检索技术、常用的网络信息搜索引擎的使用。

实验准备:

(1)在开始本实验之前,请回顾教科书的相关内容。

(2)准备一台能够访问因特网的计算机。

实验内容与步骤:

1. 上网搜索和浏览国内外的综合类搜索引擎,对某一自己感兴趣的主题进行网络信息资源的检索,请在表实验 3-1 中记录搜索结果。

提示：一些国内外综合类搜索引擎包括：

http://www.yahoo.cn/　中国雅虎
http://www.google.cn/　谷歌
http://www.sohu.com　搜狐
http://www.baidu.com/　百度
http://www.sina.com.cn/　新浪网

你在本次搜索中使用的关键词主要是：＿＿＿＿＿＿＿＿＿＿＿＿＿＿＿＿＿＿＿＿

＿＿＿＿＿＿＿＿＿＿＿＿＿＿＿＿＿＿＿＿＿＿＿＿＿＿＿＿＿＿＿＿＿＿＿＿

表实验3-1　综合类搜索引擎实验记录

网站名称	网址	检索结果

综合分析：你认为上述各网站在进行网络信息资源检索时的特点、优势与存在的问题是：

1）名称：＿＿＿＿＿＿＿＿＿＿＿＿＿＿＿＿＿＿＿＿

特点与优势：＿＿＿＿＿＿＿＿＿＿＿＿＿＿＿＿＿＿＿＿

＿＿＿＿＿＿＿＿＿＿＿＿＿＿＿＿＿＿＿＿＿＿＿＿＿＿

存在的问题：＿＿＿＿＿＿＿＿＿＿＿＿＿＿＿＿＿＿＿＿

＿＿＿＿＿＿＿＿＿＿＿＿＿＿＿＿＿＿＿＿＿＿＿＿＿＿

2）名称：＿＿＿＿＿＿＿＿＿＿＿＿＿＿＿＿＿＿＿＿

特点与优势：＿＿＿＿＿＿＿＿＿＿＿＿＿＿＿＿＿＿＿＿

＿＿＿＿＿＿＿＿＿＿＿＿＿＿＿＿＿＿＿＿＿＿＿＿＿＿

存在的问题：＿＿＿＿＿＿＿＿＿＿＿＿＿＿＿＿＿＿＿＿

＿＿＿＿＿＿＿＿＿＿＿＿＿＿＿＿＿＿＿＿＿＿＿＿＿＿

3）名称：＿＿＿＿＿＿＿＿＿＿＿＿＿＿＿＿＿＿＿＿

特点与优势：＿＿＿＿＿＿＿＿＿＿＿＿＿＿＿＿＿＿＿＿

＿＿＿＿＿＿＿＿＿＿＿＿＿＿＿＿＿＿＿＿＿＿＿＿＿＿

存在的问题：＿＿＿＿＿＿＿＿＿＿＿＿＿＿＿＿＿＿＿＿

2. 使用某一搜索引擎，分别应用布尔逻辑检索、位置检索、截词检索、字段检索等现代网络信息检索技术，比较其检索结果的异同，填写表实验3-2。

表实验3-2　信息检索技术实验记录

检索技术	检索表达式	检索结果

你在本次搜索中使用的搜索引擎是：________________

你在本次搜索中使用的关键词是：________________

实验4：中英文数据库的检索

实验名称：中英文数据库的检索

实验目的：

(1)了解常用的中英文数据库，掌握其主要内容、特点、功能等。

(2)通过因特网搜索与浏览，了解常用中英文数据库的检索方法，掌握检索词的选择与修正、检索结果的评价与选择等。

实验准备：

(1)在开始本实验之前，请回顾教科书的相关内容。

(2)准备一台能够访问因特网的计算机。

实验内容与步骤：

1. 熟悉常用的中英文数据库，查阅有关资料，根据你的理解和看法，指出在何时需要使用各常用数据库，能够实现用户的何种目的？

____

____

____

____

____

____

2. 上网搜索和浏览，了解常用中英文数据库的主要检索内容，请在表实验4-1中记录。

提示：一些常用的中英文数据库包括：

http://www.cnki.net /	CNKI 知识资源网站
http://www.confu.cius.cn.net/	人大《复印报刊资料全文数据库》
http://www.ssreader.com/	超星数字图书馆
http://www.21dmedia.com/	书生之家"中华图书网"
http://www.d-library.com.cn/	中国数图公司网上图书馆
http://www.apabi.com/	方正 Apabi 数字图书馆
http://www.wanfangdata.com.cn/	万方数据
http://www.cqvip.com/	维普全文
http://springer.lib.tsinghua.edu.cn/	Springer Link 数据库系统
http://kluwer.calis.edu.cn/journalscan.asp/	Kluwer 全文期刊
http://elsevier.lib.tsinghua.edu.cn/	Elsevier
http://www.engineeringvillage2.org.cn/	EI 中国镜像站

你在本次搜索中使用的关键词主要是：

表实验4-1　常用中英文数据库实验记录

数据库名称	网址	主要内容描述

请记录：在搜索中，你感觉比较重要的两个中文数据库是：

1) 数据库名称：

2) 数据库名称：

综合分析:你认为上述各数据库的特点、优势与存在的问题是:

1)名称:____________________

特点与优势:____________________

存在的问题:____________________

2) 名称:____________________

特点与优势:____________________

存在的问题:____________________

3)名称:____________________

特点与优势:____________________

存在的问题:____________________

本章小结

本章首先对信息检索的基本知识进行了详细的介绍,包括信息检索的含义、信息检索的类型以及信息检索的一般程序。其次,本章对比较常用的现代信息检索技术进行了深入细致的阐述,主要包括全文检索、多媒体检索、超文本及超媒体检索、联机检索、光盘检索、网络信息检索等。最后,对较为常用的中文检索数据库和外文检索数据库进行了介绍。

通过本章的学习,学生应掌握信息检索的概念、含义、类型、程序等相关知识,并理解全文检索、多媒体检索、超文本及超媒体检索、联机检索、光盘检索、网络信息检索等现代信息检索技术各自的功能、特点、应用方法、存在的问题、未来发展趋势等相关内容;同时还应对常用的中文、外文数据库的使用方法、各自内容、特点有所了解。

参考文献

[1] 符绍宏.信息检索[M].北京:高等教育出版社,2004.

[2] 王新荣.文献信息检索与利用[M].上海:上海交通大学出版社,2005.

[3] 谢新洲.信息管理概论[M].北京:中央广播电视大学出版社,2003.

[4] 焦玉英,符绍宏,等.信息检索[M].武汉:武汉大学出版社,2001.

[5] 薛琳.文献信息检索与利用[M].郑州:河南人民出版社,2006.
[6] 司有和.企业信息管理学[M].北京:科学出版社,2005.
[7] 郑美玉.现代信息检索与应用[M].北京:高等教育出版社,2006.

思考与练习

1.不定项选择题

(1)按照检索对象的内容进行划分,信息检索可分为(　　)。

A.文献检索　　B.信息检索　　C.数据检索　　D.事实检索
E.光盘检索

(2)按照信息检索的时间跨度进行划分,信息检索可分为(　　)。

A.定题检索　　B.回溯检索　　C.文献检索　　D.全文检索
E.光盘检索

(3)下列属于现代信息检索技术的是(　　)。

A.全文检索　　B.多媒体检索
C.超文本与超媒体检索　　D.联机检索
E.光盘检索

(4)多媒体检索技术包括(　　)。

A.视频检索　　B.文本检索　　C.光盘检索　　D.图像检索
E.声音检索

(5)光盘检索系统的服务模式包括(　　)。

A.单机模式　　B.分析模式　　C.设计模式　　D.网络模式
E.多机检索

(6)按搜索引擎的内容分,可以分为(　　)。

A.目录式搜索引擎　　B.综合类搜索引擎
C.专业类搜索引擎　　D.索引式搜索引擎
E.光盘式搜索引擎

(7)按其信息的组织方式分,可以分为(　　)。

A.目录式搜索引擎　　B.索引式搜索引擎
C.综合类搜索引擎　　D.元搜索引擎
E.光盘搜索引擎

2.判断题

(1)关系型全文检索软件费用比较低廉,但无法处理表格、图形数据,应用范围受到一定的限制。(　　)

(2)数据检索是以文献为检索对象,查找含有用户所需要信息内容的文献。

(   )

(3)纹理是图像中最难于描述的特征。(   )

(4)超文本检索时其内容排列是线性的。(   )

(5)超文本与多媒体的融合产生了超媒体。(   )

3. 名词解释

(1)多媒体检索技术;(2)联机信息检索。

4. 简答题

(1)试简述信息检索的一般程序。

(2)简述全文检索系统的功能。

(3)简述全文检索系统存在的问题和相应的解决方法。

(4)简述联机检索系统的组成。

(5)简述联机检索系统的特点。

(6)简述联机检索的过程与策略。

(7)简述联机检索存在的主要问题。

(8)简述光盘检索的特点。

(9)简述光盘检索未来的发展趋势。

(10)简述网络信息检索的特点。

(11)简述网络信息检索的过程。

5. 论述题

(1)试述网络信息检索。

(2)试述你所了解的中文、外文检索数据库。

第 6 章　信息服务

本章要点

◎ 信息服务的类型

◎ 咨询

◎ 信息与决策

本章要点

1. 信息服务的内涵
2. 信息服务的特性
3. 信息服务的类型
4. 信息服务业的构成
5. 咨询服务的内涵与特征
6. 咨询服务的类型
7. 咨询服务的程序
8. 决策的含义、特征、类型、原则
9. 决策过程
10. 决策信息
11. 决策中的信息分析方法

学习目标

1. 了解:信息服务业的构成、我国信息服务业发展现状

2. 理解:信息服务的特性、咨询服务的类型、咨询服务的程序、决策中的信息分析方法

3. 掌握:信息服务的内涵、信息服务的类型、咨询服务的内涵与特征以及决策的含义、特征、类型、原则、决策过程、决策信息

关键词

信息服务、信息服务业、咨询、决策

信息服务是信息管理的主要环节,也是信息管理的重要组成部分,应该说,它是微观信息管理的最终目的和归宿。因为,无论广义上的信息管理,还是狭义上的信息管理,它的基本宗旨都是为了更好、更高效地发挥信息资源的价值,充分利用好信息资源。所以说,信息服务作为信息管理的主要内容,受到了各层次信息管理主体的重视。从国家和地区的范围来看,信息服务业不但属于信息产业的一部分,而且已经成为信息产业中发展最快,最具有生命力的构成部分,它是国民经济增长最快的产业部门之一,在 GDP 中所占的比重越来越大。因此,世界上任何一个国家都非常重视本国的信息服务业的建设。

6.1 信息服务概述

信息服务活动历史悠久,尤其是在网络技术出现以后,不但发展势头强劲,而且出现了许多新型的信息服务领域。了解对信息服务基本内容,可以为信息服务工作的开展以及国家信息服务产业的管理与政策的制定打下良好的基础。

6.1.1 信息服务的内涵

一般来说,人们在日常生活中总是自觉或不自觉地接受着各种各样的信息服务,根据自己的经验,通常把信息服务理解为由专职信息服务机构针对用户的信息需要,及时地将开发加工好的信息产品以用户方便的形式准确传递给特定用户的活动。类似的代表性的看法如:信息服务是以信息为内容的服务业务,其服务对象是对服务具有客观需求的社会主体(包括社会组织和社会成员);信息服务是以独立的机构或机构的某一规定功能的形式所表现的一种资源;它的目的是为用户群提供信息。这种认识的视角是将信息服务看做一种活动,把它放在了用户端,而忽视了信息服务活动的发生端与传递端。所以,理解信息服务的内涵应该从广义的角度进行。

广义的信息服务是指以产品或劳务的形式向用户提供和传播的各种信息活动,即信息服务产业范围内的所有活动,包括信息产品的生产开发、报道分配、传播流通以及信息技术服务和信息提供服务等行业。

信息服务是向用户提供信息的过程,它是以信息资源为基础,利用现代科学技术,对信息进行生产、收集、处理、输送、存储、传播、使用并提供信息产品和服务的总称。这种将信息服务当做一种过程的看法指出,信息服务不仅仅表现为向用户提供信息产品或服务,以满足用户的信息需要,而且将信息服务的准备与基础工作同最终的提供活动连接在一起,从更大的范围内审视信息服务行为。从更广大的社会环境下看信息服务,它应该是服务者以其独特的策略和内容帮助对象解决问题的一种社会行为,它的社会属性是由信息服务对具体社会关系的要求决定的,它因不同的社会关系而出现不同的社会表现。

开展信息服务有三个基本因素:信息产品、信息用户和信息服务者。其中,信息服务者是连接信息产品和信息用户的桥梁。信息服务就是围绕着这三个要素进行计划、组织、领导、控制,以便于信息服务顺利开展和实施。

信息服务具有提供信息、释疑解惑、整序导引、保值增值四个方面的功能。

6.1.2 信息服务的特性

信息服务在各行各业中普遍存在,又可以成为相对独立的行业。其区别于其他社会行为的特性表现在以下几个方面。

1)用户导向性　这是信息服务的行为方向特性,表明的是信息服务不仅要求服务者以服务对象为中心,帮助服务对象提高认知水平和运用信息解决问题的能力,还强调信息服务的发展要同时发挥服务者和服务对象的积极性,发挥便于服务对象自助的智能化信息技术的作用。

2)技术支撑性　这是信息服务的行业手段特性,表明的是信息服务与信息技术的密切关系。

3)专业性　信息服务的专业性表现在五个方面:一是对服务者的素质有专门要求,专业队伍不断扩大;二是服务对象有专业基础;三是服务内容具有某学科领域的专业特征;四是服务策略是针对服务对象和内容专门制定的;五是信息服务已经成为专门的研究领域,朝着信息服务学的方向发展。

4)依存性　信息服务的独立存在是有其外围条件的,包括需求条件、技术条件和资本条件等。在信息服务的发展中,内部各个环节紧密相连,外部与其他许多产业有较高的关联度。不具备这些条件,信息服务难以生存;不强化这些关联,信息服务难以发展。

5)交互性　服务者与服务对象之间相互交流。通过交互,服务者全面、准确、及时、深入地了解和领会服务对象的真正需求和需求来源,以及服务对象的认知变化和发展情况,使服务对象更多地意识到并表达出自身的需求,加深服务者对自身有关情况的了解和理解。

6)模糊性　信息服务的有形与无形、可存储与不可存储,只是同一连续体的两头,是难以分开的。虽然在很多情况下是无形的和不可触摸的,也是不可存的和即时消费的,但有形和可存的信息服务也是有的,这是由信息对载体的依赖性决定的。

7)社会性　信息服务实践都是在某种社会关系中进行的,都要运用一定的社会资源。信息服务生产、管理和服务等劳动是社会分工中的一部分,具有社会规定性。信息服务的行为表现不仅是服务者自身的,更是人际的、组织间的,属于社会行为。

8)独立性　信息服务是社会分工的结果,有其存在的相对独立性和实践领域的独特范围。

9)动态性　服务对象在解决当前问题过程中的信息需求随问题所处状态的演

变而变化和发展，服务策略随服务对象的认知水平和服务内容的变化而调整，信息服务随生存条件和与其他产业的关联度的变化而变化，会有许多发展中的问题等待解决。

10）针对性　针对服务对象的实际问题、素质状况和认知程度，针对服务对象的真正需求及其自身的核心竞争力而发挥作用。

11）适时性　这是信息服务的过程特性。信息服务在适当的时机发挥功能，同时，信息服务的内容和策略选择、新项目开发和发展调整等都具有时代特征。

12）实效性　这是信息服务的结果特性，表明的是信息服务对实际效果的追求，表现为信息的消费、需要的满足、问题的解决、效益的取得等方面。

6.2　信息服务的类型

信息服务可从不同的视角而划分出多种不同标准的类型。但从国民经济统计与管理以及高效率地组织信息服务活动的角度出发，以产业经济学与信息服务的内容两个参数为标准划分出的信息服务的类型更有意义。

6.2.1　从产业经济学的角度划分

信息服务作为高智慧的智力密集型活动，在国民经济中所占地位越来越重要，其所创造的价值也越来越大，业已形成独立的产业部门，即信息服务业。信息服务业是信息产业的重要组成部分。到目前为止，对信息产业的理解尚未统一。由于研究的出发点和目标不同，对信息产业的范围与分类及描述也不尽一致。

我国学者一般认为，信息产业由信息技术和信息设备制造业、信息服务业两大部分组成，信息服务业是信息产业的重要组成部分。信息技术和信息设备制造业从本质上看，主要是从事信息产业的基础工作，负责信息技术设备的生产与开发、信息基础设施的构建与维护等工作，它包括机器产业、软件产业和信息媒介产业。信息服务业则面向信息产品的流通和交换领域，可以划分为以下类型：①信息技术服务业，即软件开发、系统集成、计算机销售与服务、系统维护、综合布线等，与之对应的机构和部门有软件开发公司、系统集成商、计算机经营商等，大至美国微软，小到街道电脑服务部都属此类；②信息传播服务业，即信息加工、信息产品生产、广播电视、出版印刷、通信服务、广告服务等，与之对应的机构和部门有电台、电视台、出版社、杂志社、电信机构、广告公司、演出公司等；③信息流通服务业，主要包括信息的再加工、信息产品的再生产、数据库制作、文献流通与检索服务、网络信息服务、社会调查、展览观摩等，与之对应的机构和部门有数据库公司、网络服务公司、信息服务中心、目录索引文摘服务公司、信息研究所、图书馆、博物馆、书店、展出公司等；④信息咨询服务业，即信息咨询、决策服务、心理诊断、法律咨询、就业指导、婚姻介绍等，与之对应的机构和部门有国家和各地方的经济信息中心、政策研究机构、各类型咨询公司、点子公司、律师事务所、心理咨询中心、人才市场、婚介所等。

有的学者将信息技术服务划入信息技术和信息设备制造业领域，并认为信息服务人才的培养应成为信息服务业的一个独立类型，从而将信息服务业的外延进行如下划分：①信息处理服务（计算机处理、手工处理、集成处理）；②信息提供服务（文本信息、数据信息、声音信息、图像信息）；③信息咨询服务（检索性咨询、事实性咨询、研究性咨询）；④信息人才培养（在校培养、在职培养）；⑤软件开发（软件开发、软件维护）。

考虑到我国信息服务业的发展过程和现状，我国信息服务业还可以进行如此划分：①传统信息服务业，即指历史比较悠久的情报、专利、标准、档案、图书馆等信息服务业；②经济政务信息服务业，即与我国经济体制改革大致同步产生和发展的经济、金融、政务信息服务业；③信息服务企业，即指近年为适应市场经济需要，到工商管理部门登记注册的咨询企业、技术服务企业、广告企业；④大众传播信息服务业，即指广播电视、新闻出版等信息服务业；⑤邮电通信信息服务业。

根据工作性质，可将信息服务业分为两大类：①依附政府的信息服务机构，包括情报、专利、标准、档案、图书馆、经济、金融、政务以及广播、电视、新闻出版、邮电通信等信息服务机构；②不依附政府的信息服务企业、包括咨询企业、技术服务企业、广告企业等。

6.2.2 从信息服务的历史发展及服务的内容角度划分

从信息服务的发展历史及服务的内容角度划分，信息服务可以分为五种类型：文献提供服务、报道服务、检索服务、咨询服务、网络信息服务。

1. 文献提供服务

文献提供服务是最传统，历史最悠久，出现时间最早的一种信息服务方式，它最初为文献服务机构所采用。当现代图书馆等文献服务机构在人类近代历史上出现后，它们主要运用了阅览、外借、复印、参考咨询等多种方式为读者服务，并取得了较好的效果。在今天计算机网络已经得到普及，进入千家万户、各种行业领域的时候，这些传统的文献提供服务方式也随之发生了变化。虽然这些手段得以保留并将在很长的时期内占据主要地位，但网络等现代技术极大地丰富了这些手段的内容，提高了效率。

2. 报道服务

报道服务也是由图书馆等文献机构首先采用。这种手段最初的目的是更好地为读者服务。在文献信息不断快速增长及读者信息需求不断扩大的要求下，单纯依靠图书馆的力量，依赖传统的文献提供服务已经不能满足读者的要求，它必须采用一种新的方式，快速地向读者提供信息，以满足读者的信息需要。于是，报道服务得以推出。如果说文献提供服务是一种被动型的服务方式，那么报道服务则是一种多向主动式的信息服务。后来，这一方式为其他类型的信息服务机构所采纳，如新闻发布会、技术市场、展览、演示会等，这种主动向用户推广的手段大受欢迎。

3. **信息检索服务**

信息检索服务是根据用户的要求，由专门人员辅助或代替用户查找信息并将结果提供给用户的一种信息服务工作。

1)*按照检索手段划分*　检索服务按照检索手段分为手工检索服务、计算机检索服务和联机检索服务三种类型。①手工检索服务是利用印刷型检索工具直接查找信息的服务，其检索效率低、操作简便。②计算机检索服务是按用户的要求，利用电子计算机检索出存储在数据库中的相关信息，以满足用户的信息检索要求而开展的服务。例如，使用计算机查找存储在磁盘或光盘中的数据库信息。这类检索服务的效率高，查全率与查准率较手工检索提高很多，但其最大的问题是操作烦琐，需要检索设备与检索技术，对检索技能要求较高。③联机检索服务是利用终端设备，通过相应的通信线路或通信网络，直接与设在任何地方的检索中心的数据库系统连接，通过输入提问、进行人机对话和修正检索策略，快速高效地检索出用户所需要的信息的服务类型。

2)*按照检索方式划分*　检索服务按照检索方式划分，可以分为回溯检索服务、定题信息服务、数值型或事实型数据检索服务、全文检索服务、用户辅导服务五种。①回溯检索服务是对检索系统全部信息，或其中一定时间范围的信息，按照主体范围(如用户课题)进行信息普查的服务。回溯信息服务不但要查找最新的信息，而且要追溯查找过去年代已存储的所有信息。通常所说的文献检索，就是回溯检索。②定题信息服务又称为定题信息提供服务，是一种定期地从新的数据库中为特定用户提问进行计算机信息检索的服务方法，简称为 SDI(Selective Dissemination of Information)。开展 SDI 服务应有三个基本条件：一是计算机系统，二是新生产或获取到的信息资源，三是用户提问文档。实现过程是借助于计算机定期地把用户提问文档与新产生或获取到的信息资源进行查比检索，并将检索结果按一定格式编辑、输出、提供给用户。这种服务方式针对性强，不仅能及时提供信息，而且能及时进行反馈，用户能对检索结果迅速做出反应，及时修改检索策略，从而获得理想的检索效果。③数值型或事实型数据检索服务是直接提供用户所需要的确切数据(如分子式或分子量、萘的熔点、基因序列图等)或者特定事实(如美国的民族政策、英国王室情况等)的服务手段。④全文检索服务是利用全文数据库而开展的一项服务活动，它向用户提供全文，从而避免书目型数据库所带来的再次查找源信息的过程。⑤用户辅导服务是一项提高用户的信息检索技术与意识的服务活动。在信息检索技术与手段不断变化的今天，用户自助检索往往需要检索人员的辅导帮助才能成功检索信息。服务的内容可以包括诸如运用计算机及网络系统获取信息的能力辅导；常用光盘、数据库检索方法的辅导；筛选、整合、下载各种信息，建立个人数据库的技术和方法的辅导等。

4. 咨询服务

咨询服务是以现代科学知识和现代手段、方法，为解决经济建设和社会发展中的各种复杂问题而进行的服务活动。美国咨询工程师协会认为，“现代咨询服务是利用专家已有的科学技术专门知识，解决社会经济领域和企业中的科学技术与管理问题的一种活动”。由此可见，咨询服务是对知识的扩大再生产，它是通过对原有的知识经过脑力加工和综合以后，将产生巨大的智慧效益的过程。从广义上说，咨询的过程也是信息加工的过程，是一种信息的活动，即信息的交流、反馈与处理。因而，咨询服务是一种信息服务。咨询工作就是抓住信息流通与传递的环节，既为生产企业提供信息，也为研究部门提供信息，形成信息的双向通道。有关咨询的内容，本书将在6.3节中进行详细介绍。

5. 网络信息服务

网络信息服务是指在网络环境下信息机构和行业利用计算机、通信和网络等现代技术从事信息采集、处理、存储、传递和提供、利用等一切活动，其目的是为了给用户提供所需的网络信息产品和服务。

与传统的信息服务相比，网络信息服务呈现出如下特点：①资源范围不断扩大，从以前的以纸张型为主发展为网络型资源；②服务手段更加现代化，充分利用了大量先进的信息技术；③服务方式由被动型向多向主动型转变；④服务领域不断拓宽，由传统信息服务向依托信息技术的传统信息服务，再向全新的网络信息服务新领域过渡；⑤服务时间由定时服务向不受时空限制发展；⑥针对独特用户的特殊需求而开展独特的个性化信息服务。

与我们的工作与生活息息相关的网络信息服务主要有如下几种。

1）网络门户　信息服务提供商都希望自己的站点成为网络的门户，用户只要一打开浏览器，就直接进入自己的主页，通过自己再链接到他处或者在自己处就可以满足需求。后来，信息服务提供商不满足于只做门户站点，而是希望将自己丰富的内容直接变成人们上网的目标，所以出现了“目标站点”。企业界在认识到了网络门户的优点后，纷纷以此改造企业自己的网络，从而出现了“公司门户”。所谓公司门户是依照网络门户动态组织信息的方式来存储和组织企业所需的信息，如My Yahoo的方式为企业员工提供个性化信息服务。公司门户提供有效的通信，还可以根据个人信息需求把采集或存储的信息打包为个人化信息，并改善对公司内部信息的管理和服务。因此，比较典型的公司门户应该具备如下功能：对来自因特网和各种信息源不同格式文件的采集与转换，信息检索和搜索引擎，网上信息的组织和发布，公司内部信息的组织和流通，个人化信息服务等。

2）网络传媒　继报纸、广播、电视之后，网络被称为“第四媒体”，在人们的生活与工作中占据越来越重要的地位。通过网络传媒可以发布新闻、收听广播、观看电影与电视。网络传播信息的速度与广度是其他三个媒体类型所无法比拟的。比如以美国“9.11事件”为代表的社会突发事件都是由网络首先发布的。

3）电子商务　围绕着以产品目录的发布、网上交易、网上付款、商品递送为代表的电子商务，已经出现了许多新型的网络企业、虚拟企业。在网上通过产品的查询和订购信息实现产品的交易，如网络书店，通过网络银行完成付款业务，通过虚拟企业实现产品定制等，都可以通过电子商务活动来实现。

4）在线保健　医院、医生、保险公司和实验室能迅速而准确地从网上获得需要的信息，从而节约费用，减少巨大的文书浪费。在线保健还可以充分利用网络资源，重新配置医疗资源，如开展网络手术等。北京地区就可以通过就医网络进行网络挂号，在一定程度上避免了就医难的问题。公民可以通过在线医院直接与医生对话，进行医疗保健，或者了解疾病影响，以便及时采取防护措施。北京流行SARS时，人们就通过网络了解疫情动态、防护知识，克服了恐慌心理，增强了抗击“非典”的信心。

5）在线教育　通过网络进行教育，解决了教育资源的不足以及资源分配不合理的矛盾。现在，人们可以通过网络进行学习、答疑、作业与考试。如GRE、GMAT、TOFEL等国际知名的考试，都可以通过网络进行；国际著名的大学也通过网络将本校的优秀教育资源在网络上与世界上任何地方的人共享；北京在SARS期间，通过“空中课堂”、“网络教室”等手段，让中小学生在家里就完成了学习任务。所有这些，都显示出了在线教育的巨大市场与发展潜力。

6）在线投资　改变投资、证券交易的传统方式，上网投资已经成了一种理财的新趋势。在美国，有越来越多的投资者选择了以网络作为投资的中介工具。使用在线投资，一方面可以提供高级投资分析工具，另一方面交易的费用也比较低廉。现在我们的生活中，有很多人也利用网络实时查看股票行情，进行股票交易。

7）数字图书　狭义的数字图书指的是手持阅读设备。广义的数字图书是指从书的写作、编辑、出版、发行到阅读这样一个完整的产业链。数字图书既可以放在手持阅读设备上浏览，也可以在计算机屏幕上阅读。数字图书不仅能展现纸书上的问题及图片内容，以保持纸书的原版原式，同时还可以附带音频、视频等多媒体内容，同时它的检索功能也是相当强大的。它所依托的载体是存储介质，比如计算机的硬盘等。它所依托的技术是计算机技术，把原来图书中的字符图像等形式组成的信息经过计算机系统，转化成01代码存储的数据，可以通过网络和无线通信设备传播，并且可以在调用时转化成原来的字符。我国的数字图书代表有超星、书生之家、方正Apabi和同方CNKI等。数字图书事业已经成为这些公司的有生力量，是企业发展的重要方向之一。

8）在线娱乐　在线娱乐是网络服务的主要目标之一，因为人们在利用网络时，更多的还是使用它的娱乐功能，通过网络看电视、看电影、听广播、玩游戏、画图画等。

美国最大的网络服务提供商AOL与时代华纳的合并,为网络服务的经营与发展提供了范例与经验,也预示着网络在线娱乐的发展趋势。

9)在线人才求职　以前,人们求职主要依靠报纸等渠道来获取人才需求信息,而现在网络在这方面越来越显示出它的威力,通过网络求职能够获得更多的机会,增加了供求双方的了解。我国从中央到地方,各种人才信息网、网上职业介绍所、求职招聘公告板、人才热线、人力资源网等比比皆是,其中最出色的有51job、中华英才网、猎头网等。在北京"非典"期间,大中专院校毕业生在人才招聘会不再召开的情况下,运用大中专院校毕业生求职网进行工作的寻求与应聘,成功率较高。

10)信息推送服务　信息机构主动把自己的信息送到用户面前,实现"信息找用户"。基于网络的信息推送服务主要有以下四种:①频道式推送,是将某些信息定义为浏览器中的频道,用户可像选择电视频道那样接收感兴趣的信息,如CNN、《人民日报》等都是采取这种方式进行信息推送服务的;②电子邮件式推送,即用电子邮件的方式主动将信息推送给各用户;③网页式推送,即把信息推送到用户的网页上;④专用式推送,采用专门的信息发送和接收软件,将信息推送给用户。信息推送服务具有及时性好、对用户要求低、对大众的适应性强、不要求用户有专门的技术等优点。

11)个性化信息服务　它是网络信息服务发展的重要方向,是针对不同的用户采用不同的服务策略和方式,提供不同的信息内容的服务。个性化信息服务包括两方面的含义:一是按照用户的需求提供信息服务;二是按照用户或用户群的特点,对信息资源进行组织,开发创造出个性化的信息环境。它具有以下特点:①以用户为中心;②允许并帮助用户充分表达个性化需求,能够对用户需求行为进行挖掘;③服务方式更加灵活、多样,并且数字化;④能够主动将用户所需信息推送给用户;⑤减少网上重复信息的传输,节约用户时间。个性化信息服务主要有个性化内容定制服务、个性化信息检索定制服务、个性化界面定制服务、个性化信息推荐服务四个类型。

12)信息集成服务　它是指对具有信息的差异性、资源的分布性以及管理的自治性的网络资源及其服务进行集成,实现对分散系统的有效控制,由此来提高网络信息资源的利用效率。

13)UMS服务　统一信息服务(Unified Message Service,UMS)是国际上提出来的一种信息服务理念,它将人们以前通过电话网、寻呼网、移动网和互联网分别享受到的各种信息服务融合起来,通过多种媒体与类型的信息,如语音、数据、多媒体等信息,在统一位置存储和管理,用户可以随时随地使用任何一种通信设备发送和接收信息。从技术上讲,UMS的实现依赖于相关计算机软硬件技术和通信、网络技术的融合,建立UMS统一信息服务系统,并使其成为构建UMS的核心软件平台。通过UMS可以实现统一目录信息、统一信息存储、统一信箱账号的功能。

6.3 信息服务业的构成

信息服务作为高智慧的智力密集型活动，在国民经济中所占的地位越来越重要，其所创造的价值也越来越大，已形成了独立的产业部门，即信息服务业。信息服务业是信息产业的重要组成部分。

所谓信息服务业是指以开发、利用信息资源为基础，应用现代科学技术对信息进行生产、收集、处理、存储、传播、使用并提供信息产品和服务活动及其相关的基础结构群。信息服务业以开发利用信息资源为主要内容，是信息技术产品制造和信息用户的纽带，是信息市场的主体。

6.3.1 信息服务业的构成

1992年，中国信息产业商会受电子工业部委托，对我国的信息服务业分类构成进行了初步研究，提交了《中国信息服务业发展研究》。该报告在对国内从事信息服务的企事业单位进行广泛调查的基础上，结合国际上流行的信息服务业分类方式，把我国的信息服务业构成分为如下五个大类。

1）信息提供业　主要工作内容为：数据库信息检索服务，联机型检索服务，联机信息服务（如电子函件、电子布告板等），文本信息产品提供服务（如刊物式和剪报式信息提供）。

2）信息处理业　主要工作内容有：计算机计算服务和分时服务，数据输入、处理和验证服务，计时租赁服务，光学扫描数据服务，计算机制表服务，磁盘间转换、磁盘和磁带间转换服务，信息输出打印服务，电子数字交换服务，增值网络服务，库存管理，受托数据处理等。

3）软件开发与服务业　主要内容有：应用软件、系统软件和支持软件的分析与设计、开发与维护，按需修改用户软件，通用软件的销售、进口软件的销售，定制软件的开发等。

4）系统集成服务业　主要内容有：计算机及外围设备的管理人员、操作人员、维修人员的提供，CAD/CAM系统服务，计算机辅助工程（CASE）系统服务，计算机网络系统集成，综合计算机办公自动化系统，计算机系统集成，交钥匙系统，计算机设备管理服务，计算机硬件和系统的需求分析等。

5）咨询业及其他　主要内容有：提供调查报告，定题研究，现场咨询，辅助决策咨询，为用户培训软、硬件操作和使用人员，为用户办培训班，培训维修人员以及其他不便划归上述四类的服务。

上述信息服务业的分类虽然比较细致深入，但总结的多是20世纪80年代中后期至90年代初的信息服务内容。站在今天的角度回顾国内外的信息服务业分类方式,会发现有很多崭新的信息服务方式是它们无法涵盖的。信息服务业最大的发展莫过于网络化信息服务的异军突起,网络化信息服务的技术特性包括:“无墙”、“无缝”、“透明”的通信网络;全球性、全国性或地区性的覆盖面;采用宽频传输文字、图像、影视、声音等多种媒体;提供各种类型的信息服务,包括数据库、全文文本、电子函件、文件传输、电子布告、电子论坛等;通过网关、网门、智能开关和连接等把分布的系统连成一体;对用户没有时间和空间限制;采用人工智能、专家系统、超文本、友好界面等让用户访问网络上的各种信息资源等。无疑,因特网的迅速普及,电子信息资源的爆发性增长,各种信息技术的飞速发展和有机融合,将把信息服务业推向一个新的发展阶段,它在服务内容、方式、深度、广度、效果和效益等方面都将迈上一个新的台阶,成为信息产业中名副其实的主体产业。

6.3.2 我国信息服务业发展现状

21 世纪是信息化的世纪,信息资源已成为社会的重要战略资源,经济和科学技术的竞争更多地体现在信息资源的竞争上。而信息资源的竞争又推动了信息服务业的发展。信息资源的网络化使信息的传播在传统的时间和空间上有了延伸和扩展。国际信息服务业的飞速发展对我国信息产业产生了巨大的推动作用。特别是加入世界贸易组织以后,我国的信息服务业面临着更新、更高的要求和挑战,大力发展我国的信息服务业已经刻不容缓。

1. 我国信息服务业的发展

以 1992 年 6 月政府做出《关于发展第三产业的决定》为主要标志,我国的信息服务产业进入了一个迅猛发展的阶段。国家的发展战略决定将信息产业作为国家的重点产业来发展,明确了发展信息服务业的战略地位,规定了信息服务业的发展方向,有效地促进了信息服务业快速健康的发展。我国的信息服务业抓住了这个千载难逢的发展机遇,取得了喜人的成绩。信息服务业不论是在服务内容领域、产业所有制形式,还是在工作方式、服务形式上都有了长足的发展。具体说来,主要表现在以下几方面。

1)*政府信息服务系统建设初具规模* 从 20 世纪 80 年代中后期开始,我国政府为实施新技术革命政策而大量建立信息服务机构,投入大量资金,重点建设了经济、科技、统计、银行、邮电、电力、铁路、民航、气象和人口等 12 个国家信息服务系统。目前,中共中央、国务院各部委和全国 30 个省、市、自治区及 14 个计划单列市都建立了信息中心,还有一半以上的地区(市)和四分之一以上的县(市)也建立了信息中心或相应的信息服务机构,从而初步形成了中央、省(市)、地区(市)及县(市)的四级国家综合信息服务系统,在面向政府的宏观经济调控和决策支持以及面向市场的信息资源开发方面都取得了显著的成效。

2)*公众信息服务基础设施建设飞速发展* 2002 年,中国电信业实现了向世界第一大网的跨越，电话用户总数跃居世界第一位，达4.21亿户。一个覆盖全国、连通世界、技术先进、业务多样化的现代通信网已基本形成，长途传输、本地交换、移动通信全部实现数字化，网络技术水平进入世界先进行列。固定电话普及率由1997年的7.04部/百人提高到17.5部/百人；移动电话普及率由1997年的1.07部/百人提高到16.2部/百人；已通电话的行政村比重达85.3%；与我国开通电信业务的国家和地区达200多个。长途电话交换机容量新增73万路端，达776万路端；全年局用交换机容量新增2 792万门，达2.85亿门；移动电话交换机容量新增5 205万户，达2.71亿户；数据业务端口达134万个，比上年增长15%；互联网服务器端口达332万个，比上年增长30%。通信业光缆线路长度达225万千米，比上年底新增43万千米，增长42%。

3）公共信息服务业蓬勃发展　截至2002年底，全国共有广播电台367座，中短波广播发射台和转播台740座，广播人口覆盖率达到90.35%；电视台共有368座，电视人口覆盖率达到98%；有线电视用户约9 000万，居世界第一位。同时，我国还开播了数字压缩加密的卫星电视界面，开展了面向社会的专业数据广播信息服务。早在1956年开始建立的全国科技情报系统发展至今，共建成省、市、自治区及地市的独立科技情报单位405个，各部门领导的专业情报网站430个，其他情报机构和组织3 000余个。在传统图书馆业蓬勃发展的基础上，数字图书馆也在中国开始起步。中国的数字图书馆事业起步较晚，但在党和政府的高度重视和各部门的大力支持下，经各有关方面的通力合作，取得了较快进展。1997年7月，北京图书馆作为国家图书馆，开始实施“中国试验型数字图书馆”项目。2000年6月，中国数字图书馆网站全面开通，随后推出“网上图书馆”服务，目前已开通“网上中文图书馆”、“网上古籍图书馆”、“网上外文图书馆”，向读者提供3 000万页数字化文献、1 000万条书目。与此同时，辽宁省图书馆、上海市图书馆也在积极进行数字化建设。清华大学、上海交通大学也推出了数字图书馆建设计划并着手实施。目前，中国国家数字图书馆工程（文化部）、中国高等教育文献保障体系（教育部）、中国国家科学数字图书馆工程（中国科学院）及全国党校系统数字图书馆工程已全面启动。

4）电子信息资源建设受到高度重视　我国的电子信息资源建设起步不算太晚，与国外先进国家相比差别相对较小，做自己国家的中文数据库显得更加得心应手。截至2002年，国内自行开发建设、并成一定规模的数据库已达数千个，数据库内容也不断丰富，数据库的分布正由少数部门向全社会扩展，并开始与蓬勃发展的信息网络相结合。这种通过网络提供服务的数据库，大大地扩充了数据库的用途，中国期刊网就是其中的佼佼者。目前，我国已形成数据库产业基地，数据库商品化程度日益提高，有的书刊已进入国际数据库市场，如中国科技信息研究所开发的《中国企业公司及产品数据库》等。但是，一个国家的数据库水平主要是由商用数据库来代表的。统计显示，目前我国面向机构用户的商用数据库已有几千个在运行，但实际上并没有多少数据库能有较大规模的赢利。为此,国家信息中心副主任在上海举办的首届"信息·中国论坛"上直言:"我国现有数据库的规模和质量,都不能和国外成熟的商业数据库相比,我国急需补上数据库这一课。"随着网络的快速发展,网上的中文电子信息资源越来越多,各种网上的电子图书馆也层出不穷,如超星电子图书馆。虽然这些网上的信息资源没有像数据库那样得到很好的整合,但是它们有一些是免费的,而且数量更大,从某些方面也补充了数据库的不足。它们是新型信息服务业的基础之一。

5)软件业陷入尴尬境地　目前中国有约1 500家纯软件企业,另外加上那些经营软件业的混合公司达5 000多家,这些软件企业中大多都是在50人以下的小作坊式的公司,超过100人的软件企业相当少。美国《商业周刊》杂志曾有一篇文章写道:"中国有出色的硬件公司,但在软件领域却无所作为。"在全国5 000多家软件企业中,每年销售额能够上千万的企业屈指可数。尽管中国软件业相关政策比任何一个历史时期都要好,但是一直困扰中国软件业发展的几大问题,如盗版、软件制作质量低等,仍然没有得到解决,甚至还有恶化的迹象。

6)咨询业方兴未艾　咨询业在我国是一项新兴的信息产业,自20世纪80年代初起步,发展很快。1999年在我国工商注册登记的咨询业务公司约13万家,但是有一定实力和知名度的只有200家左右,占0.15%。中国市场咨询业的纯市场规模已经达到1亿多美元,而且还将以每年30%~50%的速度增长。在广州每月新增的咨询公司就有70家。西方有经济学家认为,目前资产超过1 000万美元的企业,如果没有高质量的智囊团,其生命周期不会超过5年,一个关键性的决策失误就会导致企业垮台。中国加入世界贸易组织后,许多国际咨询巨头迫不及待登陆中国。在他们看来,无论是积极走向世界的中国企业,还是迅速进入中国市场的跨国公司,都需要专业的信息智囊团,这当中商机无限。中国的咨询企业无论从资金、规模、知识积累或是从人才等实力上与这些国际咨询巨头都有很大的差距。

7)信息市场和信息企业发展迅速　自1985年6月召开全国科技情报体制改革座谈会后,信息部门逐渐面对市场,开展有偿服务,建立了各种信息服务机构。由各级政府和各部门组建的信息中心,是一种具有官办性质的信息机构,它们一般都建有自己的信息网络,是我国信息服务的主力军。20世纪90年代以来,我国相继成立了具有一定规模的各类信息公司,如中国科技信息研究所(国家科委信息中心)直属的万方数据(集团)公司、四通集团和香港利方投资有限公司共同投资创建的四通利方信息技术有限公司等。另外,还涌现出了一批民办信息服务组织,包括各种民办信息中心、信息公司、信息服务部和信息专业户等。

8)信息政策与法规逐步完善　1984年,邓小平同志为《经济参考报》题词:"开发信息资源,服务四化建设。"江泽民同志强调指出:"实现四个现代化,哪一化也离不开信息化。"进入90年代后,面对全球性的信息化浪潮,中国政府在信息政策的制定、实施等方面给予了高度重视。原国家科委在1990年发布的中国科学技术蓝皮书(第4号)《信息技术发展政策》和1991年发布的中国科学技术蓝皮书(第6号)《国家科学技术情报发展政策》,分别阐明了我国信息技术发展的总体政策和科技信息发展的总体规则,可看做是中国国家信息政策的发端。"九五"期间,中国采取了一系列重大政策措施,推动了互联网在中国的健康快速发展。其中包括:信息产业进行了政企分开、邮电分营、电信重组和结构调整、国企改革等一系列带有战略意义的重大改革。信息产业部实现了政企分开,全国省级信息产业主管部门和通信管理机构组建工作基本完成。电信领域破除垄断,市场竞争格局初步形成。改革和重组增强了全行业发展的活力,通信企业经营机制转换步伐明显加快,电子国有企业三年脱困和行业扭亏工作基本完成,经济效益得到进一步提高。全国人大通过的《关于维护互联网安全的决定》,国务院颁布的《中华人民共和国电信条例》《互联网信息服务管理办法》及《鼓励软件产业和集成电路产业发展的若干政策》(国发[2000]18号文件)等法规政策,为信息产业的发展提供了有力的法律保障和政策支持。国家还对电信资费进行了结构性调整,资费整体水平大幅度下降,对扩大内需、带动相关产业发展和推进信息化建设,产生了积极的促进作用。无线电管理和信息安全管理工作进一步加强,取得了显著的成绩。信息产业部门加大行业管理力度,认真贯彻落实国家有关法规和政策,推动了行业的健康发展。

2. 我国信息服务业存在的问题

由于我国的信息服务业原有基础薄弱,起步晚但发展快,因此纵向比较的成绩十分显著。然而横向比较,无论就其规模或结构而言,都还存在不少的弱点。

(1)信息环境亟待改善。我国信息能力低下,信息服务人员素质不高,难以满足社会的需要。标准化工作不够完备,信息产品与信息服务定价混乱,产业发展困难很多。

(2)信息市场发育水平低。我国虽有各种各样的信息服务机构,但模式划一,业务雷同。官办机构不能根据市场需求改革运行机制,调整服务方向。信息商品化的条件尚待改善,版权保护不力,致使信息市场发育不全,产品单调,管理混乱。

(3)单位规模偏小,竞争力较弱。在信息服务业的发展现状中,以2003年为例,资产在50万元以下的法人单位有16.5万个,占到单位总数的84.6%。法人单位从业人员在50人以下的达到18.4万个,占到单位总数的94.4%。经营收入在52万元以下的达到14.4万个,占到单位总数的73.9%。如此小的资金投入、人员投入、经营规模很难参加国际竞争。

(4)吸引外资的数量和力度不够。以2003年为例,在信息服务业中有4 167个外资单位,占总数的2.1%;约3 507个港澳台合资单位,占总数的1.7%。而在社会调查业中只有20个外资单位,占本行业的0.4%;信息提供业中只有123个,占本行业的0.3%;咨询业有24个,占本行业的0.07%;公共信息服务业中只有2个,占本行业的0.04%。这与我国的电子行业、汽车行业在吸引外资方面形成了鲜明的对比。

(5)国际贸易纠纷增加。

(6)信息服务业的研究活动较为单一和薄弱。信息服务业涉及多个学科和领域,当前关于信息服务业的研究活动在我国主要集中在图书馆学、情报学领域,从产业经济学、国民经济管理等学科角度的研究非常欠缺。

6.3.3 发展信息服务业对信息资源管理的影响

从某种意义上来看,可以把发展信息服务业看成是对信息资源进行宏观管理的一种手段。对此可以从以下两方面理解。

(1)信息资源管理的目的就是把信息资源的价值和作用充分发挥出来,而信息服务业的社会职责也正在于借助信息技术把信息资源转换为财富,满足人们各方面的需求。所以两者的目的是一致的,都是为满足社会提高生产力、促进文明进步的信息需求服务的。学者曾民族在《发展面向电子信息资源的信息服务业》一文中指出,信息服务的完整提法应该是信息管理和服务,如同信息检索完整的提法是信息存储和检索一样。众所周知,数据库是对信息资源进行有效组织和管理的一种工具,而数据库建设在当前必须放在用户信息利用模型的框架内进行,必须更新传统的或20世纪80年代的信息服务方式,以适应越来越多样化的信息需求和当代信息技术支撑的信息服务的特点。因此,信息服务业既然是对信息资源的开发和利用,那么它的发展对信息资源的管理方式的演进具有积极的导向意义。

(2)发展信息服务业,对信息机构的信息资源管理能力和处理能力提出了更高的要求。在电子信息资源越来越丰富的今天,电子信息的采集、处理、存储、传递、共享和交流,文字、图像、图形、声音、视频等多媒体信息的管理,因特网中异常浩瀚的网络信息资源和应用系统,都要求信息服务机构努力提高对电子信息资源的管理和处理能力,这已成为信息服务业能否满足用户需求,求得自身生存、发展和壮大的关键因素之一。

总之,信息服务业的发展既为信息资源的管理提供了外在条件并指明了方向,又对信息资源管理提出了加强管理能力和处理能力的要求。有效的信息资源管理必将促进信息服务业的进一步发展壮大。

6.4 咨询服务

随着社会的进步和用户信息需求的变化,咨询服务处于不断发展和深化之中。当前的咨询服务,无论从内容上、形式上,还是从服务的广度和深度上看,都是20年前所不能相比的。这一变化说明,从社会发展、信息技术进步和用户需求出发,探讨咨询服务业务的组织与管理是必不可少的。有关这方面的内容,已成为信息服务中的一个重要课题。

6.4.1 咨询服务概述

所谓咨询,是以专门知识为基础,运用人才的智慧,帮助人们解决各种特定问题的活动。咨询作为一种特殊的社会活动,在不同时代、不同国家有着不同的形态。随着近年来包括计算机技术、通信技术和网络技术在内的信息技术的飞速发展,极大地丰富了咨询的内涵和实践手段。人们开始重新理解咨询,强调其信息特征,认为信息特性是咨询的最基本特征。咨询离不开信息,咨询的过程实质上就是信息获取、加工和传递的过程,因此产生了信息咨询的概念。

信息咨询是一种基于各种信息的收集、加工、传递、有效利用和反馈的业务活动。咨询服务业是通过利用各种信息处理技术,对各类信息开展搜集、加工、整理、分析、传递,向客户提供解决问题的方案、策略、建议、规划或措施等信息产品的知识型产业。它的服务领域几乎涉及社会、经济的各个方面,包括所有可能的学科范围,从政策研究到高度专业性的工程服务和技术开发的调研等。通过咨询途径可以获取新技术,最大限度地降低经营成本,寻找最合适的合作伙伴,进行有力的广告宣传,提高企业的竞争力,减少风险。

前文已经提及,咨询服务是以现代科学知识和现代化的手段、方法,为解决经济建设和社会发展中的各种复杂问题而进行的服务活动。咨询服务在社会产业结构中已经形成了独立的门类,即咨询业。传统上,咨询业是服务于工业经济的第三产业或服务业,在产业结构中处于从属地位。但在知识经济条件下,它已经成为典型的知识产业,成为知识经济时代的支柱产业之一。

咨询服务具有以下特征:①咨询服务是知识的“扩大再生产”过程,咨询是科技人员头脑中所储备的知识的反复应用和“扩大再生产”的过程,在这个过程中,原有的知识经过脑力加工和综合后,将产生巨大的智慧效益;②咨询服务是情报和信息交流,从广义的角度讲,咨询的过程就是信息加工的过程,是一种信息的活动;③咨询服务具有独立性,即咨询的过程和结果具有客观性,不受狭隘的利益和立场的左右;④咨询服务具有临时性,咨询是一种临时性的服务,客户是在一段时间内,在其缺乏技术专长的领域,或者在临时需要专业人才辅助时,寻求咨询师提供帮助,一旦工作完成,咨询活动也就结束;⑤咨询服务具有经营性,咨询是一个需要高智力的工作,咨询公司为客户提供一定的知识产品,就要相应获得一定的报酬。

6.4.2 咨询服务的类型

依据咨询内容可以将咨询服务划分为六大类:政策咨询、管理咨询、工程咨询、技术咨询、专业咨询、涉外咨询。

1)政策咨询　政策咨询往往是针对国际性问题、国家与地方政府制定的政策而出谋献策,或向政府提供政策的替代方案,或向政府提供选择政策的材料,由政府自己决定。英国的此类服务机构服务重点则是对政府形成政策施加影响。这是带有全局性、战略性、综合性的咨询活动,所以也称为综合咨询、决策咨询。这一类咨询机构多数是非营利性机构,不少任务来自于政府或财团,如美国的胡佛研究所、美国传统基金会、美国事业研究所、兰德公司、布鲁金斯学会、日本野村综合研究所、英国伦敦国际战略研究所等,都对本国的内政、外交等政策的实施与开展提供政策咨询服务。

2)管理咨询　管理咨询是由专家在客观、公正、独立地分析客户在管理中存在的问题的基础上,根据客户要求,为提供解决问题的办法而开展的服务活动。管理咨询的服务范围非常广泛,包括一般管理、制造、人事、市场、财务、会计、行政、研究与发展等领域。由于管理咨询的对象以企业组织为主,所以有人称其为“企业管理咨询”,也叫做“企业诊断”。企业管理咨询主要面向企业经营管理中存在的问题,提出优化与解决方案,供企业领导者决策时参考,以提高企业的经营管理水平,从而提高企业的效益与竞争力。它大致包括企业经营战略咨询、企业管理机制咨询、市场发展咨询、人力资源咨询、商务咨询、经济与环境咨询、生产管理咨询、财务管理咨询、质量管理咨询、销售管理咨询、企业信息化建设咨询等方面内容。如美国安德森咨询公司、德国系统工程公司等都属于此类咨询机构。

3)工程咨询　工程咨询专门为各种工程建设项目和企业建设与改造提供咨询服务,它是针对工程建设及改造项目而进行系统的技术经济论证的咨询服务工作类型。工程咨询以解决兴建、扩建、改建工程项目中存在的技术与管理问题,避免项目决策失误为目标,通常是对工程建设从立项评估到竣工投产的全过程进行咨询,一般情况下要参与可行性研究、设计、招标、施工等阶段的咨询服务,包括向现场派驻常任代表或者直接参加施工建设工作。它的主要内容包括:项目的环境、必要性和实际意义,国内现有生产能力和国内外市场需求预测,产品竞争能力分析,拟建项目的规模、产品方案和发展方向,资源储量、成分、开采及利用条件,原料和辅助材料种类、数量、供应渠道、建厂地理位置、自然社会条件,交通运输、能源状况及发展趋势等方面。工程咨询在咨询业历史中是最为悠久的,英国艾特金斯咨询公司、中国国际工程咨询公司等都是此类服务机构的代表。

4)技术咨询　技术咨询是咨询机构或人员利用自己掌握的技术、知识、信息与经验,为解决咨询客户遇到的技术疑难问题而开展的咨询服务活动。技术咨询所涉及的服务内容主要包括:技术问题诊断服务,技术革新、设备改造、新产品研制服务、海外技术与设备引进的技术咨询服务,技术经济分析服务,技术可行性研究服务,技术成果推广服务、技术培训服务,技术顾问服务,技术发展预测服务等。技术咨询以实用技术为出发点,其影响渗透到社会、经济的各个方面,是促进技术转移、技术改造、技术进步,搞好技术引进及活跃技术市场的重要工作。

5)专业咨询　专业咨询是就某一特定专业领域里的问题而进行的咨询服务工作。专业咨询所涉及的用户提出的问题，一般专业性较强，涉及面窄，主要包括：环境咨询、金融咨询、会计咨询、法律咨询、医学咨询、心理咨询等。专业咨询服务一般由该专业领域的专家承担，咨询机构的规模比较小，业务方式灵活，所采用的方式主要有口头咨询、举办培训班、出版资料宣传指导、代理专门服务等。专业咨询服务已经逐渐发展成为现代咨询业的主流服务类型。

6)涉外咨询　涉外咨询是指咨询机构依靠信息和知识优势，运用掌握的技术与经验，在对外经贸、国际技术交往中帮助客户解决诸多复杂问题的咨询服务活动。其主要内容包括：承接外商投资，引进先进技术与设备，工程招标评估，输出我国先进技术，劳务合作以及为设在我国的“三资”企业、外国办事机构等提供咨询服务。它呈现出以经贸为基本活动范围，咨询委托对象为跨国经营型组织机构，咨询程序与方法符合国际法规并尊重国际惯例的特点。这类咨询公司有国际知名的毕马威(毕博)、麦肯锡、安达信、中国国际工程咨询公司、中国国际经济咨询公司、中国国际技术咨询公司等。

6.4.3　咨询服务的程序

在咨询服务工作中，虽然各类咨询业务的内容不同，用户要求存在差异，且难易程度很不一样，然而在程序和方法方面却具有一致性。除简单咨询外(如对用户提问可作一次性简单回答的事实咨询)，比较复杂的咨询一般应按照以下程序组织。

1)受理咨询　受理咨询是开展咨询服务业务的第一步。在受理咨询中，一般由用户向受理方提出咨询服务的要求，经过双方协商后就咨询课题的内容、要求、期限、费用等问题达成原则协议，签署协议书。

2)制定咨询计划　接受用户委托后，信息服务部门应组织咨询人员对课题作进一步的深入调查研究，掌握课题的结构、主要矛盾、涉及的基本问题等，弄清课题的难度，明确开展咨询的要点，提出完成咨询的技术路线。

3)搜集、鉴别、整理咨询信息　搜集信息是开展实际工作的条件，根据咨询课题的要求，一般采用文献信息检索和实地调查两种方式进行信息搜集。在搜集中应注意明确信息来源和范围，确保包括数据在内的咨询信息的准确性和完整性。为了确保咨询结果的可靠性，应对所搜集的信息进行鉴别，从中剔除那些不客观反映情况的数据和资料。最后还应按一定标准进行归类、整理，以供进一步分析时利用。

4)进行分析研究　分析研究是咨询工作的核心，通过对所整理的与课题有关资料的分析、数据计算和综合研究得出研究结果，并进行检验，待确认其可信性后系统地加以归纳，然后编写分析报告。除了资料必须准确和可靠外，分析结果的正确与否还取决于采用的分析研究方法。在方法使用上应注意两个方面：一是针对课题以及资料的具体情况选择适当的方法；二是科学地使用方法，避免出差错。

5)编写咨询报告并进行结果论证　咨询研究的结果经过归纳、总结后将以书面报告的形式提交给委托者。报告的基本内容包括课题名称、引言、正文、结语、附录(含背景材料及原始材料)。其中,报告名称应与咨询课题名称一致;引言是咨询工作的概括,用于阐明主要内容、任务和要达到的目标;正文为报告的主体部分,内容包括原始资料的归纳、数据处理、所作的分析、结果及检验等;报告的结语为咨询结论的总结和建议,同时指出应用时应注意的问题;附录部分是可供用户参考的原始资料。

6)提交咨询报告并进行项目归档　待报告审查通过后,即向用户提交咨询报告,同时向用户说明使用中的注意要点。在用户使用过程中还应保持与用户的联系,以解决随时出现的问题。另外,待咨询课题全面完成后,将报告及其他资料按要求归入档案,以备今后查阅。

6.5 信息与决策

信息的使用是信息管理的目的与归宿,支持决策则是信息使用的落脚点。准确地把握信息和决策的关系,理解决策过程中信息的作用,掌握信息处理的方法,才能更好地指导决策。

6.5.1 决策概述

纵观人类社会的发展可以看到,伴随着人们的日常生活、生产劳动和社会活动,人的决策行为早已存在并经历了漫长的历程。从古至今,人类决策活动的方式发生了很大变化。直到20世纪20年代,科学决策的概念才逐渐形成,信息技术、计算机技术在决策中的应用勾勒出现代决策的清晰思路。

1.决策的概念

决策是对如何行动做出主张的策略或方法,或者说,决策是对具有不确定性的后果或不一致的事物寻求解决方法或行为方针的一种活动。用最小的付出去获得最大的收益是决策的基本目标。

决策是人类的一种复杂的高级思维活动。与简单的选择行为不同,决策不是依据个人主观意愿去行事,而是以一定的客观事实来指导行动。做一项决策,首先需要去了解所决策的问题,了解它的历史和现状,了解与它相关的其他事物,确定出基本的决策目标;其次,要分析影响实现这些目标的所有客观因素;再根据各种客观因素,找出实现决策目标的办法,制定出具体的实施方案,并且要评价这些方案的可行性;最后,要对各种可行决策方案的实施后果进行风险分析,在条件允许的情况下,对各种不同的方案做出最后选择。对于不同的决策问题,决策过程中各个阶段的活动形式会不尽相同,有的阶段简单,有的阶段很复杂。但是,决策活动一定要回答为什么做、怎么做和做了会怎样。

2. 决策的特征

决策的特征有:目的性、超前性、创造性、管理性。

1)目的性　人类的实践活动都是在理想和意图的支配下,为达到一定的目的进行的。理想、意图和要达到的行动目标是在行动之前就已经确定了的,所以决策体现了鲜明的目的性。

2)超前性　决策建立在行动之前,是对未来行动的方向、原则和方法的决定。

3)创造性　为达到决策的目的,实现决策目标,决策者必须以创造精神寻求和优化达到目标的最佳途径,即创造性地选择和制定最优的决策方案。

4)管理性　“管理就是决策”,决策是主要的管理职能,任何管理都必须以决策为前提和依据。

3. 决策的类型

1)按决策的重要性划分　可将决策分为战略决策、战术决策和执行决策三个层次。战略决策是涉及组织的发展和生存的全局性、长远性、方向性的决策,如企业厂址选择、新产品开发、地区的产业布局等;战术决策是为了完成战略决策所规定的目标而进行的决策,如企业的产品规格、工艺方案等;执行决策是根据战术决策的要求制定执行方案的选择,如生产标准选择、生产调度等决策。

2)按决策的性质划分　可将决策分为结构化决策、半结构化决策和非结构化决策。结构化决策是一种有章可循的决策,可以重复出现,问题的本质与结构清楚,解决问题的方法与步骤是已知的和确定的,可制定固定程序来完成决策,如订单计划、核定工资等;非结构化决策表现为问题新颖,对问题的本质与结构不甚了解,解决问题的方法与步骤也知之甚少,非结构化决策主要靠决策者的知识、经验与智慧来完成,如开办新工厂、开辟新市场、开发新产品等;半结构化决策则介于以上二者之间,对问题的本质与结构有所了解但不够清楚,解决问题可能采用的方法及其相互间的关系基本知道但不确切,解决问题的步骤尚难确定,要通过启发式的探索来做出决策,如生产调度、会计分录等。

3)按人们对自然状态规律的认识和掌握程度划分　可将决策分为确定性决策、风险决策和不确定性决策。确定性决策能确切知道将发生怎样的自然状态,可以据此选择最佳行动方案,一般用数学规划来解决,如资源的分配优化、配置等;如果决策者不能准确知道未来出现哪种自然状态,但可以估计其出现的概率,那么这种决策问题就是风险决策,一般采用以概率论为基础的方法加以解决;如果决策者不但不能确定未来将出现哪一种自然状态,甚至对于各种自然状态出现的概率也一无所知,也没有任何统计数据可循,全凭决策者的经验和态度,这类问题就是不确定性决策问题。

4)按决策的目标数量划分　可将决策分为单目标决策和多目标决策。仅有一个目标的决策问题是单目标决策,如某企业为单纯追求经济效益所做的决策;有两个或两个以上目标的决策问题称为多目标决策,如企业决策的同时需要考虑经济、社会效益等。

6.5.2 决策过程

著名学者西蒙认为决策过程主要由四个阶段组成：

(1)情报活动，找出存在的问题，确定决策目标，获取相关信息；

(2)设计活动，拟定各种备选方案；

(3)选择活动，从各种备选方案中进行选择；

(4)评价活动，执行所选方案，对整个过程及其结果进行检查和评价，将所得信息作为下次决策的参考，或者提出新问题，启动新一轮决策过程。

这四个阶段可以分成更详细的九个步骤，即提出问题、确定目标、提出价值准则、拟订方案、分析评估、选择方案、实验验证、普遍实施和反馈检验，如图6-1所示。

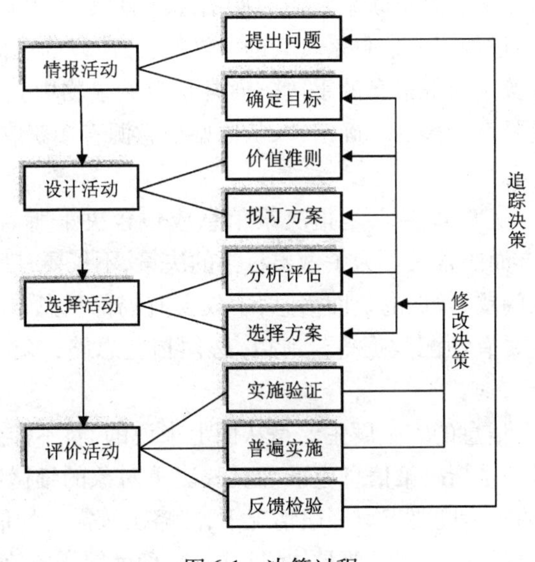

图6-1 决策过程

6.5.3 决策信息

决策信息是对决策过程发生作用的消息、情报和知识的总称，包括从信息源收集到的原始信息以及经过分析加工和提炼的直接用于制定决策的信息。

信息与决策具有相互支持和相互依赖的关系，决策者只有快速准确地获得信息，有效地利用信息，适时把握决策时机，才能获得较好的决策效益。所以，提高对决策信息的认识，准确及时地对信息加以处理和利用，对提高决策质量具有重要的意义。

1. 决策信息的类型

1)按信息来源划分　可分为外部信息和内部信息。外部信息是来源于组织外部环境的信息,例如市场预测销售情况的信息、需求复杂化的信息等,这类信息的特点是量大而零散,变化较快,并有一定的随机性。内部信息是反映一个组织内部经济活动的信息,又可分为固定信息和加工信息。前者是在事务处理过程中直接记录下来的信息,后者是通过一定的数学方法和加工处理获得的信息。

2)按信息对决策功能的适用程度划分　可分为描述性信息和控制性信息。其中,控制性信息依组织目标而异,对决策十分重要,是决策的价值前提。

2. 决策对信息质量的要求

决策是依靠信息来制定的,信息是决策的基础,信息的质量决定决策的质量。及时掌握充足而可靠的适用信息,是进行科学决策的前提。科学决策活动对信息的质量有三方面的要求。

1)可信度要求　可信度亦称可靠度,是指信息的真实性和准确性。信息的可信度包括两个方面:一是信息人员收集到的原始信息是真实的、准确的;二是信息人员为决策者所提供的经过加工的信息是真实的、准确的。所以确定信息的可信度,要考察信息源的性质,并鉴别获取信息的手段。通常从自然事物中获取的信息比较真实可靠,而社会信息就具有较多的不确定性;从原始信息源直接获取的信息比经过多次转换的信息可靠性高。

2)完整度要求　完整度要求是指决策信息应包含决策所需的全部信息,有范围、种类、时间等多方面的含义。为了做出科学的决策,不仅要有反映成绩、经验的正面信息,还要有反映问题、教训的负面信息;不仅要有局部信息,还要有总体信息;不仅要有历史数据,还要有预测数据等。所以,必须拓宽思路,多源头、多渠道地收集信息。

3)精确度要求　信息的完整度主要是从面上来说的,暂不涉及个别对象的具体情况;而精确度要求则是指决策信息应准确反映决策对象的细微特征。要根据决策的要求来确定信息的精确度要求。一般情况下,战略决策需要的信息内容比较概要,精确度要求不高;而执行决策则需要具体详尽的、精确度较高的信息。

3. 决策过程中的信息流动和处理

在决策过程中,信息的高效流动是科学决策的前提条件,图6-2表示决策过程中

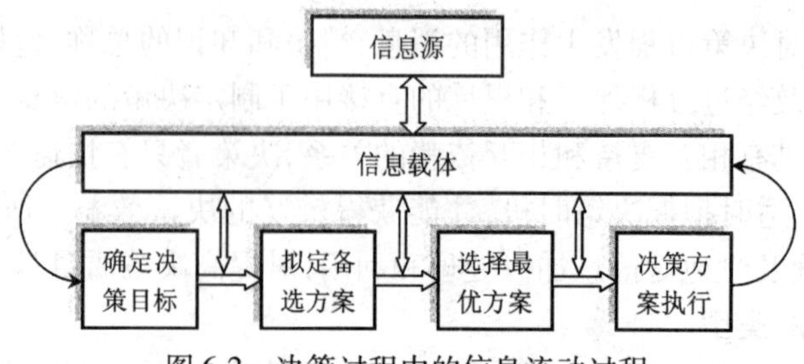

图6-2　决策过程中的信息流动过程

的信息流动过程。

信息源是信息的出处。常见信息源包括各种类型的出版物、档案资料、会议记录、传媒工具以及重要人物的讲话等。在信息时代,各种类型的计算机情报检索数据库的建立,使得远距离快速获取信息成为可能。

信息载体包括人脑、语言、文献资料和实物等。信息附着在信息载体上,并通过信息载体发挥作用。

在决策的各个阶段,信息在信息源(通过信息载体)和决策者之间交互,将知识、数据、方法等传递给决策者,影响决策的制定;同时,决策形成过程中产生的新知识、新数据、新方法又回流到信息源,经过信息载体的整理加工生成新的信息记录下来,并同时完成信息载体中错误的、陈旧的信息的修改更新工作。信息对决策的影响还体现在决策实施过程中,信息流可以随时把出现的情况和问题反馈给信息载体,经过信息再生过程后记录下来,用以指导新的决策工作。

6.5.4 决策中的信息分析方法

信息分析方法一般可以分为定性方法、定量方法以及定性与定量相结合的方法三大类。

1.定性方法

定性方法针对那些不需要或不可能应用定量手段来进行分析的决策任务,通过定性的比较、分类、类比、分析和综合、归纳、演绎等,以获得关于研究对象的质的规定性知识,而不涉及其微观的数量关系,其直观性强,容易学习和掌握,推理严密,有说服力。

1)对比法　对比法是较为常用的一种定性方法,也是研究事物的最为普遍的一种方法。通过比较,可以确定事物间的水平差距,揭示事物的发展过程,分析事物的异同和优劣,发现问题和规律。对比法的基本原则是可比性原则,包括时间、空间和范畴的可比性。在比较时,要抓住事物的主要方面,不失之偏颇,同时也要注意多项指标的比较,避免认识的局限性。

2)头脑风暴法　头脑风暴法也是较为常见的一种定性方法。它是一种典型的创造性思维方法,指无拘无束、自由奔放的思考问题的方法。在一个偶然的场合,个人由于受到外界事物的启发而突然萌发出一个富有创见的想法,或是找到了解决某个问题的办法,这就是个人头脑风暴。很多专家学者集中在一起,就某个问题面对面展开讨论,多提方案建议、少争论、相互启发、相互补充,往往可以产生许多有创见的思想火花和大胆的设想,这是集体头脑风暴。当然,无论哪种方法,都只能用来诱导和捕捉思维的灵光,要想得到最终的决策,还需运用逻辑和数学的方法进行严密论证。

2. 定量方法

定量方法是一种高度抽象的方法，借助于数和数量关系，强调对数据的分析，通过建立数学模型等可重复检验的手段来表达数据的内涵，获得关于研究对象的量的特征，其结论更为直观、精确，有较高的可信度。

预测分析法是较为常用的一种定量分析方法，它以概率论作为主要理论基础，根据事物过去和现在的发展规律，科学地估计未来的发展趋势。此外还有系统分析、模型模拟、多元分析、模糊数学等多种常用的定量方法。

3. 定性与定量相结合的方法

对于复杂的决策任务，一方面，靠经验总结来进行定性分析的活动很难保证分析结果的准确性和复杂性；另一方面，单纯使用定量方法难于应付复杂多变的客观现实，其对"精确性、严密性"的刻板要求常常拖延，甚至阻碍任务的完成。因此，必须将定性方法与定量方法结合起来使用，才能满足决策的需要。定性方法把握信息分析的重心和方向，侧重于建立对事物的宏观认识体系；定量方法为信息分析提供数量依据，侧重于建立对事物的微观分析模型，并进行模型的求解。

德尔菲法是一种常用的以定性为主的、定性与定量相结合的分析方法。它具有匿名性、反馈性和统计性的特点。德尔菲法一般采用匿名的形式以规范的程序向专家进行多轮次（经典的情况要进行四轮次）的函询调查。对调查的专家意见要进行统计评定和定量统计。采用德尔菲法时，专家人数一般以 20 ~ 50 人为宜。德尔菲法特别适宜在不确定因素较多或数据不够充分，难以建立定量模型的情况下，进行探索性的预测和决策。

6.6 我国信息机构信息服务案例

信息作为一种宝贵的资源和生产要素，已成为人类社会生活必不可少的条件。信息服务业作为国民经济现代化的重要标志，对整个经济的发展和人类生活环境产生了巨大的影响。信息服务业的发展过程是经济运行效率和人类生活质量提高的过程。

6.6.1 制定地区经济发展规划中的信息服务案例

规划和计划是发展国家和地方经济的依据，对国计民生的影响极大。为了制定或者修改规划和计划，必须对资源的种类和储存量、资源可供开发和利用的潜力、工农业生产的布局、现有产业的结构和比重等问题做深入细致的调查研究，才能提供科学根据，使规划和计划切实可行。

安徽蚌埠市是我国山芋干的主要产地，若以蚌埠为圆心，以 100 千米为半径，这个范围内山芋干的年产量可达 170 万吨。1 000 吨山芋干价值只有 15.8 万元，而将

1 000 吨山芋干加工成维生素 C,产值却可达 400 万元,经济效益猛增 25 倍。蚌埠市情报所为了发挥地区经济优势,历时半年,走访七省十市,摸清了国内外当前淀粉工业的水平、动态及市场情况,写出了一篇《山芋干开发综合利用》的调研报告,特别是针对山芋干在有机酸、氨基酸、酶制剂、制药、酒精、化工、淀粉衍生物等领域的应用进行了较详细的介绍,提供了 514 个数据,为蚌埠市制定经济发展规划提供了依据。我国山芋干产区面积很大,全国一部分地区山芋干供过于求,农民手中的山芋干卖不掉,"财富变成了包袱"。蚌埠市情报所的调研报告为山芋干的综合利用开拓了新的前景,受到社会的一致好评,《人民日报》《安徽日报》都对这件事进行了报道,中国农业电影制片厂还拍摄了"甘薯综合利用"的科教片。

6.6.2 科学管理中的信息服务案例

科学管理是各行各业的一个共同的重要课题。只有进行科学的管理,才能提高科研活动、工业生产和经济建设的效率。为了学习和借鉴国内外先进的管理方法,为目前经济体制和科研体制的改革提供依据,必须研究国内外科研机构和工厂企业的布局特点、规模、体系制度、管理办法、人才结构、人员培训等情况。科学管理的内容很多,各国科学管理的理论、方法和水平也各不相同,只有抓住本单位的主要矛盾,有针对性地引进国内外先进的管理经验和方法,才能很好地进行改革,有效地提高科学管理的水平,从而提高科研活动和生产建设的效率。

我国铁路运输基本上是客货两运,随着原煤用量的不断增长,煤炭运输日益紧张,给铁路部门造成了越来越大的压力。为此,煤炭部情报所分析研究了世界上以产煤著称的德国鲁尔工业区的情况,发现该区的特点是以采煤为中心,发展煤、钢、电、化学等综合工业,将生产的煤大部分就地发电、炼焦、炼钢,并进行化工综合利用。煤炭部情报所将德国的经验编写成《鲁尔的兴起》《鲁尔工业区的今昔》等研究报告,对我国煤炭工业的管理起到了一定的参考作用。

6.6.3 制定部门或行业技术政策中的信息服务案例

为部门或行业制定合适的技术政策,不仅关系到本部门当前的发展,也关系到其他行业或产业未来的发展。因此,确定技术政策是一项重大的战略任务,对国民经济发展的影响极大。为了制定正确的技术政策,使技术政策适合国情,既为当前的工农业生产服务,又顾及长远发展的需要,在制定技术政策以前,必须广泛系统地搜集资料和数据,对历史的、现实的、国外的、国内的类似情况进行深入细致的比较,才能对该项技术的必要性、可行性和经济性做出论证。

我国南方大部分地区缺煤,为了解决能源问题,国家早在 20 世纪 60 年代初就考虑发展核电,但有些人认为核电既贵又不安全,因而对发展核电缺乏信心。我国要不要建立核电站,在这个举国关心的问题上,核工业部情报所为制定能源技术政策做了大量的工作。1965 年,该所参加了为制定核电十年发展规划服务的调研工作,1976 年写出了《快中子堆在核动力中的作用及其发展概括》和《国外原子能发电的技术路线》两篇专题报告。十年来该所编写的与核电有关的调研报告和翻译资料近百篇,约 150 多万字。1980 年初,国家科委等单位组成了核能调研小组,核工业部情报所参加了这个小组的工作,调研组走访了中央有关部委和上海、广州的近四十个单位,搜集了大量资料和数据,撰写了《我国华东和广东地区建造核电站的必要性、经济性和起步方案》等论证分析报告。报告指出:由于我国华东和广东地区因缺电而造成的损失严重,难以用常规能源补充缺口,首先在这些地区建设核电站,不仅可以解决缺能缺电的燃眉之急,还可以减轻因运煤而对交通运输造成的压力。调查还表明:虽然核电站的基建投资比同等容量的煤电站高,但如果把燃料开采、加工和运输的投资包括进去,则核电站系统投资与煤电系统相近,核电的电价可略低于煤电,证明了发展核电站在经济上是合算的。调研小组还调查了我国的技术力量和物质条件,证明我国发展核电在技术上是可行的。

6.6.4 大型工程建设中的信息服务案例

大型工程和建设项目有三个突出的特点:一是规模大、投资多、时间长;二是涉及的学科专业和技术门类多;三是对国民经济和生态环境的影响深远。因此,凡属这一类的项目,在破土动工以前,一定要对它的必要性和可行性进行充分的技术经济论证。在施工过程中,要广泛吸收国内外成功的经验和失败的教训,采用合理的设计和先进的技术,以避免人力、物力和时间上的浪费。信息分析对工程和建设项目的选址、选择施工方案和技术路线等有着重要的作用。

葛洲坝水利枢纽工程开创了我国大江截流的新纪元,其规模之大、难度之高,不仅居国内之首,世界上也不多见。在这项大型工程中,长江流域规划办公室下属的情报室做了大量的工作。1975 年以来,情报室以葛洲坝工程的设计、施工和科学研究为中心,提供了总数为 304 万字的多种专题情报调研报告 72 个,完成了总数为 430 万字的译文资料。在截流工程方案比较阶段,情报室提供了资料比较齐全、论证比较充分、观点比较明确的《国内外大江截流》调研报告。在研究葛洲坝工程三江下游航道底宽的时候,主管部门和工程技术人员对 120 米和 150 米两个方案一时议决不下,信息分析人员调查研究了国外航道的技术资料,证明 120 米底宽完全可以满足要求。葛洲坝工程技术委员会根据三江航道和试验资料,参考调研资料,决定采用 120 米方案,结果比 150 米方案节省工程费用 2700 万元。一位总工程师在肯定信息工作的作用时指出:“葛洲坝之所以能达到比较先进的水平,经受了 1981 年大洪水的考验,把我国水利水电工程设计推进到一个新的阶段,受到国内外专家的高度赞扬,是和收集了大量国内外情报资料分不开的。”

本章小结

本章重点讲述了信息服务的内涵、特性与类型，同时对我国信息服务业的构成进行了较为详细的阐述，并介绍了咨询服务、信息与决策等方面的内容。最后，列举出信息服务机构在多个领域中提供信息服务的具体案例。

通过本章的学习，学生应掌握信息服务的内涵，信息服务的类型，咨询服务的内涵与特征，决策的含义、特征、类型、原则、决策过程以及决策信息。同时，应对信息服务的特性、咨询服务的类型、咨询服务的程序、决策中的信息分析方法以及信息服务业的构成、我国信息服务业的发展现状形成初步的认识与了解，为本书后面章节的学习打下基础。

参考文献

[1] 谢新洲. 信息管理概论[M]. 北京：中央广播电视大学出版社，2003.
[2] 胡昌平，乔 欣. 信息服务与用户[M]. 武汉：武汉大学出版社，2001.
[3] 徐山鹰，张效成. 高层管理决策支持系统[M]. 北京：科学出版社，2002.
[4] 胡昌平. 信息管理科学导论[M]. 北京：高等教育出版社，2001.
[5] 何 斌，张立厚. 信息管理原理与方法[M]. 北京：清华大学出版社，2006.
[6] 金海卫. 信息管理的理论与实践[M]. 北京：高等教育出版社，2006.
[7] 孟广均，等. 信息资源管理导论[M]. 北京：科学出版社，1998.
[8] 秦铁辉，王延飞，等. 信息分析与决策[M]. 北京：北京大学出版社，2001.

思考与练习

1. 不定项选择题

(1) 信息服务具有的功能包括(　　)。

A. 提供信息　B. 释疑解惑　C. 整序导引　D. 保值增值
E. 研发创新

(2) 以下属于信息服务特性的是(　　)。

A. 用户导向性　B. 专业性　C. 实效性　D. 交互性
E. 适时性

(3) 开展信息服务的三个基本因素是(　　)。

A. 信息产品　B. 信息伙伴　C. 信息用户　D. 信息服务者
E. 信息加工

(4)从信息服务的发展历史及服务的内容角度来划分,信息服务可以分为以下类型,分别是(　　)。

A. 文献提供服务　B. 报道服务　C. 检索服务　D. 咨询服务
E. 网络信息服务

(5)下列信息服务的类型中,历史最为久远的是(　　)。

A. 文献提供服务　B. 报道服务　C. 检索服务　D. 咨询服务
E. 网络信息服务

(6)检索服务按照检索手段可分为(　　)。

A. 定题检索服务　B. 手工检索服务
C. 计算机检索服务　D. 联机检索服务
E. 回溯检索服务

(7)检索服务按照检索方式划分,可以分为(　　)。

A. 回溯检索服务　B. 定题信息服务
C. 数值型或事实型数据检索服务　D. 全文检索服务
E. 用户辅导服务

(8)决策的特征包括(　　)。

A. 目的性　B. 增值性　C. 管理性　D. 创造性
E. 超前性

(9)按决策的重要性可将决策划分为(　　)。

A. 结构化决策　B. 战略决策　C. 非结构化决策　D. 战术决策
E. 执行决策

2. 填空题

(1)开展信息服务的三个基本因素是:________、________、信息服务者。

(2)我国学者一般认为,信息产业由______________________、____________两大部分组成。

(3)按决策的性质划分可将决策分为____________、半结构化决策和_____________。

(4)按人们对自然状态规律的认识和掌握程度可将决策分为____________、风险决策和____________。

(5)决策对于信息的要求包括:可信度、____________和精确度。

3. 判断题

(1)微观信息管理的最终目的和归宿是信息检索。(　　)

(2)历史最为久远的信息服务类型是文献提供服务。(　　)

4. 名词解释

(1)广义的信息服务;(2)咨询服务;(3)网络信息服务;(4)信息服务业;(5)决

策；(6)决策信息。

5. 简答题

(1)简述网络信息服务的特点。

(2)简述网络信息服务的主要内容。

(3)简述发展信息服务对信息资源管理的影响。

(4)简述信息服务的特性。

(5)简述从信息服务的历史发展及服务的内容角度对信息服务的划分。

(6)简述咨询服务的特征。

(7)简述咨询服务的主要类型。

(8)简述咨询服务的程序。

(9)简述决策的基本原则。

(10)简述决策的过程。

(11)简述决策中的信息分析方法。

第 7 章　政府信息管理

本章要点

◎ 政府信息化

◎ 政府信息化的影响

◎ 电子政务

◎ 我国电子政务的发展与对策

◎ 国外电子政务建设

学习内容

1. 政府信息化的含义与内容
2. 政府 CIO
3. 政府信息化对政府变革的影响
4. 政府信息化对经济发展的影响
5. 电子政务的含义
6. 电子政务与政府信息化、办公自动化、电子政府、政府上网等概念的区别
7. 电子政务的目标
8. 电子政务的应用模式
9. 电子政务的功能
10. 我国电子政务的发展与对策
11. 国外电子政务建设

学习目标

1. 了解:国内电子政务发展现状与对策;国外电子政务建设

2. 理解:政府信息化的深远影响,电子政务与几个相关概念的异同

3. 掌握:政府信息化的含义与内容,电子政务的含义,电子政务的目标、应用模式,电子政务的功能与特点

关键词

政府信息管理、政府信息化、电子政务、两网一站五库十二金

在信息时代,信息管理已经成为现代政府的基本职能之一,政府信息管理也是信息管理在实践活动中的重要应用领域之一。在政府行政效率不断提高、政务信息不断"阳光"化等因素的作用下,对政府信息资源加强管理,已经成为信息管理界、行政管理界以及信息技术界日益关注的一个重要课题。

7.1 政府信息化

目前,有效地应用信息技术,建设现代化的政府,已经成为一个广泛关注的全球性运动。政府信息化已经成为一个时代的潮流,离开了信息化,不可能有一个现代化的政府;而一个忽视了信息化的政府,也不可能领导和建设一个走向现代化的国家。因此,政府信息化是政府建设中一项具有战略意义的任务,也是政府建设中一个最重要的时代特征。

7.1.1 政府信息化的相关概念

7.1.1.1 政府信息化

政府的最基本的职能是对社会、公众行使公共行政管理职能。而政务是指各级政府的业务、事务、会务等具体政府工作,通过这些具体政务,政府得以履行其对社会、公众所承担的各项公共行政管理和服务职能。

一切产生于政府内部,或虽然产生于政府外部,但对政府活动有影响的信息资源统称为政府信息资源。政府产生的信息量常常多得惊人,据统计,目前各级政府部门大约聚集了全社会信息总量的80%。如何加强管理、综合开发和有效利用这些资源已经成为各级政府工作的当务之急,是一个值得研究和探讨的新领域。

1. 政府信息化的含义

政府信息化概念的内涵,经历了一个发展变化的过程。在20世纪80年代前后,人们首先提出了办公自动化这一概念,这实际上是政府信息化的早期表述,其核心是要用计算机处理办公室的内部业务,如文件资料的制作、传送和储存等。80年代以后,随着管理信息系统的出现,信息加工处理系统成为人们关注的焦点,这时的政府信息化,实际上就是运用信息加工和信息处理技术改善政府的决策和满足管理者的要求。90年代以后,随着国际互联网技术的迅速发展以及在政府公共管理中的应用,电子政府、电子政务等一些新概念也很快产生,其含义是指在政府内部办公自动化的基础上,利用计算机技术、通信技术和网络技术,建立起网络化的政府信息系统,并通过不同的信息服务和其他公共服务,打破了传统政府管理时间、空间的限制,改变了政府管理的方式。政府信息化内涵的上述演变过程表明,政府信息化本身就是一个动态的过程,政府信息化概念的内涵也将随着政府信息化的不断推进而不断发展。

根据目前的发展来看,从理论上说,政府信息化就是工业时代的政府(即传统政府)向信息时代的政府(即现代政府)演变的过程。具体地说,政府信息化就是应用现代信息和通信技术,将管理和服务通过网络技术进行集成,以及对政府需要的和拥有的信息资源进行开发和管理,来提高政府的工作效率、决策质量、调控能力、廉洁程度,节约政府开支,改进政府的组织结构、业务流程的工作方式,全方位地向社会民众提供超越时间、空间与部门分隔限制的优质、规范、透明且符合国际水准的管理和服务。

这个定义包括三个方面的内容:①电子政务必须借助于电子信息和数字网络技术,离不开信息基础设施和相关软件技术的发展;②电子政务处理的是与政权有关的事务,除政府机关的行政事务外,还包括立法、司法部门以及其他一些公共组织的管理事务;③电子政务并不是简单地将传统的政府管理事务原封不动地搬到互联网上,而是要对其进行组织结构的重组和业务流程的再造。

2. 政府信息化的内容

政府信息化主要包括三个组成部分:①政府部门内部的信息化和网络化办公;②政府部门之间通过计算机网络而进行的信息共享和实时通信;③政府部门通过网络与企业和大众之间进行的双向信息互动。

我国的政府信息化正式起步于1993年,以"三金工程",即金桥工程、金卡工程和金关工程的启动为标志。目前,我国将"两网、一站、五库、十二个大系统"的电子政务建设定位为重点,积极推动政府信息建设。

7.1.1.2 政府CIO

政府首席信息主管(Chief Information Officer),即政府CIO,是一个在政府部门中负责信息技术系统(包含计算机系统和通信系统)战略策划、规划、协调和实施的高级官员,他们通过谋划和指导信息技术资源的最佳利用来支持政府部门的目标。政府CIO在政府的最高领导层占有一席之地,参与政府部门的战略决策。目前,各国政府都非常重视CIO的培养与任命。

在政府信息化建设中,除了政府部门"一把手"的重视之外,还要有既懂政府业务又懂信息技术的人来担任信息主管,辅助政府部门"一把手"领导政府信息化建设。信息主管只有给政府部门"一把手"提供明明白白的解决方案,才能够把政府信息化建立在比较科学的基础之上。因此,要从既懂政府业务又懂信息技术、有创新精神的业务骨干和技术骨干中选拔专职CIO,使政府部门"一把手"拥有具有专业知识和丰富经验的、合格得力的政府信息化建设助手。

政府CIO的产生是与信息资源管理密切相关的,其在政府信息化中的作用主要包括:①提出信息化发展的设想,制定信息化发展战略,参与制定机构的总体发展战略;②了解业务需求,提出业务流程再造方案;③提出信息化建设投资建议,参与高层决策,负责信息系统采购;④负责信息技术体系结构和信息系统的建设;⑤负责信息与知识的管理;⑥负责信息技术人才招聘和员工信息技术培训。

7.1.2 政府信息化的影响

从世界范围来看,信息已成为战略性资源,信息资源管理和知识管理成为各行业的核心管理领域。在国民经济和社会信息化过程中,政府信息化处在关键和核心的位置。这是由政府在推动国家信息化中的主导地位和特殊角色以及政府管理对信息的广泛依赖所决定的。为迎接信息社会的挑战,不少国家及地区,一方面积极发展国家信息基础设施,一方面致力于政府信息化,利用信息技术改革政府,构建电子政府。

7.1.2.1 政府信息化对政府管理变革的影响

政府作为国家行政机构,承担着大量公众事务的管理和服务职能。在我国,各级政府机关不仅在社会经济文化生活中扮演着管理者和协调员的重要角色,其为企业和社会服务的职能在这场信息革命的大潮中也日益凸现。一方面,各级政府部门拥有大量宝贵的信息资源;另一方面,公众、企业和社会对获取政府有关政策法规、各类统计信息、社会保障信息等的快捷和透明程度的要求日益提高,对政府部门的办事效率、服务水平等的要求也越来越高,同时对政府部门职能的监督需求日益强化。政府机构的信息化应用水平在相当大的程度上影响着社会经济发展和社会信息化进程。

1. 政府信息化系统的应用、实施将从服务、管理、消费三个方面使政府的职能发生重要转变

在服务方面,电子政府通过对外宣传主页发布和管理系统,使公众迅速了解政府机构的组成、职能和办事章程、各项政策法规,增加办事的透明度。政府服务部门和科研教育部门的各种资料、档案、数据库的上网,使政府的服务更加完善,更好地为社会服务。

在管理方面,政府信息化使政府管理扁平化,减少了中间层管理,大大提高了政府的工作效率。政府信息化系统的作用之一就是实现网上办公,政府通过网络获得真实、全面、准确、及时的企业信息,由政府建立大型的专门数据库,对数据进行汇总、处理、加工,并建立决策支持系统,应用统计模型进行分析、计算,帮助政府进行决策,来调节政府政策,再通过电子文件传送政策命令,实现其调控作用。

在消费方面,电子政府利用互联网络发布政府采购信息,通过网络进行电子招标,完成采购过程,可以大量节省工作时间和精力,提高工作效率,并在网上实现政府采购的国际化。

2. 政府信息化的建立和发展,极大地提高了政府工作效率和政府决策的科学化、民主化水平

政府信息化为政府工作人员提供了现代化的办公手段和应用工具,降低了信息传输的时间成本和人力成本,节约了原来靠人脑和文件处理信息所消耗的大量时间和精力,将政府工作人员从常规的事务性工作中解脱出来。网上办公、远程会议、虚拟机关的产生,打破了政府工作的时空界限,加强了政府部门之间以及政府与公众之间的信息沟通和互动,使以前无法想象、无法实现的政府服务成为现实,使政府管理和服务更加精干高效。

同时,政府信息化在一定程度上打破了传统的政府部门之间条块分割、等级森严的格局。政府信息化使各级政府的各部门拥有了统一的服务平台。公众在这个电子服务平台上,面对的是一个虚拟的一体化的政府,他不必关心自己打交道的是哪一级政府的哪个部门,只要获取服务就可以了。这就大大提高了政府服务的效率,为公众节省了大量的时间和金钱。此外,政府信息化使决策实施情况的及时反馈成为可能。政府机关可以将拟推行的重大举措放在网上征求公众的意见;决策后,政府机关又可以通过网络及时获得决策实施过程中的反馈信息,了解和掌握发展变化的最新信息,并据此完善或追踪决策。

3. 政府信息化的建立和发展,为政务公开提供了方便、有效、快捷的载体,有利于政府的勤政、廉政建设

在信息社会,政府信息化为政务公开奠定了技术基础。国家制定的各种法律规章、人大代表的背景资料、政府制定的各种规划方案、重大工程的酝酿决策、大案要案的侦破、审判机关的判决等公众关心的信息,都能通过现代化的政府信息网络,在第一时间到达公众手里。从 20 世纪后半叶开始,法治社会国家纷纷制定政府信息公开法,建立政府信息公开法律制度。美国从 1967 年开始着手制定政府信息公开法,目前其政府信息公开法律主要有《信息自由法》(Freedom of Information Act,简称 FOIA)、《隐私法》(Privacy Act)和《阳光法》(Sunshine Act)组成。这三部法案相互独立又互有关联,是构成美国联邦政府信息公开法律体系的主要基石。2007 年 4 月 5 日,我国国务院总理温家宝签署了国务院第 492 号令,即公布《中华人民共和国政府信息公开条例》,并于 2008 年 5 月 1 日起施行该条例。该条例的颁布是我国法制建设中的重大事件,它的颁布意味着政府信息公开制度在我国的正式确立,从此该制度的反腐败功能将会得以发挥,我国的依法行政水平将会进入一个新的台阶。同时,为保守国家秘密,维护国家的安全和利益,保障改革开放和社会主义建设事业的顺利进行,1988 年 9 月 5 日第七届全国人民代表大会常务委员会第三次会议通过了《中华人民共和国保守国家秘密法》,自 1989 年 5 月 1 日起施行。

政府运作成为阳光作业,最大限度保证了政府管理的公开性,保护了公众的利益。政府信息化还可以增加政府办公的透明度,它可以防止信息被少数人专用或有选择性地公开,可以防止信息被更改、掩盖,可以建立一套相对严格的制度,将权利交给机器,防止人为干预。实施政府信息化后,由于所有审批的程序流程都是可视的,每一个部门的办事情况都可以被看到,所用时间也都可以被查出来,有利于领导的监督,并且把办事的规范归纳成标准的东西,人为因素被大大减少,降低了不确定的因素,从而增加了政府办事的透明度。

7.1.2.2 政府信息化对经济发展的影响

随着以全球互联网技术为代表的新一代信息技术的迅速发展,人类社会正步入一个新的网络时代。政府部门作为国家经济生活的参与者和管理者,其管理水平的提高和服务功能的强化,将对国家经济的发展产生极大的推动作用。这就使得推行政府信息化显得更为必要。

1. 政府信息化将改善政府对国民经济的宏观调控能力

政府是现代化经济发展不可缺少的管理部门。在市场经济条件下,政府不再直接干预企业的经济活动,但在宏观上却必须对整个国民经济活动进行规划和调控。

推行政府信息化后,网络将成为政府实现宏观调控的有力手段。首先,借助网络,政府能够及时全面了解社会经济发展状况,为宏观调控提供科学依据。在传统的政策管理中,常常因信息不畅导致重复建设、盲目决策,造成了巨大的人力和物力的浪费,同时由于信息处理手段落后,造成大量的自然资源和社会资源闲置。政府上网后,网络所蕴含的巨大信息资源将得到充分的开发和利用。同时,政府可以运用最先进的技术手段,把浩如烟海、杂乱无章的信息变为有价值的信息,通过信息的发布,引导市场竞争向规范和健康的方向发展。

2. 政府信息化通过高效率的政府服务,帮助中小企业成长

在知识经济时代,发展中小企业已成为政府重要的发展战略。为了转向电子商务,中小企业需要负担高速因特网接入和电子商务应用程序的费用。政府可以把区域内的中小企业组织起来,还可通过政府网站入口建立中小企业网站链接,树立中小企业的品牌形象,使这些中小企业不仅得到本地居民的品牌认同,也得到辖区外的新客户和企业伙伴的接入。这样可有效地将本地中小企业和全球连接,以促进企业发展和经济增长。

3. 政府信息化的发展还将给信息产业和其他产业的发展带来无限商机

在美国,许多电信部门为了获得免费为政府建网的机会而竞争十分激烈。尽管这在一般人看来有些不可思议,但精明的电信部门自有它们的如意算盘。例如,电信部门虽然免费为政府网站建立了各级虚拟会议会场,但是政府今后每次召开电子会议,都必须向电信部门交纳一定的费用,这些费用将是电信部门一笔很可观的收入。因特网的服务商们一致把500万的上网人数公认为赢利的临界点,而倘若我国各级政府机构都能实现上网,那么我国的网民数量就将有更大的突破。政府部门实施政府信息化以后,企业和广大公众如果想找政府办事或是查阅有关信息就必须上网,这种促动作用要比由电信部门去发动或者由IT企业去拉客户都更行之有效,它将为信息产业提供巨大商机。

4. 政府信息化的实施能带动国家信息基础设施的建设,加强对劳动力队伍利用信息技术能力的教育和培训,吸引高科技人才和高新技术产业

在工业经济社会,基础设施是否健全,交通系统是否快捷,环境质量是否良好,社会治安是否稳定，对于吸引企业投资和新企业创业是十分重要的。在知识经济社会里，是否建立了渗透到每一个企业和家庭的信息基础设施，能否获得不断得到补充的高素质的劳动力队伍，政府是否建立促进信息产业发展的法律政策框架，这些都是政府信息化必须回答的问题。

7.2 电子政务

从1993年美国总统克林顿宣布利用信息技术改造政府开始，电子政务就迅速列入了所有工业化国家的政治日程，并随之波及众多发展中国家。各国纷纷投入人力、物力大力发展电子政务，现在它已经成为治国不可或缺的工具。

7.2.1 电子政务的相关概念

7.2.1.1 政府与政务

众所周知，政府(Government)是指国家权力机构的执行机关，即国家行政机关。按一般的理解，政府是一种机构和组织，是为社会各种组织和个人提供政府管理事务的客观存在。按管辖权利的不同，政府可分为中央政府和地方各级政府，不同的政府机构各自承担着不同的职能。

政务(Government Affairs)指关于政治方面的事务，泛指国家和地方政府的管理工作。政务有广义和狭义之分。广义的政务泛指各类行政管理活动，包括政党、政府、人大、政协、军队等系统所从事的行政管理活动，如党务、税务、检务、军区事务、社区事务等等。而狭义的政务则专指政府部门所开展的行政管理和社会服务活动。在我国，对政务的理解基本是从广义的角度出发的，电子政务的实际实施也是在广义的范围内进行的。

7.2.1.2 电子政务

“电子政务”是由英文“E-Government”翻译过来的。它的出现，打破了时间、空间和部门分割的制约，提高了政府运作效率，使政府部门更加精简、高效、廉洁和公正。“电子政务”，在英文中称为“E-Government”，简写为E-Gov，很多人因此也将其翻译为“电子政府”，所以在中国应称为“电子政务”还是“电子政府”是一个不可回避的问题，专家们经过多次热烈的讨论，最后统一意见为“电子政务”，并且得到了国家信息化领导小组的首肯。

目前，关于“电子政务”的确切含义还没有统一认识，其中有代表性的定义如下。

(1)联合国公共经济事务署和美国公共管理协会(ASPA)发起的一项全球性调查粗略地把电子政府定义为：一个使用最新的信息通信技术，即从简单的传真机到无线手持设备等多方面来进行日常管理的政府。

(2)1998年，我国香港特别行政区开始实施“21世纪数字战略”计划，该计划把电子政府定义为“借助电子手段,无论何时何地都可以进行的,对于国内运行所提供的面对大众的政府服务引导(包括获得政府信息和完成政府事务的处理)”。

(3)一些西方学者指出,所谓构建电子政府,实质上就是把工业化模型的大政府转变为新型的管理体系,以适应虚拟的、全球性的以知识为基础的数字经济,同时也适应社会的根本改变。

(4)国内一些学者认为,电子政务是政府机构运用信息以及通信技术,打破行政机关的组织界限,构建一个电子化的虚拟机关,将其管理和服务职能转移到网络上去完成,同时实现政府组织结构和工作流程的重组优化,超越时间、空间和部门分隔的制约,向全社会提供高效、优质、规范透明和全方位的管理与服务。

(5)电子政务是基于计算机网络进行的政务活动,包括政府部门内部的电子化、网络化的政务活动,政府部门之间通过网络进行的政务活动,政府部门与社会和公众之间通过网络进行的政务活动。从这个认识出发,提出“所谓电子政务,或称政府上网,也就是政府职能上网,在网上成立一个虚拟政府,在互联网上实现政府的职能工作”。

(6)电子政务一词是相对于传统政务和电子商务(E-Commerce)而言的,是一个与电子商务并列的概念。从广义上讲,电子商务是指企业全面信息化,电子政务是指政府全面信息化。

(7)还有学者认为,电子政务其实就是各级政府机构的政务处理电子化,主要包括政务电子化、信息公布与发布电子化、信息传递与交换电子化、公共服务电子化等。还有学者将电子政务理解为办公自动化的高级发展阶段。

其实,上述解释有些不仅不够准确,甚至有的还十分牵强。因为,政务提供的许多服务都属于“物质性”服务,比如道路维修、公共安全、环境保护等,无论信息技术多发达,消防队员也不可能在网上救火,警察也不可能坐在电脑前制止犯罪。所以无论是将电子政务定义为运用电子化手段实施的国家管理工作,还是定义为全方位的服务,或者是基于网络进行的政务活动,应该说都没有抓住电子政务的本质。而把电子政务等同于政府上网,建立虚拟政府,更是走入了认识的误区。

正确理解电子政务的本质是十分重要的。综合以上观点,本书认为,电子政务是政府机构为了适应经济全球化和信息网络化的需要,自觉应用现代信息技术,将政务处理与政府服务的各项职能通过网络实现有机集成,并通过政府组织结构和工作流程持续不断地优化与创新,以实现提高政府管理效率、精简政府管理机构、降低政府管理成本、改进政府服务水平等目标。

7.2.1.3 电子政务与其他几个相关概念的异同

1. 与政府信息化的比较

政府信息化是人们在日常工作中经常使用的一个概念,是相对于国民经济信息化、社会信息化、企业信息化等来使用的。随着信息技术的发展,政府信息化的概念不断演化,所包括的内容也在不断扩展。20 世纪 70—80 年代,政府信息化主要指办公自动化;80 年代后,管理信息系统(MIS)又成为人们关注的焦点;90 年代后,随着国际互联网技术的发展及其在政府管理中的应用,人们又提出电子政府和电子政务的概念。因此,如果说政府信息化强调的是全局过程,那么电子政务则是政府信息化某一阶段的具体实现。政府信息化的过程,包括各级政府机构采用信息技术改造业务流程,采用电子信息装备辅助业务处理,将政府信息规范化、数据化以及在政府形态上信息化等。而电子政务只是推进具体政务工作电子化的过程,是实现政府信息化的一种主要手段。建设电子政务是推动政府信息化水平的一个重要举措,电子政务实际上是政府信息化发展的一个阶段。

2. 与办公自动化的比较

所谓办公自动化,主要是指利用现代化的办公设备、计算机技术和通信技术来代替办公人员的手工作业,从而大幅度地提高办公效率。办公自动化设备早在 20 世纪 80 年代就已经开始在我国得到普及应用,而电子政务系统的大规模应用基本上是 90 年代中期以后的事情,所以我们不难发现两者之间的差异。

具体地说,电子政务和办公自动化系统在以下方面存在明显的差异。

(1)其应用定位不同。电子政务侧重于政府部门内部以及跨部门、系统和地区的应用;而办公自动化系统的应用重点一般是在部门内部,并且集中于办公人员的个人层面。

(2)二者的应用主体不同。办公自动化广泛地应用于几乎所有的党政机关和企事业单位;而电子政务顾名思义,其应用主体主要是各级政府部门。

(3)在系统用户方面,电子政务与办公自动化系统也存在一定的差别。具体地说,办公自动化系统的用户多为办公人员;而电子政务由于一般是互动式进行,所以其系统用户的范围要广得多,除了政府部门的工作人员之外,还包括与这些部门相关的企业和公众等。

虽然电子政务和办公自动化在应用定位、应用主体、功能、系统管理模式等方面均存在较大的差异,但是它们之间仍然有着十分密切的关系。由于电子政务实现了打破部门界线的联网办公和互动式作业,所以可以把电子政务看做是办公自动化系统在范围和功能上的对外延伸,是面向全社会的政府办公自动化。

3. 与电子政府的比较

最易与电子政务在概念上产生混淆的,当属“电子政府”。“电子政府”这个名称直译自英文单词 Electronic Government(简称 E-Government),其原意是利用网络技术来构建一个“虚拟政府”,从而使民众能够随时随地地享受各类政府服务。1993 年,美国前副总统戈尔受克林顿委托,研究如何才能够重塑美国的政府系统,使它的运行变得更为合理和高效,同时使其能够为民众提供更为便捷的服务。戈尔为此发起了一场名为“国家绩效考察”(National Performance Review)的运动,用以检视美国政府在管理和提供服务方面所存在的弊端,并提出相应的改革建议。在这个运动中,构建"电子政府"被作为一个重要的改革方向提了出来。在之后的几年中,英国、日本等发达国家也相继提出了构建"电子政府"的计划。

通过查阅国外的有关资料发现,西方的"电子政府"计划虽然也包括了整合政府各部门的信息资源,实现跨部门的联网办公等内容,但总的来说,这些计划的重心更多地放在利用信息技术来改造政府服务的提供方式,即上文所说的政府部门与民众之间的电子政务之上。国内人士在探讨"电子政府"这一概念的时候,同样偏重于政府服务的电子化,而很少涉及几乎同等重要的部门内部和部门之间的电子政务活动。这种倾向之所以出现,主要是因为"政府"这个词本身就有实体的含义,而且政府作为一个整体出现,经常是与社会相对而言的。在这种情况下,人们更多地从民众接受服务的角度来探讨"电子政府",也就是很自然的结果。

但是,如果严格地进行区分,就会发现"电子政府"和电子政务其实并不是同一个概念。在我国的体制中,党、政府、人大和政协四套班子都是从事政务工作的,只是分工不同。"电子政府"从名称上来看只包含了其中的一种,而"电子政务"则包括了四套班子的政务活动。"电子政府"构想集中于政府与民众之间的电子政务,而一个完整的电子政务的概念,则同时包含了政府部门内部、政府部门之间以及政府与民众之间的电子政务,所以不但其范围更广,而且内容也要比"电子政府"丰富得多。

4. 与政府上网的比较

还有一个极易与电子政务相混淆的概念,那就是政府上网。这个词来源于1999年中国启动的"政府上网工程"。当年1月,中国电信联合40多家部委(办、局)的信息主管部门,共同倡议发起了政府上网工程。这项工程的主旨是推动各级政府部门开通自己的互联网站,并推出政务公开、领导人电子信箱、电子报税等服务,从而为政府系统的信息化建设打下坚实的基础。"政府上网工程"取得了巨大的成功。在短短的一年时间内,全国各级政府部门申请的gov. cn域名就达到2 400余个,而且它们还开发出了大量成功的网上应用项目。正是由于"政府上网工程"取得了如此大的成功,所以人们后来经常用"政府上网"来代指我国的电子政务建设。

然而,严格地说,政府上网与电子政务建设并不是同一个概念。如果取"政府上网工程"的原意,那么"政府上网"的重点还是在于通过开通政府网站来推动政府部门与民众之间的电子政务活动(在这一点上,政府上网与电子政府十分相似)。而完整意义上的电子政务则是一个更为宽泛的概念,还包括了政府部门内部以及部门之间的电子政务活动。所以,除非我们把"政府上网"的含义进行适当的扩展,把政府部门内部和部门之间的联网办公也包括进来,否则"政府上网"与我们所说的电子政务之间不能简单地画等号。

5. 与电子党务的比较

所谓党务,就是党的工作和党的事务的总称,涉及党的领导活动和自身建设的各个领域、各个层次。从广义上讲,为实现党的任务,为促进党的自身机构的完善而进行的一切党的实际活动和对党的事务的管理工作,都是党务工作;从狭义来讲,就是对党的事务的具体管理工作,包括对党员和党组织的管理、办公事务的管理、会务和信访等。1999年,"电子党务"这个概念被四川省省委信息化办公厅的刘志信同志首次提出,带有浓厚的中国特色。目前学术界对"电子党务"还没有统一的定义,国外的研究也都是偏重于电子政务。本书认为,"电子党务"与"电子政务"二者的区别主要体现在以下三个方面。

1)建设目标不一样 电子政务是以公共服务需求为出发点,以建设一个管理高效的政府为目标,利用电子手段实施公共管理,向企业和社会公众提供国家政策、法律法规咨询、网上行政服务以及一系列的信息服务和公共管理服务;而电子党务要建设的是一个适应信息化潮流的现代化执政党,其目标是为了更好地整合执政资源,提高自身执政能力,建设一个高效率的政党。

2)服务对象不一样 电子政府面向社会的各企业、团体、个人,通过网络向社会及时、准确地传递信息,大大提高政府服务的效率和服务的质量,提高政府为公众服务的水平,全面提升政府形象并使公众能够监督政府工作;而电子党务主要是面向党员与党政机关,通过党自身运作效率的提高和对社会形象的宣传来团结自己的几千万党员,吸引更多的社会精英加入党的组织,从而树立自己的权威,更好地执政。

3)主管单位不一样 一般来说,各个国家对电子政务的建设都有一个专门的机构来负责。如美国的电子政务建设是由美国总统管理委员会领导,由总统行政管理办公室、行政管理和预算局两个部门联合执行。引领中国电子政务发展方向的是国家信息产业部和国务院信息化办公室,在省、直辖市一级机构,通常是省市的办公厅所属的信息化工作办公室来负责对行政范围内电子政务的指导规划工作。国外虽然没有像国内"电子党务"一词的学术概念出现,但是各个政党的官方网站的建设和维护,在全国范围内是由党的中央委员会负责,并且使用.org的域名。电子党务作为一个具有中国特色的概念,是中国共产党领导的中国政府信息化建设的必然产物。目前,对国内电子党务进行统筹规划工作的是中共中央办公厅。中共中央办公厅以建议的形式向科技部、国务院信息化办公室发函,间接行使指导权利。

电子党务与电子政务虽然在建设目标、服务对象、主管单位等方面有着不同的地方,但是在支撑体系、基础管理、信息技术基础、系统安全与服务理念等方面存在许多相同或相通之处,正确认识和处理好电子党务与电子政务的关系,对搞好电子政务和电子党务建设大有裨益。

6. 与电子商务的比较

从20世纪90年代中期来说,电子商务在全球范围内得到了迅猛的发展,为人类社会的经济发展和社会进步起到了重要的推动作用。一般来说,电子商务是企业通过以因特网为核心的信息技术在企业生产经营活动中的广泛应用,达到有效降低生产经营成本、显著提高经营管理效率、成功开拓国内外市场、大幅度增进客户满意度等多方面的目的,进而提高企业适应市场、满足市场和开拓市场的能力。换句话说,电子商务就是应用"电子"手段为"商务"服务,使商务活动的运作方式和实现结果产

生根本性的变化。从中可以看出,电子政务与电子商务之间存在以下区别与联系:

(1)电子商务的主体是企业,而电子政务的主体是政府;

(2)电子商务的目的是追求理想的经济效益,而电子政务主要着眼于社会效益的提高;

(3)电子商务与电子政务都必须依靠以网络为核心的信息技术来实现;

(4)电子商务与电子政务的根本目的是一致的,都是为了推动经济与社会的快速发展;

(5)企业与政府之间的有些业务往来,如企业向政府纳税、政府向企业采购,对政府来说属于电子政务,而对企业来说属于电子商务。

7.2.2 电子政务的目标

7.2.2.1 电子政务的总体建设目标

电子政务的总体建设目标可以概括为:以信息技术为核心,面向日常行政管理、面向领导规划与决策、面向公众服务,逐步建设一个全面的、整合的、安全的、无缝的行政管理应用系统,如图7-1所示。

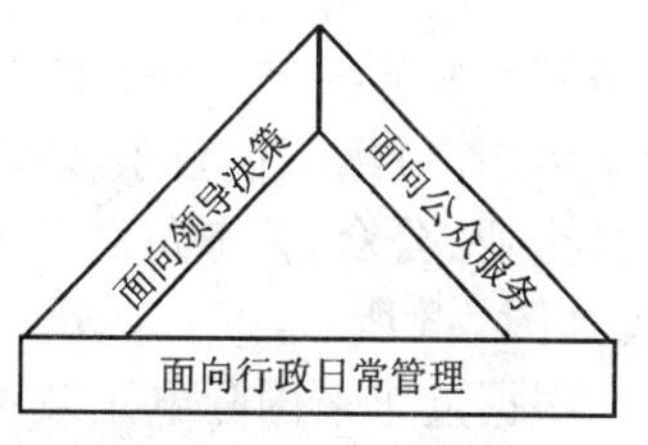

图7-1 电子政务的总体建设目标

1)面向领导决策 领导和权力部门的规划、计划和决策水平,将对国民经济的发展和社会进步产生深远的影响。电子政务系统需要引入决策学、管理学、经济学的理论方法,以及数据挖掘、内容管理和知识管理等先进技术和产品,对领导决策的全过程提供支持,全面提高决策的科学性、合理性和准确性。

2)面向行政日常管理 政府在依法行政的过程中,日常事务占有相当大的比重。利用信息系统在信息采集、传输、存储、处理、检索、管理方面的强大功能,替代或强化其中的部分事务,可以有效地提高政府的工作效率、质量和效果。

3)面向公众服务 利用国际互联网和其他通信基础设施作为媒体,向企业和个人提供法律法规咨询、综合政务公报、网上报税/年检、紧急救助等服务,使民众可在任何时间、任何地点、任意方式(Anywhere、Anytime、Anyhow,简称3A)获得全方位、个性化的服务。

7.2.2.2 电子政务系统的技术目标

电子政务系统的技术目标如图7-2所示。

1)有效性 电子政务系统必须切实符合行政管理的实际,以提高行政绩效为目标,不能盲目照抄国外的建设模式。

2)安全性 电子政务系统作为政府行政的现代工具,政治信息、经济信息、军事信息和社会信息将在其中传递和流转,系统的安全性至关重要。

3)整合性 系统整合包括五项内容:①规范整合,标准、规范、接口的统一规划

图 7-2 电子政务的技术目标

是整个系统整合的基础;②界面整合,为公众和政府公务人员提供一站式服务;③数据整合,保证信息的可靠交换与共享;④功能整合,通过面向服务、网格计算、虚拟组织、流程配置等先进技术,将各部门的功能整合在一起;⑤管理整合,对网络管理、安全管理、运行管理等功能实施整合。

4)*灵活性* 电子政务的建设是一个开发、应用和不断完善的循环过程,需要在此循环中保证系统的灵活性、演进性和继承性,使得系统可持续地发展,进入良性循环。

7.2.3 电子政务的应用模式

政府的经济调控、市场监管、社会管理和公共服务四大职能决定了电子政务系统的服务对象(或称之为用户)绝不仅限于政府或其部门本身,还应包括企业、公众、公务员和其他政府四种类型的对象,如图 7-3 所示。

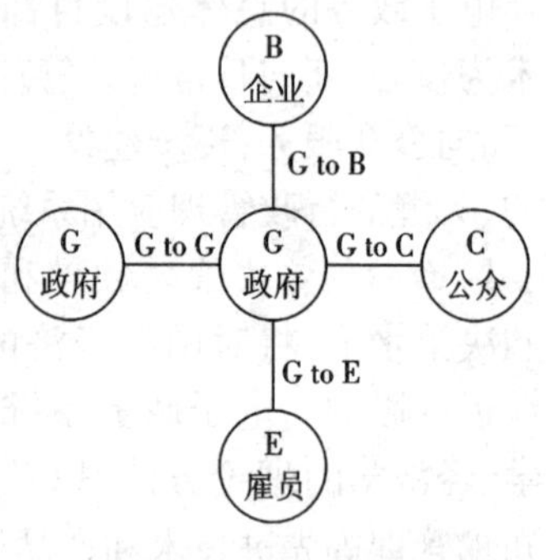

图 7-3 电子政务的应用模式

根据近年来国际电子政务的发展和我国电子政务的实践,目前,电子政务的主要模式按照服务对象分为以下四种,G to G 模式、G to E 模式、G to B 模式和 G to C 模式。

1. G to G 电子政务

G to G 电子政务即政府与政府之间的电子政务,又称作 G2G。它包括首脑机关与中央和地方政府组成部门之间、中央政府与各级地方政府之间、政府的各个部门之间的互动。随着电子政务的发展,还应该包括国际范围内国家与国家之间、国家与国际组织之间、国际组织之间的互动。

G to G 模式是电子政务的基本模式,具体的实现方式可分为:政府内部网络办公系统、电子法规政策系统、电子公文系统、电子司法档案系统、电子财政管理系统、电子培训系统、垂直网络化管理系统、横向网络协调管理系统、网络业绩评价系统、城市网络管理系统。传统的政府与政府间的大部分政务活动都可以通过网络技术的应用,高速度、高效率、低成本地实现。

2. G to E 电子政务

G to E 电子政务是指政府与政府公务员(即政府雇员)(Employee)之间的电子政务,又称作 G2E。G to E 电子政务是政府机构通过网络技术实现内部电子化管理的重要形式,也是 G to G、G to B 和 G to C 电子政务模式的基础。G to E 电子政务主要是利用 Intranet 建立起有效的行政办公和员工管理体系,为提高政府工作效率和公务员管理水平服务,具体的应用主要包括公务员日常管理、电子人事管理等。G to E电子政务的形式不一而足,主要应从不同政府部门需求的实际出发,探索具体可行的电子化管理方式。

3. G to B 电子政务

G to B 电子政务是指政府与企业(Business)之间的电子政务,又称作 G2B。企业是国民经济发展的基本经济细胞,促进企业发展,提高企业的市场适应能力和国际竞争力是各级政府机构共同的责任。对政府来说,G to B 电子政务的形式主要包括:政府电子化采购、电子税务系统、电子工商行政管理系统、电子外经贸管理、中小企业电子化服务、综合信息服务系统。

G to B 电子政务活动还远不止这些,实际上只要与企业发生直接或间接联系的政府管理部门都可在一定程度上通过电子政务方式代替传统形式的政务活动,以提高效率,降低成本,为企业提供更大的方便。

4. G to C 电子政务

G to C 电子政务是指政府与公民(Citizen)之间的电子政务,又称作 G2C,是政府通过电子网络系统为公民提供各种服务。G to C 电子政务所包含的内容十分广泛,主要的应用包括:电子身份认证 、电子社会保障服务、电子民主管理、电子医疗服务、电子就业服务、电子教育及培训服务。

7.2.4 电子政务的功能

电子政务相对于传统政务手段与方法来说,其功能是多样化的,但无论采用何种模式的电子政务,其功能都主要包括如下几个方面。

1)监督电子化　通过政府公务的电子化,将政府办公事务流程向社会公开,让公众迅速了解政府机构的组成、职能和办事章程、各项政策法规,增加办事的透明度,并自觉接受公众的监督。

2)资料电子化　政府部门和科研教育部门的各种资料、档案、数据库也应上网。政府部门的许多资料档案对公众是很有用处的,要充分挖掘其内在的潜力,为社会服务。公开政府部门的各项活动,可以使政府受到公众的监督,这对于发扬明主,搞好政府部门的廉政建设有很大意义。

3)沟通电子化　在网上建立起政府与公众之间相互交流的桥梁,并为公众与政府部门打交道提供方便,公众可直接从网上行使对政府的民主监督权利。

4)办公电子化　网络办公是电子政务非常重要的一个内容,通过办公电子化,不仅极大地方便了公众同政府部门的办事效率,而且对于塑造政府形象也具有重要的意义。

5)市场规范电子化　电子政务建设除了将政府行政内容上网以外,还应建立起各个部门相应的专业交易市场,以推动经济的发展。尤其是个体企业的资金、技术有限,需要政府为其建立起面向供需双方的专业化网上市场,这有利于搞活经济、繁荣市场。

7.3 我国电子政务的发展与对策

7.3.1 我国政府的现行管理体制和信息化的特点

我国政府一般由以下机构组成:领导机构、综合协调机构、部门机构、监察监督机构和社会保障机构。领导机构在整个行政组织系统中起统率作用,如中央人民政府和地方人民政府,是各级政府的指挥决策中心,其中心任务是对职权内的各项行政工作进行领导和指导,以贯彻执行党和国家的路线、方针、政策,执行国家的法律法令,完成国家和本地区、本部门、本单位的各项行政管理任务。综合协调机构的主要任务是协助领导机关首长处理专门事项,综合协调政府各行政部门工作,管理政府机关各项具体事务。如省政府办公厅作为省政府领导机关的直接服务机构,是省政府领导指挥全局,推动各部门工作运转的枢纽。部门机构(或称执行机关)是在行政领导机关之下,具体负责组织、领导和管理某一方面行政事务的工作机关。对部门机构的要求是:对上贯彻执行领导和领导机构的决议、决定和指示;对下组织领导并在业务上指导下级相应职能机构的各项业务工作。监察监督机构是对行政机关和工作人员以及行政工作进行监察和监督,如审计局、监察局等。社会保障机构是指保障人民生命和财产安全、保障社会生活秩序、保障公共秩序的政府机构。根据中国宪政结构的规定,一级人民政府的工作部门代表本级政府执行某一方面的公共行政事务,同时又是上级人民政府相应工作部门的下属工作部门。各级政府工作部门之间的关系有两种,一是领导关系,二是业务指导关系。省、自治区、直辖市人民政府各工作部门受本级人民政府统一领导,并且依照法律或者行政法规的规定受国务院主管部门的业务指导或领导;自治州、县、自治县、市、市辖区的人民政府的各工作部门受本级人民政府统一领导,并且依照法律或者行政法规的规定受上级人民政府主管部门的业务指导或领导。双重领导和业务指导关系,实际上体现了上级对下级在工作上的决策和执行的关系,工作监督与被监督的关系。

中国政体特点决定了中国政府信息化的特点。首先,由于是中央集权,存在行政领导关系,所以必须是一个自上而下统一标准的系统;其次,基于中国政府对经济运行的影响更为直接,政府信息化将极大地推动社会信息化;最后,中国一级政府的部门比较多,协调十分重要,为此,2000 年国务院办公厅下发国办发[2000]36 号文件,明确"各地区、各部门的办公业务网和政府公众信息网,必须由本级办公厅(室)负责建设和管理","各地区、各部门务必进一步加强对本单位办公自动化建设和应用工作的领导,把这项工作作为办公厅(室)的基本职能并进一步强化,要有专门机构,保证必要的经费,确保系统总体建设目标的实现",进一步确保信息系统的建设适应行政管理体制。

7.3.2 我国政府信息化的发展历程

我国的政府信息化建设是沿着"机关内部办公自动化——管理部门的电子化工程(如金关工程、金税工程等'金'字工程)——全面的政府上网工程",这一条线展开的。总的说来,我国的政府信息化进程共经历了四个阶段:起步阶段、推进阶段、发展阶段、高速发展阶段。

1. 起步阶段(20 世纪 80 年代初—20 世纪 90 年代初)

中央和地方党政机关所开展的办公自动化(OA)工程,建立了各种纵向和横向的内部信息办公网络。1992 年,为了推进政府机关的自动化程度,在政府机关普及推广计算机的使用,国务院办公厅下发文件《国务院办公厅关于建设全国政府行政首脑机关办公决策服务系统的通知》([1992]25)。该文件下发以后,在国务院办公厅统一指导下,经过各地区、各部门近十年的积极努力,全国政府系统信息化建设取得了长足的发展。

2. 推进阶段(20 世纪 90 年代初—20 世纪 90 年代末)

1993 年,国务院信息化工作领导小组拟定了《国家信息化"九五"规划和 2010 年远景目标(纲要)》,国务院要求当时的电子部与有关部委大力协调,抓好几项重大信息工程。

1993 年底,为适应全球建设信息高速度公路的潮流,中国正式启动了国民经济信息化的起步工程——"三金工程",即金桥工程、金关工程和金卡工程。三金工程是我国中央政府主导的以政府信息化为特征的系统工程,是我国政府信息化的雏形。金桥工程又称经济信息通信网工程,它是建设国家公用经济信息通信网、实现国民经济信息化的基础设施。这项工程的建设,对于提高我国宏观经济调控和决策水平以及信息资源共享,推动信息服务业的发展,都具有十分重要的意义。金关工程又称为海关联网工程,其目标是推广电子数据交换(EDI)技术,以实现货物通关自动化、国际贸易无纸化。金卡工程又称电子货币工程,它是借以实现金融电子化和商业流通现代化的必要手段。在部分"金"字工程推动下,部分政府部门的网络建设,电子化的深度都得到了一定的发展,并积累了一定的经验。

3. 发展阶段(1999 年—2001 年)

1999 年 1 月,40 多个部委的信息主管部门共同倡议发起了"政府上网工程",其目标是在 1999 年实现 60% 以上的部委和各级政府部门上网,在 2000 年实现 80% 以上的部委和各级政府部门上网。通过启动"政府上网工程"及相关的一系列工程,实现我国迈入"网络社会",提供政府信息资源共享和应用项目,政府站点与政府的办公自动化连通,与政府各部门的职能紧密结合,使政府站点演变为便民服务的窗口,实现人们足不出户完成与政府部门的办事程序。利用政府职能启动行业用户上网工程,如"企业上网工程"、"家庭上网工程"等,实现各行各业、千家万户联入网络,通过网络实现信息共享和多种社会功能,形成"网络社会"。据统计,我国目前已有 70%

以上的地市级在网上建立了办事窗口,政府网站已经多达3 000多个。在"政府上网工程"的推动下,网络建设获得了长足的进展,政府信息化的必要条件已经具备。

4. 高速发展阶段(2002年至今)

国家不断培育政府信息化发展的宏观环境。2002年是政府信息化逐渐由"由概念变成现实,由争论转入实施,由含混转为清晰"的一年。从"割据"向"统一"发展。2001年12月26日,国家政府信息化领导小组第一次会议做出了"中国建设信息化要政府先行"的重要决策。2002年7月3日,在国家信息化领导小组第二次会议上,国务院组织了上百位专家对国家电子政务进行研究,在所发布的十七号文件中,明确了"十五"期间我国电子政务的目标以及发展战略框架,将政府信息化建设纳入一个全新的整体规划,进入整体发展阶段。2002年11月8日,江泽民在"十六大"报告中明确提出:"深化行政管理体制改革,进一步转变政府职能,改进管理方式,推行电子政务,提高行政效率,降低行政成本,形成行为规范、运转协调、公正透明、廉洁高效的行政管理体制。"2002年12月10日,由中科院、中国贸促会、中国科协联合主办的"2002中国电子政务技术与应用大会"在中国国际展览中心举行。该会为我国电子政务提速助力。国家对政府信息化的空前重视,开辟了未来一段时间电子政务在我国的发展空间,为政府和企业搭起了共同发展的舞台。

我国政府信息化经过近20年的发展,已经取得了阶段性的成果:各类政府机构IT应用基础设施建设已经相当完备,网络建设在"政府上网工程"的推动下已获得了长足的进展,大部分政府职能部门(如税务、工商、海关、公安等部门)都已建成了覆盖全系统的专网。办公自动化、管理信息化的水平不断提高,适应政府机关办公业务和辅助领导科学决策需求的电子信息资源建设初具规模。

7.3.3 我国政府信息化的发展现状

当前,我国电子政务建设从早期的"三网一库"("三网"为:政府机关内部的办公业务网、中央和地方政府及部门的实现政府纵向与横向信息交互与共享的办公业务资源网、以Internet为依托的政府公众信息网;"一库"为:政务资源数据库。见图7-4)发展到"两网一站五库十二金"。为提高政府的职能监管能力、工作质量、办公效率和公共服务水平,我国将"两网、一站、五库、十二个大系统"的电子政务建设定位为信息化工作的重点。

中国电子政务的具体规划是:加快建设政务内网和外网平台以及中央政府门户网站;整合信息资源,建立人口、法人单位、空间地理和自然资源、宏观经济数据库,重点推进办公业务资源系统、宏观经济管理、金关、金税、金财、金卡、金审、金盾、社会保障、金农、金水和金质等12个业务系统,统一平台,统一标准,初步形成中国电子政务的基础框架。

"两网",指政务内网和政务外网;

"一站",是政府门户网站;

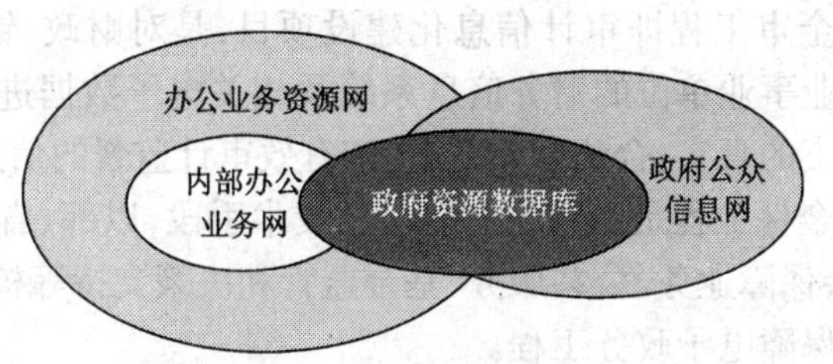

图 7-4　三网一库的结构示意图

"五库"，即人口基础信息库、法人单位基础信息库、自然资源和空间地理基础信息库、宏观经济数据库、信息资源目录；

"十二金"则是重点推进的办公业务资源系统等 12 个业务系统。这 12 个重点业务系统又可分为三类：第一类是对加强监管、提高效率和推进公共服务起到核心作用的办公资源系统、宏观经济管理系统等；第二类是增强政府收入能力、保证公共合理性的金税、金关、金财、金融监管(含金卡)、金审 5 个业务管理系统；第三类是保障社会秩序、为国民经济和社会发展打下坚实基础的金盾、社会保障、金农、金水、金质 5 个业务系统建设。以下对十二金工程进行简要介绍。

1) 金关工程　金关工程是利用计算机网络技术实现对国家的对外经济贸易和相关领域(外经贸、海关、国家外汇管理、国家税务)进行标准化、规范化、科学化、网络化和现代化管理的一项国家重点信息化网络工程。该工程于 1993 年提出并实施。

2) 金税工程　金税工程是利用覆盖全国税务机关的计算机网络对增值税专用发票和企业纳税状况进行严密监控的一个体系，是一个从国家税务总局到省、地、市、县四级统一的计算机信息网络。金税工程于 1994 年开始实施。

3) 金融监管(含金卡)工程　金融监管工程即银行业信息化工程，其目的是利用信息化手段，加强货币政策管理和金融监管，并推进自动化支付系统及电子货币工程建设。

4) 金财工程　金财工程又称为政府财政管理信息系统。该系统以覆盖各级政府财政管理部门和财政资金使用部门的大型信息网络为支撑，以细化的部门预算为基础，以所有财政收支全部进入国库单一账户为基本模式，以预算指标、用款计划、采购订单以及财政政策实施效果评价和宏观经济运行态势跟踪分析为预算执行主要控制机制，以出纳环节高度集中并实现国库现金有效调度为特征。金财工程不仅是公共财政改革的基础，而且本身还是公共财政改革的重要内容。

5) 金盾工程　金盾工程是全国公安信息化的基础工程。该工程于 2001 年 4 月 25 日立项，其目的是实现警务信息化(即电子化警务)。金盾工程主要包括公安基础通信设施和网络平台建设、公安计算机应用系统建设、公安工作信息化标准和规范体系建设、公安网络和信息安全保障系统建设、公安工作信息化运行管理体系建设和全国公共信息网络安全监控中心建设等。

6)金审工程　金审工程即审计信息化建设项目,是对财政、银行、税务、海关等部门和重点国有企业事业单位的财务信息系统及相关电子数据进行密切跟踪,对财政收支或者财务收支的真实、合法和效益,实施有效审计监督的信息化系统。

7)金保工程　金保工程是利用先进的信息技术手段,以部、省、市三级网络为依托,支持劳动和社会保障业务、公共服务、基金监管和决策支持等核心应用,覆盖全国统一的劳动和社会保障电子政务工程。

8)金农工程　金农工程是与农业信息系统有关的信息网络工程。它于1994年12月提出,目的是加速和推进农业和农村信息化,建立"农业综合管理和服务信息系统"。金农工程的实施有力地改变了我国农业信息资源利用率低,信息技术相对落后的状况,正式拉开了农业信息化序幕。

9)金质工程　金质工程即国家质检信息化工程。金质工程的建设内容可以用"一网一库三系统"的建设来概括,即建设质检业务监督管理系统、质检业务申报审批系统、质检信息服务系统,建设质检业务数据库群,建设软硬件及网络平台。

10)金水工程　金水工程是从"九五"期间开始实施的覆盖水利信息化的重大工程。金水工程主要包括水利信息公用平台的建设和全国水利信息网络、国家防汛指挥系统、全国水利政务系统、国家水资源管理决策支持系统、国家水质监测和评价信息系统、全国水土保持监测与管理信息系统、全国水利工程管理信息系统、水利信息公众服务系统、全国水利规划设计管理信息系统、水利数字化图书馆等9个应用系统和安全体系的建设。

11)办公自动化系统(OA)　办公自动化(Office Automation,简称OA)是指在政府和企业内部各部门之间利用计算机系统、通信网络、办公设备等,建设一个安全可靠、开放高效的日常办公现代化、信息电子化、传输网络化和决策科学化的管理信息系统。办公自动化的目的是有效地共享信息,提高办公效率,提高团队工作能力,提高管理水平,实现各部门日常业务工作的规范化、电子化、标准化,最终实现"无纸"办公。

12)计算机辅助决策系统　计算机辅助决策系统又叫决策支持系统(DSS),是辅助管理者有效组织、管理、利用、挖掘信息资源,从而做出科学决策的一种信息系统。DSS在计算机技术和信息论的基础上,融入管理科学、信息经济学、行为科学、人工智能等多种知识,能够给各级政府部门和企事业单位提供由低到高的多个层次的支持功能。

7.3.4　我国政府信息化建设中存在的问题

总体来说,我国的政府信息化建设还处于初级发展阶段,存在一些需要解决的问题,主要是以下几个方面。

1)缺乏统一建设指南　无论是中央政府,还是地方政府,都尚未对政府信息化进行全面规划,对于政府信息化的建设体制、运行机制尚未建立,还存在不少的误区和盲区。各行业、各部门各搞一套,重复投资的现象还较严重。

2)管理体制不够健全 当前政府信息化建设的管理很不完善,不能适应政府信息化建设的要求,不能反映政府信息化建设的特点。随着知识经济时代的到来,必须有新型的管理体系与其相适应。

3)缺少相应的法律法规 政府信息化建设需要法律和法规来保障,这一点在政府信息化建设过程中尤为重要。目前,我国在信息化法制建设方面还处于起步阶段。最近出台了几个法规,可以说是一个进步。

4)与政府的业务工作分离 无论是办公自动化,还是政府上网,都是政府业务工作的手段,而不是目的,离开了业务部门的参与,也就无所谓"电子政府"了。要提高政府信息化水平,必须将信息化工作与政府的业务工作很好地结合起来,先要将政府部门的业务工作计算机化、网络化。

5)网络安全问题 政府上网的信息,各机关之间互相传递的信息,如何保证其安全,是一个非常重要的问题。很多单位在互联网和内部办公自动化网之间,没有从物理上完全隔开,这样就会在安全性和保密性上存在很大隐患。

另外,我国的政府网站也存在一些问题。主要有:①规范性有待加强,例如域名不规范,有的政府部门用非政府域名,政府域名有的用英文全称、英文缩写,也有的用拼音全称、拼音缩写,有的加上了所属行政区划的缩写;同一类机关从域名上看不出任何关联,即使是上下级单位域名也缺乏衔接和统一。②易用性不够,例如大部分网站没有内容检索,没有充分利用多媒体手段传播视频、音频信息。③信息内容少,目前政府网站大都提供概况、单位简介、招商引资信息等一类信息,但不能经常及时更新。④互动程度低,例如政府网站对电子邮件的回复率较低等。

7.3.5 我国电子政务的发展对策

在认识到我国电子政务发展中的问题后,需要制定相应的对策,对症下药,解决问题。

1)明确发展战略,制定统一规划 电子政务建设的目标是实现跨系统、跨部门和跨地区的信息沟通,从而打破信息盲区,使政府能够掌握和提供更全面、更充分的信息。要实现这一目标,必须对政府信息化建设统一规划,对资金统一管理,并建立相应的政府信息化管理组织机构,负责规划和协调工作,最大限度地避免各自为政、重复建设问题。

2)加强理论研究,提供思想指导 无论是西方发达国家还是中国,电子政务都是一个新的课题。它是一个涉及多个方面的系统工程,技术问题、体制问题、政策问题以及公众的认同程度等因素,都会影响其发展的进程。当前中国电子政务建设最缺的不是技术上的指导,而是政治上和理论上的研究和指导,这就需要在实施的过程中不断探索、创新,在实践中加强对政府管理信息化的理论研究,再用理论研究的成果指导政府管理信息化的模式、体制和技术等方面的问题。

3)*改革政府管理模式,优化业务工作流程* 要全面实施政府管理的信息化,就要应用信息技术对政府业务进行重构和再造,对传统的工作模式、方法和手段进行革新,建立以业务流程为核心的管理模式。应结合机构改革,以转变职能、政务公开、提高工作效率和质量为目标,以政府管理信息化为契机,积极推进电子政务建设,精简优化工作岗位、业务及工作流程,使之标准化、规范化。

4)*推进网上办公,加大政务公开力度* 只要传统的政务办理方式仍有市场,电子政务的普及就慢;接受电子化服务的人数越少,服务越没有保障,则电子政务的推广就越难。因此,要加快电子政务的发展,必须采取强有力的措施推动网上办公业务的开展。有行政审批权的政府部门要进一步扩大网上办公的范围,更多地实现网上申报、登记和审批等行政管理工作。同时,要加大政务公开力度。凡是可以向社会公开的政务信息,都要及时、准确地向社会公布。

5)*建立规范的信息制度,加快机关内部信息系统建设* 要保证政府信息资源的权威性、规范性和准确性,必须建立规范的信息制度,在信息的采集、筛选、分析和综合等方面都应该有严格的标准和规范。政府部门内部应设立专门的信息管理岗位,建立信息责任制,从根源上杜绝"数字出官、官出数字"的数字造假现象。

6)*整合信息资源,联通"信息孤岛"* 信息资源的价值主要是通过共享来体现的,其共享的范围越广,价值就越大。因此,对政府部门掌握的大量信息资源,应加强开发和利用,提高现有政府信息资源在政府部门之间的共享度,并将政府信息资源中可被公众共享的部分向社会开放。中央政府应着力于统一中央行政机关之间、中央和地方政府之间的不同行政文件系统,制定标准格式。面对大片分散的"信息孤岛",改变的途径当然不是铲掉重来,因为这不现实,代价也太大。目前迫切需要的,是在以往建设的基础上,对现有的系统加以有效整合和提升,实现不同系统之间的互联互通。

7)*加大信息技术人才培养力度,培育信息管理人才队伍* 政府管理信息化需要有既懂信息技术又懂公共管理或经营管理的复合型高级人才,政府应该在这方面增加投入,加大信息管理人才的培养力度,把信息技术知识与技能的考核纳入公务员综合考核范围。通过对熟悉行政管理的公务员进行计算机及网络的继续教育,为熟悉信息技术的专业人员补上管理学和经济学的课程,为政府管理信息化提供大量的实用人才。同时,应该对从事信息化工作的公务员提供特殊的激励政策,包括物质上的奖励、精神上的鼓励、舒适的工作环境、健康上的特殊保护、专业上的再教育和培训以及职务升迁机会等。

8)*采取有效措施,缩小数字鸿沟* 一方面政府应该在教育上加大投资力度,加强计算机文化教育,在全社会普及计算机基础知识,为更多的人提供接触电脑、学习信息技术的机会;另一方面,可以采取公私共享(Public-Private Partnership)的合作模式,鼓励私人资本投资,允许个人建立信息中心,提供有偿服务。数字鸿沟并不是电子政务应当落后的理由,一些信息化基础设施条件远远不如中国的国家,其电子政务发展水平却排在中国前面,原因在于它们选择了适合自身特点的电子政务发展道路。中国可以加强对社区的电子政务建设,通过居委会、村委会上网,就可以在不增加国家税收支出,不加重国家财政负担的情况下,提高对广大非上网群众有针对性的服务水平,实现有中国特色的电子政务。

7.4 国外电子政务的建设

在世界各国积极倡导的“信息高速公路”的五个领域(电子政务、电子商务、远程教育、远程医疗、电子娱乐)中,“电子政务”被列在第一位,可见政府信息化是社会信息化的重要组成和基础。近十年来,世界各国政府都把发展电子政务看成提高政府工作效率、改善政府管理水平和服务质量,进而增强国家综合竞争力的有效途径,绝大部分国家和地区的政府机构都进行了不同程度、不同形式的探索和实践。由于西方发达国家的信息化基础比较好,再加上其政治体制的特点,因此美欧等国的电子政务起步较早、发展较快。

7.4.1 美国

7.4.1.1 美国电子政务的发展概况

美国的电子政务起源于20世纪90年代初。1993年,克林顿政府成立了“国家绩效评估委员会”(NPR)。NPR通过大量的调查研究后,递交了《创建经济高效的政府》和《运用信息技术改造政府》两份报告,提出应当用先进的信息网络技术克服美国政府在管理和提供服务方面所存在的弊端,这使得构建“电子政府”成为美国政府改革的一个重要方向,也揭开了美国电子政务建设的序幕。1994年12月,美国“政府信息技术服务小组”(Government Information Technology Services)提出了《政府信息技术服务的前景》报告,要求建立以顾客为导向的电子政府,为民众提供更多获得政府服务的机会与途径。1996年,美国政府发动“重塑政府计划”,提出要让联邦机构最迟在2003年全部实现上网,使美国国民能够充分获得联邦政府掌握的各种信息。1997年美国政府制定了“走近美国”计划,要求从1997年到2000年,在政府信息技术应用方面完成120余项任务:在21世纪初,政府对每个美国公民的服务都实现电子化,在信息技术的支持下,政府工作的效率有极大的提高。1998年,美国通过了一项《文牍精简法》,要求美国政府在5年内实现无纸工作,联邦政府所有工作和服务都将以信息网络为基础。同时考虑风险、成本与收益,酌情使用电子签名,让公民与政府的互动关系电子化。

布什政府上台后,同样表示要利用互联网帮助联邦政府提高工作效率,希望建立一个“充满活力,但又有限的”政府,使公民有能力以一种更及时和更有效的方式和联邦政府机构进行交流。2001年7月布什提出总统管理日程(PMA),其内容之一就是扩展电子政府;2001年7月18日,美国总统办公室管理和预算办公室(OMB)成立了由46个部门和机构的81位成员组成的电子政府工作小组(EGTF),研究电子政务战略规划;接着OMB又成立了电子政府和信息技术办公室(OEGIT),由总统任命该办公室的主任,同时也是OMB的副主任,以加强对电子政务的领导。2001年10月3日,总统管理委员会(PMC)批复了EGTF的PMA电子政务建议书,成立了跨部门项目组(MAP)。2002年2月,基于PMA电子政务建议书,OEGIT提出了《电子政务战略(2002版)》。2002年12月,美国国会通过由布什总统签署的《2002年电子政府法案》。2003年1月,由美国总统办公室发表了由MAP和EGTF制定的《电子政务战略(2003年版)》。

为保障政府信息化发展,美国还制定了《政府信息公开法》《个人隐私权保护法》《美国联邦信息资源管理法》等一系列法律法规,对政府信息化发展起着重要的保障和规范的作用。

7.4.1.2 美国电子政务的实际应用

庞大的上网用户,良好的上网设施,为美国建立"电子政府"奠定了坚实的基础。目前,美国联邦政府一级机构和州一级的政府全部上网,几乎所有县市都建立了自己的站点。美国政府正在将一个个独立的网连接起来,做到网网相联。

美国电子政务的实际应用主要体现在以下几个方面。

1)用于政务公开　美国各级政府都广泛利用功能强大的政府网站向社会公开大量政务信息。这些信息包括:政府领导人的重要活动及演讲、政府工作的最新动态、民众到政府办理注册登记等事项的有关信息、与政府工作相关的研究、支持机构的有关信息等等。可以说,大部分与民众相关的政府事务,都能及时通过政府网站获得详尽的信息。

2)提供网上服务　美国的政府网站,大都在首页头版位置设有网上服务栏目,用于为民众提供各种查询、申请、交费、注册等服务。由于这些栏目充分发挥了网络的优势,将分属政府各部门的业务集中在一起,并与相应的网上支付系统配套使用,因而具有"单一窗口"、"一站式"、"24小时"、"自助式"等特点,体现了网上虚拟政府的发展方向,极大地方便了民众办事。

3)实现资源共享　各级政府通过政府网站,向大众提供政府所拥有的公用资料库信息资源,从而实现公共信息资源的增值利用。

4)实现政府内部办公电子化　由于美国的各级政府处理各种事务都是严格按照相应的法律法规办事,所以其政府部门没有层层下发的带有强制力的政府文件,机关内部的办公事务主要依靠电子邮件来传递信息;同时,传统的纸质文件、书面签名方式,仍然在处理一些重要事务时使用。其政府机关内部办公软件主要包括文档处理软件和在网络安全认证基础上的电子邮件系统,以及各种专门业务处理软件。会议通知、信息传达、政策宣传、法规颁布、意见调查等,都以电子邮件方式处理,以加快信息的流通。

5)提供安全保障　政府部门的内部办公一般都建有专门的内网,内网与互联网之间有严密的隔离措施,有的还是物理隔离。政府机关工作人员的保密安全意识很强,其内部办公网一般不许外人登录。

美方认为,美国的电子政务已经并将继续使联邦政府有机会利用信息技术减少繁文缛节,促进水平的(联邦政府部门之间的)和垂直的(联邦政府、州政府和地方政府之间的)信息共享,建立以公民为中心、以客户为重点的政府,使信息技术投资最大限度地获得产出。

由于实施电子政务,仅1992年到1996年,美国政府员工就减少了24万人,关闭了近2 000个办公室,减少开支1 180亿美元;在对居民和企业的服务方面,政府的200个局确立了3 000条服务标准,作废了1.6万多页过时的行政法规,简化了3.1万多页规定;美国全国雇主税务管理系统、联邦政府全国采购系统和转账系统等网络的建立,不仅节省了大量的人财物,而且提高了政务透明度。2003年,有340万纳税人使用了美国国税局(IRS)免费申报程序报税,比2001年增加了21%;企业可以申请雇主身份号码(EIN)并电子化地申报他们的纳税表格,2003年美国国税局(IRS)收到了222万份EIN在线申请和35万份电子化的企业纳税表;已有15 000个用户在政府灾难救助网站上登记,有43个应急机构和226个灾难准备训练计划;有超过6 500万的求职者访问了USAJob.com网站,建立了60多万个新的网上简历;26个联邦工资支付系统得到了加强,估计10年来节省了11亿美元。

7.4.1.3 美国的政府网站

相比较而言,美国已经是一个公认的政府网站建设得相当成熟,信息化工作开展最彻底的国家。这表现在:一方面,美国联邦政府一级机构和所有的州一级政府全部上网,而且几乎所有的县市都建立了自己的站点;另一方面,政府网站的信息非常丰富,并且富有成效,以"人口调查站点"为例,用户可以通过直观地图的形式,查看到州甚至到县一级的极其详尽的统计数据,包括当地从事各种职业的人口组成等等。

考察美国的电子政务,不能不提到美国政府门户网站——"第一政府网站"(http://www.usa.gov,原为http://www.firstgov.gov)它始建于2000年9月,是美国最大的电子政务网站,是了解美国政府、通往所有政府信息库的大门。目前美国的政府网站多达2万多个,内容非常丰富,网页数量多达几千万个,如果没有一个好的政府门户网站,一般人很难通过网络找到有关的信息,准确、快捷地获得政府的服务。我们从美方得到证实:从该网站可以搜索到超过5 100万个网页,既可以链接到美国联邦政府各部门、各机构的网站,又可以链接到美国各州、市、县的网站,还可以链接到外国政府的网站。它是一个名副其实的"超级大网",既是一个完整、开放的政府网站体系,一个简洁、实用、方便的门户网站,又是一个丰富的资源库,面向公众、面向企业,同时也面向政府开展服务。

美国白宫站点(http://www.whitehouse.gov)实际上是所有美国政府站点的中心站点。该站点可链接到美国所有已经上网的官方资源。内容既包括正式的最新新闻、最新联邦热点事件、联邦统计数据,也包括总统、副总统的各自家庭介绍等。同时,白宫站点所有内阁级(相当于中国部委级)的一级站点都提供了文本检索功能,并且可以通过关键词查找这些站点上的所有文献和文章。信息检索包括对单一站点的检索,也可以一次检索所有官方站点。

7.4.1.4 美国电子政务的特点

美国电子政务的特点是网站多、分类细、网联网。

1)网站多 美国联邦级的行政、立法、司法部门都拥有独立网站,州及地方政府也拥有规模不小的网站,就连地处偏远地带的一些不起眼的小地方也照样建立了网站。

2)分类细 美国电子政务网中既有政治、经济、军事方面的网站,也有国民求职、贷款、消费等方面的网站。日常生活中凡是与政府有关的事情,总有相关网站提供信息或服务。

3)网联网 美国联邦一级的部门已经实现了网套网、网联网。联邦部门的网站不只介绍本部门的情况,提供相关服务,而且将下属机构的网站连接起来。各州的网站既有全州的内容,也有州内各县、市网络的链接。

7.4.2 加拿大

7.4.2.1 加拿大电子政务的基本概况

加拿大政府在政府信息化发展方面也取得了令人鼓舞的成绩,尽管加拿大的电子政务展开相对较晚,但其发展速度让人震惊。国际上著名的爱森哲(Accenture)咨询公司在2004年对各国电子政务进行的整体性调查中加拿大名列前茅。

加拿大的电子政务之所以能够迅速发展,后来居上,与加拿大良好的基础设施大有关系。加拿大信息化十分发达,在多媒体、信息安全、网络游戏和软件等方面处于世界领先的位置,拥有世界最先进的教育和科研网络。加拿大是全球联网率最高的国家,其国内主要城市均有高速数据网联通,上网资费在西方7个发达国家中最便宜。加拿大拥有北方电信等一批具有世界领先水平的网络技术开发公司,由政府、企业共同参与建设的国家光纤网早在2001年就已建成,其技术甚至比美国领先了6个月。现在加拿大的信息高速公路已成为一个全国范围内的网络架构,成为“网中有网,网网相连”的信息网络。加拿大也是世界上第一个全部学校都上网的国家,每个图书馆和社区中心都实现了网络化。此外,加拿大政府还实施了保护消费者利益和公民隐私权的政策法规。这些为电子政务的开展提供了一个强大的网络、技术和法律支持平台。

同时,加拿大政府十分重视政府信息化安全问题,国家政府部门和地方政府都设置了首席信息官负责电子政务建设,并组成首席信息官委员会,定期召开联席会议,负责协调开展电子政务的有关事项。另外还设立了其他几个相关国家机构来全面保护国家关键基础设施的信息安全。他们认为,网络信息安全并不是将所有的信息都物理隔离,而是要认真研究网络安全技术和标准,制定出一套行之有效、快速反应的安全防范措施,这才是信息安全的最重要保证。首先在电子政务投入使用之前,设立电子身份认证机构,由认证机构通过密码技术来确认本人的身份以及电子邮件是否来自本人或政府机关,公务员在政府内部通过网络开展业务时也需要安全的身份认证;同时大力开发计算机防病毒技术等安全防范技术,防范不法分子中途篡改数据等违法犯罪行为;逐步建立和完善相关的法律制度,给予电子签名与手写签名、盖章相同的法律效力,制定规范电子政务安全性的法规;在政府各部门建立包括安全检测、运行安全、信息安全以及人员管理、网络管理等在内的安全管理体系;不断完善密码技术,充分利用与电子政府相适应的电子安全技术(包括用户身份验证、网络安全、内容安全、系统安全、通信线路安全等),以便对系统的安全运行提供充分保障。

加拿大政府大力推广和加大电子政务在各行业的应用,不仅实现了教育、就业、医疗、电子采购、社会保险等领域的政府电子化服务,而且根据需要不断增加和集成新的政府门户网站,先后建立了加拿大政府门户网站、加拿大出口资源网站、加拿大青年网站、加拿大服务网等诸多政府网站。

7.4.2.2 *政府网站*

加拿大政府网站最值得肯定的是加拿大的“政府在线”(http://www. canada. gc. ca)。开设“政府在线”的首要目的是通过互联网打破不同政府部门之间的界限,让其成为与所有加拿大人密切相关,并能为社会公众提供按需服务的基本途径。加拿大的“政府在线”1999 年推出伊始,就提出以公众需求为导向,以服务内容为驱动,建立便捷、高效的电子政务平台。其特点是强调信息和服务按主题和受众分类,而不是以政府部门分类,以更好地为公民服务。

“政府在线”针对三个客户群体提供了三个主要的入口,分别是加拿大人、非加拿大人、加拿大企业。通过“加拿大人”的入口,加拿大人就可以在这里寻找自己的家史(类似中国的“百家姓”介绍),还可以寻找工作,可以得到医疗卫生、文化、经济、消费、培训、税务、法律、失物招领、公共安全、偏远地区、环保、科技、旅游、土著人、海外侨民、残疾人、老人、儿童、新移民等方面的信息和服务,不同背景的访问者,可以很快找到他们所需要的特定信息;通过“加拿大企业”的入口,可以获得开办企业、税务、有关法律、商务统计和分析、企业合并、破产企业竞争规则、投资法规、寻求金融资助(包括政府贷款、微型贷款等)、人力资源管理(雇佣、培训、管理技术、雇佣补贴、法律问题等)、进出口(如何准备出口、如何开拓国外市场、进口的规定和进口税)、创新与技术研究(知识产权、研究产品开发等)、如何向政府推销(招标与投标、合同)等的信息;“非加拿大人”入口主要为外国学生、劳工、旅游者和商人提供有针对性的、权威的信息服务,可以获得如何到加拿大、加拿大的教育、如何到加拿大临时工作、如何到加拿大定居、加拿大驻外机构、外交政策和国际关系、对外援助、和平与安全、世界经济、环境与可持续发展、科学与技术、在加投资、在加建企业、从加买货、向加卖货、与加进行科技合作、加拿大公民、文化政策、文化产业、文化机构、重要体育赛事、国际文化活动、对外合作等方面的信息和服务。

2005年9月成立的加拿大服务网目前是加拿大政府向公众提供"一站式"电子政务服务的旗舰平台。据统计,它平均每年负责处理500多万份社会福利申请,发放657亿加元(1加元约合1.09美元)福利款,完成1.24亿人次的付款交易,接受150万个社会保险号码申请,发布80万个工作广告,处理2.5万个电子邮件,进行50万个客户调查,同5.5万个社区组织开展互动服务等。加拿大服务网的成功在很大程度上得益于其前身——加拿大"政府在线"的经验积累。

"民众需求"、"一站式服务"和"不断创新"概括了加拿大电子政务连续数年被国际权威机构评为全球最佳的奥秘。加拿大服务网传播顾问艾琳·惠伦指出,电子政府的优点在于它不受时间和空间限制,可以24小时低成本运行,可对信息进行快速传播、更新和改正,加快政府政策传播和公众反馈的互动。事实证明,电子政府不仅简化了加政府机构设置,提升了政府处理政务的能力,也强化了加拿大作为一个主要发达国家的地位。

7.4.3 英国

7.4.3.1 英国电子政务的基本概况

在世界各国的电子政务建设中,英国虽然起步晚于美国,却大有后来居上之势,目前已成为世界上公认的走在前列的国家。英国从1994年开始着手于电子政务的建设,目标是建立"以公众需求为中心"的政府。英国政府建设电子政务的特点是"平民化"色彩较浓。要求政府做电子政务时,既要考虑到熟悉、了解信息技术的人,也要考虑到不熟悉、不了解信息技术的人。

2001年2月正式开通的英国在线(http://www.ukonline.gov.uk)是英国最重要的电子政务网站,它不仅将上千个政府网站链接起来,而且将内容按公众的需求组织起来,改变了单纯地把政府组织机构放在网上罗列的做法,真正体现了"以公众需求为中心"的设计思想。目前该网站开设有"生育、教育、学车、出行、居民搬家"等主题,人们只需点击所需的主题,政府关于该主题的所有问题都可以找到,而不需要考虑是政府的哪个部门负责。如点击搬家,与搬家有关的所有政府服务都可找到,包括买房、卖房、租房、抵押借款、房屋装修与修缮、公共设施(水、电、气)等方面的手续和国家政策,以及居住地的社区信息(如学校、医疗、休闲、交通等)。所需信息几乎一览无余全包括在内。

7.4.3.2 主要做法和特点

1. 建立强有力的领导机构

虽然英国是一个联邦制国家,但在电子政务的建设和发展问题上,他们建立了强有力的机构,做到了在全国范围内实现统一、协调的领导。英国首相任命了电子大臣(e-Minister),全面领导和协调国家信息化工作,并由两名官员(内阁办公室大臣、电子商务和竞争力大臣)协助其分管电子政务和电子商务。联邦政府各部门也相应的设立电子大臣一职,由联邦政府核心部门的电子大臣组成电子大臣委员会,该委员会为电子大臣提供决策支持。同时,在内阁办公室下设电子特使(e-Envoy)办公室(下设若干工作组)专职负责国家信息化工作。电子特使与电子大臣一起,每月向首相汇报有关信息化工作的进展情况,并于年底递交信息化进展年度报告。由联邦政府各部门、授权的行政机构和地方政府指定的高级官员组成国家信息化协调委员会,协助电子大臣和电子特使协调国家信息化工作。

2. 制定统一的指导标准

为规范电子政务建设,英国政府颁布了一系列导则,规定了政府各部门在信息化工作中所应遵循的共同原则。如建立了一个各部门通用的身份确认方法;出台了有关安全的导则,要求各部门在进行电子政务建设时都应满足这些安全功能;以及关于网站设计的导则,目的在于使政府用一致的方法在网上提供信息及服务,使政府网站能在管理和设计上达到最佳。

3. 提供便捷的"政府入口"服务

英国政府从 2001 年 7 月开始试行"政府入口"服务。"政府入口"是将政府部门的后台系统与前端应用系统,如政府网站、政府门户网站等有机连接起来的中间件。它提供统一认证、单点登录,使公民能访问到他想访问的网站和信息,以及实现在线服务,从而体现信息和服务的共享。目前英国公众已经能从网上获得住房、医疗、出境旅游、政策新闻、退税、职业介绍、车辆管理等众多的政府网上服务。在试行"政府入口"服务的同时,英国政府还启动了政府网关计划。该网关把公民网站、商业和部门网站与政府各组成单位的办公室系统等安全地连接在一起,提供每年 365 天和每天 24 小时的"无缝"服务。当公民所要的在线服务需要与银行、税务等发生交互时,通过政府统一网关就可以完成安全的数据交换。

4. 发展广泛的电子民主

电子民主是电子政务发展的一个必然产物。它的前提是保障所有人得到电子政务的服务。为缩小数字鸿沟,英国政府加强信息技术教育和基础设施建设,保证公民在家、工作单位以及在社区都能接入互联网;同时开展 ICT 培训及建立电子终身教育系统,帮助人们掌握互联网技术,以及通过大力发展地方在线内容以增加更多人使用互联网。电子民主还体现在通过政府网站这个载体,吸引公民参政议政,与政府进行实时互动交流。英国内阁颁布法令,宣布公民可以在网上对政府文件进行咨询并提出意见。同时许多政府部门在门户网站上都建立了相关部门的政策讨论专区,公民可以就感兴趣的专题进入不同的论坛。

5. 建立领先的知识管理系统

英国政府是全世界第一个实现了所有政府部门内部、部门与部门之间在同一个交互系统上进行协同工作、知识共享的政府,创建了全世界最为领先的知识管理系统。该系统是英国各政府部门内部信息、知识交流的一个内域网。知识管理系统从根本上改变了政府传统的事务流程与处理方式,提高了工作效率和管理效率,从而最终实现政府职能转变。知识管理系统的构建分为四期进行。第一期工程侧重于知识网络系统的发布,初步实现了政府各部门通过政府安全内域网,以浏览器或是其他客户端的方式实现数据检索和查阅;第二期工程主要侧重于政府部门在知识网络系统的相互交流,为跨部门协同工作提供基础;第三期侧重于知识网络的管理,加强各部门间的协同工作;第四期主要是推动各部门、机构开始利用知识网络这个平台充分实现自己的目标。目前这一系统的四期工程都已经完工。

7.4.4 法国

法国从 1997 年开始认识到电子政务的重要性,并着手建设工作。第一步也是从政府上网开始,法国目前在 WWW 网上大约有 60 个政府机构站点,已经入网的政府部门包括教育、电信、环境等部门。

法国电子政务的核心是政府希望通过各种电子政务项目,让公民的生活更方便。具体包括以下项目。

(1)基于法国政府门户网站,为公民建设安全的、个性化的门户网站,用户可以通过它们享受各种在线行政服务。

(2)全国统一的电子身份证于 2006 年发行,电子身份证可帮助法国公民更安全、更简便地利用互联网同政府互动。

(3)推出"住址变更通知在线服务",公民在自身住址改变时,只要在特定网站登记一次新地址,政府各个相关机构就会获得这一更新。

(4)启动"日常生活一卡通"项目,这一项目是由地方政府为当地居民发行内置用户签名以及认证信息的智能卡,为公民在不同部门获得公共服务时提供一套简单、安全和一致的认证手段。

(5)法国政府明确提出电子政务不仅要让互联网用户获益,而且要让非互联网用户获益。为此,政府建立了呼叫中心,专门帮助那些不方便上网的公民"间接"获得在线服务。将各个部门的行政服务号码统一为 3939,任何公民都可以拨打这一电话号码获得所需的行政信息。

(6)法国官方公告的电子版本将获得同纸质版本同样的法律效力。这意味着法国的法规、条例可以通过在线公布的方式生效。现在,法国官方公告已经完全转向电子化,每天可以节约纸张 6 吨。

法国于 2004 年 2 月公布了《电子行政方案》,这一方案分为战略规划和行动规划两部分,详细描述了面向公民、企业、公务员的电子化服务的路线图。《电子行政方案》总体预算是在 4 年内花费 18 亿欧元,法国政府预计每年的回报是 5 亿 ~7 亿欧元。

《电子行政方案》的战略规划部分定义了电子政务需要实现的电子化服务的数量以及质量要求,并且介绍了实现这些目标的机制和方法。具体实施方案是计划中的 140 项具体活动。而电子行政的主要目标是让所有公民都可以获得电子化行政服务,包括以下三个战略目标:

(1)通过面向用户的、全天候的、面向所有人的电子化服务,让公民、企业以及地方政府的生活和工作变得更方便;

(2)通过用户身份管理系统确保数据安全,以获得公众的信任;

(3)推进行政服务的现代化。

7.4.5 德国

与美、英等发达国家相比,德国在信息化方面稍显落后。但德国政府已经充分认识到了发展电子政务的重要性,并采取了多种有效措施加快电子政务在德国的发展。

2002 年 6 月,德国联邦政府政府网上采购平台开始试运行,同时提出了"全体上网"的十点赶超计划,号召全体国民尽快学习使用互联网,提高德国在信息时代的国际竞争力。这一计划的具体措施包括:尽快让全国所有的学校连上因特网;信息产业的职业培训岗位到 2003 年要扩大到 60 000 个,并使学习信息技术的大学生尽快翻一番;全部公共图书馆都要实现联网;到 2005 年,德国联邦政府的一切公共服务都将能够从网上获取;为引进国外 IT 人才提供便利;鼓励社会各界联合;加大信息技术的发展力度等。经济界为此成立了以信息技术产业为核心的"德国 21 世纪"协会,当时的施罗德总理亲任该协会的顾问委员会主席,前总统罗曼·赫尔佐克担任名誉主席。该组织提出,要为社会转型创造最好的框架条件,国家行政机关要成为使用现代技术的表率。

"全体上网"计划的启动,有力地促进了互联网在德国应用普及的进程,对发展电子政务起到了推波助澜的作用。目前,许多与老百姓日常生活密切相关的政务活动,如申报纳税、企业增值税号的查询、企业向统计局上报外贸统计资料、大学生申请优惠贷款等许多手续都可直接在网上实现。

在德国,电子政务由德国内政部总体负责并协调规划,内政部"首席信息化官员办公室"负责全国信息技术领域的综合协调,下设"联邦政府信息技术协调和咨询处",提供信息技术的顾问咨询及承担联邦信息基础设施建设;"德国信息安全处"承担信息安全研究和实施;"联邦在线 2005 项目组"负责"联邦在线 2005"实施计划的制定和实施协调工作。这些部门在德国联邦电子政务整体规划和统筹建设方面发挥着极其重要的作用,成为德国电子政务建设的"舵手"。

在电子政府上,德国联邦政府坚持由中央集中统一规划。联邦政府将各部门的所有职责进行了分解,将职能进行重新组合和集中,制定了基于互联网的职能联合策略,形成一个完整的政府服务职能一览表,据此制定了 2002—2005 年详细的实施步骤,以实现同层次和上下级政府机构之间的信息交换和信息共享。同时,联邦政府还起草了电子政府手册,为电子政府建设提供全面支持。

德国把电子政府的业务提供类型区分为 G2C(政府对公民)、G2B(政府对企业)以及 G2G(政府对政府)三类,针对每一类服务提供在线评估(评估的标准包括实现的技术难度、与公民要求的密切程度等),以此来确定业务上网的先后时间安排。这样做实际上坚持了两大基本原则:一是政府业务流程优化原则,二是政府流程的设计以服务为中心的原则。政府业务流程的重组为德国电子政务的发展提供了坚实的基础。

德国在信息网络安全保护方面也进行了慎重的考虑。联邦信息安全局提供了电子政务软件的基础平台、防火墙、数据加密系统等,各部门可根据各自的特点在共用平台上设计各自的软件解决方案,编写相应的网页。随着电子政务的推行,德国又加强了内外网的建设,同时加强了对公务员适应、接受电子政务这种全新业务的培训。德国联邦信息安全局专门编写了一本《电子政务手册》。随着在线服务项目的增多,电子政务对政府与公众之间的关系进行一次彻底的革新。

7.4.6 新加坡

7.4.6.1 新加坡电子政务概况

新加坡这个只有400万人口的小国,其电子政务(新加坡称为电子政府)的发达程度举世瞩目。新加坡从1981年开始发展电子政务,如今已是成绩斐然。新加坡经过多年摸索,于20世纪90年代末开始运行新的信息化推进机制。2000年该国进入了发达国家行列,信息化应用也处于世界先进水平,在全球经济论坛《2004—2005全球信息技术报告》中排名世界第一,连续五年在埃森哲《全球IT报告》中被评为全球三大最佳电子政府(即美国、新加坡、加拿大三国)之一。新加坡已成为世界上电子政务最发达的国家之一。现在,甚至连美国宾夕法尼亚州和加拿大的一些省都以新加坡为样板来建设自己的电子政务。新加坡在推动政府信息化方面有许多成功经验。新加坡电子政务系统的特色是“一站式”网上办公、“以公民为中心”和三维虚拟社区。

1)“一站式”网上办公　1999年,新加坡的电子政府开始出现整合趋势,一些业务不再按照部门来设置,而是按照流程作打包处理,也就是说,公民或企业在办理网上业务时,不必再考虑要登录各个政府站点,分别办完各种相关手续,而是按照业务流程,一步步地在一个单一的网站上完成所有这些相关业务手续,实现了“一站式”网上办公。所有这些打包服务都可通过新加坡的政府门户网站(http://www.gov.sg)找到。该政府站点就像一本政府白皮书,完全代表政府,而不是政府的某一个方面。与美国的first.gov将电子政府划分为G2G、G2B、G2C三大部分不同,该中心站点将政府服务划分为政府信息与电子服务、为企业的信息与电子服务、为非新加坡公民的信息与电子服务以及电子公民服务四大块,从逻辑上看清晰明了,栏目的设置让人一目了然。

2)“以公民为中心”　新加坡政府的“首席信息官”是新加坡资讯通信发展管理局(IDA,类似我国的信息化委员会)。IDA的宗旨是“以公民为中心”,让各个政府部门的服务无缝、集成地结合起来,为公民提供服务。新加坡资信局利用技术和新的商业模式来提升内部流程和内外互动的效率以实现电子政府。在现实中,根据公民的需要调整流程,而不是让公民围着政府的流程转。电子政府门户前台的业务流程设置与后台不同政府机构之间的业务协调处理很成功。而恰恰是在这一点上,新加坡的电子政府建设别具一格,博得人们的称赞。

3)三维虚拟社区　新加坡电子政务系统中的电子公民中心是一个三维虚拟社区,其中最引人注目的是"电子公民中心"(http://www.ecitizen.gov.sg)。"电子公民中心"始建于1999年4月,其目的是将政府机构所有能以电子方式提供的服务整合在一起,并以一揽子的方式轻松便捷地提供给全体新加坡公民。"电子公民中心"将一个人"从摇篮到坟墓"的人生过程划分为诸多阶段,在每一个阶段里都可以得到相应的政府服务,政府部门就是一个人人生旅途中的一个个"驿站"。目前"电子公民"网站里共有九个驿站,这些驿站把不同政府部门的不同服务职能巧妙地联系在一起。2001年7月,新加坡政府可为公民提供200项以上的电子服务,60个"套装"的居民服务项目实现电子化,到2002年,政府在线服务激增至600多项,电子政府服务在信息技术的推动下日趋完善。现在,新加坡人日常生活已与电子政务紧密结合,为汽车上牌照、登记服兵役、查询社会保险账号余额以及报税等都可以通过政府的电子政务网站进行,对那些手头没有计算机的人,还可以到被公民称为"电子公民中心"的地方免费上网。

7.4.6.2　新加坡电子政务成功的核心因素

新加坡有一套包括管治理念、组织体制、决策机制和运作体系在内的,适合国情且比较成熟的信息化应用推进体制、机制和法制,尤其是政府信息化在建设方面、应用深度、政务与经济社会融合度三个方面获得显著成效。其成功的核心因素有以下几点。

1.有一套分工明确、衔接紧密,以"决策慢、行动快"为特色的治理体系

新加坡是一个680平方千米的岛国,自然资源较为匮乏,90%食品和50%饮用水靠进口。为保持国家较强的竞争优势,该国政府注重利用信息化进一步提升政府的管理服务能力,从而成为全世界最早推行"政府信息化"并取得显著成效的国家之一。1999年12月1日,以调整成立IDA为标志,构建起了一套独具特色的信息化应用推进治理体系。(注:政府部门的常任秘书是部门的首席公务员即最高等级的事务官,部长是由每届执政党政务官担任。)

新加坡拥有400万人口,只有一级政府。但在信息化推进治理结构上却设置了四个委员会。主要是为追求分层管理、达到分类处理的效果。一般重大问题经过四个层面委员会的慎重决策,周期比较长(可长达数个月、数年),但行动中因认识一致、避免了重复返工,且由于对问题的研究时间有较充分的提前量,总体上呈现"决策慢、行动快"的稳健发展格局。当遇一些跨部门、涉及部门利益的难事,通常由委员会研究决定具体的责任主体,最终都能解决问题(新加坡对各部门的常任秘书采取定期轮岗制度,所以领导人员的全局意识和协作精神都比较强)。据称,新加坡近年来尚未有信息化失败的案例,这应该归功于该国建立的行之有效的治理体系。

2. 集中式指导与分权式执行相结合,以"两杠杆、一纽带"为特征的运作机制

新加坡1999年调整合并国家电脑局、电讯管理局,建立IDA,IDA主要是依托四个委员会的治理程序形成集中指导意见,并通过财政和工作评估"两根杠杆",树立集中指导的权威。而IDA分布式执行机制更具新加坡特色,IDA充分依靠在各部门CIO和IDA的派驻人员,建立沟通与协调的"纽带",确保分权式执行的质量。

新加坡实行"精英治国"政策,全国有200多名精英统率着政府各部门,并且实行定期轮岗制度。握有重权的精英对跨部门协同有很高的认识和操作能力。这一运作方式的优势在于:有利于确保战略发展方向,自上而下地贯彻规划和计划;有利于实现跨部门业务协同,同时也有利于提高技术保障的专业化水平,降低总体成本。

3. 有一组前瞻性强、持续连贯的发展规划和计划

新加坡非常注重勾画共同认可的信息化发展远景,引导发展方向,体现战略意图。IDA负责电子政务的吴彩宾副局长在谈到成功经验时说,在跨部门协调中,首先是确定共同的实现目标,围绕着共同目标再商量具体实施的方式方法,阻力会比较小。新加坡先后推出了五个全国性ICT策略计划和三个电子政府计划。新加坡秉承持续发展战略理念,通过充分酝酿形成政府各部门自觉追求的共同目标,编写《政府ICT指导手册》,对信息化应用行为进行规范,组织严谨的培训(公务员年均参加正规培训约12天,信息化是培训内容之一)。每三个季度复核相关政策的执行情况,及时调整、随时把握发展进程。政府各部门根据大计划制定具体实施计划,CIO和IDA派驻各部门的人员就会发挥积极作用。

4. 以建设生态系统的理念和实施原则,稳步推进电子政务建设

新加坡把电子政府放在一个生态系统建设的高度,一是把电子政务作为提升政府整个管理服务效率,促进电子化经济建设的举措;二是把基础设施建设、政府信息化应用、民众电脑技能培训等同步推进;三是把每一项电子政务项目从需求到流程、到协同方式进行综合优化;四是认为"电子政府不是一项自己动手的计划",政府致力于核心事务,与企业建立外包等合作关系,促进产业发展。因此,新加坡开展电子政务建设以来,1 600个项目均得以健康快速地发展。

新加坡的"全国人口数据中心"的建设,就是体现生态系统建设理念和实施原则的具体应用项目。该中心储存有新加坡公民、新加坡出生证持有者及永久居民的个人资料。其设计的精妙之处有三。①数量适中的共享数据项。其中包含个人身份号码、姓名、性别、种族、生日等应用最频繁的20项数据,数量少,维护简便,安全隐患也少,其中大多数由内政部提供(类似我国的公安部),上述数据供公共服务机构共享。目前支持共享的机构达40家,根据具体情况设置使用权限。②落到实处的更新维护机制。上述20项数据均由责任主体进行实时维护,其方法是直接更新中心数据库,然后通报各相关部门进行同步更新。比如有公民需要修改通信地址,可在警岗的一站式进行地址更改,确认后直接修改中心数据库,同时此信息及时通报各相关部门,确保数据同步。③中心数据库与专业数据库的关系十分清晰。中心数据库只存放各方面均需使用的常用信息,作为基准和关联词,由中立方统一管理,供各方面使用;专业库存放相关的业务数据,由业务部门分别管理。当业务部门需要查询中心数据库内没有的某类信息时,则按部门之间共享权限进行专项处理,依托政府交换平台进行信息传输,做到一个数据只有一个源头。

新加坡通过电子政务很好地促进电子商务、电子社区等信息化发展,使整个经济与社会的信息化应用相互依存、相互支持,共同维持平衡发展的良好格局。一系列效益显著的信息化应用不断增强新加坡政府的号召力。如以一体化方式建立的贸易网(TradeNet),贸易通关办理时间从2~7天减少到1分钟以内,所需30个文件减少到1个,形成办理简捷、周转迅速、成本低廉等显著优势,每年为新加坡节省10亿美元;再如"电子公民中心"这个建在网上的三维虚拟社区,可以找到人们从出生到死亡需要的所有政府信息,服务便捷,公众满意度高。该国的信息化正行驶在快速发展的轨道上。

除了美、英等发达国家外,许多发展中国家的政府也正在积极迎合电子政务建设的需要,如阿拉伯联合酋长国、斯洛文尼亚、巴西等国,已积极致力于e-Governance的建设,并已见到成效。虽然我国国情与发达国家相比差异很大,特别是在实施条件上也存在很大不同,但是它们的经验对我国还是有借鉴意义的。一方面要注意到发达国家在实施电子政务中存在的问题在我国也可能存在;另一方面,我国的国情决定我国可能会遇到一些新的问题。这些问题的解决则需要我们花更多的工夫,去创造性地解决。

案例:我国新闻出版总署电子政务一期工程

1.项目概述

中华人民共和国新闻出版总署(国家版权局,以下统称为总署)是负责管理国家新闻、报刊、出版、印刷、版权、发行等工作的政府机构。

在我国社会主义市场经济体制改革不断推进和加入世贸组织、对外开放日益扩大的新形势下,新闻出版管理部门面临着由行业管理向社会管理的职能转变,这就要求新闻出版管理部门必须从思想观念、管理职能、任务重点和工作作风等方面有一个大的转变。在新的形势下,总署需要处理的信息量增加、监管的范围扩大、面向公众服务需求增加,总署的工作更加繁重。

总署机关办公自动化及政府网站建设项目正是为了适应上述形势的发展而设立的。总署机关希望利用现代计算机网络通信技术,采用由先进技术构建、适合总署机关办公业务和网站建设的系统,充分实现网上办公和资源共享,从而提高工作效率,提升服务和管理水平,为构建"网络化办公、无纸化办公"系统奠定坚实基础。

本项目是构建在机关办公网络应用和因特网应用的基础之上的应用系统。机关办公应用系统和网站服务应用系统是当前总署信息化的基础应用,其产生的数据资源同时也是该行业行政业务的基础数据，因此，这也自然成为总署的基础信息应用平台。未来不断增加的信息化应用系统，将在此基础上挂接和协同运行，信息资源也将在此基础上堆积。

2. 系统框架

根据“一个系统，多个业务应用”的原则，新闻出版总署办公自动化和网站建设系统从垂直方向上分为多个层次，分别是接入层、应用层、应用支撑平台层、数据资源层、基础设施层等5层，一起组成了内外网统一的平台，以支持电子政务应用及内外网门户（见图7-5）。

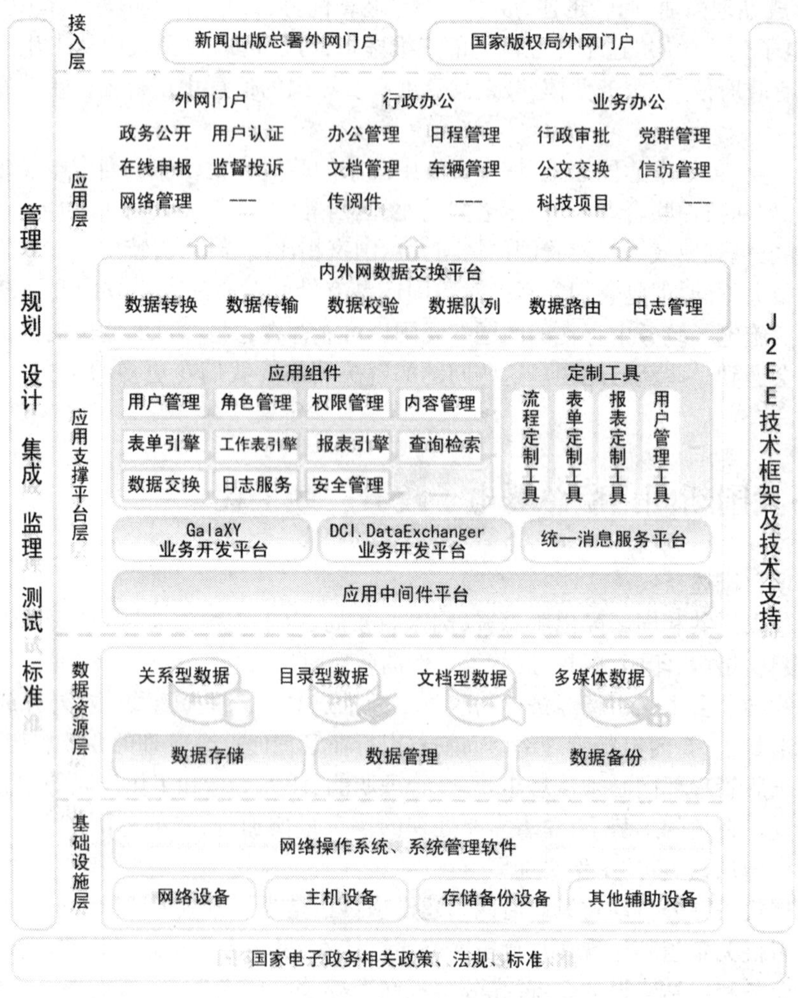

图7-5 系统总体架构

3. 主要建设内容

按照项目需求,总署机关办公自动化及政府网站建设项目的实施内容主要包括四个方面。

1）政务应用基础平台　基于敏捷业务开发平台 Galaxy,实现总署机关办公内网用户身份统一管理、网络应用资源统一管理和统一访问控制;实现单点登录、全网通行,提供统一系统访问接口,便于整合各种业务应用。具体包括:办公自动化系统、工作流管理、CA 系统、授权认证管理、统一访问控制、个性化资源定制、内容管理及发布、信息检索、手机短信服务、安全审计等。

2）机关办公自动化系统　支持登录用户从内网门户平台进入办公业务系统,实现总署机关网上办公、无纸化办公。具体包括:办公用品管理、车辆管理、人事管理、会议室管理、会议管理、标准与技术规范管理、值班表管理、值班日志管理等功能模块,见图 7-6。

图 7-6　机关办公自动化系统

3）两个政府门户网站建设　建设以门户形式为服务窗口,办公应用为服务支撑的门户网站,使社会公众能及时、全面地了解国家新闻出版和版权管理最高行政管理机构的政务信息和相关法律规章,发布行业政务信息、提供相关信息服务、受理部分申办业务、交换行业管理业务数据。项目建设包括新闻出版总署网站(http://www.gapp.gov.cn)和国家版权局网站(http://www.ncac.gov.cn)2 个门户网站,见图 7-7、图 7-8。

4）整体系统集成　通过集成第三方软件,实现整个项目各功能模块的完善,从而为系统的整体应用提供平台支持和技术保障。

图 7-7 国家新闻出版总署门户网站

4. 系统特点

1) *基于完全个性化的内网办公应用门户*　根据登录用户的操作权限，系统将提供公务处理、政务信息、各类简报、基础数据、滚动新闻和视频信息等应用模块，每个用户将由于权限的不同而享受不同的应用服务。用户可根据自身工作需要及喜好，定制信息类别、新闻类别、重点工作等相关信息内容，并可随时进行修改。

2) *以面向领导服务为核心的信息服务模块*　提供了根据部门机构"三定"方案分列的业务专题栏目，使总署领导对其分管部门的业务情况了如指掌，为实现对部门

图 7-8 国家版权局门户网站

业务的透明化管理奠定了基础;可配合不同时期领导的工作重心而随时建立相应模块,提供了灵活的资源维护和管理机制,使领导在第一时间掌握当前其最关心事项的全面信息;通过秘书提示功能,加强秘书与领导之间的信息沟通渠道,所有需要让领导及时了解的工作安排、来电来访情况等都将随时录入,并在第一时间展现在领导的工作界面上。

3)支持多种业务应用的通信模块 支持内外网统一应用的邮箱,提供多种通信方式,如个性化通信录、在线短消息、手机短信等,方便工作人员即时获取信息,提高工作效率。

4)跨网域一体化的信息发布与管理系统 提供一体化的信息发布与管理系统,可将每条信息根据其不同的应用需求,同时发布到办公内网、政务外网和因特网的应用平台上,并支持同一网域的多个应用平台的同时发布。根据政府工作的特点和需要,设置了信息发布、编辑、审核和签发的四个环节,这四个环节的应用权限可以整合也可分离,以适应政务信息发布的不同需求。

5)人性化办公业务处理系统 实现了公文业务处理、会议业务处理、督查业务处理的无纸化办公,在节省办公管理经费的同时,大大提高了机关办公效率。公文在起草和流转过程中,系统采用机关日常办公模板,符合用户日常使用习惯,内嵌 Word 文档编辑工具,实现“所见即所得”编辑效果,同时保留公文流转过程中的痕迹,让公文流转的记录、状态、审批过程等都可以随时监控。

5. 建设成果

采用先进的信息技术和现代管理理念,建立一个面向我国新闻出版和版权管理行业施政和服务的电子政务基础应用平台,该平台以实现总署机关高效的智能化办公和业务协同处理为应用核心,通过门户网站构建覆盖行业的管理和服务基础体系,并建立信息资源的有效共享机制和标准化制度,从而为全面实现新闻出版总署(国家版权局)电子政务系统建设目标打下了坚实的基础。

(来源:中国电子政务)

实验5:了解电子政务

实验名称:了解电子政务

实验目的:

(1)理解电子政务的基本概念,熟悉电子政务的基本类型、定义和内容。

(2)通过因特网搜索与浏览,了解网络环境中主流的电子政务技术支持网站,掌握通过专业网站不断丰富电子政务最新知识的学习方法,尝试通过专业网站的辅助与支持来开展电子政务应用实践。

实验准备:

(1)在开始本实验之前,请回顾教科书的相关内容。

(2)准备一台能够访问因特网的计算机。

实验内容与步骤:

1. 熟悉电子政务的基本概念,查阅有关资料,根据你的理解和看法,请给"政府门户网站"下一定义并举例说明之:

定义:______________________________________

____

____

举例说明:____________________________________

____

2. 上网搜索和浏览:看看哪些网站在做电子政务的技术支持工作?请在表实验5.1中记录搜索结果。

提示:一些电子政务专业网站:

http://e-gov.nsa.gov.cn/	电子政务研究网
http://www.e-gov.org.cn/	中国电子政务网
http://www.echinagov.com	国脉电子政务网
http://grp.topoint.com.cn/	中国电子政务信息网
http://www.china.com.cn/chinese/zhuanti/281319.htm	中国电子政务进程-中国网
http://www.gov.cn/	中国中央政府门户网站
http://www.cnnic.net.cn/	中国互联网络信息中心

你在本次搜索中使用的关键词主要是：____

____

表实验 5.1　电子政务专业网站实验记录

网站名称	网址	主要内容描述

请记录：在搜索中，你感觉比较重要的两个电子政务专业网站是：

(1) 网站名称：________________________________

(2) 网站名称：____

综合分析：你认为各电子政务专业网站当前的技术热点（例如从培训内容中得知）是：

(1) 名称：________________________________

技术热点：____

____

(2) 名称：________________________________

技术热点：____

____

(3) 名称：________________________________

技术热点：____

____

3. 了解典型的电子政务门户网站。

请记录：

(1) 你家乡所在的地区（城市）是：________________________________

(2) 你家乡所在地区政府门户网站的网址是：________________________

(3) 通过浏览家乡的政府门户网站，请谈谈你对政府门户网站的一些建议：

____

____

____

____

____

(4) 请浏览下列电子政务门户网站：

①北京市政府门户网站(http://www.beijing.gov.cn/)

②杭州市政府门户网站(http://www.hangzhou.gov.cn/)

选择其中之一,根据该网站的内容与提示,分析并给出该网站的模块结构和网站特点,并根据网站便民服务的提示,提出你对该网站的意见,完成一份500字以内的分析报告。

本章小结

本章首先介绍政府信息化的相关概念,并在此基础上分析了政府信息化对政府管理变革和经济发展的影响。随后,重点解释了电子政务的基本问题,包括电子政务的基本概念,电子政务与相关概念的关系,电子政务的目标,电子政务的基本应用模式,电子政务的功能。最后分析了我国电子政务的发展现状及对策,并介绍了几个主要国家的电子政务建设情况及其对我国电子政务发展的借鉴作用。

通过本章的学习,学生应掌握与政府信息管理相关的基础理论知识。同时,应了解我国政府信息化的现状,与发达国家政府信息化的差距,分析我国发展电子政务应该注意的问题及解决的对策。

参考文献

[1] 柯　平.信息管理概论[M].北京:科学出版社,2002.

[2] 张广钦.信息管理教程[M].北京:北京大学出版社,2005.

[3] 宋克振.信息管理导论[M].北京:清华大学出版社,2005.

[4] 谢新洲.信息管理概论[M].北京:中央广播电视大学出版社,2003.

[5] 孙建军.信息资源管理概论[M].南京:东南大学出版社,2005.

[6] 周自豪.中国现阶段的电子党务建设研究[D].上海:华东师范大学硕士论文,

2006.
[7] 阮俊杰.电子政务教程[M].北京:红旗出版社,2005.
[8] 徐晓日.电子政务概论[M].天津:天津大学出版社,2006.
[9] 姚国章.电子政务基础与应用[M].北京:北京大学出版社,2002.
[10] 金江军.电子政务高级教程[M].北京:中国人民大学出版社。2005.
[11] 吴 江.中国电子政务的发展对策[J].信息化建设,2004(5).
[12] 周 苏,等.信息资源管理实验教程[M].北京:科学出版社,2006.

参考网站

1.电子政务研究网 http://e-gov.nsa.gov.cn/
2.中国电子政务网 http://www.e-gov.org.cn/
3.国脉电子政务网 http://www.echinagov.com
4.中国电子政务信息网 http://grp.topoint.com.cn/
5.中国电子政务进程_中国网 http://www.china.com.cn/chinese/zhuanti/281319.htm
6.新闻出版总署网站 http://www.gapp.gov.cn

思考与练习

1.不定项选择题

(1)(　　)年中国启动“政府上网工程”。

A.1998　　B.1997　　C.1999　　D.1996
E.1995

(2)(　　)电子政务是政府机构通过网络技术实现内部电子化管理的重要形式,也是其他几种电子政务模式的基础。

A.G to B　　B.G to E　　C.G to C　　D.G to G
E.G to D

(3)世界各国积极倡导的“信息高速公路”的五个应用领域不包括(　　)。

A.电子政务　　B.电子商务　　C.远程教育　　D.数字电视
E.电子娱乐

(4)金关工程不涉及的单位是(　　)。

A.银行　　B.外汇管理局　　C.税务局　　D.工商局
E.海关

(5)我国将“两网、一站、五库、十二个大系统”的电子政务建设定位为信息化工作的重点,下面不属于十二大系统的是(　　)。

A.金保　　B.办公自动化系统

C. 计算机辅助决策系统　　D. 金交
E. 金盾

(6)政府信息化主要包括三个组成部分:(　　)。
A. 政府部门内部的信息化和网络化办公
B. 政府部门内部的信息共享和实时通信
C. 各国政府之间通过计算机网络而进行的信息共享和实时通信
D. 政府部门之间通过计算机网络而进行的信息共享和实时通信
E. 政府部门通过网络与企业和大众之间进行的双向信息互动

(7)政府 CIO 在政府信息化中的作用主要包括(　　)。
A. 提出信息化发展的设想,制定信息化发展战略,参与制定机构的总体发展战略
B. 了解业务需求,提出业务流程再造方案
C. 提出信息化建设投资建议,参与高层决策,负责信息系统采购
D. 负责信息技术体系结构和信息系统的建设
E. 负责信息与知识的管理

(8)政府信息化系统的应用、实施将从(　　)三个方面使政府的职能发生重要转变。
A. 机构　　B. 服务　　C. 互动　　D. 管理
E. 消费

(9)"电子党务"与"电子政务"二者的区别主要体现在以下三个方面:(　　)。
A. 建设目标　　B. 服务对象　　C. 基础管理　　D. 主管单位
E. 支撑体系

(10)我国政府一般由以下机构组成:(　　)。
A. 领导机构　　B. 综合协调机构　C. 部门机构　　D. 监察监督机构
E. 社会保障机构。

(11)我国电子政务建设早期的"三网一库"是指(　　)。
A. 政府机关内部的办公业务网
B. 中央和地方政府及部门之间实现政府纵向与横向信息交互与共享的办公业务资源网
C. 政府与政府之间的办公业务网
D. 以 Internet 为依托的政府公众信息网
E. 政务资源数据库

(12)电子政务的应用模式包括(　　)。
A. 政府对企业的电子政务　　B. 政府对社会(公众)的电子政务
C. 政府间的电子政务　　D. 政府对政府公务员的电子政务
E. 政府对行政系统的电子政务

(13)办公自动化与电子政务二者在以下方面存在着明显的差异(　　)。

A. 支撑体系不一样　　B. 定位不一样

C. 应用主体不同　　D. 系统用户不同

E. 服务理念不一样

(14)G to C 电子政务所包含的内容十分广泛,主要的应用包括(　　)。

A. 电子身份认证　　B. 电子人事管理

C. 电子社会保障服务　　D. 电子工商行政系统

E. 电子就业服务

(15)美国电子政务的实际应用主要有(　　)。

A. 政务公开　　B. 提供网上服务

C. 实现资源共享　　D. 实现政府内部办公电子化

E. 提供安全保障

2. 判断题

(1)我国的政府信息化正式起步于1993年,以“三金工程”,即金桥工程、金融工程和金关工程的启动为标志。(　　)

(2)政府信息化在一定程度上打破了传统的政府部门之间条块分割、等级森严的格局。(`　　)

(3)电子商务的主体是企业,而电子政务的主体是政府。(　　)

(4)金财工程是全国公安信息化的基础工程。(　　)

(5)企业与政府之间的有些业务往来,如企业向政府纳税、政府向企业采购,对政府来说属于电子政务,而对企业来说属于电子商务。(　　)

3. 名词解释

(1)政府信息化

(2)电子政务

4. 简答题

(1)简述政府信息化的内容。

(2)简述电子政务的总体建设目标。

(3)简要说明电子政务与政府上网的区别。

(3)简述电子政务的应用模式。

(4)简述电子政务的功能。

5. 论述题

(1)请说明政府信息化对政府管理变革及经济发展的影响。

(2)请说明我国“三网、一站、五库、十二金”的内容。

(3)论述我国政府信息化建设中存在的问题及对策。

第 8 章　企业信息管理

本章要点

◎ 信息管理与企业管理
◎ 企业信息管理
◎ 企业信息系统
◎ 企业信息化建设
◎ 企业信息管理者配置

学习内容

1. 信息管理与企业管理的关系
2. 企业信息管理概念、分类
3. 企业信息管理特征
4. 企业信息管理内容
5. 企业信息管理原则
6. 企业信息系统概念、功能、类型、研究意义与发展历程
7. 企业信息系统结构
8. 企业信息系统战略规划与规划方法
9. 企业信息系统开发
10. 企业信息系统安全保障与质量管理
11. 企业信息化内涵
12. 企业信息化基本方式
13. 企业信息化发展阶段
14. 企业信息化原则
15. 企业信息化主要任务
16. 企业信息管理者配置内容与标准

学习目标

1. 了解:信息管理与企业管理的关系;企业信息系统安全保障与质量管理;企业信息化发展阶段;企业信息管理者配置内容与标准

2. 理解:企业信息系统结构;企业信息系统战略规划与规划方法;企业信息系统开发;企业信息化原则;企业信息化主要任务

3. 掌握:企业信息管理概念、分类;企业信息管理特征;企业信息管理内容;企业信息管理原则;企业信息系统概念、功能、类型、研究意义与发展历程;企业信息化内涵;企业信息化基本方式

关键词

企业信息管理、企业信息系统、企业信息化、企业信息管理者

随着全球经济一体化进程的不断加快以及信息技术的飞速发展,企业将面临一个全球化的市场,市场环境发生了根本性的变化。在信息技术遍布生产和生活各个环节,社会经济与环境日趋复杂多变的情况下,对信息的及时掌握和充分利用已成为当今企业管理成功与否的重要因素。应当说,不掌握当今信息开发和利用的技术手段,就无法在市场竞争中掌握主动权。管理者今天面临的压力已经不可能用传统的、手工的管理方式和封闭的管理模式来应对。企业在生产过程中应用计算机技术,可以优化产前业务、生产过程、客户服务这一现代企业流程,形成适应市场环境、具有技术创新能力和市场竞争力的企业模式。

8.1 信息管理与企业管理

企业管理包括企业生产过程管理、质量管理、人力资源管理、物资管理、营销管理、财务管理等众多管理活动。在本书前面的论述中已经阐明了信息、信息管理的各自定义、内涵、特征以及二者之间的逻辑关系。在这里,为了清晰地反映出信息以及信息管理在企业管理中的应用及其重要的作用与意义,本节将对信息管理与企业管理这一主题进行深入的分析与研究。

8.1.1 从管理过程看信息管理与企业管理

企业管理的过程,往往是“计划——实施计划——总结工作——制定新的计划”的过程。从管理的本质来看,企业管理过程就是管理者将自己的意图(计划)变为员工行为(实施计划)的过程。在这一过程中,管理者首先要确立自己的意图(计划),然后向被管理者传递自己的意图,再后则是被管理者执行这一意图,最后是管理者了解这一意图执行的结果。

信息管理的过程往往包括六个主要环节:①信息采集,即信息的选择和提取的过程,是根据不断变化的用户需求从信息源中搜索、选择和提取的连续过程;②信息存储,即将信息按照一定的格式与顺序存储在特定的载体中的一种信息组织活动;③信息加工,即根据需要,利用一定的科学方法和规则,通过对信息外在特征和内容特征的分析、选择、标引、处理,从而保证用户对信息的有效获取和利用,实现信息的有效

流通和组合;④信息传播,即人类通过符号和媒介交流信息以期发生相应变化的活动;⑤信息利用,即通过已知信息揭示客观事物的运动规律的过程;⑥信息反馈,这是信息交流互动性的体现。

从信息管理的角度来看,管理者确立意图的依据是信息。因此,管理者必须进行信息采集、信息存储;管理者意图产生的过程是信息加工的过程;管理者要让被管理者了解意图,就必须进行信息传播;被管理者要把管理者的意图变为行为,即执行"意图"或者管理者自己执行"意图",则都是信息利用;最后,管理者了解"意图"执行的结果,就是信息反馈。

可见,信息管理过程的"信息采集、信息存储、信息加工、信息传播、信息利用、信息反馈"六个环节贯穿于企业管理的全过程,信息管理与企业管理并存一体。

8.1.2 从管理职能看信息管理与企业管理

关于企业管理的职能,虽然不同管理学派的表述并不完全一致,但是其基本核心内容包括"计划、组织、领导、控制"还是较为统一的。分析这四大职能的具体内容也会发现,企业管理职能的实现与信息管理是密切相关的。

1)计划职能与信息管理　计划职能的内容包括前期准备、目标确立、决策等。①前期准备工作包括对企业发展历史与现状的了解,对与企业有关的技术环境、经济环境、政治环境的了解,对未来计划实施期间可能发生事项的预测。了解企业的历史、现状、环境是信息的采集,预测的过程是信息的采集、加工、传播和利用的过程,预测的结果本身就是一种信息,而预测结果的使用则是信息的利用。②确立目标,是运用前期准备中获得的有关企业的历史、现状、环境的信息和预测结果,把预见性和现实性结合起来,通过管理者的创新思维活动,找出合理、可行的目标方案,然后经过集体讨论,形成计划目标。可见,目标确立的过程就是一个信息加工的过程。③决策是在若干个可供选择的方案中选择一个方案的过程。决策的原材料是信息,决策的过程是信息加工的过程,决策方案本身则是信息加工后的"信息产品"。综上所述,计划工作的全过程体现为信息管理的过程。

2)组织职能与信息管理　组织职能的内容包括:划分管理层次和部门,向各层次、各部门主管人员授权,协调各层次、各部门之间的关系。①划分管理层次和部门,自然是根据目标和活动信息进行划分,这属于信息加工范畴;②向各层次、各部门主管人员授权,就是将职权信息传递给下级,这属于信息传播范畴;③协调各层次、各部门之间的关系,就要先收集各部门存在的不协调的信息,经过信息加工得出协调方案(信息),再把协调信息传播给各部门,其中包括信息采集、信息加工和信息传播。

3)领导职能与信息管理　领导和指导职能,指的是管理者对企业员工的行为进行引导和施加影响的过程。一般的管理学著述认为指导和领导工作具有以下六大原理。①指明目标原理,是指管理者必须使员工充分理解企业的目标。这是管理者把目标信息传播给员工的过程。②协调目标原理,首先是指管理者应该协调企业目标与个人目标,使员工确定的个人目标能够为企业目标所包容,这样员工在完成企业目标的同时也可以实现个人目标。其次,应该协调企业内各部门之间的目标。不论是哪一种协调,都需要收集员工、部门的信息,并将协调意见(信息)再传播给双方。③命令一致原理,是指管理者下达的命令要保持一致。这显然是对信息内容质量的要求。④直接管理原理,是指管理者要与员工直接接触,以便获取第一手信息,以便在直接接触中增进管理者与员工的情感。这些工作属于信息采集范畴。⑤沟通联络原理,是指管理者与员工之间将信息传播给对方,以期获得对方做出相应反应效果的过程。⑥激励原理,是指管理者将能够引起员工产生特定动机的信息传播给员工,以期引起员工产生有利于实现企业目标的特定行为的过程。可见,沟通和激励过程都是信息采集、信息加工和信息双向传播的信息管理工作的过程。分析以上这六大原理,本质上都与信息管理工作相关。

4)控制职能与信息管理　控制职能指的是在计划执行过程中,当计划实际运行状态偏离计划目标时,采取措施纠正偏差,防止偏差继续发生和积累,或者企业环境已经变化,通过修订计划或制定新的计划,并调整整个管理工作的过程。控制的过程包括拟定控制标准、收集偏差信息、分析偏差原因、采取纠正措施四个环节。制定的控制标准是一种信息,已经产生的或将要产生的偏差是一种信息,企业内外环境的变化也是一种信息,这些信息的获取属于信息采集的范畴。分析偏差产生原因的过程,实际上是信息加工的过程,偏差原因本身是一种新的信息。“纠正措施”则是根据上述信息进行加工后得到的结果。为了实施控制,管理者还要将纠正措施的信息通知第一线的员工,这是企业内的信息传播。而员工对于纠正措施的执行,则是信息利用。可见,这个管理控制过程就是信息管理的过程。

8.2　企业信息管理概述

“信息就是资源”的口号给人一种误导,使人以为信息资源和物质资源一样,只要有了信息就有了资源。其实并非如此。信息并不就是资源,信息只是信息,它不可能自动地变为企业管理者的资源,不会自动地对企业管理产生作用。信息是被动的,只有将其活化之后才会称为管理者的资源。所以,只能说企业信息可能成为企业资源,要将这种可能性变为现实性,就必须对企业信息和企业信息活动实施管理。

8.2.1　企业信息管理的概念与分类

企业信息管理是信息管理的一种,是企业管理者为了实现企业目标,把信息作为待开发的资源,把信息和信息活动作为企业的财富和核心,充分使用信息技术,对信息的采集、加工、传播、存储、创新、共享和利用进行有效的管理,对企业信息活动中的人、技术、设备进行有效的协调和运行,以谋求可能的企业最大效益。简言之,企业信息管理是企业管理者为了实现企业目标,对企业信息和企业信息活动进行管理的过程。

可见,企业信息管理包括两个方面:一是对"企业信息"的管理;二是对"企业信息活动"的管理。在企业信息管理中,与企业相关的信息和信息活动,是管理的客体对象,以信息流代替物质流、价值流,其管理原则遵循信息活动的固有规律,建立相应的管理方法和体系,实现企业的各项管理职能。

在企业信息管理中,可以从不同的角度进行分类。按照管理主体的不同,可分为个体信息管理和群体信息管理。按照企业信息的载体不同,可分为实物信息管理、人脑信息管理、文献信息管理、数据信息管理、网络信息管理和多媒体信息管理。按照企业信息的内容不同,可分为生产信息管理、营销信息管理、行政信息管理、科技信息管理和文体信息管理。按照是否使用计算机进行管理,可分为在线信息管理和非在线信息管理。按照管理手段的不同,可分为手工信息管理、信息技术管理、行政信息管理、信息资源管理等。比如,在工厂里,固定资产卡片的管理属于手工信息管理,财务管理系统的使用是信息技术管理,厂部办公室的发文、收文、办文则是行政信息管理,厂部领导不断地开发、激活信息,则是信息资源管理。

8.2.2 企业信息管理的特征与时代特点

企业信息管理是信息管理的一种,所以它具有作为信息管理而区别于其他管理的特征:一是管理的对象是非人、财、物的信息和信息活动;二是管理行为并不限于在工作现场,企业信息管理无时不有、无处不在。

企业信息管理作为一个专门的独立的信息管理类型,还具有区别于其他信息管理、为自己所独有的特征:管理的客体对象是企业信息和企业信息活动。

当代的企业信息管理与过去相比,还具有如下特点。

1)信息量猛增　随着经济全球化、一体化,各个国家、各个地区之间的政治、经济、文化的交往越来越频繁,任何企业组织同其他外部实体的联系都越来越多;企业组织对本领域内部、本领域与相邻领域之间的关系以及环境的信息都要了解,以致信息量猛增。

2)信息处理和传播的速度加快　当今社会的各级企业管理决策中,时间要素越来越重要;在管理控制中,反馈信息越快,控制越有效,损失也就越小。所以,就对信息的处理和传播的速度提出了更高的要求。

3)信息处理的方法日趋复杂　随着管理工作对信息加工的要求越来越高,信息处理方法也就越来越复杂。过去在信息加工中,多数是一种经验性的加工,有计算也只是简单的算术运算。现在不同了,数理统计方法、运筹学方法都引入企业管理范畴,不仅计算方法复杂,而且计算的工作量也非常之大,还需要用计算机来处理数据。

4)信息处理所涉及的领域不断扩大,关系更加复杂　从知识范畴上看,信息处理工作涉及经济理论、管理科学、企业管理学、社会科学、行为科学、心理学、计算机科学等学科的知识;从技术上看,信息处理涉及计算机技术、办公自动化技术、测试技术、复印复制技术、缩微技术等。

8.2.3　企业信息管理的内容

企业信息管理是一个崭新的命题,无论是在理论上,还是在实践上,其内容都在不断地发展变化着。从已有的研究成果来看,企业信息管理应该包括以下内容。

1)企业信息基础设施的建立　企业信息基础设施指的是能够维持本企业信息管理需要的最起码的信息系统及其相关设施。本来,任何一个企业都存在着信息系统。因为企业自成立的一天起,信息系统伴随着企业行政管理系统和生产管理系统就自然生成了,只不过这种自然生成的信息系统并不一定完全符合企业信息管理的需要。所以,企业信息管理的第一项任务,就是建立本企业的信息基础设施。这一项工作主要包括:企业信息系统和信息网络的建设,信息技术装备的配置,企业信息机构的建立,企业信息资源设施的建立,企业信息管理工作规章制度的建立和企业信息管理工作人员的配备。

2)企业信息系统的运行管理与开发　当企业信息系统建立起来后,接下来的工作就是系统的日常运行管理,如果系统并不尽如人意,还需要进行再开发,不断加以改善,甚至重建。这方面的工作主要包括:企业在线信息系统的日常运行与维护,企业非在线信息系统的运行管理,企业信息系统的开发、改善与重建。

3)企业信息化建设项目的实施　企业信息化建设是企业实现信息管理的必要条件。企业必须从思想观念、管理模式、技术设备、组织机构等许多方面,对自身进行一次全新的信息化改造。只有这样,才可能全面实现信息管理,提升企业竞争力。这方面的工作主要包括:技术信息化,这是企业信息化的前提和基础;管理信息化,这是实现企业信息化的手段;人员信息化,这是企业信息化的核心。

4)企业信息和信息活动的管理　这方面的管理工作主要包括:企业信息的创新、企业竞争情报管理、企业战略信息管理、企业 CIO 体制的实施、企业信息的公开和企业信息的保护。信息创新又可包括信息开发、信息利用、技术创新、流程再造、组织创新等。其中信息的开发和利用,是企业最重要的信息活动,必须予以重视。

5)企业信息管理的定量分析　这主要是指企业使用信息进行生产、经营和管理所获得的经济效益的分析,即信息经济性分析以及企业信息管理绩效的测评。

6)企业信息管理者的配备　企业配备高素质的信息工作人员,建立一支能够及时为管理者决策服务的信息管理队伍,是搞好企业信息管理工作的根本保证。这里所说的信息工作人员,不只是指计算机管理信息系统中的系统主管人员、程序员、录入员和操作人员,而且包括各级管理者和各级信息管理部门的工作人员。

本章将对上述内容中的主要部分进行更为详细的阐述。

8.2.4 企业信息管理的原则

企业信息管理的原则是企业管理者在实施企业信息管理时观察问题、处理问题的准绳。实践表明,在企业信息管理中,企业管理者只有按照相同的观察问题和处理问题的准绳行事,才可能获得相似的管理效果。企业信息具体包括如下五项原则。

1)*系统原则* 企业信息管理的系统原则是以系统的观念和方法,立足整体,统筹全局地认识管理个体,以求满意结果的管理思想。企业信息管理中之所以存在系统原则是因为:①企业信息管理的客体对象本身就是一个系统,而且是另一个大系统的子系统;②企业信息系统是企业信息流的通道,是企业信息功能得以实现的前提和基础,要管理企业信息和企业信息活动,就离不开对企业信息通道(系统)的使用和管理;③企业信息系统是对企业信息和企业信息活动进行管理的重要工具,任何企业信息管理的意图最后都是通过系统去实现的。离开了企业信息系统,很难使企业信息管理获得成功。系统原则的内容包括整体性、历时性和满意化三个理念。

2)*整序原则* 企业信息管理的整序原则是指对所获得的企业信息按照某种特征进行排序的管理思想。企业信息管理中之所以存在整序原则是因为:①企业信息管理中面临的信息量极大,如果不给予有序排列,查找起来会非常困难,甚至会发生已经采集到的信息因一时无法找到,而贻误企业决策的现象。②因为整序之后,同类企业信息归并一起,就可以显现出这一类企业信息总体的内涵和外延,也能够发现所采集信息的冗余和漏缺,以指导下一步的检索。未经过整序、散在排列的信息只能反映单条信息的内容,不能显示信息整体的内容。③因为同一组信息所取的特征不同,得到的序列也不相同。企业管理者可以根据自己的需要选择信息的特征进行整序,以便获得自己需要的信息序列。整序原则中有分类整序、主题整序、著者整序、号码整序、时间整序、地区整序、部门整序、计算机整序等方法。

3)*激活原则* 激活原则是对所获得的企业信息进行分析和转换,使企业信息活化,为我所用的管理思想。企业信息管理中之所以存在激活原则是因为:企业信息不会自动地为企业管理者服务,未经过激活的企业信息没有任何用处,只有在被激活之后才会产生效益。信息激活能力是企业管理者信息管理能力的核心。所有的企业管理者都应该学会自己激活信息,还要学会利用“外脑”激活信息,即学会请社会上的信息咨询企业为自己激活信息。信息咨询企业是专门为用户作“激活”信息服务的。信息激活,按照行为主体来划分,有“个体激活”和“群体激活”两种。个体激活指的是企业管理者个人的信息激活行为,具体方法有综合激活法、推导激活法和联想激活法。群体激活指的是企业管理者群体的信息激活行为。群体激活是三种个体激活方法的综合运用,具体方法有头脑风暴激活法、德尔菲激活法、对演激活法等。

4)*共享原则* 共享原则是指在企业信息管理活动中,为充分发挥企业信息的潜在价值,力求最大限度利用企业信息的管理思想。企业信息管理中之所以存在共享原则,是因为信息具有共享的特征。信息的共享可以在企业内相互弥补、相互增强,尤其是可以相互激活,挖掘出信息和信息活动的潜在价值。共享原则的实现是有条件的。它只可能在有限的范围内实行,而且必须是具有某种共同利益的范围。它必须在这有限的范围内,既要求范围内的成员贡献自己的信息,又要防范范围之外的人占有本范围的信息。前者称为"贡献原则",后者称为"防范原则"。

5)*搜索原则* 搜索原则是企业管理者在管理过程中,千方百计地寻求有用信息的管理思想。企业信息管理中之所以存在搜索原则,是因为企业信息是可以任意索取的,而且任何人在获取后都可以为我所用。所以,剩下来的问题就是你所需要的企业信息在哪里?唯一的办法就是搜索。具体来说,搜索原则包括强烈的搜索意识、明确的搜索范围和有效的搜索方法。其中搜索意识对于企业管理者至关重要,它是管理者及时、有效地获取信息的前提。后两者只是解决了搜索范围和方法问题,有了范围和方法不等于就一定能搜索到有用的信息,还在于掌握方法的人会不会及时、恰当地使用。就是说,最根本的是在于企业管理者时时处处都要有一种强烈的搜索欲望和搜索动机,这就是搜索意识。

8.3 企业信息系统

随着现代科学技术的迅猛发展,人类社会逐步向信息时代前进,人类认识和理解客观世界的能力、手段都发生了很大的变化。自20世纪90年代以来,管理理论不断演进,借助于技术手段加强管理的新理论不断产生;同时,计算机技术和网络技术的飞速发展,使得企业信息系统领域不断渗透出集技术手段与管理思想于一身、共同结合并重的特点。

8.3.1 企业信息系统概述

企业信息系统通常包含企业内外经营环境的重要信息。比如与企业经营有关的重要政策的变化、发生的重要事件等。企业信息系统最基本的作用是把收集到的信息转变为适用的形式,用以协调企业内部的工作流,帮助管理者做出决策、分析和简化复杂问题,提出合理的解决方案。

1. 企业信息系统的概念

企业信息系统是指依据系统的观点,通过计算机、网络等现代化工具和设备,运用数学的方法,服务于企业管理领域的人机相结合的信息处理系统。它通过对信息进行采集、处理、存储、管理、检索和传输,向有关人员提供有用的决策信息。

在国外,谈到信息系统,一般是指管理信息系统(MIS)。管理信息系统是一个涵盖面很广的概念。劳登教授在其所著《管理信息系统》一书中指出:"信息系统技术上可以定义为支持组织中决策和控制而进行信息收集、处理、存储和分配的相互关联部件的一个集合。”在这个定义中可以看出，这里所说的信息系统就是管理信息系统。

在我国，由于电子技术类专业首先使用了信息系统这个名词，使得国内对信息系统的理解与国外有所不同。一个典型的区别就是将国内纯粹的通信系统或信息传输系统统称为信息系统，而管理信息系统的学者则认为那只是硬件和软件的结合，对信息系统的理解是不全面的。现在越来越多的学者认为信息系统就是广义上的管理信息系统，而狭义上的管理信息系统主要指用于管理方面的信息系统。

2. 企业信息系统的功能

信息系统被应用于企业管理领域后，其所实现的功能应该是多方面的。综合起来，一个完善的企业信息系统的功能包括以下六个主要方面。

1）信息采集　企业信息系统是把分布在各部门、各处、各点的有关信息收集起来，记录其数据，并转化成企业信息系统所需的形式。信息采集有许多方式和手段，如人工录入数据、网络获取数据、传感器自动采集等，对于不同时间、地点、类型的数据需要按照企业信息系统需要的格式进行转换，形成企业信息系统中可以交换和处理的形式。这是信息处理的基础，是整个企业信息系统能否发挥作用的关键。

2）信息处理　对进入企业信息系统的数据进行加工处理，如财务的统计、结算、预测分析等都需对采集录入到的大批数据作数学运算，从而得到管理所需的各种综合指标。信息处理的数学含义是：排序、分类、归并、查询、统计、预测、模拟以及进行各种数学运算。现代化的企业信息系统都是依靠规模大小不同的计算机来处理数据，而且处理能力越来越强。对信息的加工处理是企业信息系统的核心功能。

3）信息存储　数据被采集进入系统，经过加工后形成对管理有用的信息。然后，由企业信息系统负责对这些信息进行存储保管。当组织相当庞大时，需存储的信息量很大，就必须依靠先进的存储技术。这时，有物理存储和数据的逻辑组织两个问题。物理存储是指将信息存储在适当的介质上；逻辑组织是指按信息的逻辑内在联系和使用方式把大批的信息组织成合理的结构，它常依靠数据存储技术。

4）信息管理　一个系统中要处理和运行的数据量很大，如果不管重要与否、有无用处，都盲目地采集和存储，将成为数据垃圾箱。因此，对信息要加强管理。信息管理的主要内容是：规定应采集数据的类型、名称、代码等，规定应存储数据的存储介质、逻辑组织方式，规定数据传输方式、保存时间等。

5）信息检索　存储在各种介质中的庞大数据要让使用者便于查询。这是指查询方法简便，易于掌握，响应速度满足要求。信息检索一般要用到数据库技术和方法，数据库组织方式和检索方法决定了检索速度的快慢。

6）信息传输　从采集点采集到的数据要传送到处理中心，经过加工处理后的信息要送到使用者手中以及各部门要使用存储在中心的信息等情形，都涉及信息的传输问题。系统规模越大,传输问题越复杂。

3. 企业信息系统的类型

企业信息系统主要被应用于管理方面,而管理活动按照不同的标准可以分为很多类型,所以对于企业信息系统来说,依据不同的划分方法也可以分成不同的类型。

按照处理事务或承担职能的不同,可以分为生产信息系统、经济信息系统、人力资源管理系统、研发信息系统等子系统。每一个子系统又可含有高层辅助决策、中层管理控制和基层业务处理三个层次。

按照功能和解决主要问题的不同,可以分为电子数据处理系统(Electronic Data Processing Systems,简称 EDPS)、管理信息系统(MIS)、办公自动化系统(OAS)、决策支持系统(DSS)、企业资源规划(ERP)和电子商务等。

8.3.2 企业信息系统的结构

企业信息系统的结构是指系统中各组成部分之间的相互关系和构成框架。各部分的组成方式不同就构成不同的系统结构,其中主要有企业信息系统的概念结构、功能结构、软件结构和硬件结构。

1. 企业信息系统的概念结构

从企业信息系统的作用观点来看,企业信息系统由四个主要部件组成,即信息源、信息处理部件、信息用户和信息管理者,如图 8-1 所示。

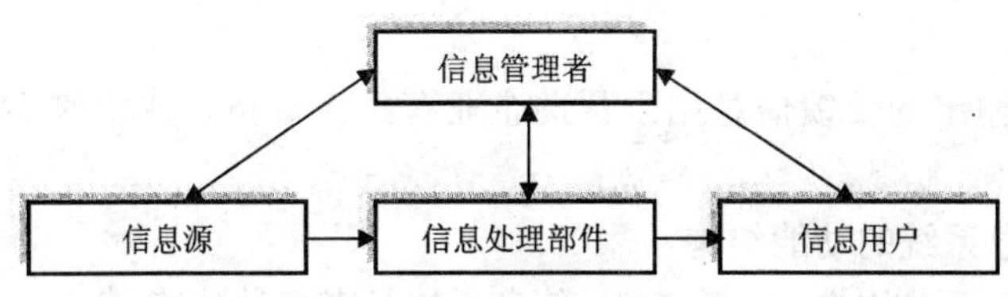

图 8-1 企业信息系统概念结构

1)信息源 信息源是信息发生的来源,即信息的产生地。内信息源是指企业内部生产经营活动中所产生的各种数据,如生产数据、财务数据、销售数据等。外信息源是指来自企业外部环境的各种信息,如国家宏观经济信息、市场信息等。

2)信息处理器 信息处理器完成数据的采集、数据变换和数据存储等,并将数据转变为信息提供给信息用户。

3)信息用户 信息用户是指企业各不同部门和不同层次的管理人员。由信息处理器提供给用户的信息供管理人员做出科学决策使用。信息用户是信息系统的最终受益者,信息用户利用信息系统提供的各种信息进行辅助决策。

4)信息管理者 信息管理者是指负责信息系统开发和运行的人员,并在系统实施过程中负责信息系统各部分的组织和协调。

从企业信息系统对信息的处理过程来看，信息系统可以看成是由三个基本的行为部件构成，它们是输入、处理和输出，如图 8-2 所示。企业信息系统把收集整理出来的原始数据经过适当处理后变成有用的信息输出，输出的数据反馈给信息使用者和信息输入端，一方面参与对输入数据的评价，另一方面修正数据输入阶段出现的问题。

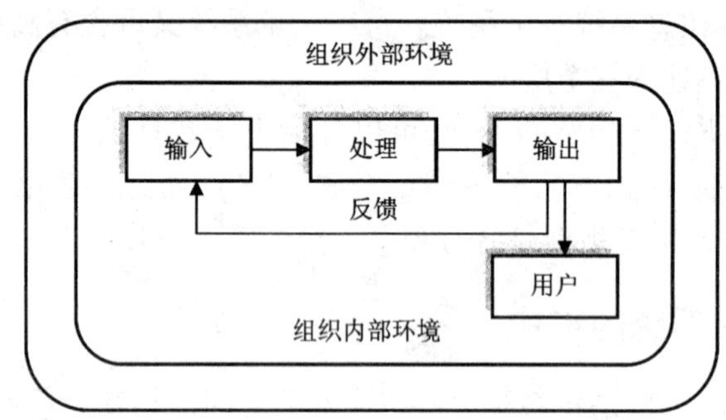

图 8-2　企业信息系统三部件

1）输入　输入过程是获取和收集企业内部和外部环境相关的原始数据，并初步将这些信息转化为计算机可处理的数据。

2）处理　对原始数据进行加工使其转变成恰当的更易于为人所接受的形式。

3）输出　把经过加工处理的数据提供给用户，用于进行辅助决策或解决工作中的有关问题。

4）反馈　输出的反馈信息用于帮助企业有关人员精练或修改输入阶段出现的问题。

2. 企业信息系统的功能结构

从企业信息系统用户的角度来看，信息系统具有多种功能，各种功能之间又有各种信息相互联系，组成有机整体。比如，按照企业的运行机制划分企业信息系统的功能结构，可以分为订货子系统、采购子系统、库存子系统、财务子系统、生产子系统等。各个功能子系统之间通过数据流动相互关联，形成企业的信息系统。企业的管理组织结构按其不同的职能分为各个职能部门，企业信息系统也可以按各职能部门的管理业务来划分不同的子系统，通常包括：销售子系统、生产管理子系统、后勤子系统、人事管理子系统、财务管理子系统、信息处理子系统、高层管理子系统。

企业根据自身的特点和需要还可以增加其他子系统。企业信息系统的目的是服务于企业管理经营业务的需要，不必要追求统一的结构模式。图 8-3 简单显示了一个企业信息系统从功能结构上划分的例子。

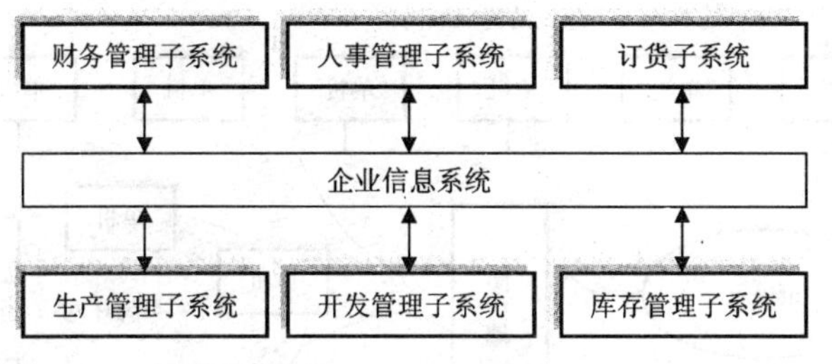

图8-3 企业信息系统功能结构示例

3. 企业信息系统的软件结构

企业信息系统的软件结构是指支持信息系统的各类软件所构成的系统结构。支持信息系统的软件包括通用的操作系统软件和专用的信息系统软件。其中专用的信息系统软件需要信息系统开发人员做进一步的开发和完善,称为二次开发,而且要针对企业所具有的特点和特殊需要进行开发。图8-4给出了根据一个企业的管理系统结构所开发出来的信息系统结构。在图中,每个方块是一个程序块或文件,每一个纵列是支持企业某个领域的软件包。例如生产管理的软件系统是由支持战略、支持管理控制、运行控制以及业务处理模块所组成,同时还带有它本身专业数据文件。全系统可以共享的数据由数据库管理系统管理。公用程序部分包括公用数据文件、模型库和数据库。当然,图中所画的软件结构比较粗略,事实上每一块都可以再用树结构形式展开。

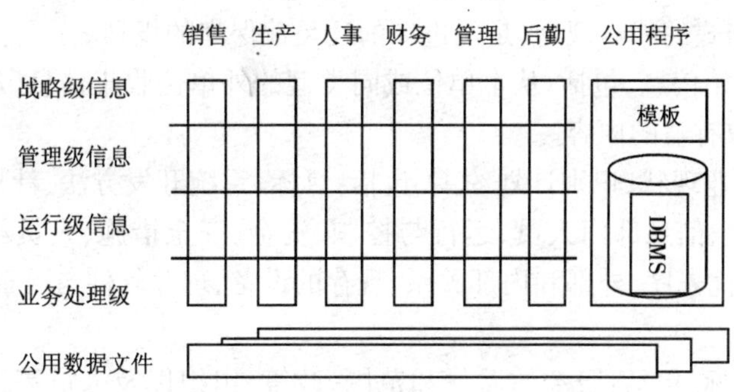

图8-4 企业信息系统软件结构示意

4. 企业信息系统的硬件结构

企业信息系统的硬件结构主要是指组成信息系统的网络结构和各单机硬件功能配置。从目前的发展趋势来看,企业信息系统的网络结构一般采用企业内部数个小范围的局域网通过高速专线(如光纤)连接起来,企业内部局域网通过防火墙与企业外部的广域网进行连接,通过Router或Gateway可以实现运行不同网络协议的网络之间的连接,如图8-5所示。

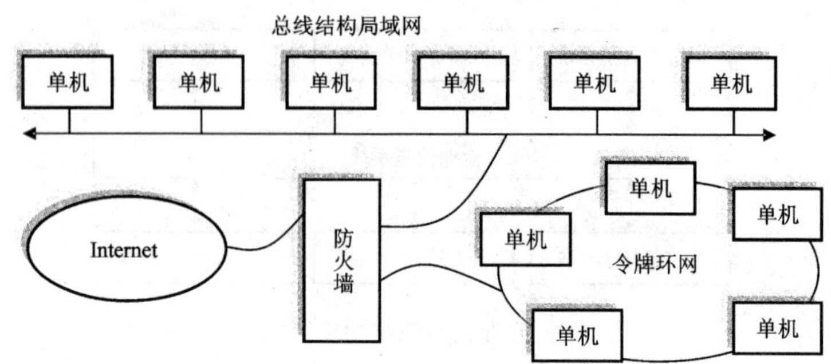

图 8-5　企业信息系统硬件结构示意

8.3.3　企业信息系统战略规划

一个有效的企业信息系统的战略规划不但能做到信息资源的合理分配和使用，从而节约企业信息系统的投资，而且还可以促进企业信息系统应用的深化，为企业创造更多的利润。一个好的战略规划还可以作为一个标准，考核企业信息系统开发人员的工作，明确他们的工作方向，调动他们的积极性。制定战略规划的过程本身就迫使企业领导回顾过去的工作，发现可以改进的地方。总之，企业信息系统的战略规划对我国企业是非常重要的，应该大力提倡和推广。

制定企业信息系统的战略规划，一般应包括以下步骤，如图 8-6 所示。

(1)确定战略规划的基本问题，包括：战略规划的年限，战略规划的方法，确定是集中式还是分布式的战略规划，是偏进取的还是偏保守的规划。

(2)收集初始信息，包括：从本单位或同类型的外单位收集信息，从各种文件、书籍和杂志中摘取有益的内容。

(3)评价企业现状，识别计划约束，包括：目标、系统开发方法、计划活动、现存硬件和它们的质量、信息部门人员、运行与控制、资金、安全措施、人员经验、手续和标准、中期和长期优先序、外部和内部关系、现存的设备、现存软件与质量以及企业的思想和道德状况。

(4)设置目标，包括：服务的质量和范围、政策、组织以及人员等，不仅包括企业信息系统的目标，而且应有整个企业的目标。

(5)准备规划矩阵。这实际上是企业信息系统的战略规划内容之间相互关系所组成的矩阵，矩阵列出以后，就确定了战略规划的各项内容以及实现它们的优先序。

(6)～(9)识别上面所列出的各项活动是一次性工程项目性质的活动，还是一种重要的经常进行的活动。由于资源有限，不可能所有项目同时进行，只有选择一些综合分析最有利的项目先进行，要正确选择工程类项目和日常重复类项目的比例，正确选择风险大的项目和风险小的项目的比例。

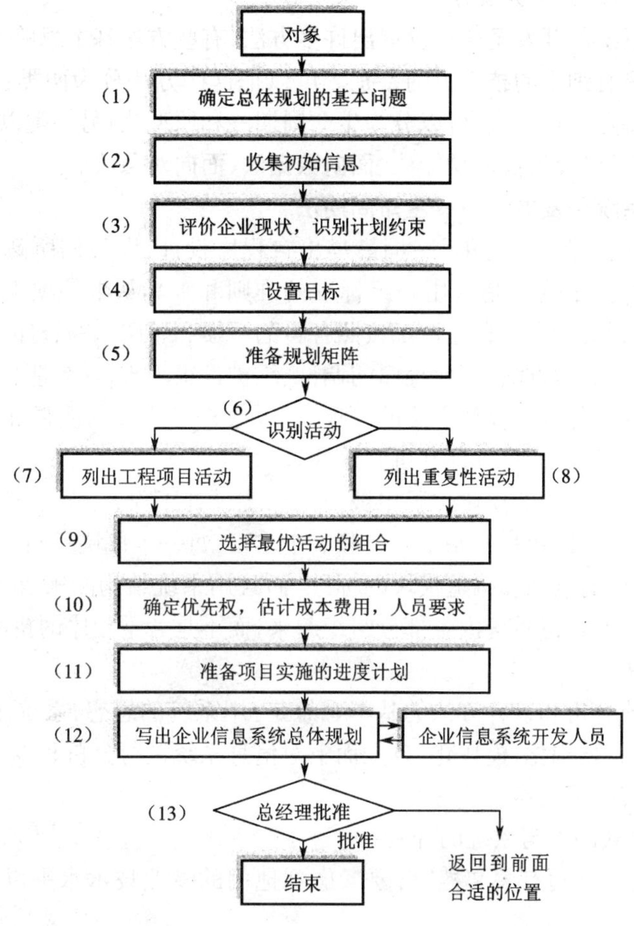

图 8-6 企业信息系统总体规划步骤

(10)给定项目的优先权,估计项目的成本费用。

(11)根据第(10)步的结果,编制项目的实施进度计划。

(12)把战略规划整理成文。在此过程中,要不断与企业信息系统开发领导小组以及开发工作小组的成员交换意见。

(13)写出的战略规划要经企业最高层领导批准才能生效,宣告制定战略规划的工作完成。如果没有得到批准,只有再重新进行战略规划。

8.3.4 企业信息系统开发

开发企业信息系统,首先要搞清企业目前的管理流程与生产流程,应用现代管理理论与信息系统分析、开发方法,往往还会提出对目前的管理流程与生产流程进行改造。

8.3.4.1 企业信息系统开发方法

企业信息系统的开发至今已发展出许多方法,有些方法基本思路不相同,有些方法则是相互间只有细小的技术上的差别。可以把这些方法分为两类:一类以这些方法进行过程的特点进行分类,可以分为生命周期法和原型法;另一类以这些方法的立足点进行分类,可以分为面向功能法、面向数据法、面向对象法。

1.结构化系统开发方法——生命周期法

在数据处理领域,“结构化”一词最早出自程序设计,即我们所熟知的结构化程序设计。“结构化”的含义是指用一组标准的准则和工具从事某项工作。在结构化程序设计出现以前,每一个程序员都按照各自的习惯和思路编写程序,没有统一的标准,也没有统一的技术方法,因此程序的调试、维护都很困难,这是造成软件危机的主要原因之一。结构化程序设计方法的出现,大大改进了程序的质量和程序员的工作效率,而且增强了程序的可读性和可修改性。

结构化程序设计中的模块化思想被引入系统设计工作,一个系统由层次化的程序模块构成,每一个模块只有一个入口和一个出口,每一个模块只归其上一级模块调用,并有模块连接的准则和构造模块的标准,而且用系统结构图来表达系统的结构,尽可能用最优的方式将系统内各部分组织起来,而不是若干程序的拼凑,这就是结构化程序设计方法。

结构化系统分析和设计方法的基本思想是:用系统的思想,系统工程的方法,按用户至上的原则,结构化、模块化,自上而下对信息系统进行分析和设计。因此,它的主要指导原则有以下几点:

(1)请用户共同参与系统的开发;

(2)在为用户编写有关文档时,要考虑到他们的专业技术水平以及阅读与使用资料的目的;

(3)使用适当的画图工具作为通信媒介,尽量减少与用户交流意见时发生问题的可能性;

(4)在进行系统详细设计工作之前,就建立一个系统的逻辑模型;

(5)采用“自上向下”方法进行系统分析和设计,把主要的功能逐级分解成具体的、比较单纯的功能;

(6)采用“自上向下”方法进行系统测试,先从战略功能一级开始测试,解决主要问题,然后逐级向下测试,直到最低一级具体功能测试完毕为止;

(7)在系统验收之前,就让用户看到系统的某些主要输出,把一个大的、复杂的系统逐级分解成小的、易于管理的系统,使用户能够尽早看到结果,及时提出意见;

(8)对系统的评价不仅是指开发和运行费用的评价,而且是对整个系统生存过程中费用和收益的评价。

结构化系统分析和设计方法的特点是:用画图的方法表达,自上向下的分解,强调逻辑功能而不是物理设计,没有重复性。

信息系统开发的生命周期包括:可行性研究与总体设计——需求分析与概要设计(即系统分析)——系统详细设计(即系统设计)——系统实现与测试——系统运行、维护与评价。

2. 原型法

与传统的生命周期法相比,原型法摒弃了那种一步一步周密细致的调研、分析,然后逐渐整理出文字档案,最后才能让用户看到结果的烦琐做法,而是一开始就凭借着系统分析人员对用户要求的理解,在强有力的软件环境支持下,给出一个实实在在的系统模型(原型),这个模型大致表达了系统分析人员当前对用户要求的了解和他希望系统实现后的形式。然后系统分析人员和用户一起,对这个模型进行评价。根据评价结果,再对模型进行修改。如此反复,周而复始,直到完全满意为止。

1)原型法的特点　原型法作为一种信息系统的开发方法,从原理到流程都十分简单。但它却有着传统方法无法比拟的优越性,这主要是由于原型法有着以下特点:①从认识论的角度看,原型法更多地体现了从特殊到一般的认识规律,因而更容易为人们所普遍掌握和接受;②原型法将模拟的手段引入系统分析的初期阶段,首先根据系统分析人员对用户要求的理解,模拟出一个系统原型,然后就这个模型展开讨论,沟通了人们的思想,缩短了用户和系统分析人员之间的距离,解决了传统方法中最难解决的一环;③原型法为准确地认识问题创造了条件;④原型法充分利用了最新的软件工具,使得系统开发的时间、费用、质量、效率等方面的效益大大提高了,系统对外界环境变化的适应能力大大增强;⑤原型法将传统方法中的系统调查、系统分析、系统设计三个阶段融为一体。

2)原型法的局限　①对于一个大型的系统,如果不经过系统分析进行整体性划分,想要直接模拟是很困难的;②对于需要大量运算、逻辑性较强的程序模块,原型法很难构造出模型来供人评价;③对于原基础管理不善、信息处理混乱的问题,使用时有一定的困难;④对于一个批处理的系统,其大部分是内部处理过程,用原型法有一定的困难。

原型法又分为两种:一种称为演进原型法,也就是初始原型不断改进,最后成为最终的目标系统,其模型结构如图8-7所示;另一种称为实验原型法,其建立的原型实际上是真实系统的模型,由局部模型不断实验改进,最后得到整个系统的模型,其模型结构如图8-8所示。

8.3.4.2　企业信息系统开发过程与条件

1. 企业信息系统开发过程

企业信息系统的开发是一项大的系统工程性质的工作。一般的系统工程均要有三个成功要素,即:①合理确定系统目标;②组织系统性队伍;③遵循系统工程的开发步骤。而所有这些要素均要在强有力的领导下才能完成。图8-9给出了系统开发的

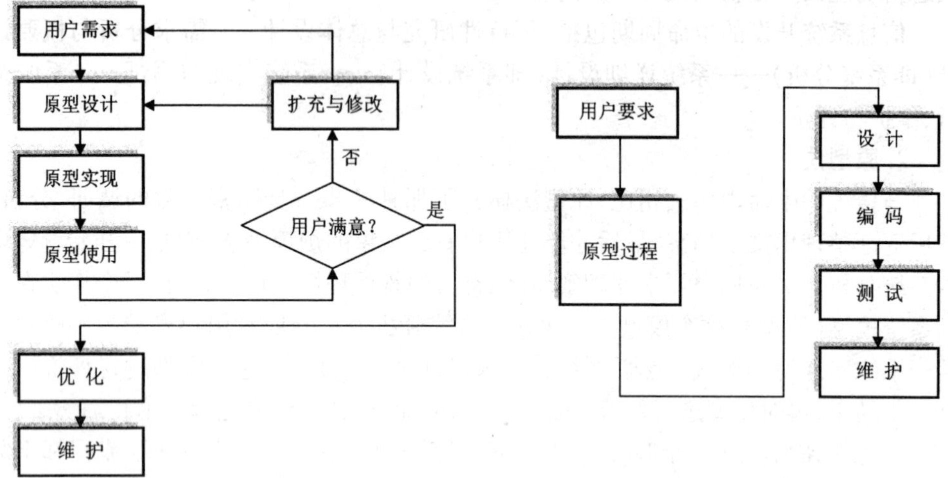

图 8-7 演进原型法模型结构示意　　　图 8-8 实验原型法结构模型示意

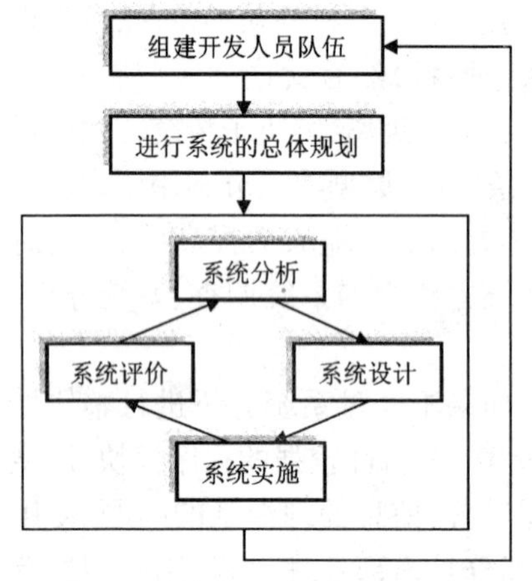

图 8-9 企业信息系统开发步骤

各个步骤。

系统的战略规划制定以后,就可以根据战略规划的要求组织一个个子系统的开发。每个子系统的开发均由四个阶段来完成,即系统分析、系统设计、系统实施和系统评价。这四个阶段组成一个生命周期。这个生命周期是周而复始进行的,一个系统开发完成以后不断地接受评价和修正,到一定程度系统不再适应工作的需要,就要重新进行系统分析,开始一个新的生命周期。一般来说,不论系统运行状况如何,每隔 3 ~ 5 年都要进行新的一轮开发。

2. 企业信息系统开发应具备的条件

企业信息系统的开发是一项系统工程,涉及资金、技术和人力的投入,也涉及企业多方面的变革。企业开发信息系统需要具备以下条件。

(1)企业的主要领导,特别是一把手要亲自参与和领导企业信息系统的建设,也称为一把手原则,这是搞好企业信息系统的前提。

(2)企业有开发信息系统的实际需要,这是搞好企业信息系统的动力。

(3)具有一定的科学管理的基础。企业应具备必要的规章制度、生产和工作的良好秩序及为企业信息系统提供可靠的数据,这是企业信息系统建设的必要保证。

(4)有一支高水平的信息系统开发的专业队伍。技术人员和管理人员的专业水平与素质是企业信息系统成败的关键。专业队伍的结构也很重要,其中包括系统分析员、系统设计员、管理模型设计员、程序员、数据员以及机房软硬件管理人员等。

(5)必要的资金支持和资源条件。开发企业信息系统需要较大的资金投入,包括计算机软硬件的资金费用,建造或改建机房及人员的编程、调试费、培训费等。企业应在信息系统开发项目的投资上给予必要的保证。

8.3.5 企业信息系统安全保障与质量管理

随着计算机网络的普及,企业信息系统的安全问题和质量问题越来越受到人们的重视。加强对企业信息系统的安全保障和质量管理势在必行。一方面企业信息系统的软件在使用过程中经常会出现一些缺陷,软件质量存在着这样或那样不同程度不足;另一方面,对投入运行的企业信息系统的管理和维护不当,造成系统工作状况不尽如人意。计算机犯罪、网络黑客、计算机病毒等借助于越来越普及的互联网络到处肆虐,使企业信息系统的安全和质量保障受到巨大的挑战。

8.3.5.1 企业信息系统的安全保障

企业信息系统的安全问题不仅仅是一个技术问题,更是一个社会问题。除了在技术上需要提供各种防范措施之外,还需借助于法律和社会监督,需要有健全的管理制度。

企业信息系统的安全保障措施不能仅在其建立起来之后考虑,必须要贯穿于整个设计和建立的过程当中。在对企业的业务内容进行分析和整体设计时就要充分考虑到如何保障企业信息系统的安全。所谓保障,是指采取专门的技术、策略或人工手段等保护信息系统的资产、准确性和可靠性不受各种不利因素的影响。其中,适用于企业范围内的整体业务和计算机环境的保障称为总体保障。总体保障可以采用自动或人工方式来实现,总体保障影响整个计算机化的信息系统的活动。另外一种保障称为应用保障,它也可以是采用自动或人工方式,控制单个用户对信息系统的应用,保障个体应用信息系统时处理过程的准确、完整和有效。

为了更加清楚起见,本书给出企业信息系统的安全保障的完整定义:制定有关的政策、规章制度或采用适当的硬件手段、软件程序和技术工具,保证信息系统不被未经授权进入并使用、修改、盗窃,造成损害的各种措施,称为企业信息系统的安全保障。其中,未经授权进入并使用这一条的重要性日益突出。这是因为随着计算机网络技术的不断发展以及用户需求的日益增长,越来越多的重要数据被放在网上。这些数据的安全性直接关系到企业信息系统的生存问题。

1. 总体安全保障

总体安全保障就像为企业的信息系统的安全提供了一把保护伞,总体保障措施实施后可以促进下列需求的实现:①信息系统硬件安全和可靠;②信息系统软件安全和可靠;③数据文件的安全;④信息系统运行操作管理的正确;⑤信息系统能够按部就班地得以开发。

表8-1列出了总体保障各项措施实施的具体例子。针对不同的信息系统，这些保障措施的重点也有所不同。

表8-1　企业信息系统总体保障措施具体内容示例

总体保障项目	具体内容举例
硬件的总体保障	1. 限制对硬件设备或终端的使用 2. 检查硬件设备的好坏，及时修理有故障的设备
软件的总体保障	1. 建立软件或系统使用登录制度 2. 限制未被授权用户使用软件的权限
数据文件	1. 建立用户密码 2. 建立用户对数据文件的存取权限
运行操作	1. 建立正确使用信息系统进行工作的操作步骤 2. 建立系统失效或混乱之后备份恢复制度
系统开发	1. 对新上马的信息系统项目要进行审查和审计，严格按照预算进行 2. 要求达到的用户需求目标必须达到 3. 信息系统要有相应的系统和业务操作文档资料
系统管理	1. 建立正规的上机操作登记管理制度 2. 按照岗位功能详细划分职责，系统管理责任分明，责任到位 3. 专人管理和监督信息系统的正常运行

2. 应用安全保障

应用保障和总体保障结合在一起共同保证企业信息系统的安全和可靠。应用保障是确保具体的系统应用的安全。按照信息系统运行进程，即输入、处理、输出三个步骤，应用保障分为输入保障、处理保障和输出保障三个部分。输入保障是确保向信息系统输入的数据完整和准确；处理保障是保证处理过程中被更新的数据和文件的完整和准确；输出控制则保证计算机处理后输出的结果完整、准确并且分布恰当。最重要的应用保障措施包括输入输出授权认证、程序化的例行编辑检查以及总量控制技术。

1）输入输出授权认证　输入输出的授权认证是指信息系统中部分内容，仅允许某些有权用户输入数据和得到输出数据。比如：企业按月发放奖金时，需要确认员工的出勤率，领导则根据员工出勤率对每一个员工奖金分配情况进行核实，并“签名”到输出文件，财务部门才能够根据已“签字”的输出文件发放奖金。

2）程序化的例行编辑检查　程序化的例行编辑检查是在原始数据被正式处理之前，利用预先编好的预处理程序对输入的数据进行错误检查，不满足标准的数据一律报告出来。系统拒绝对有疑问的数据文件作进一步的处理。图8-10是程序化例行编辑检查过程示意图。表8-2列出了最常用的程序化例行编辑检查技术。

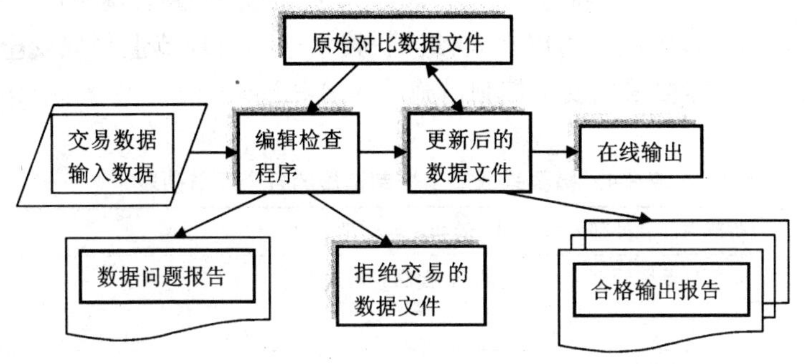

图 8-10　程序化例行编辑检查过程示意

表 8-2　程序化例行编辑检查技术列表

编辑检查技术	说 明
格式检查	检查输入数据的格式、大小、内容、符号等，如长途电话号码格式应固定分为国家号、区号、电话号码三个区域
存在检查	通过与预先已知的代码进行比较，确定输入的代码字段是否有效，如省或直辖市的代码是固定的，如果输入的数据中该项在已知的代码表中不存在，则大致可以确定输入有误
合理检查	检查输入数据的值是否落入合理范围内，如员工的月工资不应超过六位数
数字检查	将输入的数字与系统中预定好的某个数字进行运算，结果符合条件，则认为输入数字的正确，如某账户的输入数字是 29675，与 9 减运算后的结果是 29666

3）总量控制技术　总量控制技术可适用于信息处理过程中的任何阶段，其作用是确保数据总量的完整和准确。在信息系统数据的输入、处理和输出过程中，某些位置可以通过不同的手段对信息字段中可计算的数据进行统计，通过不同的统计路径统计出来的数据总量应该是完全一致的。如果出现不同，说明某个环节出现问题。表 8-3 给出了主要的总量控制技术类型。

表 8-3　主要总量控制技术类型

总量控制技术	说 明
记录计数	计算已经输入的源文件的数量，与其他原始阶段输入的文件数量进行比较
数量总量	比较某字段中的数据总量与手工合计出来的数值是否一致
混合总数	用于控制目的的字段的总数与栏目进行比较
动态数量	新输入的数量经过计算机运算后得到的总数量与输入前的数量进行比较，结果应该符合手工计算值

3. 安全保障的三个重要环节

作为信息系统解决方案整体考虑的一部分，采用合适的保障技术是保证其安全必不可少的条件。经过分析研究后,找出信息系统的安全漏洞,逐条逐步地利用不同的安全控制技术加以解决。可以在人、组织、技术这三个环节上采取安全控制措施。表 8-4 列出了三个需要采用安全控制措施的环节。

表 8-4 需要采取安全控制措施的各个环节列表

人	防范内部和外部人员利用计算机进行犯罪活动
	对信息系统管理人员进行培训,提高管理水平
	减少信息系统用户错误
	简化控制技术的复杂性,使人们操作起来更加方便
组织	组织内部设立超级系统管理机构,负责信息系统的总体安全保障
	把信息系统不同的功能分开进行分工管理,各负其责,减少彼此之间的相互干扰
技术	降低硬件失灵的次数和影响
	减少软件错误
	注意通信环节的安全性
	数据库的安全性
	应用程序存放安全性

4. Internet 网络站点安全措施

基于 Internet 网络站点所建立的新的企业信息系统,具有更多的安全隐患。表 8-5 列出了 9 种可能的安全隐患供站点设计时予以考虑。根据不同网站信息系统应用的侧重点,其安全隐患也会有所不同。但总的来说,网站应用不外乎广告、电子商务、Internet/Intranet 网络安全保障三个主要方面。

表 8-5 Web 站点安全隐患列表

安全隐患	具体表现
数据损毁	偶然或恶意操作造成服务器数据丢失以及截取流入流出服务器数据
干扰	利用不适当的流量控制方法有意重置路由或改变从服务器流出的数据流造成服务器效率降低或崩溃
文件被修改/替换	在网络发送或接收端改动数据。这种改变无论是有意还是无意都比较难于发现
错换/错用数据	提供错误信息、密码或其他数据,用假文件或假网页置换原来的网页
拒绝执行	当输入在线命令或执行开始后发生拒绝情况
无心错用	合法用户偶然但无心的动作造成的情况
无权修改/下载	未经授权的人修改、更新、拷贝或下载网站文件或数据
无权处理	未经同意对网站的任何使用
无权泄漏	未经明确同意看到并泄漏网站所载信息

8.3.5.2 企业信息系统的质量管理

对任何系统而言,质量问题历来都是人们所关心的主要问题之一。企业信息系统的质量问题也不例外。在企业信息系统中人们更关心的是软件的质量和数据的质量以及系统整体的可靠性。从实际来看,零缺陷的信息系统是不存在的。但是系统的开发设计者可以按照预定的系统质量目标,充分利用过去在信息系统开发上的成功经验,尽量减少信息系统发生质量事故的概率和发生故障的严重程度。

信息系统的质量问题从本质上来说是信息系统软件的质量问题。提高信息系统中软件质量的措施有五种:①好的软件开发方法是获得高质量软件的首要条件;②信息系统软件质量的度量;③制定软件程序代码设计编写标准;④软件的测试;⑤采用软件开发工具。

提高企业信息系统中数据质量的措施主要有两种。

1) *应用数据库管理系统(DBMS)* 数据库管理系统(DBMS)是一种确保数据安全,改进数据质量的好手段。DBMS把数据和数据处理程序分开存放,实现了数据的集中存放、集中管理这一目的,避免随处理程序一起存放所带来的数据冗余问题。DBMS可以自动检测输入的数据类型,不满足类型的数据会得到系统提示,并拒绝接受。向DBMS输入数据比向数据处理程序中输入数据更容易,只需要按照字段顺序逐条输入即可,这样一来很方便发现输入的错误。更重要的是,DBMS擅长于生成数据报表或数据分析表,由于数据库和数据处理程序分开,即使无关人员可以使用数据处理程序,但只要防止其修改数据库的内容,就可以保证数据的安全。

2) *建立数据质量审查制度* 建立数据质量审查制度对于改善数据质量是很重要的一环。定期审查新近输入的数据,尽早发现有问题的数据。数据审查有多种手段,比如通过访问客户来了解他们对问题数据的敏感程度,实际由人工手动检查数据或数据样本或由审查软件自动检查数据样本等等。保证数据的质量对于利用数据进行辅助决策的信息系统是非常重要的。

8.4 企业信息化建设

企业信息化是信息社会的基础之一,是国家信息化的重要组成部分。企业信息化是企业利用信息技术不断提升企业生产经营活管理决策水平,不断增强企业竞争能力的过程。在企业信息化过程中,不仅仅信息技术在不断发展,企业管理思想和管理模式也在不断发展和创新中。因此,企业信息化的过程实际上是一个个企业信息化项目的建设过程;是由单元信息技术向集成信息技术、由企业内部资源集成向企业内外部资源集成的发展过程;是由信息资源的低层次应用向智能型、知识型应用的发展过程。

8.4.1 企业信息化的内涵

关于企业信息化的概念,国内最早出现在1997年。几年来陆续发表了许多论著,但至今并没有统一的表述。总结几年来我国企业信息化的实践和理论研究的成果,本书认为,企业信息化应该包括以下三个方面的内涵。

1)技术信息化 抓紧建设企业的信息基础设施,在企业内全面使用计算机、通信等现代信息技术,力求“将企业的生产过程、物料移动、事务处理、现金流动、客户交互等业务过程数字化”,这是企业信息化绝对不可缺少的。不过,这只是企业信息化的初级阶段,不能以为有了电算化就是对信息资源进行合理有效的利用了,大量使用信息技术只是实现信息化的前提和基础。

2)管理信息化 管理信息化,指的是管理理念、管理组织、管理方式、管理手段等都要与企业信息化的要求相匹配。企业应该变革自己的组织结构,规范企业的管理流程,以业务信息流为导向,优化业务方式和手续,让企业的产、供、销的业务流程以及财务处理、业务处理、管理工作在流程改造中一体化,建立企业的共享信息资源,建立和健全企业的各项信息和信息活动的规章制度,提高运营效率,降低成本,实现集成化管理,达到提升企业竞争力的目的。

3)人员信息化 人员信息化,指的是企业的各级管理者要对自己的管理理念进行全新的改造,建立和增强信息意识,确立信息管理观念,实现管理者观念信息化。这是决定企业信息化能否成功的关键。因为再好的信息技术,再好的组织结构,都是由人来使用和指挥的,如果企业的管理者没有一个信息化的理念,企业信息化自然不可能获得成功。

技术信息化、管理信息化和人员信息化是整个企业信息化建设过程中不可分割、不可替代、不可或缺的三个组成部分。企业信息化提升企业竞争力的作用、机制表现为:①技术信息化是提升企业竞争力的基础和前提,决定提升企业竞争力可能达到的最高水平;②管理信息化是提升企业竞争力所不可缺少的手段;③人员信息化是提升企业竞争力的核心,决定企业竞争力能够达到的实际水平。

8.4.2 企业信息化的基本方式

企业信息化的基本方式主要包括:技术辅助、组织变革、管理变革、观念变革、扩容增值五个方面。

1)技术辅助 技术辅助是企业信息化中实现“信息技术化”的主要方式。这里的技术指的是信息技术,辅助说的是信息技术在企业信息化中的地位。它有两层含义:一是指信息技术在企业信息化各要素中处于辅助的位置,不要搞成企业信息化就是信息技术化;二是在实施企业信息化项目的企业里从事信息系统开发的专业人员要处于辅助的位置,要按照企业的要求去做,要能够与企业的业务人员沟通一致,不要越俎代庖，不能代替企业去思考和决策。但是，辅助不等于不重要，信息技术设备和信息产品是企业信息化的基础和前提，是绝对不可缺少的。

2)组织变革　组织变革是企业信息化实现管理信息化的方式之一。它又称作组织重建，是管理组织重建的一部分。管理组织重建是指传统企业从提高企业的运行效率和经济效益出发，通过获取信息服务、信息技术和信息内容，用科学的原则对企业的组织结构、工作程序、作业流程、管理目标、规章制度、员工素质等方面进行彻底的根本性的变革。管理组织重建的内容包括工作流程重建、组织结构重建、管理目标和方式重建，其中对组织结构的重建称作组织变革。企业的组织变革主要包括：企业内部组织结构的扁平化和网络化变革、联盟化和虚拟化变革、企业组织环境的变革、企业组织目标的变革等。

3)管理变革　管理变革是企业信息化中实现管理信息化的方式之一。在管理组织重建中，除了对企业组织结构的变革之外，还有对工作程序、作业流程、管理目标、规章制度等管理方面的重建，这些工作被统称为管理变革。由于重建的对象不同，又叫公司重建、流程重组、流程再造等。目前提出的管理变革的新思想、新模式比较多。其中有代表性的有：哈默的企业再造理论；圣吉的学习型组织理论；戴维陶和马龙的虚拟企业理论以及精益生产、敏捷制造、批量客户化生产等生产管理变革模式。

4)观念变革　观念变革是企业信息化中实现人员信息化的主要方式。观念变革就是观念创新，要求在企业信息化的进程中，不能局限于信息技术，仅仅只做技术上的改造，还要同步进行各种创新。创新包括技术创新、制度创新和管理观念创新。

5)扩容增值　扩容增值是企业信息化中实现管理信息化的方式之一。它是指向物质产品注入信息技术，或者利用信息技术将丰富的信息注入产品之中，提高产品的信息含量，以提高产品的附加值，达到提高企业经济效益的目的。比如，洗衣机装上芯片就是将信息技术注入普通物质产品中以提高产品附加值的做法。

8.4.3　企业信息化的发展阶段

企业信息化是一个渐进的、学习的过程。企业信息化发展的速度，会随着企业的业务发展而发展，也会随着企业的管理水平和员工对信息化认识的提高而提高。在这个过程中，企业一方面要向企业信息化建设较为成功的企业学习；另一方面要不断地总结自己在信息化建设中的经验和教训，不断地加深对企业信息化的理解和认识。

综合已有的企业信息化发展阶段的研究成果，企业信息化可以分为六个阶段。

1)初始阶段　企业购买了第一台计算机，企业信息第一次有了数字化的信息形式。企业信息化由此开始。

2)单点数字化阶段　企业内某些部门开始使用计算机系统来处理数据和文件，通常是为了提高内部某项工作的效率或降低成本，如：财务软件、办公软件或者单机拨号上网获取有关信息等,但只限于编辑、查询、存储和输出。与此同时,信息技术开始在企业内扩散,企业内的信息系统专家开始宣传应用信息技术的作用,企业管理者开始注意信息系统投资的经济效益。

3)单点自动化阶段　企业的注意力转向以管理信息为目的的各种管理信息系统(MIS),企业内某些部门的业务流程开始自动化,使用办公自动化系统、计算机辅助设计系统、计算机辅助制作系统、人力资源管理系统等;虽然主要还是用于数据处理目的,但是提出了新的要求,要求能够在需要时修改系统,每个部门都力求发展自己的系统;为了适应信息化的需要,还能够对部门内的业务流程进行重组;建立部门业务需要的数据库;各门类的信息资源逐步实现有序化。在信息化管理上,管理信息系统成为一个正式的部门,以规划和控制企业内部信息系统的活动。但是,各部门之间没有联系,都是单点各自发展,不能进行电子数据的交流,没有实现较好的数据共享。单点自动化是企业信息化的基础,企业只有可以不断改进和深化单点的管理,把这一阶段的工作做扎实,才好向下一个阶段发展,不要盲目追求形式上的整体效果。

以上三个阶段,信息技术的使用基本上处于战术层次,属于自动化和信息沟通的工具。

4)联合自动化阶段　企业认识到自身在信息系统建设中的责任,从对计算机系统的管理转向信息资源管理,努力整合前三个阶段里形成的各自独立的信息系统,开始有完善的系统建设的规划,各部门之间有联合的集成框架,技术上使用数据库和远程通信技术,内部各部门之间实现数据和资源的整合、优化和共享,企业可以在一个平台上利用系统进行管理活动。企业与外部的系统相互连接,实现电子数据交换,某些相同的操作,各企业之间不必重复。比如:订单、发票和其他共用文件都被电子传送。企业管理者开始尝试全新的管理方式。这一时期的联合,最初可以是两个部门之间的整合,然后逐步发展为全企业各部门的联合,形成了内部局域网。

5)决策支持自动化阶段　企业有了所有人员都能使用的辅助决策的知识平台和协调机制,决策信息和数据进入自组织状态,可以在适当的时间自动合理地流向需要它们的人;使用计算机专家系统、决策支持系统,决策能力得到加强;开始注意评估系统的成本和效益,企业能够有效地承担自己在信息系统中的责任,能够全面解决信息系统中各个领域之间的平衡和协调问题,并进一步提高企业之间的信息系统,使供应商、经销商和企业之间的交易过程合理化,实现企业间数据共享。

6)敏捷的虚拟的企业阶段　企业实现了基于信息技术的敏捷性和虚拟化,借助计算机信息系统实现了快速反应市场、快速整合社会资源、快速组织生产、满足市场需求。高层和中层管理者认识到系统的重要性,正式的信息资源管理计划和控制系统开始使用,以确保信息系统支持业务计划。

以上三个阶段信息技术的利用处于战略层次。

企业在实施信息化项目之前,应该深入分析本企业的信息化技术条件,认真评估本企业所处的信息化阶段，有针对性地制定企业信息化的规划和方案。

8.4.4 企业信息化的原则

企业信息化的原则有四。

1) *三位一体原则* 这是指在实施企业信息化建设项目时，必须保证企业的领导、员工和信息技术开发人员三者紧密合作、稳定一致的原则。①企业的领导要十分重视，并且思路清晰，眼光敏锐，自始至终地参加，才可能提出明确的项目目标，出现问题才可能及时发现，及时修改，以求完善，项目结束后才可能得到实施。企业领导的态度和行动是企业信息化成功的关键，以致人们现在把企业信息化工程称作“一把手工程”。②开发人员与业务人员要能够沟通一致，才能保证系统功能的实用。如果当整个系统开发设计都是由清一色的计算机专业人员完成，系统的失败就难免了。③三支队伍应尽可能地保持稳定。

2) *目标一致原则* 这是指在实施企业信息化建设时，必须将信息化项目的目标与企业自身的实际需求和发展目标保持一致的原则。因为只有与实际的目标相一致，项目的目标才有成功的可能。信息化的根本目的就是解决企业当前面临的问题和困难，达到提高企业的经济效益和社会效益的目的。项目成果能够解决企业的实际问题，企业的上上下下就会对企业信息化建设心服口服，拥护和支持信息化建设，乐意参与项目成果的实施。一般来说，信息化建设的目标不宜一步到位，应该有一个总体规划，根据企业的发展将待建的各种应用系统，按照层次高低、轻重缓急排出顺序，和各个时期的企业目标相对应，有步骤地推进。当前没有需要，高喊大干快上、盲目追新，是不可能成功的。

3) *更新观念原则* 信息化建设是一件全新的事，难免会遇到许多阻力。企业使用信息技术和信息系统后，组织结构变动了，某些制度修改了，具体到员工的任务，甚至是操作方式也都有了变动，要让企业上下都能够齐心协力地按信息化建设项目的规定去做，这确实已经不是技术问题而是管理问题了。这些问题不解决，再好的计算机系统也发挥不了作用。对于企业管理者，只有更新观念，正确认识阻力，才能有效地克服这些阻力。

4) *合作相称原则* 这是指在实施企业信息化建设时，必须选择好开发伙伴和供应伙伴，使合作双方和谐相称的原则。在企业自身信息开发能力不足、信息市场上又没有合用的成熟软件时，企业就需要外请开发伙伴，或者委托开发，或者联合开发。这里的关键是能够选择到专业水平高、实践经验丰富、踏实肯干的专业技术人员。供应伙伴就是信息技术设备供应商。供应商的选择，主要是设备选型的问题。这是企业信息化建设中不得不面对的最头痛的问题。这里的关键，一是在开发时把自己的系统建设在一个开放的、符合工业标准的、由多家厂商支持的平台上；二是要选择那些能够帮助企业解决问题、不断升级的供应商。

8.4.5 企业信息化的主要任务

企业信息化的主要任务包括四个方面。

1)企业发展与信息化战略规划　在信息时代,信息化是关系到企业发展的大事,企业必须站在发展的高度上和全局的角度上来规划企业的信息化战略,使企业信息化战略和企业发展战略相辅相成,相助相长。同时企业信息化战略规划也是指导企业信息化实施的纲领性文件,可以避免出现信息化过程中的盲目性和形式化,避免重复建设、投资浪费和信息孤岛的存在。

2)企业信息化基础设施的建设　它包括企业内部网络设施的建设,如综合布线、服务器、网络工作站以及各种外部设备的配置。

3)在企业信息化战略指导下,完成企业流程再造以及物流、资金流和信息流的信息化管理　这一过程可以分阶段实现,比如根据企业的资源情况和经营管理需求,首先实现企业内部信息化管理,在此基础上实现对供应商、客户的外部信息化管理。

4)应用信息技术对信息资源进行深度加工和利用　企业信息化是一个过程,是由一个个信息化项目的实施所组成的过程。而所有的企业信息化项目都是在建造一个系统——企业管理信息系统。企业信息化、信息化项目和企业管理信息系统三者之间的关系就好比是一座城市、一个个工程与一栋栋建筑的关系。企业信息化就是一座城市的发展过程,永远不会停滞,永远处于一个发展的过程中,而信息化项目就像一个个工程,通过信息化项目的实施,建立起一个个管理信息系统,企业管理信息系统就像是城市中的建筑,所有建筑构成了一个大的系统——一座城市。

8.5 企业信息管理者的配置

企业配置一支高水平的信息管理者队伍,是搞好企业信息管理工作,提升企业竞争力的根本保证。这里的关键,不是有没有这支队伍,因为只要有企业,就有管理企业的人,这些人就组成企业信息管理者队伍。问题在于如何配置这支队伍,如何提高这支队伍的水平,即企业信息管理者的素质、修养、能力和水平。

8.5.1 企业信息管理者配置的内容

这里所说的企业信息管理者是指企业内专职或兼职从事信息管理工作的领导者和管理人员。所谓"专职",是指那些在企业信息部门工作的人员。所谓"兼职",是指企业内全体管理人员。因为企业管理与信息管理是并存一体的,所有从事企业管理的人员也同时在从事信息管理。

1.企业信息管理者配置的核心在于"结果"

"高水平的人"是构成人力资源的前提条件,但是仅仅有"高水平"这个条件还不够，还有两个问题必须解决：一是这个“高水平的人”愿不愿意为企业工作，二是仅仅是管理者和员工个体愿意努力工作，还不能够保证他的工作一定对企业有效。因为企业信息管理者队伍的配置，其核心在于“结果”。

“结果”指的是企业的管理者和员工是否能够有效地为企业工作。能有效地为企业工作，就是资源；不能有效地为企业工作，就不是资源。传统的人力资源管理理论认为，要让管理者和员工“有效地为企业工作”，决定于管理者和员工的个体条件。而这是个认识的误区，因为要让员工“有效地为企业工作”，并不只是员工个体优秀就可以了。

2. 企业信息管理者配置工作的要求

企业信息管理者配置工作的要求，主要是做好企业信息管理者的招聘、考评和培训。

1）企业信息管理者的招聘　这是指从企业内外的人才中，选拔适合的人选从事企业信息管理工作的过程。它是保证人员质量最关键的步骤，是企业信息管理工作不断取得成功的重要保证。招聘的标准通常包括两个方面：一是信息管理职位的要求；二是信息管理人员应该具备的素质、修养和能力。企业信息管理者的招聘途径有两条：一是内部提升；二是外部招聘。内部提升是指从企业内部选拔那些能够胜任企业信息管理工作的人员，来充实企业信息管理系统中各种空缺职位。外部招聘是指从企业外部选拔那些能够胜任企业信息管理工作的人员，来充实企业信息管理系统中各种空缺职位。

2）企业信息管理者的考评　企业信息管理者的考核和评价，是企业信息管理工作中很重要的一环。考评本身并不是目的，它的目的是通过考评了解企业信息管理者的工作质量，为人员配置、人事调整、发放工资、颁布奖励、人员培训等工作提供依据。考评的要求包括四个方面：①考评指标要客观、公正；②考评方法要可行；③考评时段要适当；④考评结果要反馈。考评的内容通常包括两大方面：①工作能力，即企业信息管理者在管理活动中显现出来的能力是否能保证或促使企业目标的实现；②工作成果，即企业信息管理者通过自己的管理活动实现企业目标的程度。这两方面的内容相辅相成，作为企业信息管理者的考评内容，是比较客观的、合适的。

3）企业信息管理者的培训　企业信息管理者的培训，其目的是要提高企业各级信息管理人员的素质、信息管理知识水平和信息管理能力，以适应企业信息管理工作的需要，从而保证企业目标的实现。企业应当把培训工作作为一项长期任务，建立起有效的培训机构和培训制度，针对各类信息管理者的不同要求，采用多种方法进行培训，切实做好培训工作。企业信息管理者的培训的具体内容一般包括：①信息管理业务知识；②信息管理能力。企业信息管理者培训的方法包括：理论培训、职务轮换、提升、建立副职等。

8.5.2 企业信息管理者配置的标准

在企业信息管理者配置工作中,无论是招聘的标准,还是考评时的要求,乃至培训时的目标,最根本的就是企业信息管理者的素质、修养和能力。

1. 企业信息管理者素质、修养、能力的内容

1)企业信息管理者的素质及其内容构成　现代意义的素质,有狭义与广义之分。狭义的素质是指先天的解剖生理方面的特点,即心理学中的定义,这是生理素质。广义的素质是指个人天赋禀性以及经过长时间社会实践所形成的,在处理各项事务中显露出来的态度和方式。素质具体包括生理素质、思想素质、心理素质、文化素质。生理素质又称先天素质,后三者又统称后天素质。企业信息管理活动中,它们对企业信息管理者的行为都有直接影响和制约作用。

2)企业信息管理者的修养及其内容构成　修养一是指人所达到的政治、思想、知识等方面的“一定的水平或一定的量”,它只是为主体的行为提供依据,而且这种提高还不是自动完成的;二是指在主体需要时,由主体从大脑里存储的信息中搜索并检出,才能完成依据提供过程。当然,依据提供得越多越广越深,则修养水平越高。在企业信息管理活动中,对企业信息管理者的信息行为有影响和制约作用的修养主要有理论修养、知识修养、企业业务修养、语言修养和艺术修养。

3)企业信息管理者的能力及其内容构成　能力是人类认识世界并运用知识、技能解决实际问题或完成某一活动的本领。能力是在人的活动过程中显示出来的,它直接影响活动的效率,或者说完成活动的效率是衡量能力的指标:效率越高,能力越强。企业信息管理者要完成一系列复杂的管理活动,就必须具备一系列的能力。各种能力相互影响、相互配合,保证企业管理活动的顺利完成。就是说,企业信息管理者应该有一个合理的、有效的能力结构。企业信息管理者的能力结构包括:获取和处理信息的能力、思维能力、企业信息管理能力、表达能力和社会交际能力等。

2. 企业信息管理者素质、修养、能力的作用机制

企业信息管理者的素质、修养、能力是三个不同的概念,它们既相互区别又相互联系,互为依存又互为提高。它们统一在企业信息管理者的身上,制约和决定着企业信息管理者的行为。素质、修养、能力三者与主体行为之间的作用机制是以素质为先导,借助于修养、表现为主体的行为能力。

根据以上分析,综合已有的论述,可以得出企业信息管理者素质、修养、能力结构体系,如图 8-11 所示。

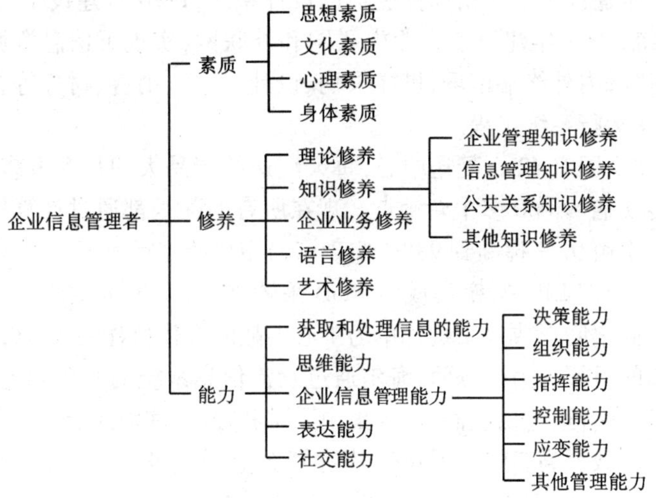

图 8-11　企业信息管理者素质、修养、能力结构体系

案例 1:海尔集团的信息化

海尔集团于 1992 年制定了企业信息化的发展规划,使海尔的企业信息化在全新的业务流程上延伸。海尔人说,其实业务流程再造和企业信息化建设必须是同步推进的,信息化是贯通业务流程的神经线;而业务流程再造是企业推进信息化的平台和基础。二者共同推进,互相支持,为企业带来巨大的效益。

海尔的组织结构已经经历了两个阶段。第一阶段是直线职能式的金字塔式结构。海尔在进入多元化战略阶段之后,又实施了事业部制结构,设 6 个产品事业部。各事业部分别设有财务、销售、科研、文化、设备等八大职能处室。事业部与集团总部的财务、销售、科研、文化、设备等八大处室是传统的行政关系。这两种结构都是自上而下的,信息是一级级传递的,企业与市场和客户是断开的。从 1999 年 7 月起,海尔决定实施以"市场链"为纽带的业务流程再造,把原来各事业部的财务、采购、销售业务全部分离出来,整合成商流推进部、物流推进部、资金流推进部,实行全集团统一营销、采购、结算。"三流"是海尔的主流程,原来的职能部门都变成了支持流程。商流搭建全球的营销网络,从全球的客户资源中获取订单;物流部利用全球的供应链资源搭建全球采购及配送网络;资金流搭建全面预算系统。这样就形成了横向网络化的同步的业务流程。流程的一头连着全球供应链网络,另一头连着全球的客户(销售商)网络。商流获得的订单信息是全部流程运行的中心,订单信息流带动着物流、资金流以及支持流程同步运动,最终实现零库存和与客户的零距离的目标。

海尔1992年建设了电冰箱计算机辅助设计系统,1996年建设了海尔Web网站及网络通信系统,1997年建设了企业内联网和外联网,实现了信息资源共享。目前海尔完成了连接海内外终端市场,贯穿采购、设计、生产、销售、财务等企业所有方面的计算机信息化运行系统工程。

海尔目前在全国有42个配送中心,每天配送的产品大约是5万多件,要配送到1 550个海尔专卖店、9 000多个营销点。现在所有的配送都通过计算机系统指令来进行,到货及时率由95%提高到98%,实现了与用户的零距离。

通过与企业内部ERP紧密集成的BtoB采购平台,实现了供应商之间的协同商务,企业与供应商之间形成以采购订单为中心的战略合作伙伴关系,实现了信息互动沟通,达到双赢的目标。另一方面,海尔通过物流信息系统的实现和电子商务,可以在世界范围内选择合适的供应商,进行集中采购和控制,使海尔仓库面积减少了三分之二,资金周转次数提高50%~150%,库存资金降低15%~40%。2000年,海尔原材料网上采购达100%,通过网络手段销售达170亿元。海尔用于企业信息化的投入累计达3 500余万,产生直接经济效益达5亿元。

试综合运用本章内容对上述案例进行分析与评述。

案例2:DMV的信息化

1965年,美国加州的机动车管理局(DMV)的联机系统还是热门技术,25年以后,他们已经用该系统处理了5 000万个驾驶执照的车辆登记,同时还处理每年52亿美元的税收。虽然这个系统已经能在升级后的IBM主机上每天处理100万笔业务了,它的软件却赶不上时代的发展,它们是用汇编语言编写的,非常难以维护。为了在执照和登记上加上一项"社会保障号码",需要用18个人去编制程序。虽然它在旧式的文件系统中仍然能够很快地提取数据,但却不能完成有条件的搜索和查询。DMV的地方机构用的是一些已经有十年役龄的IBM系列小型机和与主机相连接的一些简易终端,这些设备也都有些过时了。

1987年,机动车管理局启动了一个雄心勃勃的项目,他们把系统转换到SQL关系数据库上,使系统在24台协力公司的计算机上运行。为了在这个新的技术平台上开发应用软件,他们又雇用了E. & Y.咨询公司,该公司采用COBOL与第四代开发工具开发。后来,这个项目搁浅了,E. & Y.公司也于1990年退出了该项目,取而代之的是管理局自己的人员。他们打算靠自己的力量用德州仪器公司的CASE开发工具IEF完成应用软件的开发。不幸的是,他们内部的开发人员没有能克服学习新的开发工具所遇到的巨大困难。七年后,DMV在花了4 400万美元以后终于停止了再向该项目注入资金。他们开始明白,这并不单单是一个编写应用软件的问题,他们可能还要再投入一亿美元和四年的时间才能使该项目完成。经过一段调查后,管理局的一位发言人解释说，我们决定采用的这个数据库并没有经过检验，它无法处理我们每天来自三万个用户的业务数据。协力公司却认为，自己已经完全尽了职责，并把失败的原因归咎于 E. & Y. 公司退出后项目管理的混乱。E. & Y. 公司说，我们介入了还不到一年，不能对失败负责。DMV 一筹莫展，只好凑合着用那套已经陈旧的技术和花了 4 400 万美元更新来的却并不好用的数据。

试从技术因素、管理因素、组织因素等多方面分析上述案例中机动车管理局的信息系统建设过程。

实验 6：了解电子商务

实验名称：了解电子商务

实验目的：

(1)熟悉电子商务的特点、过程、类型等。

(2)通过因特网搜索与浏览，了解电子商务技术及其使用。

实验准备：

(1)在开始本实验之前，请回顾教科书的相关内容，并查阅相关参考书籍，了解电子商务的特征与形式。

(2)准备一台能够访问因特网的计算机。

实验内容与步骤：

1. 上网搜索和浏览国内外电子商务较为成功的企业网站，请在表实验 6-1 中记录搜索结果。

提示：国内外一些电子商务较为成功的企业
波音公司 戴尔计算机公司 邓白氏公司(Dun & Bradstreet) 亚马逊因特网购书服务 乐凯胶片集团公司 神州数码

表实验 6-1 电子商务网络实验记录

企业名称	网址	主要内容描述

综合分析:你认为上述各企业在进行电子商务活动时的特点、优势与存在的问题是:

1)名称:________________

特点与优势:________________

____

存在的问题:________________

____

2)名称:________________

特点与优势:________________

____

存在的问题:________________

____

3)名称:________________

特点与优势:________________

____

存在的问题:________________

____

2. 查阅有关资料,根据你的理解和看法,指出在何时需要开展电子商务活动,能够实现用户的何种目的?能够为用户带来何种好处?

____

3. 查阅有关资料,根据你的理解和看法,指出当前我国企业开展电子商务活动的主要障碍与困难在何处?应采取哪些措施予以克服?

本章小结

本章首先对信息管理与企业管理之间的关系进行了介绍,并在此基础上对企业信息管理的概念、分类、特征、内容、原则等进行了较为详细的阐述。随后,本章对企业信息系统的概述、结构、战略规划与规划方法、系统开发、安全保障及质量管理等内容进行了深入的分析和论述。同时,介绍了企业信息化建设的内涵、基本方式、原则及主要任务等内容。最后,本章对企业信息管理者配置的内容与标准进行了阐述。

通过本章的学习,学生应掌握与企业信息管理相关的基础理论知识。同时,应加深对企业信息系统、企业信息化建设等的认识与了解。

参考文献

[1] 谢新洲.信息管理概论[M].北京:中央广播电视大学出版社,2003.
[2] 王景光.信息系统应用原理[M].北京:机械工业出版社,2005.
[3] 宋玉贤.企业信息化管理[M].北京:北京大学出版社,2005.
[4] 司有和.企业信息管理学[M].北京:科学出版社,2005.
[5] 胡昌平.信息管理科学导论[M].北京:高等教育出版社,2001.
[6] 苏选良.管理信息系统[M].北京:电子工业出版社,2003.
[7] 刘 永.信息系统分析与设计[M].北京:科学出版社,2002.
[8] 马费成,李 纲,查先进.信息资源管理[M].武汉:武汉大学出版社,2001.
[9] 岳剑波.信息管理基础[M].北京:清华大学出版社,1999.
[10] 潘永泉.企业信息管理[M].北京:中央广播电视大学出版社,2000.

[11] 左美云,邝广武.信息系统的开发与管理教程[M].北京:清华大学出版社,2001.

[12] 谭祥金,党跃武.信息管理导论[M].北京:高等教育出版社,2000.

[13] 游战清,李苏剑.企业信息化理论与案例[M].北京:机械工业出版社,2004.

思考与练习

1.不定项选择题

(1) 下列选项不属于企业信息化原则的是(　　)。

A.三位一体原则　　B.目标一致原则

C.更新观念原则　　D.支持服务原则

E.合作相称原则

(2)(　　)不属于企业信息化的主要任务。

A.企业发展与信息化战略规划

B.企业信息化基础设施的建设

C.企业信息人才的选拔与培养

D.对信息资源进行深度加工和利用

E.完成企业流程再造以及物流、资金流和信息流的信息化管理

(3)企业信息化应该包括技术信息化、(　　)、人员信息化三个方面的内涵。

A.服务信息化　　B.设备现代化　　C.资金电子化　　D.业务信息化

E.管理信息化

(4)企业信息管理的原则包括:(　　)。

A.系统原则　　B.整序原则　　C.激活原则　　D.共享原则

E.搜索原则

(5)一个完善的企业信息系统的功能包括信息采集、信息处理、(　　)几个主要方面。

A.信息管理　　B.信息服务　　C.信息检索　　D.信息决策

E.信息传输

(6)从企业信息系统的作用观点来看,企业信息系统由(　　)几个部件组成。

A.信息传播媒介　　B.信息源

C.信息处理部件　　D.信息用户

E.信息管理者

(7)信息系统开发的生命周期包括可行性研究与总体设计、(　　)和系统维护评价阶段。

A.系统分析阶段　　B.系统规划阶段

C. 系统设计阶段 D. 系统实现阶段

E. 系统运行阶段

(8)企业信息系统开发应具备以下条件:( )。

A. 企业的主要领导要亲自参与和领导企业信息系统的建设

B. 企业有开发信息系统的实际需要

C. 具有一定的科学管理的基础

D. 有一支高水平的信息系统开发的专业队伍

E. 必要的资金支持和资源条件

(9)提高企业信息系统中数据质量的措施有( )。

A. 软件的测试 B. 采用好的软件开发方法

C. 应用数据库管理系统 DBMS D. 制定软件程序代码设计编写标准

E. 建立数据质量审查制度

2. 判断题

(1)计划工作的全过程体现为信息管理的过程。( )

(2) 企业信息共享原则的实现是有条件的。它只可能在有限的范围内实行,而且必须是具有某种共同利益的范围。( )

(3)企业信息系统的安全问题不仅仅是一个技术问题,更是一个社会问题。( )

3. 名词解释

(1)企业信息系统;(2)企业信息系统结构;(3)企业信息化。

4. 简答题

(1)试说明企业信息管理的分类。

(2)简述企业信息管理的特征。

(3)简述企业信息管理的内容。

(4)简述企业信息管理的原则。

(5)简述使用原型法开发管理信息系统的特点。

(6)简述企业信息系统主要的安全保障措施。

(7)简述企业信息化的主要任务。

(8)简述企业信息管理者配置的内容。

5. 论述题

(1)试述信息管理与企业管理的关系。

(2)试述企业信息系统的各种结构。

(3)论述企业信息系统常用的几种开发方法的各自原理及特点。

第 9 章　信息政策与法规

本章要点

◎ 信息政策的相关概念
◎ 信息法规的相关概念
◎ 信息法规的体系
◎ 信息道德的概念
◎ 信息道德建设

学习内容

1. 信息政策的概念
2. 信息政策的分类
3. 信息政策的作用
4. 信息法规的含义
5. 信息法规的分类
6. 信息法规的作用
7. 信息法规的体系
8. 信息政策与信息法规的联系与区别
9. 信息道德的概念
10. 信息道德的基本原则
11. 网络信息道德规范的内容
12. 加强网络信息道德宣传教育的途径

学习目标

1. 了解:信息道德规范的内容,加强网络信息道德教育的途径
2. 理解:信息法规的体系,信息政策与信息法规的关系
3. 掌握:信息政策、信息法规、信息道德的相关概念

关键词

信息政策、信息法规、信息道德

信息技术特别是信息网络技术的快速发展,对经济结构调整和传统产业的升级与改造发挥着重要作用,成为拉动信息化,提高信息化水平的主要因素。但同时也应注意到,信息技术是一把双刃剑。随着信息技术的创新、开发、引进、选择和应用,信息领域的经济关系和社会关系开始变得多样化和复杂化,也带来了一些新的社会问题和发展问题,比如网络环境下的知识产权、隐私权、信息安全等。要对这些问题进行解决,相关的政策、法律法规、伦理道德建设就不可或缺。

9.1 信息政策

9.1.1 信息政策的概念

9.1.1.1 信息政策的内涵

信息政策是政策领域里的一个新概念,也是一种因素众多、联系复杂的社会现象。由于不同国家、不同领域的专家学者对信息政策概念有不同的理解,所以,在信息政策研究中至今还没有形成一个公认的信息政策定义。其中最具有代表性的有下面几种。

(1)信息政策是一个国家或组织在某段时间内为处理信息和信息产业中出现的各种矛盾而制定的具有一定强制性规定的总和。

(2)信息政策是一个由对信息生命周期的监视和管理的指导原则、法令、指南、规则、条例、手续而构成的相关政策群体。

(3)一切用以鼓励、限制和规范信息创造、使用、存储和交流的公共法律、条例和政策的集合都称为信息政策。

(4)信息政策是指国家用于调控信息产业的发展和信息活动的行为规范的准则,它涉及信息产品的生产、分配、交换和消费等各个环节以及信息业的发展规划、组织和管理等综合性问题。

(5)信息政策是包含了信息通信政策、传播政策等内容,并且具有广泛可扩展的发展性的概念。

(6)信息政策是着重解决信息总供给与总需求的平衡问题和信息产业结构优化问题,从而实现信息产业协调发展的政策。

综上所述,从广义上来说,信息政策是指以调节信息搜集、加工、存储、处理以及传播等信息活动的指导原则、法令、指南、法规、条例、手续等构成的相关的政策群体,它涉及信息产品的生产、分配、交换和消费等各个环节以及整个信息产业的相关问题。从狭义上说,信息政策是以科技情报政策、大众传播政策以及电信政策为基础的政策集合。信息政策涉及广泛的领域,带来了信息政策主体的多样化、政策价值的多元化、政策目标的多重化等问题。

9.1.1.2 信息政策的分类

信息政策是一个多层次、多视角的政策体系，是由现行全部信息政策构成的具有一定结构并与社会环境发生相互作用的有机整体。

1. 按信息政策管理的范围划分

按信息政策管理的区域范围，信息政策可以分为国际信息政策、国家信息政策、部门信息政策、地区信息政策、基层单位信息政策。

（1）国际信息政策，指的是在两国以上范围内，实施信息管理的指南。一般来讲，国际信息政策包括两种，即多国地区性的信息政策和全球的信息政策。

（2）国家信息政策，是国家为管理和发展信息事业而制定的方针、措施和行动准则。国家信息政策是信息政策的主要组成部分，是国家对社会信息活动进行宏观管理的重要手段。由于各国的国情不同，其对国家信息政策的选择也各不相同。

（3）部门信息政策、地区信息政策和基层单位信息政策，除了反映本部门、本地区和本单位的实际情况外，在政策上、总体指导思想上应遵循国家信息政策的基本原则，体现出信息政策体系的系统性、连续性和整体性。

2. 按管理的视角划分

按管理的视角，信息政策可分为宏观信息政策和微观信息政策。

宏观信息政策是指一个国家信息产业中长期发展的方向性、全局性、战略性的方针和步骤。微观信息政策是指某一地区、部门或某一领域以及某一基层单位在某一短时间内为贯彻执行国家的方针政策以及结合当地、当时的实际情况而制定的局域（部）或专项性的信息发展政策。实际上，宏观信息政策和微观信息政策的划分并不是绝对的，只是概念上的相对意义，某些高层次的微观信息政策在低层次看来可能就是宏观信息政策。

3. 按管理的职能划分

按管理的职能，信息政策可分为信息产业政策、信息服务政策、信息技术政策、信息人员政策、信息自身的开发政策及信息协作政策等。

（1）信息产业政策，即有关信息生产、信息流通、信息对外贸易与交流合作等方面的政策。

（2）信息服务政策，即信息作为商品，面向市场进行经营流通的政策。

（3）信息技术政策，即有关世界各国在大力发展信息技术方面所制定的一系列相关政策。

（4）信息人员政策，包括：对开展信息专业教育、培养未来信息工作人员的教学机构而制定的专业发展、学科评估及鼓励专业发展的相关政策；对现实的信息工作人员的资格条件、任职晋升而作的明文规定等。

（5）信息自身的开发政策，即对信息自身进行的采集、加工和利用而制定的相应政策。

(6)信息合作与交流政策,为国际信息交流与合作而制定的有关政策。

4. 按信息政策的内容划分

从内容上来看,信息政策包括两个方面。

(1)根据实际需要制定的有关发展和管理信息产业的方针、原则和办法;

(2)涉及信息的采集、处理、传递和利用的资源分配的有关团体和组织的决定。

可以看出,信息政策法规所涉及的范围是十分广泛的。另外,信息政策法规在内容上也极其丰富,涵盖了与信息和信息活动有关的绝大部分领域,如信息的搜集、加工、存储、转换、提供服务等,都涉及相关的信息政策法规。

9.1.1.3 信息政策的作用

信息政策的作用主要体现在以下几个方面。

1. 规定信息产业在一定历史时期内的发展目标和任务

信息产业发展的目标和任务,是根据国家科技、经济、社会发展的总体目标而定的,而且是随着形势的不断发展而变化的。不同的历史时期,国家对信息事业的发展将提出相应不同的要求。

2. 确立信息产业在促进现代社会发展中的地位与作用

信息资源的开发利用水平已成为衡量一个国家综合国力的重要标志之一。所以信息政策首先要确立信息产业在促进现代社会进步和国民经济发展中的地位与作用,不断地把信息产业的发展推向新的阶段。

3. 合理配置、开发、利用、保护信息资源

国家根据科技、经济和社会发展的规模和程度制定必要的信息政策,使得全国的信息资源得以合理配置,并不断扩大积累,实现协调、统一的全国信息资源体系,从而达到有效管理、开发、利用、保护信息资源,最终达到信息资源共享。

4. 规范信息产品的生产经营

信息产品属于知识形态产品,同其他物质产品一样,也具有商品的二重性,可以进入市场交换,并通过其使用价值的交换,实现其商品的价值。然而,信息产品的生产经营同其他物质产品又有所不同,有其自身的特点与规律。因此,必须通过特殊的信息政策阐明信息产品生产经营及相应的产业政策,引入信息产品生产经营机制,建立新型的信息产品生产经营模式,开拓信息市场,扩大信息社会流通领域,加速信息产品商品化进程。目前,信息服务中的一部分已从无偿服务变为有偿服务(如国际互借及馆际互借服务、定题情报服务、查新服务、网络查询服务等),信息产品的一部分已从产品交换变为商品交换。但是,从总体上看,商品化的信息产品的价格远远低于其价值。因此,制定信息政策,就是要按价值规律办事,从政策上确立信息产品的价值观,合理地计算信息产品生产的投入与产出,逐步扩大信息产品的服务经营效益。

5. 促进信息队伍建设

信息产业要发展，关键在于建设一支规模相当、结构合理、素质良好的信息队伍，特别是要培养造就一批高水平的信息专家。信息人员政策正好起到了加强长远正规队伍整体素质、促进信息队伍建设的作用。

6. 加强信息领域的国际交流与合作

信息政策的制定可以加强在信息技术、网络检索、信息产品生产与经营以及信息人才的培养上的国际交流与合作。

9.1.2 我国信息政策的发展

我国是发展中国家，以信息化带动工业化，以工业化促进信息化，是涉及现代化建设全局的战略问题。然而，我国信息化的发展与世界先进水平还存在着相当的差距，主要表现在：偏重于硬件建设，软件开发和信息服务明显滞后；核心技术开发能力薄弱，关键硬件和软件依赖进口；信息资源开发严重不足，而网络和数据库又存在大量低水平的重复建设，且难以实现互联共享；信息安全存在隐患；信息化人才明显不足等。因此，制定和调整社会信息化的政策法规，解决这些问题刻不容缓。

我国信息政策法规的研究和制定起步较晚。我国信息政策的发展主要表现在三个方面：知识产权政策、信息技术政策和科技信息政策。

我国信息政策发展的历史轨迹大致分为三个阶段。

1）科技信息政策的探索阶段（1980 年以前）　在我国，信息政策问题在科技信息领域最早得到重视。早在 1958 年 5 月，国务院就批准了《关于开发科学技术情报工作的方案（草案）》，主要是针对科技信息系统的建立和体制改革来研究和制定信息政策。改革开放以来，为了更快地发展经济，促进与世界经济的接轨，我国加快了制定知识产权政策的步伐。我国知识产权政策的基本立场是：把保护知识产权作为改革开放政策和社会主义法制的重要组成部分，加快知识产权立法步伐；在知识产权保护范围和保护水平上，向国际规范靠拢；进一步加强法律实施的监督，保障各项知识产权法案得以贯彻实行。我国已于 1980 年加人 WIPO（世界知识产权组织）。

2）科技信息政策的全面研究与制定阶段（1980 年至 1992 年）　主要是不断参考、引进和吸收国外的经验，研究我国科技信息政策的理论体系和内容框架。1980 年召开的第五次全国科技情报工作会议，确定了科技情报工作必须有效地为国民经济建设服务的方针。我国改革开放的总设计师邓小平同志生前向全国信息界发出了“开发信息资源，服务四化建设”的号召。江泽民同志也说道：“四个现代化，哪一化也离不开信息化！”。从 1983 年 1 月至 1984 年初，我国曾组织专家对集成电路、计算机和通信技术政策进行了论证起草。1988 年 4 月，国务院批准印发了《信息技术发展政策要点》以及计算机、微电子、软件和传感器四个专项信息技术发展政策要点，并以《信息技术发展政策》的名称，由国家科委于 1990 年正式发布。《信息技术发展政策》的制定,对我国信息技术和产业的发展起到了应有的作用。该阶段的主要标志是,1991 年 2 月,原国家科学技术委员会以"中国科学技术蓝皮书第 6 号"形式发布了我国第一个国家信息政策,即《国家科学技术情报发展政策》。1991 年 11 月,原国家科学技术委员会以"中国科学技术蓝皮书第 6 号"的形式正式公布了国家科学技术情报发展政策,从 12 个方面、针对 81 项要点,详细阐明了我国科技情报发展的方针政策。

3)信息政策的全面探索与制定阶段(1992 年至今)　1992 年 6 月,中共中央、国务院发布了《关于加快发展第三产业的决定》,将信息服务业列为我国第三产业的发展重点。以国家经济体制改革向信息工作转轨为契机,信息政策法规的研究和制定开始突破科技信息政策的约束,更加广泛地围绕信息的生产、流通、分配和管理活动全面展开,包括研究和制定信息产业政策及信息系统安全、协调政策等。其主要标志是,1993 年 9 月主题为"面向 21 世纪的中国信息政策与战略"的国际信息管理研讨会在北京召开。随着以电子商务和电子政务为核心的信息化的推进,2004 年 8 月十届全国人大常委会第十一次会议通过了 2005 年 4 月 1 日开始实施的《电子签名法》。目前,信息产业部正在继续积极推进《电信法》《邮政法》和《无线电管理条例》的制定、修订工作,继续加快推进《软件与集成电路产业发展条例》和《信息技术应用条例》的立法工作。此外,信息产业部还出台了《电子信息产品污染控制管理办法》等规章。正在推动建立以法律、行政法规为基础,部门规章为补充的信息产业法律框架体系。近几年,我国电子信息产业地方立法方面也有了突出进展,各省市相继通过了《政府信息公开规定》,全国共有十七个省市出台或正在制定信息化地方性法规。

从我国信息政策的发展历程可以看出,20 世纪 80 年代,我国所制定的信息政策主要集中在科技情报、信息技术和知识产权三个领域;进入 20 世纪 90 年代,信息政策扩展到信息安全和网络规范、个人隐私;21 世纪后,电子政务和电子商务立法在信息政策中占据重要地位。从总体来看,尽管目前我国信息政策体系还不健全,国家级立法较少,属于全国性的国家综合性政策的研究显得不足,但在加强信息政策的制定、执行的力度等方面已取得共识。

9.1.3　美国的信息政策

美国是世界上最大的信息拥有国。因此,其对信息重要性的认识更加深刻,并从国家政策法律层次上规范相关的信息活动,出台了一系列有助于信息事业发展的信息政策法规。鉴于美国信息业的发达,了解美国的信息政策,有助于加快我国信息政策的制定,促进我国信息事业向着更高的目标发展。

1. 美国信息政策的主要内容

美国在信息政策问题上进行了大量的研究,产生了大量的研究文献和研究报告,形成了比较完整的信息体系,体现在影响信息领域的各种准则、规章和法规中。美国的信息政策可分为国内和国际政策。国内政策可分为两大范畴，即信息传播和利用的法律基础以及信息经济等原理；国际政策则是国内政策的反映，是在各种相互冲突的利益中做出权衡与选择，制定原则为信息自由流动和信息市场自由竞争。

美国的信息政策内容丰富，范围很广，除了涉及信息本身的版权、通信、信息技术、跨国信息传递等措施外，还通过多项政策对各类信息机构和有关团体加以制约，形成了比较完整的信息体系和自发调节机制，如《国防教育法》(1958)、《贝克报告》(1958)。尤其是1976年提出的《洛克菲勒报告》主张在白宫设置信息政策办公室，使政府的信息政策集中化，体现了美国信息政策在信息产业方面的转变，即从自由开放型向控制保守型转变。

20世纪70年代末期的美国信息政策鼓励从政府的实验室向公众传播信息，鼓励从国外向国内输入信息。1979年10月，卡特总统的国企工业革新咨文及后来形成的《史蒂文森怀特勒法案》就体现出了这种政策。1982年V.卢森堡发表的《国家信息政策》一文，全面评述了世界范围的信息政策，强调信息保密对国家安全和经济利益的重要性。1993年9月，克林顿政府制定了"信息高速公路计划"。这一计划是一项建设国家信息基础结构的计划，也是美国为发展信息产业而制定的指导性计划。它是美国为发展信息产业而制定的行动纲领。为了贯彻执行这一计划，美国政府特签署总统令，成立"美国国家信息基础结构顾问委员会"以及信息基础结构特别工作小组，下设信息政策委员会，由此可见政府对信息政策问题的重视。这一计划还提出了通过税收法规政策促进民间对此计划的投资、扩展全民信息服务的概念，保证所有美国人都能负担得起信息服务的价格，充分利用信息资源，发挥政府的催化剂作用，促进技术创新和新的应用，保证信息安全和网络的可靠性，改善无线电频谱管理工作，保护知识产权，协调与各级政府及其他国家的信息活动，提供利用政府信息的机会等原则。该规划的许多原则在很大程度上可为国际通用。由于国家信息政策的制定和发展，90年代美国的信息产业发展迅猛，全国有60%以上的工作涉及信息产品的开发和制造，信息技术已经成为推动美国经济增长的巨大动力，信息产业产值已超过国民经济总产值的一半。目前，美国一系列相关信息政策和法律法规的制定、完善与实施，使美国信息产业居于世界霸主地位。

2. 美国信息政策的战略目标

信息政策目标是信息政策中最基本的要素之一，不同国家信息政策的差异，往往反映在政策目标有所不同。

由于世界政治格局发生了翻天覆地的变化，苏联的解体、东欧的巨变、"华约"的解散等，使得美国国家信息政策相应发生了急剧转变，其主要出发点转为适应日新月异的技术，为美国谋求新的政治和经济利益。其政策目标的基本考虑是在各种相互冲突的利益中做出权衡和选择。也就是说，信息应用只是美国参与国际竞争的新方式，美国发展国家信息政策是为了运用信息手段进行国际竞争，从而达到其始终把持全球霸主的目的。美国信息政策在各个方面所发挥的作用，使美国保住了它作为世界信息强国，特别是信息技术强国的优势地位。

3. 美国信息政策的管理体制

一个国家的信息政策管理体制与该国的国家制度以及传统的管理体制有着密切的关系。在国家信息政策管理体制中，存在着两种比较极端的管理体制：自由与分散的管理体制和计划与集中的管理体制。

美国在制定信息政策时坚持两个原则：一是信息自由流动；二是信息市场自由竞争。美国坚持其自由的资本主义传统，它采用的是自由、分散的信息政策管理体制，呈明显的分散性和多元化特点。许多政府机构和民间的私营信息机构都拥有大量的信息，从而形成了政府信息系统和私营信息机构共同竞争信息市场的不协调的多元结构。这种分散化模式使美国信息机构能够及时根据社会状况对研究项目进行灵活调整，从而促进信息产业的繁荣。40 年来，美国在信息政策方面给予的关注越来越多，信息政策也越来越完善，其发挥的作用也越来越大。

4. 美国政府在信息政策上的介入程度

美国最初采取自由放任的信息政策，但近年来，随着信息环境的变化，美国政府在信息政策上的介入程度正不断提高。20 世纪 50 年代始发的信息政策研究属于自由分散的，但随着世界政治、经济、技术的发展，使美国政府认识到其在教育、信息以及政策制定方面的不足后做出深刻反省，开始支持有关部门进行一系列关于信息政策的研究，并采取许多行政的或法律的措施，促进信息事业的发展。70 年代末期，美国的信息政策是鼓励从政府的实验室向公众传播信息，鼓励从国外向国内输入信息。这种政策思想充分体现在《史蒂文森怀特勒法案》中。80 年代末期，是美国信息政策研究的转折期，政府对信息政策研究的态度发生了重大转变，使信息政策又一次提到议事日程。1989 年，在第 52 届情报科学年会上，政府将国家信息政策列为最重大的议题之一。1990 年的第 53 届年会上，五次大会中有三次是以信息政策为题的。1990 年 6 月国家图书馆与信息科学委员会制定了一套指导政府信息政策的原则。这些原则成为美国政府解决公众信息问题的基础。这些原则的提出，清楚地表明美国政府对公众信息的态度。80 年代后美国信息政策的重点在以下 6 个方面：一是出版自由，二是通信与发展，三是直接的跨国卫星广播，四是隐私保护，五是信息的定价与税收，六是知识产权。特别是进入 20 世纪 90 年代以来，美国的信息政策直接影响着美国的对外政策，决定着美国的产业政策和就业结构。

综观美国的信息政策，其特点如下。

(1)联邦政府有一整套全面的信息政策。其政策体现在影响信息领域的各种规章、法律之中。

(2)在制定政策的出发点上，是为了适应日新月异的技术需要，谋求新的经济利益与政治利益。重视信息立法，其信息政策常常具有法律效用。

(3)美国信息政策的核心是分散的多元制。私营信息服务得到支持和保护,政府信息系统和私营信息机构共同在市场竞争中求生存、求发展。

(4)在政策思想上,坚持两个基本原则,即信息自由流动原则和信息市场自由竞争原则。

(5)由于美国信息政策的高度分散,还没能制定统一的国家信息政策。

(6)信息工作向商业化方向发展快。

(7)政府在信息政策上的介入水平不断提高。

(8)图书馆与信息工作联系密切。

9.2 信息法规

同信息政策密切相关的是信息法规,它是利用另一种手段对信息活动加以控制。在现实的法学研究中,并没有将信息法单独列为一个专门的部门法,因为任何信息法规都是散见在已有的各类法律法规中的,它们可以包含于其他部门法之中。例如域名的保护问题实质上是知识产权法的内容,电信业的反垄断问题涉及经济法的范畴,互联网上的黑客犯罪行为又属于刑法的范围等等。虽然信息法还不是一门独立的部门法,但将与信息活动相关的法律法规综合集中在一起进行说明还是必要的。

9.2.1 信息法规的概念

法律是国家立法机关制定或认可并由国家强制实施的各种行为规范的总和。法律起着调整社会关系,维护社会稳定的作用。随着信息技术的广泛应用和社会信息需求的不断增强,一系列问题纷纷出现,从而信息法制建设势在必行。

1. 信息法规的内涵

信息法规是指为适应组织、领导和管理信息产业的需要而制定的各项法律、条例和规章制度,包括国家的、地区的、部门的、基层的不同层次的信息法规。

2. 信息法规的分类

按管理对象不同,信息法规可以分为知识产权法、信息资源管理法、信息市场管理法、信息工作管理法、技术合同法。

1)知识产权法　系指为保护发明者或创造者的工业产权(包括专利权、商标权等)和版权(即著作权)而制定的一系列法律、法规。它可以鼓励发明创造,促进技术革新,形成一种正当的竞争氛围,促进科技进步和文化繁荣。

2)信息资源管理法　是国家对信息资源实施管理的基本法规。包括对信息资源的配置、获取、保护和开发利用等所作的明确规定。其目的在于实现国家信息资源的合理布局,实施有效的保护和充分的开发利用,禁止对信息资源的破坏、封锁和浪费,实现信息资源共享。

3)信息市场管理法　对信息商品的生产、流通、用户需求行为,对信息商品质量、价格等做出必要的规定和约束。

4)信息工作管理法 包括信息工作管理的基本法和日常业务的管理法规两方面。信息工作管理的基本法是确立国家发展信息产业的大政方针、战略目标和重点任务以及整个信息体系的组织结构和管理体制等。日常业务管理法规则是信息社会实践活动和日常工作的组织、管理和协调办法,从微观方面对信息产业的发展进行调整。

5)技术合同法 信息产业的技术合同是知识形态商品生产和交换的法律形式。包括法人之间、法人与公民之间、公民之间因信息产业的技术开发、技术转让、技术咨询和技术服务等而订立的各种合同关系的法律法规。

3. 信息法规的作用

1)激励作用 主要是知识产权法的作用,它保护发明者、创造者的权利,促进革新,激励竞争,有利于社会进步。

2)引导作用 即通过信息法规条文指引人们从事社会允许的信息活动。

3)合理配置信息资源的作用 有关信息资源配置方面的法规对全国信息资源的合理配置、开发和利用必会起到积极的作用。

4)强制作用 高度文明的社会必须以法律作保证,在信息化社会里,惩罚信息犯罪已不仅仅是一个单纯的信息问题,而且很可能是经济、刑事,甚至是政治犯罪问题。

5)管理公共事务和社会管制的作用 信息法律和其他法律一样,从根本上体现国家、阶级的利益,以此实现对公共事务的管理和对社会的管制。在现代信息化社会里和国际互联网大发展的环境中,信息法规的这种管理公共事务和社会管制的作用将越来越突出。

9.2.2 信息法规的体系

信息法的体系通常指信息法规的若干个相互联系的分类组合所构成的一个和谐统一的整体,这些子系统虽有共同的调整对象和相似的调整方法,但它们又都有各自不尽相同的调整领域和方向,保护不同的信息权利。尽管在法律制定时,强调法律内容的前瞻性,但随着社会的不断发展,法律相对于现实来说总是存在一定的滞后性,信息法规体系也是如此。因此,在此讨论的法规体系随着时间的推移,也会有一定的变化。当前信息法规体系主要包括如下内容。

1)信息技术法律制度 信息技术的应用是信息资源开发利用和信息网络建设的技术保障,关系到国家信息化建设的速度与质量,体现了国家信息化建设的效益。信息技术法律要素涉及信息技术的评估、发展战略、标准化、引进与发行配置、应用等问题。信息技术法律制度可加强信息技术引进、消化吸收和标准化管理,合理分配和使用无线电频谱资源,处理好计算机信息网络(如局域网、城域网、广域网等)的规划、设计、建设、管理、安全、运营与服务等问题,并防止信息技术功能异化,以达到趋利避害发展的目的。

2)信息环境法律制度　信息环境是指与信息的制作、加工、传递、二次开发和消费有关的活动环境。包括国家重大信息工程建设、信息政策与法规、信息标准等方面。完善的信息环境是国家信息化快速、有序、健康发展的保障。信息环境法律制度包括国家重大信息工程建设投资和管理、信息标准、计算机病毒防治、电信服务标准等具体内容。

3)信息市场法律制度　完善的信息市场,是国家信息化发展水平的标志,信息市场问题包括信息市场的兴建和改建、出入和交易规则、维护和组织管理、公平竞争环境的建立、收入的分配、国际化以及信息商品的定价等问题。信息市场法律制度包括信息市场管理、信息产品和信息服务管理、信息产品价格管理、广告、技术市场管理、软件企业认定标准、信息网络经营管理、信息业反不正当竞争、电子商务等具体内容。信息市场法律制度在信息资源配置中发挥着基础作用。

4)信息资源法律制度　信息资源是信息化建设中最重要的实质性内容,是国家信息化建设取得实效的关键。信息资源涉及信息资源搜集、组织、存储、利用与共享。由此,信息资源法律制度包括信息资源配置、知识产权保护、计算机软件保护、软件产品管理、个人隐私保护、技术合同、档案保护、信息出入境管理、商用密码管理、数据库和多媒体保护、信息获取、信息自由等具体内容。

5)信息人才法律制度　信息人才是国家信息化成功之本,对其他各个要素的发展速度和质量有着决定性的影响。信息人才法律制度包括信息人员资格认定、信息人才教育、信息人才管理、信息人员职务晋升、信息生产者和经营者资格认定、信息经纪人管理等具体内容。确定信息人才在专业活动领域中的基本权利与义务,并努力保证和提高其素质和业务水平。

6)信息安全法律制度　信息安全是维护信息所有权的重要保障。在以信息市场为中心的各种社会关系中,都存在着信息安全问题。随着信息技术的普及、信息系统的扩大以及互联网的普及,信息安全越来越重要,并且单纯利用技术手段无法克服,所以利用法律保护国家秘密和个人隐私,保障计算机信息系统和信息网络安全已成为信息法迫切需要解决的问题。

7)国际信息交流与合作法律制度　国际信息合作交流是推进社会信息化的重要手段,但是也诞生了一系列的问题。例如,在利用境外信息资源、信息产品进出口、科技人员对外联系和通信等涉外信息流通过程中,有可能泄露国家秘密或商业秘密,侵害国家主权和政治经济利益,同时还伴随着发达国家利用现代信息技术和信息资源进行文化侵略和经济侵略以及损害知识产权的行为。这些问题的解决,有待于国际信息合作交流法律制度的进一步完善。国际信息合作与交流法律制度主要包括涉外信息交流法、信息产品出口管理条例、关于各国合理使用太空资源的国际公约、关于各国利用人造地球卫星进行直接电视转播的国际公约等。

信息法律体系是一个在实践中不断发展的动态体系。伴随着信息产业、信息商品市场和网络技术的发展，在信息领域的立法会逐步增加，也会更加复杂，国家立法机关应根据社会信息化的客观要求，使信息法律制度随着社会信息化程度的不断提高而越来越健全和完善，以保障和促进社会信息化的高速发展。

9.2.3 信息政策与信息法规的关系

信息政策管理与信息法规管理是信息资源人文管理的两种重要手段，它们之间既有区别，又有联系，具有很强的互补性。信息政策与信息法规在手段、内容、稳定性、强制性、调整范围、可操作性等方面存在着明显的区别。

1. 二者的区别

1) 从手段上讲　信息政策侧重于导向作用，即为了实现信息政策的目标，运用行政手段，鼓励和支持有利的社会信息活动；而信息法规侧重于制约作用，即运用法律手段，限制和约束有害的社会信息行为。

2) 从内容上讲　信息政策侧重于为社会信息活动提供具有导向性和约束力的行为准则，如规定社会信息活动的发展方针和方向，调动或约束社会信息力量，协调社会信息环境等；而信息法侧重于通过贯彻国家意志，借助于国家强制力，规范信息行为，保护信息权利，调整信息关系，稳定信息秩序。

3) 从稳定性上讲　信息政策作为社会信息活动的指导准则，往往是宏观的和方针性的，具有较大的灵活性和阶段性，总是随社会信息化的发展目标、政治、经济、文化等社会状况和条件的改变而改变。信息政策由于变动性较大，成熟度往往不够，时效较短，稳定性差；而信息法规是在长期的信息政策实践过程总结提炼出来的，内容比较成熟，时效较长。而且它的制定、修改或废除都需要经过严格而复杂的法定程序，具有相当大的稳定性。此外，信息法规侧重于调整较为稳定的经济关系和社会关系，强调对既有的经济关系和社会关系的确认、保护或控制。

4) 从强制性上讲　信息法规由国家专门的立法机关依照法律程序制定或认可，具有明确性、稳定性、可靠性和执行的强制性。信息法规是国家意志的体现，它以最有效的国家强制力为后盾来实现对信息领域各种经济关系和社会关系的强制性调控。相比之下，信息政策的制定程序相对简便。在我国，中央机关和地方机关以及科技信息部门、信息技术与产业部门等都可制定信息政策。信息政策的内容广泛，变动性较大。

5) 从调整范围上讲　信息法规不以信息领域中发生的一切经济关系和社会关系为调整对象，而是调整那些能够引起信息法律关系产生、变更和消灭的信息活动。具体来说，信息法规所调整的主要是那些在信息活动中对国家、社会有较大影响的信息法律关系。与信息领域层出不穷、形式多样的信息行为相比，信息法规具有明显的滞后性,难以涵盖信息领域新出现的各种经济关系和社会关系。而灵活性较强的信息政策在某种程度上弥补了这一缺陷,因而具有更广泛的调整范围。

6)从可操作性上讲　信息法规比信息政策具有更强的可操作性。信息法规不仅能调整经济关系和社会关系,而且能合理、准确地规定信息主体的具体权利和义务,信息法律部门也有相应的机构、人员、设施来实施信息法规条款的各项规定。相比之下,信息政策仅仅是一个总的指南或准则,其非强制性和非长效性决定了在具体操作中难免会遇到这样或那样的困难。正因如此,从发展趋势看,信息法规是维系现代社会信息文明和进步的主要手段。早在1948年12月,联合国就在《世界人权宣言》中将信息权利和自由列入了人权内容,包括中国在内的许多国家的宪法也将言论、出版、通信、文化教育等信息自由权以及知识产权、信息秘密权等列为公民的基本权利。作为信息领域经济关系和社会关系调节器的信息法规很早就扎根并作用于我们的信息生活之中。

2. 二者的联系

信息政策与信息法规虽然存在许多区别,但并非互相排斥。由国家或相关组织制定的信息政策和由国家制定的信息法规之间不存在根本的矛盾和冲突,它们作为上层建筑的组成部分均建立在一定经济基础之上,发挥着各自不可替代的作用。信息政策与信息法是相辅相成的关系,这主要体现在三个方面。

1)信息政策对信息立法具有指导作用　信息政策对包括信息立法在内的一切社会信息活动具有指导作用。在信息立法过程中,除了要考虑信息活动实践的需要外,还应当体现现行信息政策的总体精神。

2)信息法是信息政策的升华　为了更好地调节信息领域的各种经济关系和社会关系,信息政策经过一段时间的实践后,一部分成熟或比较成熟的政策可以加以规范化、定型化,以法律的形式固定下来,即通过特定程序形成信息法规。

3)科学合理的信息政策应当受到信息法规的制约和调节　这体现在三个方面:一是信息法规条文中应当规定信息政策的制定机构与制定过程,使信息政策能按法定的程序制定;二是信息政策可能造成的负效应应当得到信息法规的控制,并具体体现在信息法规的有关条文中;三是由于信息政策强制性不够,在多数情况下需要借助信息法规来贯彻实施,才能实现信息政策的预期目标。

信息政策与信息法规之间的上述区别和联系,要求我们在信息政策法规实践中必须正确处理两者的关系。一方面,依法治国是当代社会发展的必然趋势。在信息领域,由于信息具有非物质性、共享性、生产和使用中的不可分性、与载体的两位一体性等特点,信息活动中的各种经济关系和社会关系常常虚无缥缈、变幻莫测,因此更应当强调法治的力量。从社会信息化的现状看,近年来信息领域的违法犯罪现象呈现持续增加的趋势。特别是在因特网上,形形色色的丑恶现象不断滋生且迅速蔓延。对于这些现象,单纯依托政策或伦理、技术、经济手段往往难以奏效,而诉诸法律,常常是遏制其生长和蔓延的有效途径。另外,我国目前的信息政策多是国家对社会信息活动的指导性、原则性的方针政策,偏重于提倡、鼓励和支持等方面,而对要限制、反对和禁止的各个方面却缺乏必要和具体的规定,结果导致信息政策系统本身的软弱无力,这迫切需要用法律武器来强化对信息活动的规范作用。另一方面,信息政策对信息资源的组织、管理和开发以及信息产业的发展、信息市场的建设,具有重要的指导、协调作用。信息政策具有灵活性,可以随着信息活动的开展以及信息领域经济关系和社会关系的改变而灵活调整,这是信息法规不可企及的。从各国信息活动的实践来看,当前信息领域多变的经济关系和社会关系仍然主要依托信息政策来调节,信息政策不可能完全被信息法规所取代。

总之,信息政策与信息法规同为实现社会信息化的规范和手段,发挥着各自不可替代的作用。在认识和处理信息政策与信息法规的关系时,要采取辩证的态度,既不要简单地将两者等同起来,又不要割裂两者之间的有机联系。实践中出现矛盾时,一方面要注意维护信息法规的稳定性和权威性;另一方面又要及时地根据新情况、新问题,结合信息政策要求,对现行信息法规中的不合理成分做出修订,使之协调。对于经过实践证明是成熟完善的信息政策,应以法律的形式固定下来,形成信息法规,以更好地发挥作用。当信息领域的经济关系和社会关系被扭曲,产生新的矛盾冲突借用“法律解释”等工具仍然无法解决时,就应选择“政策先行、法律跟进”的方法。

9.3 信息道德

伴随着信息技术所带来的物质生活的巨大改变,信息道德问题层出不穷。任何社会的健康发展都不能脱离道德的自律,网络信息社会更是如此。

9.3.1 信息道德的概念

信息道德是指信息活动中普遍认同的伦理道德观念和标准。在社会信息化程度不断提高和信息经济不断发展的情况下,信息道德问题逐渐突出。诸如“知识和信息的价值”,“信息是否作为商品”,“复制是否是正当的”等问题所持的态度和观念都直接影响人的信息行为。信息道德具有广泛的、普遍的自我约束作用,因此,除了运用信息法律的强制手段和信息政策的约束导向手段外,努力提高社会的信息伦理道德水准,完善和更新信息伦理观念和标准也是重要而不可少的,是社会精神文明建设的组成部分。

信息道德包括以下三个层次。

第一层次是信息道德意识,包括与信息相关的道德观念、道德情感、道德意志、道德信念、道德理想等。它是信息道德行为的深层心理动因。信息道德意识集中地体现在信息道德原则、规范和范畴之中。

第二个层次是信息道德关系，包括个人与个人的关系、个人与组织的关系、组织与组织的关系。这种关系是建立在一定的权利和义务的基础之上，并以一定的信息道德规范形式表现出来的。如联机网络条件下的资源共享，网络成员既有共享网上信息资源的权利，也要承担相应的义务，遵循网络的管理规则。成员之间的关系是通过大家共同认同的信息道德规范和准则维系的。信息道德关系是一种特殊的社会关系，是被经济关系和其他社会关系所决定、所派生出的人与人之间的信息关系。

第三层次是信息道德活动，包括信息道德行为、信息道德评价、信息道德教育和信息道德修养等。这是信息道德的一个十分活跃的层次。信息道德行为即人们在信息交流中所采取的有意识的、经过选择的行动；根据一定的信息道德规范对人们的信息行为进行善恶判断即为信息道德评价；按一定的信息道德理想对人的品质和性格进行陶冶就是信息道德教育；信息道德修养则是人们对自己的信息意识和信息行为的自我解剖、自我改造，信息道德活动主要体现在信息道德实践中。

9.3.2 信息道德的基本原则

信息道德原则是人类道德原则的扬弃，其中的一部分就是人类道德原则的再次提出和实现，另一部分是人类道德理想中过去由于历史、社会发展水平所限未能实现而在信息技术发展中有可能实现和贯彻的东西。信息道德原则为信息社会道德关系确立了基本的行为准则，如果人们能够按照这样的原则去建立信息道德关系以及整个信息社会，那么出现在我们面前的必将是一个更好的而不是更坏的新世界。

1. 全民原则

信息道德的全民原则的基本内容是，信息社会决策和网络运行方式必须以服务于社会一切成员为最终目的，不得以经济、文化、政治和意识形态等方面的差异为借口仅仅把网络建设成为只满足社会一部分人需要的工具，而把另一部分社会成员排斥在信息社会之外。全民原则是信息社会的基本要求。

信息社会的主要特征在于网络全面深入社会生活各个方面，全民原则要求一切人都有参与网络交往的权利。然而在现实中，由于种种原因所限并不能做到这一点。比如一个人今天连温饱问题都没解决，何敢奢谈有足够的经济实力购买一套能加入网络的计算机通信设备呢？我们认为，既然今天的现实中已经存在造成社会不平等、不公正的诸多因素，而如果再把这些因素一成不变地带入信息社会，那么信息社会的平等、公正、自由就会大打折扣。因此，提出信息道德的全民原则就需要人们在建设信息社会时，尽最大努力克服这些障碍，尤其是政府在制定信息化发展政策时，应充分考虑那些今天没有能力参与网络社会的社会成员的需要。

2. 平等原则

平等原则，即每个网络用户享有平等的网络社会权利和义务。在网络上，作为个体成员而言，每个人都应该只是一个在社会地位上无差异的普通用户，他们在现实社会中各种差异都被意义相等的一组组字符虚拟掉了。网络对每一个用户都应该做到一视同仁,它不应该为某些人制定特别的规则并赋予某些用户特殊的权利。因此我们看到,当人们从纯信息技术的角度反思信息社会时,就会发现正是信息技术的发展,使得信息社会中网络行为主体在实现平等和公正方面前进了一大步。

3. 互惠原则

信息道德的互惠原则要求任何一个网络成员和网络用户必须认识到,我们既是网络信息和网络服务的使用者和享受者,也是网络信息的生产者和提供者,我们在享有信息社会交往的一切权利的同时,也应承担信息社会对其成员所要求的责任。互惠原则集中体现了网络行为主体道德权利和义务的统一。作为信息社会的成员,都必须承担社会赋予的责任,有义务遵守网络的各种规范以推动信息社会稳定有序运行。与互惠原则相对立的行为是自私自利,某些网络成员为了自己的利益而不惜损害他人和网络的整体利益。他们利用网络提供的便利在网络世界肆意横行,他们不但影响网络的正常运转,更严重的是他们给信息社会造成了巨大的损失,给其他信息社会成员造成了巨大的心灵伤害。

4. 自由原则

信息道德的自由原则要求在信息社会与网络上,行为主体有根据自身的意愿选择自己生活方式和行为方式的自由,有充分表达自己意见和观点的自由,任何个人和组织不得干涉别人的行为、压制别人言论自由。网络存在和发展的原因和动力在于它为人类行为提供了充分施展各种能力的空间,人们会感到在网络上有一种前所未有的自由感。在这里,我们需要进一步认识的是,网络主体的这种自由,不仅仅是网络提供给人们的优越条件,更主要的是网络存在本身也需要这种自由。网络发展史明确地告诉人们,从几台互联的计算机发展到今天"一网打尽全世界"的网络,网络生来就具有自由的特征。如果没有自由交往的特点,今天网络的绝大部分功能都不会得以正常发挥,网络本身甚至都会消亡。因此可以这样说,没有网络就没有自由,没有自由也就没有网络。

也应该看到,在实际的信息社会生活实践中,"道德"与"自由"往往不完全一致,有时两者之间会产生冲突和对立,自由的行为有可能是不道德的。比如,我可以任意自由地给人发电子邮件,且网络提供了这种自由,但垃圾邮件妨碍了别人正常的生活,是不道德的行为。真正的网络自由,必须处理好网络行为自由与道德意识的关系。只有那些具有自主道德意识的行为才具有真正意义的自由。离开一定社会条件抽象地谈论自由只会对自由做出错误的认识,而在错误的自由观念指导下,人人都按自己的"自由"意愿行事,最终将造成信息社会的无序和混乱。

9.3.3 信息道德建设

信息技术正在悄然改变着人们的工作方式、生活方式和思维方式。然而就在人们惊叹信息技术带来的高效、便捷、自由的同时，也在为网络上日益暴露出来的诸如不良信息泛滥、计算机病毒肆虐、网络犯罪层出不穷、信息资源利用机会不均等问题而深感忧虑。那么人们应该怎样从容地面对这些问题呢？我们认为这些问题决不是信息技术本身所固有的，它们只不过是人类自身的某些内在缺陷在缺乏相应法律法规与信息道德约束的条件下借助于信息技术在网络上的外在表现罢了。因此，我们不能因噎废食，谈"网"色变，而是应该理性地面对这些问题，通过加强信息法律法规建设、加强信息道德建设、提高人们的信息素质等措施，是一定可以解决这些问题的。当然也应该看到，加强信息道德建设与提高人们的信息素质是一项长期而艰巨的任务，它需要包括政府、信息化工作者和千千万万的普通网络用户在内的全体社会人员的共同努力才能收到成效。虽然我们现在离完全的信息社会还有一段距离，但决不能因此而放松信息道德建设；相反，在当今信息技术迅速发展而信息道德建设严重滞后的情况下，大力加强信息道德建设和提高人们的信息素质对加快我国信息化建设进程和提高全民特别是青少年的思想道德水平具有重要的现实意义。

1. 网络信息道德规范的内容

网络信息道德建设必须坚持和体现社会主义道德的集体主义原则，从尊重人性、社会和谐以及网络信息的特点出发。针对目前网络信息道德存在的主要问题，网络信息道德规范主要包括以下内容。

1）*履行责任不妄言*　一个有网络信息道德感的网民，应当严格自律，积极履行维护网络信息的信用责任，不造谣，不传谣，在网络信息中不把道听途说的公众传言、社会谣言、小道消息随意评论，不发表不负责任的言论，要对自己在网络信息中发表的言论和传递的信息负责。

2）*明辨真伪不轻信*　网民在面对由数字化的符号系统组成的多种网页时，它所搜索和阅读的信息并不全是真实的，其中有相当的信息是错误的和虚假的。这些错误、虚假的信息，会对人们进行舆论误导，因此，网络信息的思想政治斗争是客观存在的，作为网民要有一个清醒的头脑，做到明辨真伪不轻信，对网络信息审慎处理。

3）*文明聊天诚交友*　有些网民进入 BBS 不能像在平时现实生活中那样彬彬有礼地进行人际交往，而是毫无克制地谈论庸俗话题，语言粗俗，以至污染网络语言环境，这是极其不文明的行为。网民应该用网络信息道德信念的力量净化灵魂，严于律己，并把这作为网络文明人的准则。而有些网民为了排除孤寂无聊，随意地虚拟一个网上自我，使对方遭受愚弄，根本上违背了人际交往的真诚原则，是以牺牲网络信息道德为代价满足交往需要的不道德行为。

4）*防止扩散黄赌毒*　网民对于网络信息内容应当有清醒的头脑，应当通过辨别分析加以过滤。面对互联网上的色情网站愈演愈盛的态势，不能将此作为谈资对人津津乐道，不能在 BBS 中传播扩散，也不能向他人的电子邮箱散发，去充当"义务宣传员"。这不仅是政治纪律，更是一种网络信息道德责任。因此，作为网民不应扩散网上黄色淫秽、消极反动的内容,不散发垃圾邮件,不参与网络赌博。

5)点击高雅网文化　有些网站为了提高“点击率”,实现其商业行为的功利目的,就不惜昧着网络信息道德良心,大肆散发腐朽的文化垃圾,以此迎合某些人的低级趣味,扩展“买点”,招揽网客。作为网民要有坚定的网络信息道德信念和高尚的网络信息道德情操,点击高雅的网络文化,自觉地拒绝点击网络文化垃圾内容和不负责任的言论,要对自己在网络信息中发表的言论和传递的信息负责。

6)拒绝诱惑不沉溺　网络生活中的超现实性和刺激性,对于大多数人特别是青年人来说具有极大的诱惑力。人们如不能控制自己的上网欲望,进而产生兴奋和冲动,久而久之,便形成对互联网的过度迷恋和依赖,程度严重的则沉溺于其中,不能自拔,就会形成上网成瘾。特别是那些在现实生活中遇到挫折、失落而到互联网上寻求寄托和安慰的人,最容易陷入网络信息的虚拟世界中。为此,网民应树立起良好的网络信息道德规范,拒绝诱惑不沉溺,克服不良心理倾向。

7)遵守协议不侵权　网民在发送和获取信息上都要遵守一定的协议、规则。但由于互联网技术是在逐步开发过程中形成的技术系统,其自身还存在着许多不完善的地方,如网络信息被截获、网络运行的不正常等。因而,在一定程度上,互联网是脆弱的。这就给黑客违反协议擅自侵入他人计算机留有可乘之机。尽管网络黑客侵犯的动机和规模有所不同,但对经济秩序、社会稳定和国家安全构成严重威胁。因而,通过树立遵守协议不侵权的网络信息道德规范,加强网络信息道德建设,维护网络信息安全,是十分必要的。

2. 加强网络信息道德宣传教育的途径

网络信息道德建设要以广大网民形成良好的网络信息道德品质和成为网络信息道德人为终极目标,而网络信息道德品质的形成必须以具有明确、坚实的网络信息道德认识为基础和前提,因此,需要我们大力加强和拓展网络信息道德的宣传教育途径。

(1)利用各种社会媒体及其辅助手段加强网络信息道德的宣传教育。社会媒体(包括网络)是开展网络道德宣传教育的有效载体和途径;黑板报、宣传橱窗、宣传广告牌和学校的课堂等也是有效的辅助手段。这种全方位、多渠道的网络信息道德宣传教育的浓厚氛围,能够使人们自然而然地接受预设的灌输内容,逐渐地形成并强化网络信息道德意识、增长网络信息道德知识和见识。

(2)理论工作者、舆论工作者、教育工作者、社会工作者以及信息管理部门,都应当踊跃成为网络信息道德宣传教育的主体,并从各自职业的角度大力倡导和宣传网络信息道德,以形成多层面、多视角的宣传教育格局。

(3)网络信息道德的宣传教育还应当以网络信息道德建设的必要性与重要性、网上行为非道德化的有害性为切入点,以网络信息道德规范与要求为主线,营造讲网络信息道德光荣和违背网络信息道德可耻的舆论环境为重点,以增进人们的网络信息道德品质为目标,来创设和构建网络信息道德教育的内容体系。

此外,网络信息道德建设还必须纳入社会主义物质文明、精神文明和政治文明建设的大系统中,有规则、有组织、有领导地进行。党和政府有关部门应当将此工作经常地列入议事日程。在网络经济时代,网络信息道德必然会突现出其对国民文明素质程度的直接影响。因此,应坚持科学的态度,使网络经济、网络信息建设沿着健康向上的道路发展,使网络信息道德建设更加完善。

实现有效的信息管理,从人文因素的范畴,需要信息法律、信息政策和信息道德三者的相互补充,相互协调,并与法治的力量、行政的力量和精神文明的力量结合起来,为信息资源的有效开发和充分利用奠定必要的基础。

本章小结

本章首先对信息政策的基本知识进行了详细的介绍,包括信息政策的含义,信息政策的分类及作用,还对我国和美国的信息政策的发展进行了详细说明;介绍了信息法规的基本概念,包括信息法规的含义、分类、作用,还对信息法规的体系进行了阐述;最后,对信息道德的相关内容进行了简要介绍,包括信息道德的概念和基本原则等。

通过本章的学习,学生应掌握信息政策、信息法规、信息道德的相关概念,掌握信息法规的体系和信息道德的基本原则;理解信息政策与信息法规的关系、信息道德规范的内容;同时还应了解我国和美国的信息政策的发展状况。

参考文献

[1] 马费成,等.信息管理学基础[M].武汉:武汉大学出版社,2002.
[2] 张广钦.信息管理教程[M].北京:北京大学出版社,2005.
[3] 谢新洲.信息管理概论[M].北京:中央广播电视大学出版社,2003.
[4] 罗 曼.信息政策[M].北京:科学出版社,2005.
[5] 张 备.信息政策与法规[M].北京:解放军出版社,2005.
[6] 周庆山.信息法教程[M].北京:科学出版社,2002.
[7] 陈延寿.信息道德若干问题的探讨[J].情报杂志,2004.
[8] 刘云山.论网络经济时代的网络信息道德建设[J].商场现代化,2006(6).
[9] 唐 勇.信息化社会中的信息道德建设[J].理论学习与探索,2004(3).
[10] 陈延寿.信息道德若干问题的探讨[J].情报杂志,2004(2).

参考网站

[1] http://www.law-star.com/ 中国法律信息网.
[2] http://www.mii.gov.cn/ 中华人民共和国信息产业部网站.

思考与练习

1. 不定项选择题

(1)从信息政策管理的区域范围看,它可以分为( )。

A. 国际信息政策 B. 国家信息政策 C. 部门信息政策 D. 地区信息政策
E. 基层单位信息政策

(2)我国信息政策的发展主要表现在( )。

A. 知识产权政策 B. 信息技术政策 C. 队伍建设政策 D. 科技信息政策
E. 国际交流政策

(3)按管理对象不同,信息法规可以分为( )。

A. 知识产权法 B. 信息资源管理法
C. 信息市场管理法 D. 信息工作管理法
E. 技术合同法

(4)信息道德的基本原则包括( )。

A. 全民原则 B. 义务原则 C. 平等原则 D. 自由原则
E. 互惠原则

(5)2004年8月十届全国人大常委会第十一次会议通过了( )开始实施的《电子签名法》。

A. 2005年5月1日 B. 2006年4月1日
C. 2005年4月1日 D. 2004年5月1日
E. 2006年5月1日

(6)我国已于( )年加人WIPO(世界知识产权组织)。

A. 1980 B. 1981 C. 1982 D. 1983
E. 1984

(7)下面选项不属于信息法规体系内容的是( )。

A. 信息技术法律制度 B. 信息资源法律制度
C. 信息市场法律制度 D. 信息配置法律制度
E. 信息人才法律制度

2. 判断题

(1) 信息法规是指为适应组织、领导和管理信息产业的需要而制定的各项法律、条例和规章制度。(　　)

(2)信息政策侧重于制约作用,而信息法规侧重于导向作用。(　　)

(3)信息政策比信息法规具有更强的可操作性。(　　)

3. 名词解释

(1)信息政策;(2)信息法规;(3)信息道德。

4. 简答题

(1)信息政策从管理职能的角度可以划分为哪几类?

(2)简述信息政策的内容。

(3)简述信息政策的作用。

(4)简述信息法规的内涵。

(5)按照管理对象的不同,信息法规可以分为哪几类?

(6)写出信息法规的作用。

(7)简述信息法规体系的内容。

(8)简要说明信息道德包括的三个层次。

(9)简述信息道德的基本原则。

5. 论述题

(1)试述我国信息政策的发展。

(2)试对信息政策与信息法规进行比较分析。

(3)试说明网络信息道德规范的内容及建设的途径。

习题参考答案

第一章

1. 不定项选择题

(1)BCDE (2)ABC (3)BE (4)B (5)C (6)A (7)D (8)ABCE (9)ACD

2. 填空题

(1)知识、资料和消息

(2)文献资源的所有者或者是官方指定的官员

(3)机器大生产代替手工生产、资本主义代替封建主义成为世界主流社会形态后

(4)第二次世界大战的结束

第二章

1. 不定项选择题

(1)ABCE (2)BCD (3)ABCDE (4)ABCDE (5)ACDE (6)ABD

2. 填空题

(1)信息技术

(2)获取、传递、处理、利用等

(3)主体技术层次 应用技术层次 支撑技术层次 基础技术层次

(4)1990

(5)硬件系统 软件系统

(6)系统软件 应用软件

(7)MRP

(8)信息系统自身的安全 对信息系统的安全保护

(9)完整性 保密性 可用性 真实性

(10)感染性 潜伏性 可触发性 破坏性

第三章

1. 不定项选择题

(1)D (2)ABCD (3)ABCDE (4)ABCDE

2. 填空题

(1)自然实物 人工实物

(2)印刷型信息源

(3)时间(When)　地点(Where)　人(Who)　方法、途径、状况(How)

3. 判断题

(1)T　(2)F　(3)T　(4)F　(5)T

第四章

1. 不定项选择题

(1)ABCDE　(2)B　(3)ACD　(4)ABCD　(5)ABCDE　(6)ABCE　(7)ACD　(8)C

2. 填空题

(1)整体功能　各要素功能

(2)语言学　逻辑学　知识分类

(3)信息替代　信息序化

(4)信息检索

(5)构建出知识分类地图　在此知识分类地图中找到信息的位置

(6)全分面分类法

(7)等同关系　等级关系　相关关系

(8)软件　数据库

3. 判断题

(1)F　(2)T　(3)F

第五章

1. 不定项选择题

(1)ACD　(2)AB　(3)ABCDE　(4)ADE　(5)AD　(6)BC　(7)ABD

2. 判断题

(1)T　(2)F　(3)T　(4)F　(5)T

第六章

1. 不定项选择题

(1)ABCD　(2)ABCDE　(3)ACD　(4)ABCDE　(5)A　(6)BCD　(7)ABCDE　(8)ACDE　(9)BDE

2. 填空题

(1)信息产品　信息用户

(2)信息技术和信息设备制造业　信息服务业

(3)结构化决策　非结构化决策

(4)确定性决策　不确定性决策

(5)完整度

3. 判断题

(1)F　(2)T

第七章

1. 不定项选择题

(1)C (2)B (3)D (4)A (5)D (6)ADE (7)ABCDE (8)BDE (9)ABD (10)ABCDE

(11)ABDE (12)ABCD (13)BCD (14)ACE (15)ABCDE

2. 判断题

(1)F (2)T (3)T (4)F (5)T

第八章

1. 不定项选择题

(1)D (2)C (3)E (4)ABCDE (5)ACE (6)BCDE (7)ACDE (8)ABCDE (9)CE

2. 判断题

(1)T (2)T (3)T

第九章

1. 不定项选择题

(1)ABCDE (2)ABD (3)ABCDE (4)ACDE (5)C (6)A (7)D

2. 判断题

(1)T (2)F (3)F